新时代马克思主义伦理学丛书

张 霄　李义天　主编

追寻伦理自由——
马克思主义伦理学研究文论

宋希仁　著

重庆出版集团　重庆出版社

图书在版编目(CIP)数据

追寻伦理自由：马克思主义伦理学研究文论 / 宋希仁著. —重庆：重庆出版社，2020.10
ISBN 978-7-229-15320-5

Ⅰ.①追… Ⅱ.①宋… Ⅲ.①马克思主义—伦理学—研究 Ⅳ.①A811.63

中国版本图书馆CIP数据核字(2020)第189922号

追寻伦理自由——马克思主义伦理学研究文论
ZHUIXUN LUNLI ZIYOU—MAKESIZHUYI LUNLIXUE YANJIU WENLUN
宋希仁 著

责任编辑：吴　昊
责任校对：何建云
装帧设计：何海林

重庆出版集团
重庆出版社 出版

重庆市南岸区南滨路162号1幢　邮政编码：400061　http://www.cqph.com
重庆出版社艺术设计有限公司制版
重庆市国丰印务有限责任公司印刷
重庆出版集团图书发行有限公司发行
E-MAIL:fxchu@cqph.com　邮购电话：023-61520646
全国新华书店经销

开本：787mm×1092mm　1/16　印张：27.5　字数：334千
2020年10月第1版　2020年10月第1次印刷
ISBN 978-7-229-15320-5

定价：110.00元

如有印装质量问题，请向本集团图书发行有限公司调换：023-61520678

版权所有　侵权必究

总　序

　　马克思主义伦理学是马克思主义理论与伦理学研究的结合。对当代中国伦理学而言，这种结合既需要面对马克思主义理论发展的世界性问题，更需要融合中国特色社会主义思想文化的新时代特征。

　　马克思主义伦理学之所以成为马克思主义理论进程中的一个世界性问题，是因为伦理问题往往出现在世界马克思主义发展史上的重要时刻。这些时刻不仅包括重大的理论争辩，而且包括重大的实践境况。如果说 20 世纪的马克思主义理论进程是一部马克思主义和各种思潮相结合的历史，那么，20 世纪的马克思主义伦理学则从马克思主义与伦理思想相结合的层面，为这部历史增添了不可或缺的内容。无论是现实素材引发的实际问题，还是理论思考得出的智识成果，马克思主义不断发展的历史，总在为马克思主义伦理学添加新的东西——新的问题、新的方法、新的观点和新的挑战。由此，马克思主义伦理学始终处于马克思主义理论的核心地带，马克思主义内在地蕴含着对于伦理问题的思考与对于伦理生活的批判。相应地，一个失却了伦理维度的马克思主义不仅在理论上是不完整的，而且无法实现马克思主义所揭示的全部实践筹划。因此，把严肃的伦理学研究从马克思主义的体系中加以祛除的做法，实际上是在瓦解马克思主义理论自身的完整意义与实践诉求。

马克思主义伦理学不是也无须是一门抽象的学问。它是一种把现实与基于这种现实而生长出来的规范性联系起来的实践筹划，是一种通过"实践—精神"而把握世界的实践理论。因此，在马克思主义这里，伦理学的本质不在于它的知识处境，而在于它的社会功能；关键的伦理学问题不再是"伦理规范可以是什么"，而是"伦理规范能够做什么"。从这个意义上讲，不经转化就直接用认识论意义上的伦理学来替代实践论意义上的伦理学，这是一种在伦理学领域尚未完成马克思主义世界观革命的不成熟表现，也是一种对伦理学的现实本质缺乏理解的表现。

马克思主义伦理学之所以成为当代中国道德建设的一个新时代问题，是因为马克思主义始终是中国特色社会主义思想文化的基本方向。无论如何阐释"中国特色"，它在思想文化领域都不可能脱离如下背景：其一，当代中国是一个以马克思主义为指导思想的社会主义国家，马克思主义构成当前中国社会的思想框架。这种框架为我们带来一种不同于西方的现代性方案；在这种现代性中，启蒙以降的西方文化传统经由马克思主义的深刻批判而进入中国。其二，中国优秀传统文化的精髓是伦理文化，中国文化的精神要义就在于其伦理性。对中国学人而言，伦理学不仅关乎做人的道理，也在提供治理国家的原则。从这个意义上讲，马克思主义之所以能在中国扎根，就在于它与中国文化传统的伦理性质有契合之处。

如果结合上述两个背景便不难发现，马克思主义伦理学的重要意义已然不限于两种知识门类的结合，更是两种文化传统的连接。经历百年的吸纳、转化和变迁，马克思主义伦理学虽然在一定程度上已经成型，但是，随着中国特色社会主义进入新时代，马克思主义伦理学又面临许多新的困惑和新的机遇，需要为这个时代的中国伦理思想与道德建设提供新的思考和新的解答。唯有如此，新时代的马克思主义伦理学才能构成中国马克思主义理论的重要组成部分，才能成为 21 世纪中国道德话语和道德实践的航标。

为此，我们编撰的《新时代马克思主义伦理……通过"世界性"和"新时代"两大主题框架，聚焦……伦理学。我们希望，通过这套丛书搭建开放的平台，……阔的视野中建构马克思主义伦理学的理论体系，在一个更……维度上探讨当代中国的伦理思想与道德建设。

感谢中国人民大学伦理学与道德建设研究中心的指导与支持，感谢重庆出版社的协助与付出。这是一项前途光明的事业，我们真诚地期待能有更多朋友加入，使之枝繁叶茂、硕果满仓。

是为序。

编　者

2020 年春　北京

追寻伦理自由：我的学术自述（代序）[1]

一、曲折的求学路

我的祖籍是山东胶州。老一辈"闯关东"到东北，落户蒙江山区务农。"九一八"事变后，日军侵占东北，在北满山区实行"归堡子"。"归堡子"，即日本侵略者为断绝东北抗日民主联军与群众的联系和给养来源，把他们侵占的山区居民按户籍强行迁到"集中住地"（不同于囚禁个人的集中营），以割断与外界往来的军事、政治行动，进行法西斯式强制管治，还到处抓劳工。我的父亲死于兵匪动乱，我那年3岁。母亲尚属中年，但体弱裹脚，带着4个未成年的孩子无法生活，不得不改嫁迁往临江，我大姐做了童养媳。我们本姓封，后随继父姓宋。继父宋振贵比我母亲大20多岁，年轻时以打长工为生，为人勤劳憨厚，没上过学，50多岁时在本家远房亲戚开的中药铺做碾药工兼下厨，跟我母亲成家后，居住东家闲置的两间草房。母亲感激我的继父收养我们，带领我们力所能及地做零工，帮衬维持家庭生活。父母和姐姐都没文化，哥哥念小学二年

---

[1] 本文于2014年3月写成，之后修改过，中国人民大学校史研究室进行了编辑整理。

级时我上学。学前我只有乳名，母亲请老师给我起个学名，老师借宋朝包公之字"希仁"，给我起名叫宋希仁。

我上学很用功，头一年考试就得第一名，拿了奖状和奖品回家，母亲欢喜，父亲落了泪，感伤于年老时难得儿子可以养老送终。1945年东北光复，民国政府接收残局暂时稳定。按新法，童养媳退婚，大姐改嫁，二姐13岁做了私人袜厂童工。我和哥哥失学在家做活，挑水和上山打柴。春夏季割荆条，捆成几捆串起来双肩背。冬季到深山砍枯树枝（柑棒子），用自制的木爬犁（又称冰床），借冰雪地把砍柴拉回家，用于烧柴做饭和冬季取暖。那些年，我们最艰难的是严重的大骨节病，怕冷、怕潮、怕累，关节痛还不能不上山打柴，背干柴、捞扒犁，走远路。

1946年秋至1947年春，八路军和东北民主联军从北满向松花江南推进，打响了"三下江南，四保临江"战役。临江是通化地区的战略要地。打临江县那天，大清早鸡还没叫，大部队就攻占了后山顶，从山上向县政府打炮，随着密集的枪声和军号声，大部队猛冲下山……我家就住在后山根，从后窗看到国民党杂牌军和保安队溃不成军，争抢着往山下逃窜，八路军迅速占领县城。经过三四个月涉及通化地区的"临江战役"胜利结束，建立了稳定的东北解放区根据地。我二姐进了临江县国营火柴厂当工人，转年哥哥也进了火柴厂做收发员，家境有所改善。1947年"土改"时，我参加了儿童团，在"土改"工作队的领导下参与查夜、抓赌、搞宣传等活动。转年，我回到兴隆小学复学。小学五年级时，班主任赵风山介绍我加入共产主义青年团（开始时叫"新民主主义青年团"），同时兼任少先队大队长。小学毕业以第一名考取县中学。因为二姐和哥哥参加工作，有了工资，家庭生活有所改善，我有幸得以继续升学读书。

但不幸接踵而至，我上中学不到半年，朝鲜战争爆发了。美国飞机轰炸朝鲜下马洞，同时炸坏了隔江相望的临江县鸭绿江桥。临江县城三面环山，位于鸭绿江中段，隔岸远望可以看见朝鲜妇女在岸边洗衣。我们的中学离江桥不远，有一颗炸弹炸坏鸭绿江桥靠近临江的桥段，与我们中学只隔一道江堤。炸弹爆炸，震坏校舍，弹片飞落校园。幸好学校正在上课，听到飞机声立即停课，按照老师的指导，都躲在书桌下面，没有人受伤。美国飞机侵犯中国边境，严重威胁着师生安全。在经常性拉警报、防空和紧急疏散的情况下，老师不得不带着学生躲到后山借山沟隐蔽，边防空边上课。那时我参加了学校组织的抗美援朝宣传队，搞街头演讲，散发防空常识，写标语，画宣传画。不久国家为确保火柴厂的安全，将临江火柴厂迁往营口（合并到营口火柴厂）。我随姐姐转学到营口市中学，白天在姐姐家或在工厂吃大锅饭，晚上住火柴厂工人宿舍的十人住的大通铺。（当时厂方规定照顾临江迁营口的双职工家属子弟。）一年多的住厂生活，让我体验了新中国工人的劳动热情，勤劳、简朴、厚道的性格。

读初中的三年，尽管环境比较艰难，我还是保持着顽强的学习精神，两次获得"三好"（身体好、学习好、工作好）优等生奖。升高中后可以住校（校址与初中分开且是独立的），也有了助学金。高中三年，我遵照全面发展的要求，各科学习成绩都保持优良，兼做班级和团支部工作，积极参加社会活动。高中最后一年，我参加了党史课老师组织的"哲学研究"小组。那时当然谈不上什么"研究"，只是借课余时间多看一点课外书，学点马列主义哲学常识。我还经常参加听党课的活动。1956年3月5日，由总支书记宁明和校长刘大心介绍我加入了中国共产党。同年秋天高考报名，我本来想报中央美术学院的，但我的入党介绍人动员我报考中国人民大学哲学系，为实现研究马克思主义哲学的夙愿，我就报了人大哲学系。后来看到报上公布的录取名单，我非常高兴，有一种要上延安"抗大"的激动心情。

然而，我的大学生活远非理想，难以名状。1956年秋入学，哲学系是五年制，预设的必修课比其他系都多，但都没按计划开完。第一学期安排的课程有十几门，但只学了社会科学三门主课：哲学（辩证唯物主义部分）、政治经济学、中共党史。自然科学三门：物理学、数学、生物学；还有逻辑学、古汉语、俄文、英文、体育等。讲课老师都是高水平的，如哲学家徐琳、经济学家李云、数学家关兆直、物理学家林万和、逻辑学家王方名等。转年春天就赶上了"整风""反右"运动，正常的上课变得不正常了。那时，我作为校团委委员，按规定要回班里参加运动。因为我在班里发起办了一个壁报，刊名"否定者评论"。因为壁报张贴了我和几位同学关于"整风"意见的文章，有的意见比较尖锐些，触到"右"线，刊名也被误解。我作为壁报策划者负有主要责任，受到班里的重点批判，随后校团委委员被除名。之后就是"红专辩论""向党交心""批判右派分子"。班里有一位同学被错划"右派"，我也通过领导谈话被告知划为"中右"。我想不通，但也不得不接受。那时我不知道什么是右派，也不知如何做检讨，还是马奇老师理解学生，找了研究生班的调干生来帮助我写检查过了关。开始有个党内察看处分，后来改成记过，时间不长又撤销了。接着就是大跃进，大办人民公社，大炼钢铁运动。在学校里和系里，以班级的形式办化肥厂，搞人工造纸厂；一会儿校内，一会校外，搞材料，学技术……简直忙得"忘乎所以"了。本来，我在中学时代是个爱交友、爱活动的人，当班长和团支部书记，可是经过各种"运动"的坎坷、忙乱，我变得不爱见人，原来保持联系的老师、同学和朋友，也很少联系或甚至中断联系了。

在一个"运动"接着一个"运动"的那些年，我们基本上是停课的，偶尔听个大报告，如艾思奇讲辩证逻辑，吴江作无产阶级专政报告，孙定国讲阶级斗争问题，还有冯友兰讲中国传统哲学的批判继承问题等。但没有多少看书和讨论的时间，听过了就算上过哲学课了。有一段时间，我和几个同学一起接受任务，在校内和市内合适的地方，画大型宣传壁画，有时要登上云梯画墙头画。我更多的时间是被抽调去办大型展览会，有学校主办的和北京市主办的，还有教育部主办的。我的主要工作是搜集展览资料，写解说词和画展板。后来就是集体参加北京西郊田村的整顿人民公社运动，哲学系还在田村组织了普及哲学活动，大概将近一年的时间，可谓"不是运动的运动"。1959年8月，我被抽调参加供全国工商联使用的《历史唯物主义读本》编写工作，由哲学系肖明和经济系张朝尊二位老师领导，搞了八个多月。这一时期虽然时间不长，但那是一个难得的近距离接受老师指导的机会，开始想写点东西了，虽然写作水平有限。1960年4月，编写"读本"的工作结束，返校后学校决定我们和在校的十几名同学提前留校工作。从此，也就算是大学毕业了（实际上不足五年，只是肄业）。改革开放后学校补发了哲学系本科毕业证书。

二、我的"社会大学"

我被分配在校逻辑教研室工作。开始是讲授形式逻辑学，兼做一点学生工作。那时我还年轻，精力充沛，一边备课，一边学俄文翻译。先是参加马玉珂老师主译的罗森塔尔《辩证逻辑》个别节段的试译。后来经济困难时期，伙食定量有限，学校规定减少学生和青年教师的课外运动以保存体力，我和两位留校的同学一起，开始翻译苏联哲学家柯普宁的著作《作为逻辑的辩证法》（又译为《辩证逻辑》，1965年上海人民社出版）。后来还翻译过一部俄文的《形式逻辑》教材，未等完稿，我申请要求转搞哲学教学，于是就被转到中央财政金融学院（原是从中国人民大学分出的一部分）政治理论教研室教哲学了。其实，我上哲学课讲台的梦想也只是昙花一现，因为很快就又开始"运动"了。

  大学本来就是社会的，但学校围墙外和围墙内大不一样。实际上，我们上大学的几年，大学已经是打破围墙的特殊的"社会大学"了。1963年春，我参加了财政部系统组织的第一批农村社会主义教育工作队（也叫"四清"工作队）。这一期是在安徽全椒县的张岗大队，我和学生一起在王玉明副局长领导下，工作了八个多月。张岗是个有200多户的大队。工作队集体起伙，分组活动。那次，最苦的是头一个月的"扎根"（即住在最苦的"贫下中农家"）。我扎在一个姓殷的大爷家，一个不足10平米的土坯草房，中间用葵花秆加泥巴做墙隔开。殷家老两口是近60岁的老人，住在里间。我住外间。外间是用泥坯垫起一块门板搭的铺，我睡在铺上，铺下养着一口猪（当地农村习惯，天冷了就把牲畜圈在屋里）。一天吃两顿稀饭，地里的活忙时能吃一次干饭，蔬菜很少，经常吃的是腌了不知多长时间的腌咸菜。不过这种"扎根"生活只有一个多月，之后我被调到大队部工作，写简报和总结材料；有时参加各种有关的会议，特别是阶段性的"三级干部会"，记录领导讲话和运动问题的讨论意见。这些活动实实在在，很具体，里面真有学校课堂上学不到的东西，有发人深思的社会变革动向。

  那次"社教"运动之后，因为有了第一次的经历，接着又派我参加第二次在湖南武冈的"四清"运动。正巧是放暑假，我母亲从老家到北京看我，住了不到半个月，就买火车票让老母亲回去了，直到母亲去世我们再也没见过，至今沉痛，深深压在心底。母亲走后几天，我就随大队去湖南武冈参加运动了。

这次仍是老师带学生，由学院领导带队。运动工作分为主点和副点，头半年我在主点同湾大队，由学院宣传部长做组长，我做副组长。后半年我在副点同富大队做组长。运动工作与安徽那次的指导思想有所变化，但我在下面基层做具体工作的内容却差不多，工作条件比以前好了一些。工作队轮流在社员家吃"派饭"，参加运动会议之余也参加劳动。虽然这些工作中断了我大学的专业教学和研究，但凡是经过那种社会运动和困难生活洗礼的年轻人，必然会留下终生难忘的人生记忆。

实际上，我后来的教学和研究得以有所长进，很大程度上还是得力于那些年领悟世事哲理和对生活甘苦的体验。在社会实践和治学结合的道路上，首先使我受益良多的是那些朴实厚道、富有实践经验的农民和农村基层干部。让我终生难忘的是那些基层领导干部。他们到公社开三级干部会，没有专车，没有特殊招待，只是各人带上几个红薯，徒步行，席地坐，听报告。他们文化水平低，不能做记录，也没有录音机，可是他们回到队里传达时，习惯地蹲在长板凳上，叼上旱烟袋，一讲就是个把小时，清楚生动，既有上边的精神指示，也有下面的情况和落实办法。真让我这个在大学讲堂上站了多年的理论教员，深感自愧不如，甘心要向他们学习。

回头来说，我们在湖南武冈的"四清"运动还没搞完，北京就开始了"文化大革命"，于是奉召回京参加运动，后来又被下放到"五七干校"劳动。在动乱中，住在东北我哥哥家的母亲，痨病复发而去世，我没见到最后一面，也没能亲临送终，留下了终生遗憾。

1976年"文革"结束,我们这些人终于获得"解放"。干校用大汽车把最后一批老师和老干部,送回北京市财贸学院待分配。路途遥远颠簸,时有细雨相伴,忧喜难诉。我借用"彩云归"填一词,记下了那段终生难忘的心情:

　　车急急,雨飞飞。罪莫须有解甲回,放歌彩云归。水秀山青春犹在,南草北木尽芳菲。思盼故人会,默叙彩云归。

　　行慢慢,意非非。庭园寂寂影相偎,低吟彩云归。离别三秋学院路,破落恰似诉人罪。但得狂雨住,相依彩云归。

　　风轻轻,云巍巍。晚景已暮映霞辉,慢步彩云归。欲退不甘进无路,忧思千日心未灰。可喜雾霾去,再驾彩云飞!

（《彩云归——自河南干校回京》1977年5月）

　　按照中央财经学院的要求,我须回原单位,但北京市财贸学院为把我留下负责政治理论教研室工作,扣下我的档案不放。我就在那里继续工作了六七年,直到改革开放人大复校,应老同学罗国杰相约,我争取财贸学院蒋哲夫院长的同意,回到阔别10多年的人大哲学系。但不是回到逻辑教研室,而是到了伦理教研室。

　　算起来,我参加"社教"三年、"干校"劳动三年、"学大寨"劳动一年,加上在北京西黄村"整顿人民公社"的一年,可以说是"八年抗大"了。从学校的学习来看,耽误的时间是长了些。可是这八年多的特殊社会实践经历和社会工作的磨练,给我后来的工作也积存了必要的经验,锻炼了慎思明辨、求实笃行和责任担当能力。做学问，写讲稿、写书，要看很多书，查阅大量的资料，一个字一个字地写上几十万字，几百万字，没有明确的目标和坚强的毅力是做不成的。每当我滋长倦怠之意，就想到我的工作任务和理论研究使命，如同当年登山打柴那样，志其所行，无获不归。

三、教学和教材建设

我的教学和研究，真正说来是从改革开放后回到人大哲学系工作开始的。我到伦理学教研室时已经45岁，走过大半辈子了。从1979年到1982年，正赶上伦理学教材建设的任务。在参与教材建设之前，我接受罗国杰委托修订老校长孙泱《共产主义品质讲话》书稿的任务。交稿后罗老比较满意，之后就直接参与了由他主编的伦理学教材"统稿"工作。那时教材大纲已经确定，主要章节也已由原在教研室工作的几位老师写出初稿。我的任务是看初稿，提意见，协助主编统稿。这对我来说当然是一个从未走过的难关。我之所以接受这样的任务，并不是我的水平高，只是因为那是哲学系的教材建设任务，对我来说也是一个学习锻炼机会，而且是系统学习和整体了解伦理学教材思路的最好机会。师傅领进门，修行在个人。任务就是动力，也是对我的考验。我尽力做了文字表达和逻辑思路方面的统稿工作，个别章节也提出了一点修改意见，书名是《马克思主义伦理学》。1983年，该书由人民出版社作为高校全国统编教材正式出版。两年后，教研室增加了几位博士毕业的青年教师，按照新情况和主编的思路，与时俱进，再次修订出版了新版教科书，并在普遍的学科意义上将原书定名为《伦理学》，这部教材多次再版，影响广泛。应当说，这个通过教材体现的伦理学理论体系，一经产生就进入了世界伦理思想史的普遍联系，这种普遍联系也就体现了它的历史意义和价值。

后来，为配合教学和学科建设，我在组织编纂《伦理学大词典》时与吉林人民出版社王景海副编审策划了《中国伦理学百科全书》这个选题，并请罗国杰教授任总主编，我任常务副总主编，做些组织工作。副总主编还包含王景海、石玉彬、甘葆露、邢世杰、许启贤、陈瑛、陈劳志、赵仁光、魏英敏、王伟等专家学者，各卷还有分卷的主编和副主编多人。大家共同组织编纂了《中国伦理学百科全书》。这部全书包括了伦理学的各个分支，共计11卷，500多万字，参加纂稿、讨论和编辑工作的，有100多人，有的人还参加了其他卷的撰稿工作。我主编了其中的《东方卷》和《西方卷》。想起来，那真是伦理学队伍的一次大集合、大练兵、大会战。大家发愤图强，团结合作，在罗国杰主编领导下，集体创作了这部皇皇巨制。遗憾的是，至今未逢良机修订再版这部有重要历史价值的《伦理学百科全书》。

那以后，我还主编了《当代外国伦理思想》一书。那本书主要是从东西方世界史的全局角度，审视各个民族国家伦理思想的特殊性和人类伦理精神发展的规律性。该书选取了10个国家和地区的伦理思想、道德建设经验的研究成果。全书的具体内容，是由十多位精通外文并曾亲历海外学习生活的中青年专家参与撰著的（2000年中国人民大学出版社出版，2016年5月被评为"北京社科精品"，后再版）。后来我还主编了教育部主持的研究生专业统编教材《道德观通论》。此外还同罗国杰教授合作主编了作为高校统编教材的《马克思主义思想政治教育理论基础》（2000年出版）。

随着改革开放和社会主义道德建设的进展，我对伦理和道德的理论思考也逐渐有所扩展。在道德哲学、道德建设、传统伦理和人生价值等方面，有针对性地发表了一些文章，汇编出版了《伦理与人生》文集。还主编了《社会伦理学》以及《治家丛书》（包括《家庭经济》《家庭文化》《家庭管理》《家风家教》四册）、《干部诚信建设读本》、《干部素养读本》等普及道德教育的通俗读物。

1982年，伦理学教研室的教学任务不得不做调整。因为主讲中国伦理学史的教师、我们的老同学姜法曾突然去世，罗国杰教授主动承担起中国伦理史的教学任务，并安排由我转向西方伦理思想史的教学和研究。这对我来说，当然又是个艰巨任务。好在我还是从哲学专业走过来的，问学之路虽然有些陌生，但只要努力学习，自信还可以有所担当，于是就接下了任务。开始时是借助罗国杰的讲稿参考讲课。第二年由我自己写讲稿试着讲课。我按照罗国杰教授制定的教学大纲和思路提示，以代表人物的思想为主线，大体沿着伦理思想批判继承的演变过程，从古代、中世到近代，一个人一个人、一本书一本书地看书，作笔记，立卷宗，写讲稿。并按照罗国杰的做法，一次先讲几个人，下一次再补充几个人，讲过一两遍就逐渐形成了我们自己的系统教材。有时遇到难题或资料困难，就到图书馆或找罗老借书，还经常找机会共同讨论一些问题。从收集资料到写教材，再到讲课，时紧时松地经过了七八年的教学、讨论和修改，逐步形成了75多万字的《西方伦理思想史》书稿，先后分上下两卷出版了我们两人署名编著的《西方伦理思想史》上下卷（中国人民大学出版社出版，1985年上卷，1988年下卷）。那时我还不会用电脑打字，70多万字的书稿，改来改去，再一字一字抄清，已无法计算用去了多少时间，幸好那些年老伴姜虹在财贸学院上班，早出晚归，孩子在人大附中上学，白天也不在家，我自己就自由自主地完全投入西论史的写作，也就更放心地"不计时间"了。至于书稿水平有限，不无遗憾，只因适时提供了当时学员要求并不太高的教材，基本完成了教学任务，才在心理上得到些许的安慰。最难忘的是那时候我们有一种精神，就是要作好本职工作，识大体，顾大局，讲团结，知难而上。我们的教材建设之路当然不会轻松，用那个时代的观念来说，就叫做"有条件要上，没有条件创造条件也要上"。

1987年，我参加了《中国大百科全书·哲学卷》的伦理学编的纂稿和统稿领导小组工作，在李奇研究员和罗国杰教授主持下，开过十几次统稿讨论会，完成了《大百科全书·哲学卷》的伦理学部分。我自己撰写了多少条、多少字，没有作过统计，事后及这次写《自述》时，也没有时间再回头看过。2004年，我主编出版了作为"21世纪哲学系列教材"的《西方伦理思想史》（2010年中国人民大学出版社再版）；2006年按照社科院汝信总主编的"写各学科的学说史"的总体要求，我又主编出版了《西方伦理学思想史》（2006年湖南教育出版社出版）。经过这两部思想史的编写，我产生了将概述西方伦理思想发展史与马克思伦理思想衔接的想法。于是我把从古希腊到19世纪西方伦理思想发展史的讲稿和马克思恩格斯伦理思想专题课的讲稿连通起来，单独编辑出版了《伦理的探索》一书。在书的"自序"里，我说明："在我的思想里，它们始终是一个相互联系的道德思考和伦理探索的过程。我在这两门课里讲得最多的就是黑格尔和马克思；前者是西方伦理思想的集大成者，后者则是个集大成的真正批判继承的新道德哲学的创建人。马克思、恩格斯在新的世界观基础上使人类的道德思考和伦理探索达到了新的高峰"。我的意图是表示：我们的伦理学思想史研究将走向马克思、恩格斯道德哲学的探索。这可以说是我退休前后写作《马克思恩格斯道德哲学研究》一书必要的思想准备。可惜，这个准备的时间短了些，离退休太近了，有些该做的事还没来得及做，就不得不结稿了。罗国杰副校长在为《马克思恩格斯道德哲学研究》一书所作的序言中，对我的教学和研究作了中肯的鼓励性评价："在多年的编写教材和教学过程中，宋希仁教授的认真、负责、严谨、踏实的工作态度，善于思考、一丝不苟的学风，给我留下了深刻的记忆，也得到了师生的好评。在40多年的教学、科研生涯中，宋希仁教授对伦理学教材建设做出了突出贡献，取得了许多可喜的研究成果，成为我国伦理学领域的著名学者。"（《马克思恩格斯道德哲学研究》罗国杰序言）。

1996年9月，国家教委组织院士休假团赴四川休假，高校可推荐被评为全国优秀教师的教授并携带夫人。学校推荐我和姜虹（时任校工会副主席）参加了这次教委组织的专家赴川休假考察团，前后约半个月。主要是学习和考察中国传统文化，体察国情民情。考察团围绕成都、重庆大范围的考察汉佛文明遗迹，参观了都江堰、杜甫草堂、武侯祠、三苏祠、东方佛都、三峡工程等，走遍了巴山蜀水，大江南北，感受了改革开放、国泰民安的大好形势，深受鼓舞。有诗留作纪念：

巴蜀行

——1996年8月22日和柳斌诗《赴川休假团汇报》

南游巴蜀沐国恩，万金寸丹意何深。
古堰激起为民志，草堂犹念爱国心。
治学当见佛家功，济世应作武侯文。
但愿化作三苏笔，蘸尽蜀水涤世尘。

1998年6月到8月，我和李茂森博士应邀到日本伦理研究所客座研究。主要是研究日本伦理学家丸山敏雄先生的伦理思想，兼做日本民间社区文明建设经验采访。我在和李茂森博士同去采访、游览过程中，写了一些日记、散文，还有一点书法、诗词和摄影习作。回国后汇总起来，借练习电脑打字的机会打出电子版，出版了《日本采风》一书。这本书可算是我对日本伦理思想和民间文明习俗的一次短期实地考察，也是将我的伦理学研究向前推进的一个重要阶段。

通过教学和教材编写，我体会到，伦理学教学必需与伦理学史的学习和研究结合起来。因为历史上出现的每种特殊的伦理思想或伦理学体系，在它们产生的时期，都是与当时的时代条件、理论状况及思想者的个人特征相联系的，但它一经产生就进入了历史，亦即进入了人类伦理思想史的普遍联系。因此，只有注意历史并看清这个"普遍联系"，我们才能把握它的意义和价值。伦理思想史的研究表明，伦理思想史本身就包含着伦理学，是发展着的伦理思想内容包裹着的伦理学。我们通过对伦理思想史的研究，便可以了解伦理学本身的内容及其发展变化。换个角度看，研究伦理思想史，也就是用发展的眼光去看形形色色的伦理学，学习伦理学应当兼顾西方伦理思想史和东方伦理思想史，特别是中国伦理思想史，力求通观全局及其历史发展过程，即使是概略地把握也是必要的、有益的。

1993 年至 1994 年，我在参与罗国杰教授主编的《中国传统道德》丛书编纂过程中，比较系统地查阅了一些中国传统哲学和伦理学方面的文献资料，有选择地思考分析了一些传统伦理思想问题，梳理了一些中国传统道德规范的范畴，并同罗国杰和焦国成教授一起主编了《中国传统道德·规范卷》。在此前后，也写了几篇这方面的文章，主要有：《中国传统道德规范的发展》《道德观念的继承和发展》《传统道德建设经验值得研究》《传统道德治化反思录》

《和谐社会的伦理思考》等。

在伦理思想史的比较研究中，我注意到伦理和道德的联系和区别。按照中国儒家的说法，伦理关系之"理"，也就是关系之"道""道即理""人所共由谓之道，行有条理谓之理"。按照道家的思辨，就是："旷然无为之谓道，道能自守之为德"。所谓"道在天地间不可见，可见者化而已；化在天地间不可见，可见者形而已"。道—化—形，这个具有思辨色彩的公式，简明地体现了道与德之间的历史和逻辑、特殊和一般、内容与形式的统一。由此也可以理解黑格尔所说"伦理学是由逻辑学而来的"奥妙。因为，它是道之由虚而实，由隐而显，由体而用，由变而常，由道而成德的过程。从道德本身来说，这就是由道而化德，由德而显道的逻辑体现，所谓"道能自守之谓德"，就体现为个体的德操和人格。细究起来，中国传统伦理所要求的"慎独"，要比西方道德哲学所讲的"自律"，更深刻，更严格，也更为高明，它不仅意味着在私居独处之时一心向善，而且在幽微隐曲之地也"内省不疚，无恶于志"（《四书章句集注》第三十九页）。阐明这种统一过程及其价值本质，应当是马克思主义道德哲学的任务，也是我们的社会主义道德建设的历史使命。

中国传统伦理思想的一个重要特点，是重视伦理关系和秩序。不仅重视人与人的伦理关系，而且也把人与天的关系、人与物的关系，统统纳入统一的宇宙大化秩序之中。从积极、广泛的意义去理解宇宙大化的秩序，就必须尊重生态系统统一的原则。不仅应对人类讲道德，也应对一切非人类的物讲道德，爱物、惜物，对生态系统负起道德责任。对动物来说，就其动力在主体自身而言，那是"不自觉其为主体的主体"与"自觉其为主体的主体"之间的关系，即动物与人之间的关系或人与动物之间的关系。因此，我们就可以去考虑"厚德载物",以增强人类对动物、生物,乃至一切物类的关怀和爱护,更好地维护生态伦常与人类的生存环境。

我对伦理学和道德建设的研究,直接涉及社会道德与和谐社会构建问题的讨论。2005年5月,我在《人民日报》上发表了《和谐在于化解矛盾》一文,认为矛盾从萌芽、展开、成熟、转化,是一个发展过程,一般不可能在其萌芽状态就消灭,除非特殊领域的特殊情况,不宜笼统地宣传"把矛盾消灭在萌芽状态"。再说,事物是复杂多变的,不同的事物有不同的性质、特点和发展过程,也不能同样对待和处理。构建和谐社会的关键在于发现矛盾,分析矛盾,正确地处理和化解矛盾,从而促进矛盾的解决和社会的发展。和谐社会不是没有矛盾和冲突的社会,而是存在着矛盾和冲突但又能正视并妥善化解矛盾和冲突的社会。社会主义的和谐社会应是通过矛盾的化解而达到民主、自由、平等、公正、和谐、人与自然协调相参、安定有序的社会秩序。对于道德来说,作为内在良心的善恶选择,那正在于自觉地解决矛盾,即通过自律、自我反省而去恶扬善。2002年末,我承担了教育部伦理学与道德建设中心的重大课题项目,主编了《现代化进程中的伦理秩序研究》,发表了《论伦理关系》和《论伦理秩序》两篇论文。

关于社会主义荣辱观的讨论,直接关系着道德建设和社会治理。为此,我发表了《八荣八耻的道德哲学》一文,指出社会主义荣辱观涵盖的方方面面内容都很重要,但从荣辱观上来说,"八荣八耻"的道德要求是直击每个人的内在良心,重在催人作出善恶选择,落实于实实在在的修身践行。它激发每个人隐遁在内心而又制约其外在行为的良心,并聚焦为决定历史沉浮的民心所向。我佩服马克思那句深刻而发人深省的名言:"耻辱就是一种内向的愤怒,如果整个国家真正感到了耻辱,那它就会像一只蜷伏下来的狮子,准备向前扑去"。这不正是我们所需要的民族精神吗？

四、构建人生哲学体系

我的教学和研究，还有一个重要内容就是人生哲学。我对人生哲学问题的思考，是从 1982 年关于人生观的大讨论开始的。经过一年多对问题争论的思考，逐渐形成了建立理论体系的想法。1987 年，教研室接受了开设人生哲学课的任务。我协助罗国杰教授主编了教育部规划的《人生的理论与实践》统编教材。1988 年，我在研究生和教师培训班开设了人生哲学课。边写边讲，边讲边写，不断深化对人生的哲学思考，逐渐形成了关于人生真善美统一的思路。1989 年夏初，我借学校停课的机会，在留学生楼借用了一个房间，用 20 天时间加工修改讲稿，出版了《不朽的寿律——人生的真善美》。应该说，在这方面对我有重要影响的，除罗国杰之外，就是东南大学哲学与科学系教授萧焜焘先生。从 1987 年到 1989 年，他约我给他们哲学与科学系研究生讲西方伦理思想史，每次连续讲 20 天。这中间有些关于人生哲学方面的通信。1990 年春，我请萧先生为《不朽的寿律——人生的真善美》一书写篇序言，月余，他就给我寄来了使我深受启发的书序《死之默念与生的沉思》。我深为他那冷隽语言和睿智的哲理思辨所打动。

经过多年的人际交往和学术交流，我关于人生的思考有一个较大的进展。我考虑，研究人生问题应从什么地方开始？当时的人生哲学教材体系一般是从"人的本质"概念出发，从人类整体推向个体的人生。这对认识人的本质来说是正确的，但对个人的研究还是不够的。我的研究心得是反向思考，应从个体的人开始，从个体、特殊上升到一般和类本质。始点是自然个体人的自然存在,进而是社会存在的意识、意志活动和人际关系的发展。力求从经验、科学和哲学上升到理论的逻辑思维,启迪对人生的全方位辩证思考。要回答"人生是什么""人生应当是什么""人生能够成为什么"这样三个问题,描述人生真善美的实存和发展过程,画出人生的光彩扇面,从人的生说到人的死,揭示生与死的历史辩证法。概略地说,就是要阐明人生的寿律、人生的阶段、人生的实存;人生的理想、人生的道路、人生的价值、人生的纯朴、人生的崇高、人生的不朽。

综上所述,真善美三者及其发展环节的内在联系,兼容经验、科学与哲理,便可以构成一个比较有新意的人生哲学体系。可以说,它是做了统串人生学、心理学、道德学、伦理学和政治学为一体的尝试。人之所以异于禽兽,就是真善美这三个方面所体现的人生本质。这就是说,人就不是单纯凭自然本能"是什么"适应生活,而是根据合理的原则"应是什么",根据生活的条件和应当确定的目标安排自己的人生。这样,人在客观上就进入社会伦理领域,在主观上就进入意志行为领域,在精神上就使意志成为把握自己人生的主体,从而构成人生的理想,选择人生的道路,显现人生的价值。如果说,我们对人生实存的自在状态,赋予人生的主观颖悟的意义,那么对人生的理想自为状态的自觉性,就会提升到社会伦理实体的高度,从而使其具有普遍的社会客观性和历史性深度。不朽的人生不是外在的人体永存,而是人之为人的内在精神和高尚人格。人生从生存到不朽,通过劳动创造和事业成就体现其价值而存于社会、留名于历史。

2003年底,我在《不朽的寿律》书稿基础上修改、增补,扩充了篇幅,出版了新著《人生哲学导论》。这本书从人生经验和常识出发，力求提升理论，进一步完善已有的人生哲学体系。力求探索实施人生哲学教育的途径，阐述循序渐进地提高人生德智体美全面发展的过程和规律性。《人生哲学导论》一书就是从自然生命、社会生活、精神状态之间的时空辩证联系上，去揭示人生发展的阶段性、多面性、过程性和规律性。通过社会实践而升华的精神状态才是人生的本质所在。正是在这一点上，它体现着人的社会性、主体性与创造性。这样，人就不是单纯凭本能适应生活，而是根据经验、科学和哲学的智慧，按照自己的本愿与自觉的目标选择，来安排自己的生活。于是，人在客观上进入社会伦理领域，主观上就进入意志行为领域。自由意志、责任能力、自由与必然的关系，在其历史过程中就构成人生进程的核心，也构成伦理学、道德哲学及其应用研究的基本内容。在这种意义上，那部《人生哲学导论》可以说是通过人生哲学的阐释，通串伦理学和道德学的哲学研究尝试。罗国杰教授对此有深刻的理解和评价，他认为："《不朽的寿律》和《人生哲学导论》，把真善美统一起来，构建了独具一格的人生哲学体系。"（罗国杰：《马克思恩格斯道德哲学研究·序言》）

五、梳理马恩道德哲学思想

　　我对伦理、道德和人生哲学的研究，最后是集中到对马克思、恩格斯道德哲学思路的梳理和阐述。这虽说是我的教学和研究的"任务"，实际上也有我个人的自觉选择。我从青年到老年，不论顺利或坎坷，都坚持对马克思、恩格斯思想理论的尊重和学习，甚至有些固执。我的老师很多，小学的班主任赵凤山、中学校长刘大心，都是我的指路人。上大学那些年，因为政治运动打烂了稳定的教育制度，也因政治运动中的错误批判和误解，淡化和疏远了一些正常的师生关系。但是，哲学系的老师们讲的马克思主义哲学和相关课程，却是影响我的世界观、人生观和思想方法的基础。人大复校后，在研究马克思主义哲学方面，影响我最大的是肖前、徐林和肖明教授，听他们的课，跟他们编教材，虽然时间不长，但他们的智慧和严谨的治学态度，却给我留下了终生难忘的回忆。复校后接触较多的是陈先达教授。陈老师平易近人，言谈睿智，启发人独立思考。老同学常说他是"我们的苏格拉底"。陈老师对我的学术研究影响不是系统的上课，因为我没有机会去听课；也不是长时间的交谈，因为我无缘做他的研究生。影响我的主要是他的哲理专著和博学慎思的随笔《哲学心语》等。他的《文集》，特别是其中的《走向历史的深处》和《马克思早期思想研究》，直接影响了我对马克思、恩格斯道德哲学的思考和深入理解。看他的书和文章，能够理解马克思、恩格斯原著的难点和主要精神，使理解不深的地方能够加深理解，常有豁然开朗之感，真是一种启迪智慧的享受。还有，就是见到他时的交谈，有时是前去拜访时的交谈，就像他的博士生说自己的学位论文是和陈老师散步散出来的，聊天聊出来的一样，那种潜移默化的影响，不仅是对知识和理论的解惑，更是对马克思主义坚定信念的传递和陶冶。

我对马克思、恩格斯著作的学习和研究，在大半生中有过很多机会，但都不专业、不系统。在研究马克思、恩格斯道德哲学的问题上，主要是退休前后，有伦理学和道德建设研究基地的项目，给了我深入研究这个课题的机会。我用退休前后比较集中的时间，在研究生讲课的基础上，系统地思考了道德哲学问题。我曾尝试着为道德哲学写过一篇文章，叫做《道德哲学刍议》，试图寻找伦理道德哲学那座"庙里的神"。我们常见伦理和道德混用，但如何把握两个概念统一的精神哲学？却需作做认真的研究，让这两者实现一个综合，即道德的内在法（主观法）和伦理的外在法（客观法）的统一。借用黑格尔的用语，可称为"法哲学"。恩格斯说过："黑格尔的法哲学就是他的伦理学，即关于伦理的学说。"道德哲学或伦理哲学，两者可以通用。仔细研究这两者的关系可以发现，它们是密切联系的，但又是不同的，在科学的研究中还必须严格加以区分。

那么，如何阐述马克思、恩格斯的道德哲学、伦理哲学呢？我的做法就是：认真梳理马克思、恩格斯的道德哲学思想，在正确理解原著的基础上，提炼有关的思想理论，概括出马克思、恩格斯道德哲学的基本思路，力求勾画出马克思、恩格斯道德哲学体系，得出必要的结论，作为思考道德哲学体系的指导原则。

马克思、恩格斯的道德哲学思想是伴随他们的成长、革命实践和理论研究过程形成和发展起来的。马克思在中学毕业论文中就提出"为人民谋福利"的高尚理想。在博士论文中，强调自我意识的独立性要转化为改造世界的实践。在走上社会生活后，他冷静地对待现实与理想的矛盾，从理性主义道德思辨走向对现实社会的批判分析，积极宣传自由、民主和正义的革命民主主义的社会伦理观。马克思认为，批判的哲学面临两个任务：一是解释世界，即用理性认识世界"是如此"；一是改造世界，即通过意志和行动使世界成为"应如此"。马克思把对世界的"应当如此"的反思，从抽象的思辨推向改造世界的科学认识和革命实践。马克思接受了黑格尔否定性辩证法的启发，任何现实的规定都包含着矛盾，即包含着规定的否定方面，在其发展过程中必然发生转化，产生新事物。他们的批判哲学就是要在批判旧世界中发现新世界。

19世纪40年代，马克思和恩格斯合作，提出了新世界观的基本理论。他们对英国社会和工人阶级状况,进行了广泛、深入的调查研究;在分析资本主义制度的弊病和工人阶级生活状况的基础上,作了深入的社会矛盾和阶级矛盾分析,对各种体现封建主义、资本主义意识形态的道德观念和学说进行了全面、系统的批判,初步阐释了历史唯物主义的基本思想。他们公开阐明他们共同的思想观点和理论体系,强调从人的实际生活条件出发,看到人们"实际怎样""能够怎样"和"应当怎样",在一定条件下"必然怎样"的生活方式和意识形态发展的规律性。在《德意志意识形态》等著作中,完整、系统地阐发了历史唯物主义基本原理,为共产主义学说和科学的道德哲学奠定了坚实的基础。他们分析了道德的起源和发展规律,指出社会伦理关系和道德观念是历史发展和生活实践的产物,实质上是在一定经济基础上产生并与其上层建筑相适应的社会意识形式。他们从个人意识和社会意识的统一中,阐释了作为社会意识形式的道德,阐发了超越于一般伦理学和道德学的更为宏观而深刻的历史唯物主义的道义论。在《共产党宣言》中,他们进一步从政治上和革命实践的基本路线上,提出了新理论体系的核心思想,强调共产主义是为绝大多数人谋利益的运动,无产阶级只有解放全人类才能使自己最终获得解放的宗旨,把新道德观融于共产主义运动的实践。在这个意义上,马克思、恩格斯的道德观常被称为"解放的道德"。

马克思的主要著作《资本论》,不是讲政治的,也不是讲道德的,而是通过对资本的本性研究,揭示资本主义社会发展和历史演变规律。在《资本论》中,马克思指出资本的运动是一种社会力量和历史过程,它服从于绝对的历史辩证法,存在着不可克服的内在矛盾。资本的运动规律,不取决于个别资本家的善意或恶意,不能用道德意识和人性的善恶判断资本主义经济和社会历史的发展。马克思着力揭示的是制约资本家个人行为动机的客观经济运动规律，着重阐明的是判断行为正义和非正义的历史根据。马克思在证明经济发展的客观规律时排除任何主观意见和道德感因素，但在分析造成社会道德败坏和伦理秩序的失常时，又非常关注社会的道德意识和法律规章的价值公正性的客观根据。马克思强调改变社会制度和人们的生活条件，从而根本改变人们的生活方式和思想观念；强调用历史唯物主义方法分析个人利益和共同利益、利己主义和自我牺牲的关系；强调科学地对待在一定条件下的个人自我实现的必要形式，而不是简单化地把两个方面对立起来，用一个方面消灭另一个方面的道德教育指导改造社会的实践活动。在尊重自我意识、自由意志、责任能力和良心方面，马克思、恩格斯继承了前辈理论研究的优秀成果，充分肯定了个人自由意志、道德良心的理论意义和价值，特别是批判地汲取和继承了近代德国道德哲学和法哲学的精华，认为道德从其内容来说是他律的，但作为人之德性和德行又必然是个体的、自律的，是深藏在个人主体之中的"内在精神建设"，用中国的道德哲学观念来说，就叫做与社会的"大化"相对应的个人的"自化"，应把大化与自化统一起来。

恩格斯晚年，执行马克思的遗愿，通过人类学的研究，强调了劳动在创造人类和社会发展中的伟大作用，进一步证明家庭、私有制和国家起源的历史必然性，揭示了人类文明发展、演变的历程和规律。这个研究本身也是进一步证明人类伦理道德发展变化的历史趋势，说明人类个体文明的程度同时也是人类文明进步程度的缩影。马克思曾想写一本伦理学的书，由于其他更重要的工作和著述任务而未能如愿，但他和恩格斯留下了宝贵的精神遗产和思想启示。在他和马克思共同讨论的《反杜林论》中，恩格斯在批判杜林的道德论时，强调"自由意志、人的责任能力、必然和自由的关系"，作为区分道德和法的关键问题，可以说就是青年马克思所提出的那个"是与应当"的关系发展的逻辑链条。值得注意的是，1894年恩格斯晚年在给意大利社会党人《新纪元》周刊提供的题词时，从《共产党宣言》中摘出马克思写的一段话，表明马克思和恩格斯对未来共产主义社会道德体系的设想。按照恩格斯的解释，意志自由是借助于对事物的认识来做出决定的那种能力。因此自由是历史发展的产物，人类文化上的每一个进步都是迈向自由的一步。随着人类对自己历史进程的自觉把握和预期，"人类终究会成为自己的社会结合的主人，从而也就成为自然界的主人，成为自己的主人"。这就是马克思、恩格斯的道德哲学思想的根本要义和价值所在。从这个意义上说，马克思、恩格斯的道德哲学，可以说就是关于自由及其秩序的哲学。如果把"自由及其秩序"与劳动（活动）及其秩序联系起来说，劳动就是人的自由活动。这就会把抽象的哲学思辨落实到生活的大地上。如果能够正确地理解自由及其秩序，把它看作个人与社会、自由与规矩、自律与他律、自化与化大、自由与必然的统一，那就可以消除狭隘民族主义和自由主义，把握建立在生活实践基础上的关注人民幸福和人类解放的伦理秩序和道义精神。

马克思恩格斯终生为之奋斗的理想是实现没有剥削和压迫的自由、民主、公平、正义、共富、和谐的社会主义和共产主义。他们共同完成的伟大著作《资本论》和《共产党宣言》，就是向全人类揭示社会发展的普遍规律，并号召全世界劳动者团结起来为实现人类的共同理想而奋斗。

六、自述感言

每个时代都有体现历史前进方向的价值目标，人生应该与自己时代的价值目标相一致。能否自觉地、正确地把握时代的价值目标，是贤能之士与愚蠢之人的分水岭，也是一个公民的责任意识成熟的标志。

责任能力是人格的精神之骨。自强的责任能力是创造性劳动和高尚行为的内在动力。人正是透过自己对事业的责任和担当，才具有无可代替的尊严；个人只有履行自己对家庭、社会、事业的责任和义务，做出自己的贡献，也才能真正领略人生的意义和价值。

有一句名言："知识就是力量"，世人皆知。还有一句名言："德性就是力量"，却还没有引起人们足够的重视。献身于中国特色社会主义伟大事业的人，应该把经验、知识和哲理融于一身，在实现中华民族伟大复兴的长征中，勿忘初心，行其所志，亦志其所行。

目 录
CONTENTS

总　序 …………………………………………………………1

追寻伦理自由:我的学术自述(代序) …………………………1

第一编　经典问题与思想体系

马克思论权利和义务 …………………………………………3
马克思的价值概念与当代的哲学讨论 ……………………21
恩格斯论法律和道德,以及对杜林的批判 ………………36
家庭伦理及其秩序——恩格斯对家庭关系的人类学研究 …51
道德的自律与他律——从康德、黑格尔到马克思 ………99
马克思主义与伦理学:历史、文化与方法 ………………141

第二编　伦理观念与现实道路

关于"伦理"与"道德"的反思 ……………………………171

伦理思想史与伦理学 …………………………………188
黑格尔法哲学的思辨之谜 ……………………………199
人性善恶分析的辩证法 ………………………………211
论伦理秩序 ……………………………………………221
论社会和谐 ……………………………………………240
中华伦理、道济天下
　　——建设伦理法、道德法、礼仪法相统一的现代中国法哲学…250

第三编　他山之石与现代之维

让世人清醒的《重读〈资本论〉》………………………295
丸山敏雄及其实验伦理学 ……………………………312
信用·诚信·经济规律 …………………………………325
现代商业伦理及其和谐关系 …………………………341
财富与致富的伦理反思 ………………………………354
关于世俗化的断想 ……………………………………363
爱情的圣与俗 …………………………………………378

附录

不昧丹心是萧公——追思萧焜涛 ……………………387
亦师亦友义难忘——追思罗国杰 ……………………396

第一编　经典问题与思想体系

马克思论权利和义务

马克思关于权利—义务关系的思想，是非常丰富和深刻的。这不仅在他的著作中有着精辟的阐述，而且在他的实践也有鲜明的体现。从一定意义上说，马克思终生都在为实现权利和义务的统一和社会的公平、正义而呼吁，而奋斗。他的思想不免有它的时代烙印，但它所包含的真理和正义精神却是永远值得我们认真思考并在行动中去反复体验。

一、对黑格尔命题的批判

黑格尔在《法哲学原理》中讲到个人自由权利时，提到希腊教育史上的一次对话。有一位父亲问："要在伦理上教育儿子，用什么方法最好？"毕达哥拉斯派的人回答说："使他成为一个具有良好法律的国家的公民。"黑格尔引出这一对话的一个用意是要说明，"个人只有成为良好国家的公民，才能获得自己的权利"[①]。这句话

[①]〔德〕黑格尔：《法哲学原理》，范扬、张企泰译，商务印书馆1961年版，第153页。

所表达的观点就是他着重阐述的这样一个一般命题："个人对国家尽多少义务，同时也就享有多少权利。"①由于黑格尔这个观点强调的是国家普遍目的和个人特殊利益的统一，所以在德意志意识形态中成为绝对的政治原则和道德原则，受到普鲁士国家的青睐，也常被引用作为论证权利—义务关系的理论根据。但是，马克思却揭露了黑格尔这个命题中所包含的神秘主义和逻辑错误。

马克思的批判针对的是这样一个基本点，即黑格尔国家学说的神秘主义。黑格尔是个国家主义者。他把国家绝对化、神秘化，认为国家是"绝对自在自为的理性的东西"，它是"实体性的合理绝对的不受推动的自身目的"，是"地上的绝对权力"，是"神自身在地上行进"。②就国家、家庭和市民社会的关系来说，国家是先于家庭和市民社会的，而家庭和市民社会则是由国家观念产生的，是从国家实体或共同体中分离出来的，因而它们是国家实体规定的有限性、特殊性的存在。国家精神把自己"外化"为家庭和市民社会这两个领域，是为了通过它们返回自身，回归自为的绝对精神。

这样，黑格尔按照他的国家学说，就规定了人在国家中的地位："人只有在国家中才有其合理的存在。人之所以为人均须归于国家；人只有在国家中始有其本质。人所具有的一切价值及所有精神现实均通过国家始能取得……国家非为国民而存在；不妨说，国家即是目的，而国民乃是其工具而已。"③因此，正如国家对个人具有本质意义和最高权利一样，个人成为国家的成员也就是个人的最

---

① 〔德〕黑格尔：《法哲学原理》，范扬、张企泰译，商务印书馆1961年版，第261页。

② 〔德〕黑格尔：《法哲学原理》，范扬、张企泰译，商务印书馆1961年版，第257—259页。

③ 〔德〕迪特尔·拉夫著：《德意志史》，波恩英特纳雄耐尔出版社1987年，第71页。

高义务。

黑格尔的思想在下面这段话中作了进一步的表述:"对私权和私人福利,即对家庭和市民社会这两个领域来说,国家一方面是外在的必然性和它们的最高权力,它们的法规和利益都从属于这种权力的本性,并依存于这种权力;但是,另一方面,国家又是它们的内在目的,国家的力量在于它的普遍的最终目的和个人的特殊利益的统一,即个人对国家尽多少义务,同时也就享有多少权利。"[1]马克思对黑格尔法哲学的国家观的批判,就是从这里开始的。

在这里,黑格尔把私人权利和福利归于家庭和市民社会两个领域,显然是在讲体现私人权利和福利的家庭、市民社会对国家的关系。在国家是"地上的神"这种前提下如何规定权利—义务的关系呢?这里有两个方面:一方面,黑格尔按照他的思辨,把家庭和市民社会看作国家实体的产物,因此把家庭和市民社会对国家的关系归结为"从属"关系和"依存"关系。所谓"从属"关系,就是指国家对家庭和市民社会是一种"外在必然性"的关系。按照这种外在必然性,当家庭、市民社会的法律和利益同国家的法律和利益发生冲突时,前者必须依从于后者。所谓"依存"关系,就是指家庭和市民社会对国家属于部分对整体的关系,整体大于部分,部分从属于整体。在这种意义上,他认为国家普遍的最终目的和个人的特殊利益的统一,就在于"个人对国家的义务"和"国家赋予个人的权利"是同一的;换句话说,个人在对国家的关系中所受的约束同时也就是个人应有的自由。这是一方面。

另一方面,黑格尔又强调国家是家庭和市民社会的"内在目的",当然也是个人的本质和"内在目的",因为国家直接地存在于

---

[1]〔德〕黑格尔:《法哲学原理》,范扬、张企泰译,商务印书馆1961年版,第261页。

客观的伦理。按照黑格尔的法哲学体系，道德和伦理两个概念是严格区分的，道德和伦理分别属于客观精神发展的有内在联系的两个环节。道德是指在抽象法的外部规定的基础上进入主体意志内部的自我规定，即抽象的良心；伦理是指抽象法的善和良心的统一，即在家庭、社会、国家发展中体现的自由理念，表现为现实的社会关系的合理秩序、规章制度和礼俗伦常。马克思在批判黑格尔的国家学说时，也常沿用这样的用语，不过对概念内涵的理解与黑格尔不同。秩序中，间接地存在于单个人的自我意识和理性活动中。这种状况就体现着个人、家庭和市民社会对国家的态度，即对"自在自为的存在着的绝对目的"的渴望和希求。这样，在国家中，个人的义务和权利的结合就处在了"同一关系"中，即个人对国家的义务不仅是"从属"了外在的必然性，而且如同祈求神佑一样是个人自觉、自愿的希求。正是在这个意义上，他认为，"个人对国家尽多少义务，同时也就享有多少权利"这样一个原则不但是合乎伦理的，而且也是出自个人的道德良心的，用他的话说，"人们宁愿在这客观性中降为奴仆，完全依从"。这种思辨既是"诡辩"，又是"露骨的神秘主义"。马克思用的这两个评语词非常严厉但并不过分。

马克思认为，黑格尔的这种思想只有这样解释才是合理的：国家实际上是家庭和市民社会发展的产物，是真正从活动着的家庭和市民社会的成员这种群体中产生的。家庭和市民社会的独立的、充分发展是国家的前提，是国家赖以建立的基础。国家作为"政治共同体"，或"政治上组织起来的社会"[1]存在于人类的历史长河中，但不是从来就有的，也不是永恒的。"国家的看来是至高无上的独立的存在本身，不过是表面的，所有各种形式的国家都是社会身上的赘瘤；正如它只是在社会发展的一定阶段上才出现一样，一旦社

---

[1]《马克思古代社会史笔记》，人民出版社1996年版，第509页。

会达到迄今尚未达到的阶段，它也会消失。"①对国家来说，家庭和市民社会不是什么外在力量的"规定"，而是它们自己在历史发展过程中的"自我规定"，它们是国家生存的原动力和基础。黑格尔只强调了同一性的一个方面，即家庭和市民社会从属、依从国家这个方面，而没有看到后一方面，因而把前提变成了依从，把产生的东西变成了异化的绝对权利。

不仅如此，马克思还指出黑格尔陷入了一个没有解决的二律背反：一方面讲国家对个人、家庭和市民社会的关系是"外在的必然性"，即强制的、表面的、外在的关系；另一方面又说国家是个人、家庭和市民社会的"内在目的"，即个人、家庭和市民社会对国家的自愿的希求。在他那里，外在的又是内在的，普遍的又是特殊的，必然的又是偶然的，强制的又是自主的，从属的又是独立的——可以说，黑格尔的这种思想方式是历史事实的颠倒和逻辑的混乱。他只是满足于给自己想象出来的逻辑范畴找到相应的存在，而不问那种"从属"和"依存"关系是否合理，是否合适。尽管黑格尔对市民社会中权利—义务关系的分析，常常表现出明智的历史眼光，强调权利—义务的统一，反对权利—义务分离的特权，但是在国家对市民社会的关系方面，"黑格尔给他自己的逻辑提供了政治形体，但他并没有提供政治形体的逻辑"②。

那么，为什么黑格尔没有提供出"政治形体的逻辑"呢？那是因为他的唯心史观使他不能提供这种逻辑。他是从绝对完善的国家观念出发来研究国家的起源和发展的。他的观念虽然也有对社会与国家对立的某种实际认识的内容，但那是通过思辨的逻辑推论的对立概念出现的，所以只能得出社会与国家关系颠倒的结论。这样，

---

① 《马克思古代社会史笔记》，人民出版社1996年版，第510页。
② 《马克思恩格斯全集》第3卷，人民出版社1963年版，第62页。

在他眼里，构成国家主体和市民社会内容的人民，就只是国家观念实现自身的"材料"，完全是被动的、从属的、依存于国家主体的。他在《法哲学原理》中对人民作了这样的描述："作为单个人的多数人（人们往往喜欢称之为'人民'）的确是一种总体，但只是一种群体，只是一群无定形的东西。因此，他们的行动完全是自发的、无理性的、野蛮的、恐怖的。"①不难看出，曾经赞扬法国大革命是"光辉日出"的黑格尔，直到晚年还对它怀有拂之不去的恐惧心理。而他所构建的理想国家"希望有现代的立法权，然而要具有中世纪等级制度的外壳"。马克思说，"这是最坏的一种混合主义"。②

黑格尔主张的是君主立宪制。在这样的制度下，人民是从属于君主专制权力的臣民，当然就没有独立自主的权力和权利，国家与人民的权利—义务关系就不能真正实现统一。马克思认为，只有在民主制的国家里，国家制度才是人民的"自我规定"，国家权力才"属于全体人民"，才能真正实现权利与义务的统一。只有在这里，"国家制度不仅自在的，不仅就其本质来说，而且就其存在、就其现实性来说，也在不断地被引回到自己的现实基础、现实的人、现实的人民，并被设定为人民自己的作品"③。

二、权利与义务的互为条件

近代欧洲随着资本主义生产方式的发展和成熟，经济社会发生

---

① 〔德〕黑格尔：《法哲学原理》，范扬、张企泰译，商务印书馆 1961 年版，第 303 页。

② 《马克思恩格斯全集》第 3 卷，人民出版社 1963 年版，第 119 页。

③ 《马克思恩格斯全集》第 3 卷，人民出版社 1963 年版，第 39—40 页。

了结构性变化，即政治国家和市民社会的分离。马克思在批判黑格尔国家学说的过程中，分析了政治国家与市民社会分离的必然性及其历史意义。马克思认为，市民社会与政治国家的分离是历史的进步，它使被颠倒了的关系回到真实的地位，即市民社会作为物质关系的总和，作为与生产力相适应的生产关系的总和，是国家政治、法律上层建筑及其意识形式的现实基础。这种历史性的分离，改变了中世纪政治国家对市民社会和家庭的宗教加封建专制的绝对统治，是家庭和市民社会的一次政治解放。它使人摆脱了封建的人身依附关系，而成为独立的个人，在对国家的关系上则成为平等的公民。市民社会的人的差别，不再是特权和政治等级，而是金钱和教养。从这里生长起来的市民社会的个人通过平等权利表现出来，正像等级行会制度的人的关系通过特权表现出来一样。其抽象的核心价值观就是"平等、自由、财产、安全"。在这种意义上，市民社会的人权就是"脱离了人的本质和共同体的利己主义的人的权利"[1]，市民社会是"彻底实现了的个人主义原则"[2]。

那么，以利己主义、个人主义为原则的市民社会的人，又如何实现由特殊利益向普遍利益的转移，实现权利和义务的统一呢？这就要找到两种利益和权利沟通的渠道。十八世纪的经济学家亚当·斯密阐释了自由市场经济中的"个人为他人服务也在为自己服务"的理论。黑格尔进一步从哲学上论证了这种在"相互依赖全面交织"中的"不自觉的辩证法"。马克思揭示了在以契约为媒介的经济交往的相互联系中，"已有的法律因素以及其中包含的自由因素"，点出了它的存在方式：每个人在交易中只有对自己来说才是自我目的；每个人对他人来说只是手段；最后，每个人是手段同时

---

[1]《马克思恩格斯全集》第1卷，人民出版社1963年版，第437页。
[2]《马克思恩格斯全集》第1卷，人民出版社1963年版，第345—346页。

又是目的，而且只有成为他人的手段才能达到自己的目的，并且只有达到自己的目的才能成为他人的手段。"这种相互关联是一个必然的事实，它作为交换的自然条件是预先存在的"[①]。正是这种自然必然性，人的特性和利益，把市民社会的成员彼此连结起来，但是它们之间的现实联系不是政治生活，而是市民生活，是市民生活的社会规定。

近代市民社会的一个历史功绩在于，它确立了权利和义务不可分离的原则，而这一原则也正是社会主义者所要争取实现的社会原则。在这种意义上，马克思在1864年10月为国际工人协会总委员会写的《协会临时章程》中，写下了这样一段话："一个人有责任不仅为自己本人，而且为每一个履行自己义务的人要求人权和公民权。没有无义务的权利，也没有无权利的义务。"并且宣布："这个国际协会以及加入协会的一切团体和个人，承认真理、正义和道德是他们彼此间和对一切人的关系的基础，而不分肤色、信仰或民族。"[②]马克思在《章程》中所申明的关于权利—义务关系的基本原理，不仅是当时国际协会的一切团体和个人行动的基本原则，而且也是不分肤色、信仰或民族地对待一切人的关系的普世原则。遵行这样的原则对待权利和义务的关系，正是坚持真理、正义和道德的基础。

但是，马克思当时面对的还是资本主义生产方式下的社会状况，必须对资本对劳动的关系作出真实的、科学的解释。马克思认为，人是在一定的社会关系中存在的，按照人的"社会特质的存在"，一方面是人作为个人存在的权利，另一方面是在关系中存在应尽的义务，权利和义务是相对存在而不可分离的。譬如，工人在

[①]《马克思恩格斯全集》第46卷（下），人民出版社1979年版，第473页。
[②]《马克思恩格斯全集》第16卷，人民出版社1962年版，第16页。

资本家的工厂里做工，工人有权利向作为厂主的资本家索取工资。反过来，作为资本家的厂主付给工人工资，同时也就有权利要求工人完成他的劳动义务。在这里，权利和义务之间是互为条件的关系。实际情况当然不是这样简单。马克思几十年精心撰写的《资本论》，就包含着对这个问题的科学回答，它研究了资本主义生产方式及其相应的生产关系和交换关系，并最终揭示出现代社会的经济运动和历史发展规律。当庸俗经济学家阿道夫·瓦格纳曲解社会主义，说社会主义者把资本家的利润看作"仅仅是对工人的'剥取'或'掠夺'"时，马克思明确地回答他："在我的论述中，'资本家的利润'事实上不是'仅仅对工人的剥取或掠夺'。相反地，我把资本家看成资本主义生产的必要的职能执行者。"[1]商人的活动不过是"社会分工的一种特殊形式"。马克思明确地指出，资本家不仅"剥取"或"掠夺"，而且"帮助创造属于剥取的东西"，即帮助生产剩余价值。在这里，在等价物的商品交换情况下，资本家只要付给工人以劳动力的实际价值，就应有符合于这种生产方式的获得剩余价值的权利。就是说，在那个不是由资本家而是由工人的劳动构成的价值中，包含着资本家"有权"可以占有的部分，而且并不侵犯符合于资本主义生产方式下的商品交换原则。在马克思看来，资本家取得剩余价值的权利的合理性的根据，在于产生它的资本主义生产方式和商品交换所包含的自由、平等原则。"问题在于这些规律本身，在于这些以铁的必然性发生作用并且正在实现的趋势。"[2]这里是经济规律的作用，而不是道德感的力量。

马克思是以科学家的眼光和革命家的态度看待资本的历史作用，认为资本的伟大的历史面就是创造这种剩余劳动，而它的文明

---

[1]《马克思恩格斯全集》第19卷，人民出版社1965年版，第401页。
[2]《马克思恩格斯全集》第23卷，人民出版社1972年版，第8页。

面之一是"榨取剩余劳动的方式和条件,同以前的奴隶制、农奴制等形式相比,都更有利于生产力的发展,有利于社会关系的发展,有利于更高级的新形态的各种要素的创造"[1]。什么是正义? 马克思说:"生产当事人之间进行的交易的正义性在于:这种交易是从生产关系中作为自然结果产生出来的。这种经济交易作为当事人的意志行为,作为他们的共同意志的表示,作为可以由国家强加给立约双方的契约,表现在法律上,这些法律形式作为单纯的形式,是不能决定这个内容的。这些形式只是表示这个内容。这个内容,只要与生产方式相适应,相一致,就是正义的;只要与生产方式相矛盾,就是非正义的。"[2]马克思还说到,在资本主义生产方式的基础上,奴隶制是非正义的;在商品质量上弄虚作假也是非正义的。现在有些学者,把"正义"说成是"人的内心情感的一种感悟",是"以相同的标准对待所有的人和事""己所不欲,勿施于人"是人类公正的根本保证,等等。这些说法无论从主观上还是从客观上讲,都脱不掉缺乏历史辩证法的理解力的肤浅。

社会是一个有自己的权利和义务的负有责任的整体。一个组织合理的正义的国家,应该体现社会组织的本质和合理的伦理秩序,努力实现权利和义务统一的平等、民主、公正的合理状态。但是,权利和义务的统一并不是政治家和哲学家的理想安排。从普遍的人民利益来看,资本对劳动的私有权正如个人对土地的私有权一样,仍然是使权利和义务分离和对立的根源,问题仍然是要为没有权利的劳动人民争取权利。即使是现代社会,在全世界范围内,权利和义务的统一仍然是需要认真思考和切实解决的现实问题。这也是马

---

[1]《马克思恩格斯全集》第 25 卷,人民出版社 1972 年版,第 925 页。
[2]《马克思恩格斯全集》第 25 卷,人民出版社 1972 年版,第 379 页。(恩格斯在《反杜林论》中对此有详解,见《全集》第 20 卷,第 165 页。)

克思和恩格斯在《共产党宣言》中所写下的共产主义者的历史使命,即实现一个权利与义务相统一的"各个人的自由发展为一切人自由发展的条件"的和谐的理想社会。

三、所谓"平等的权利和义务"

有一段史实值得注意:在1864年的那个国际工人协会的《临时章程》中,马克思提出"工人阶级的解放斗争不是要争取阶级特权和垄断权,而是要争取平等的权利和义务,并消灭任何阶级统治"①。19世纪70年代,有些社会主义者反对国际协会总委员会的意见(实际上是反对马克思的意见),他们在《临时章程》的法译文中写上了"平等的权利和义务"的要求,但是删去了《临时章程》中的"消灭阶级"这一具体要求。马克思于1870年1月写了《总委员会致瑞士罗曼语区联合委员会》的通告。在通告的第五部分指出,"平等的权利和义务"这种要求只是一个一般的提法,这种提法不过是"重复了近百年来几乎在所有民主主义宣言中都能遇到,而在不同阶级的代表人物的口中却含有不同意义的一般词句"②。问题在于在阶级社会里权利和义务的关系总是具体的,是有阶级性和阶级特征的,而不是抽象的一切人都一样的。如果抽去"消灭阶级"这一具体要求,那就使国际工人协会的章程流于空洞的形式。马克思认为,"消灭阶级"这一具体要求是实现"平等的权利和义务"的必要条件和前提。只有在消灭阶级和阶级特权的条件下,才能谈得上真正的"平等的权利和义务"。

---

① 《马克思恩格斯全集》第16卷,人民出版社1962年版,第442页。
② 《马克思恩格斯全集》第46卷(上),人民出版社1979年版,第455页。

所谓在阶级社会里的权利—义务关系是有阶级性和阶级特征的，主要就在于这种关系从根本上说是受权力制约的。一般地说，权力可以包含权利，但权利却不能包含权力。权力是一种授予，可以不与义务相对应，但权利与义务则必须是对应的。边沁在他的《道德与立法原理导论》中对这两个概念作了一个两千多字的注解，也还没有给出明确的定义[①]，就因为他是处于17世纪至18世纪之交的跨时代的人物，还没有看清新时代英国社会阶级权力和权利的关系。在废除封建主义特权的资本主义制度下，是否就能实现"平等的权利与义务"呢？这首先要看制约着社会权利—义务关系的权力，犹如在人与人的关系背后感到资本的无限力量一样。

有句话说："人有了钱就想有权。"这话不错，但是还有句话更值得注意："有了权就要把它变成特权。"马克思在对资本主义政治经济制度的研究中，从资本与劳动的关系上，分析了权力转化为权利以及权利和义务的关系。在资本主义生产方式中，对于剩余资本来说，最初的条件就是把资本家所占有的一部分物化劳动，或者说属于资本家所有的那一部分价值，拿来同他人的活劳动能力相交换。但是，在剩余价值的形成过程中，资本家仅仅通过占有他人的劳动就代表了自为存在的价值，即代表了自为存在的货币和财富，这是因为剩余资本的每一种要素，即材料、工具、生活资料，都归结为资本家不通过等价交换就占有的他人的劳动，而且是有国家法律保护的占有。这种对劳动价值的占有权，不仅是资本的那种不可抗拒的购买的权力，而且是以法律保护的权力实现的权力。资本家用这种权力占有的价值的一部分，在形式上同活劳动能力相交换。所谓"在形式上"，就是说，只是形式上的交换而实质上并没有等

[①]〔英〕边沁：《道德与立法原理导论》，时殷弘译，商务印书馆，2000年版，第267页脚注。

价交换，因为被交换的活劳动还必须再把它所交换的价值归还给资本家，或偿还给资本家。马克思认为，这种价值不是从资本和劳动的关系中产生的，而是从资本占有劳动的权力中产生的。

还应注意的是，这种已经实现的对他人劳动的占有权力，在延续的发展中就表现为对他人劳动的继续占有的简单条件。资本家依据这种简单条件就能重新占有他人的活劳动，而这种活劳动能力就成为资本家越来越多地不支付等价物便占有他人劳动的唯一条件，也是资本家扩大他的资本权力的唯一条件。亦即是说，资本家的已经到手的货币和财产又成为进一步占有现在正在进行的他人活劳动的条件。而这一切又都是按照等价交换的规律进行的，并且在法律上又是任何人对自己产品的所有权和自由支配权的规定。

马克思并不是根据权利—义务的定义解剖资本主义市民社会的，而是依据历史辩证法去解剖资本主义社会现实及其历史演变。按照马克思的分析，"所有权在资本方面就辩证地转化为对他人的产品的权利，或者说转化为对他人劳动的所有权，转化为不支付等价物便占有他人劳动的权利，而在劳动能力方面则辩证地转化为必须把它本身的劳动或把它本身的产品看作他人财产的义务"[①]。现在，所有权对于资本家来说，表现为占有别人无酬劳动或产品的权利，而对于工人来说，则表现为不能占有自己的产品。"所有权和劳动的分离，成了似乎是一个以它们的同一性为出发点的规律的必然结果。"[②]在这种情况下，权利和义务的分离正表现为前面黑格尔所说的"在同一性的关系"之中，但合理的、公正的交换关系就完全不存在了，统一就成了虚伪的假象：权力使权利不尽义务就能得到不应得到的利益，而把奉献的义务推给没有权力的人。

---

① 《马克思恩格斯全集》第 46 卷（上），人民出版社 1979 年版，第 455 页。
② 《马克思恩格斯全集》第 23 卷，人民出版社 1972 年版，第 640 页。

为什么不能抽象地提出"平等的权利和义务"的要求呢？因为政治与权力是结合一体的，资本家和官僚是坐在一条板凳上的。在存在阶级和阶级对立的社会里，权利和义务的关系从根本上说是阶级力量对比的体现，离开这种实际社会条件和具体生活状况，就是抽象地看待权利和义务的关系。关于"平等的权利和义务"的抽象提法，在反对特权和专制方面表达着一定的民主愿望和平等的要求，所以在历史上几乎所有的民主主义者在他们尚未认识资本主义社会关系的本质之前，他们都只能举起"平等的权利和义务"这面旗帜。实际上，在资本主义社会即使民主国家的权利和义务也不可能是真正平等的。不仅在古代马尔克制度[①]中"自由人"的权利和义务是不平等的，是在受国家保护的主人绝对权力下履行的权利和义务，而且在实现了政治解放的资本主义制度下，也是在权力控制下的权利—义务关系，就像工人自由地出卖劳动力之后进入剩余价值生产过程时就变为失去自由的奴隶一样。

　　工作日的正常化就包含着权利对权利的对抗。在剩余价值生产过程中，资本家要坚持他作为买者的权利，要尽可能延长工人劳动的工作日，只要可能，他就会把一个工作日变成两个工作日；另一方面，工人作为特殊的劳动力也给它的买者规定了消费的界限，即自然界限和道德界限，就是说工人也要坚持他作为卖者要把工作日限制在一定的正常的、合理的界限内的权利。这两个方面在长期的历史过程中，经过或隐蔽或公开的斗争。在一般情况下，资本得到国家法律的保护，而在关系到生产力发展和税收保障的情况下，法律也规定并保障劳动的一定的界限。马克思说，这里出现了"二律

[①] 马尔克制度：即一种社会经济组织形式。古代日耳曼人按地域关系由若干大小不等的村落组成的土地公有私用的农村公社，它是从氏族公社向土地私有制过渡的一种社会经济组织形式。——编者注

背反",即权利同权利相对抗,而这两种权利都同样是商品交换规律所承认的。因此,在平等的权利之间,力量就起决定作用。那个时代的工厂工人的劳动工作日,从14小时,减到12小时,再减到10小时,最后减到8小时,不是经过无数次的联合的力量较量而取得的吗?(当然,后来的工作日缩短和待遇的提高有后来的情况,但也不应忘记历史。)所以,在资本主义生产的历史上,劳动工作日的正常化过程就表现为规定工作日界限的斗争,就是争取正常的劳动权利的斗争,同时也就成为资本家阶级和工人阶级之间的政治斗争。①所以,当经济学家巴斯夏②说那就是"和谐经济"或"经济和谐"时,马克思只好说它是"从贫乏的、紧张的、对立的反思中产生的夸张"③。

马克思一贯主张,对权利的平等要作具体的历史的分析。马克思还特别说明,这种不平等在共产主义社会的第一阶段,也是不可避免的。因为在共产主义社会的这个阶段上,"它不是在它自身基础上已经发展了的,恰好相反,是刚刚从资本主义社会中产生出来的,因此它在各个方面,在经济、道德和精神方面都还带着它脱胎出来的那个旧社会的痕迹。"④这就是说,在社会发展的这一阶段上,权利与义务的平等在很大程度上也还是形式的。一个人以一种形式给予社会的劳动量,又以另一种形式领回来,等价交换只是平均数,并不是在一切个别场合。这里通行的还是调节商品交换的同一原则。生产者的权利是和他们提供的劳动成比例的。马克思说,

---

① 《马克思恩格斯全集》第23卷,人民出版社1972年版,第262页。
② 弗雷德里克·巴斯夏,19世纪法国的古典自由主义理论、经济学家。——编者注
③ 《马克思恩格斯全集》46卷(上),人民出版社1963年版,第8页。
④ 《马克思恩格斯全集》第19卷,人民出版社1965年版,第21页。

"在这里平等的权利按照原则仍然是资产阶级的法权"①。所以，就它的内容来讲，它像一切权利一样是一种不平等的权利。马克思认为，就其本性来讲，权利只在于使用同一的尺度。不同的个人要用同一的尺度去计量，就只有从同一个角度去看待他们，从一个特定的方面去对待他们。例如，在一定的劳动场合，首先把人只当作劳动者，再不把他们看作别的什么，这当然是平等的。但是，一个劳动者已经结婚，另一个则没有；一个劳动者的子女较多，另一个的子女较少，如此等等，就不可能是平等的。如果在劳动成果相同、从而由社会消费品中分得的份额相同的条件下，某一个人事实上所得到的比另一个人多些，也就比另一个人富些，也不可能是平等的。马克思认为，要避免所有这些弊病，权利就不应当是平等的，而应当是不平等的。"权利永远不能超出社会的经济结构以及由经济够所制约的社会的文化发展。"②所以，在资本与劳动存在对立的情况下，就不能抽象地期望有"平等的权利和义务"，不能抽象地把"平等＝正义"当成最高的原则和最终的真理。但是，马克思在肯定社会主义社会还存在资产阶级法权之后说，"原则和实践在这里不再互相矛盾"③。这当然是马克思按照完全公有制社会和计划经济所作的逻辑推论，后来的历史发展证明，在社会主义制度下，原则和实践仍然存在着矛盾和冲突，仍然需要不断进行经济、政治和社会的改革，需要对新滋生的特权、腐败和各种恶行进行反复的斗争，去争取权利和义务的统一。

最后，需要说一下关于对待自己本身的权利和义务问题。这个方面，马克思虽然讲得不多，但他的行动和思想却极为重要。在存

---

① 《马克思恩格斯全集》第19卷，人民出版社1965年版，第21页。
② 《马克思恩格斯全集》第19卷，人民出版社1965年版，第22页。
③ 《马克思恩格斯全集》第19卷，人民出版社1965年版，第21页。

在着不平等的资本主义社会制度下，马克思始终自觉地、积极地为争取坚持真理和正义的权利而斗争，同时忠实地履行与这种权利相一致的义务。他踏入社会，血气方刚，就积极参与争取思想自由和出版自由权利的斗争，维护探讨真理、表达真理、"表露自己的精神面貌"、"表达人民精神"的权利。他认为这也就是"真理探讨者的首要义务"①。后来，在指导工人运动的过程中，他始终坚持批判错误倾向的权利。1875年5月，马克思批判爱森纳赫派②"哥达纲领"的错误，在给白拉克③的信中说："我的义务也不容许我即使只用外交式的沉默方法来承认一个我认为应当根本抛弃并且会使党瓦解的纲领"④。当时面临着与闹分裂的爱森纳赫派的合并的形势，促进合并本身会使工人满意，对社会民主党有利，这似乎是马克思应尽的义务。但是，当他想到一时的满意和有利将会损害原则、使革命事业付出更大的代价的时候，他就毅然决定首先要拿起手中的权力，抵制和批判错误纲领。更不用说，他用毕生的精力撰写《资本论》，为坚持伸张真理和正义的权利而宣布"走自己的路"，哪怕"在地狱的入口处"。

在这方面，恩格斯坚持了马克思的原则。1894年俄国流亡社会主义者克里切夫斯基未经恩格斯同意就翻译并准备出版马克思的著作。那时马克思已经去世，马克思著作的出版权都交给了恩格斯，而且克里切夫斯基要出版的著作恩格斯已经做了出版安排。当克里切夫斯基请恩格斯写序言时，恩格斯立即回信说明，根据《伯尔尼

---

① 《马克思恩格斯全集》第3卷，人民出版社1963年版，第110—111页。
② 爱森纳赫派，亦称德国社会民主工党，是1869年8月德国工人运动中的先进分子威廉·李卜克内西和倍倍尔领导下成立的德国工人阶级政党。——编者注
③ 威廉·白拉克：爱森纳赫派创建人和领导人。——编者注
④ 《马克思恩格斯全集》第19卷，人民出版社1965年版，第13页。

协定》①，版权归我所有。无论从党的事业还是从事情本身着想，"我仍然应当坚持自己的权利，否则，对于那些不称职或不能信任的人译成的东西的发表，我就要担负责任。此外，由于我已经对第三者负有责任，我感到自己有双倍的义务这样做"。信中明确地表示，"这就不单是礼貌问题，而是译者的责任和义务"，因此郑重地对他的做法提出抗议，并声明"保留自己的一切权利"。②

权利与义务是对等的，是互为条件的，但是实际生活中却常常发生矛盾。这并不奇怪，因为理论和实际是存在矛盾的。理论上、逻辑上说权利和义务是相等的，原则上是一个人有什么样的权利就有什么样的义务，有什么样的义务就有什么样的权利。但是在实际生活中，情况就不会是这么简单明了；"原则的"是应该的、理想的，"实际的"却离原则和理想还有相当的距离。这不仅因为事情轻重缓急因而有处理的先后，更因为社会制度的弊端和利害冲突而发生的权利—义务关系失衡。这种理论与实践、实然与应然的矛盾的解决，绝对不只是认识的任务，而且是现实生活的任务，诚如马克思所说，它的解决"只有通过实践方式，只有借助于人的实践力量，才是可能的"。③

---

① 1886年由欧洲几个大国共同签订的保护文艺作品版权的协定。
② 《马克思恩格斯全集》第39卷，人民出版社1974年版，第238页。
③ 《马克思恩格斯全集》第3卷，人民出版社1963年版，第306页。

马克思的价值概念与当代的哲学讨论

说到价值，有一个人们也许不太注意的现象：自从价值论在中国悄然兴起以来，人们就很少再用"真理"一词，而更多、更经常的是使用"价值"这个词了。可是挂在人们嘴头上的"价值"这个词究竟是什么意思？普通人不多思考就回答："价值不就是满足需要的有用性嘛！"可是，翻翻相关的译著或国人的著作，还可以看到更多的不同观点，如"价值是引起兴趣的任何对象""价值是以某种方式被享受和可享受的质""价值是客体对主体吸引和排斥的程度"，如此等等，可以列出一张不下50种相互差别或对立的定义的清单。英国哲学家罗素颇有风趣地说，价值就好比吃一盘菜，你吃好吃，我吃不好吃，价值就是口味。那么到底什么是价值？

对此问题，国外一些价值论专家似乎感到陷入困境。美国社会学家索罗金不无失望地说："价值论之所以一度停留在毫无结果的哲学水平上，是因为人们试图用一实质性语言来分析一种虚无缥缈的东西"。实用主义哲学家杜威在90岁高龄时中肯地指出："就目前有关价值问题的情况而言，最重要的问题乃是方法学"[①]，他甚

---

① Risieri Frondizi, What is Value?: An Introduction to Axiology, Pen Court Publishing Company, 1971.

至认为除非先澄清方法上的难题，否则价值学不会产生。这类观点和情绪在当代西方哲学界似有一定的代表性。

不过，我们国内的价值学、价值论的研究，起初也是引用马克思在《评阿·瓦格纳的〈政治经济学教科书〉》文章中的一句话，作为价值概念定义的经典根据。那句话就是："'价值'这个普遍的概念是从人们对待满足他们需要的外界物的关系中产生的"。[①]有学者认为这是"成熟的马克思从哲学意义上对价值概念作的界说"。其实，早在1987年《光明日报》已发表过郝晓光先生根据德文原著作的考证，证明那句话不是马克思的观点，而是马克思批评的瓦格纳观点的概括表述。后来引用那句话作为价值概念经典定义的几乎不见了。可是，最近有个别学者又引用马克思《笔记》中的那句话，不仅作为马克思价值概念定义的经典根据，而且认为它是"社会主义核心价值观的思想理论渊源"。因此，有必要在这里重提马克思对瓦格纳价值论的批判，辨别关于"价值概念定义"的是与非。

事情的缘起是这样的：

19世纪德国经济学家阿道夫·瓦格纳于1879年出版了一本《政治经济学教科书》，歪曲马克思在《资本论》第一卷中阐述的价值论，从使用价值直接"推论"出了价值概念，试图否定《资本论》的价值理论，于是引起马克思对他的错误价值论的批判。瓦格纳是怎样推论的呢？他有两段典型的话：

> 人作为具有需要的生物，同他周围的外部世界处在经常的接触中，并且认识到，在外部世界存在着他的生活和福利的许多条件。[②]

[①]《马克思恩格斯全集》第19卷，人民出版社1965年版，第406页。
[②]《马克思恩格斯全集》第19卷，人民出版社1963年版，第408页。

人的自然愿望，是要清楚地认识和了解内部和外部的财务对他的需要的关系。这是通过估价（价值的估价）来进行的，通过这种估价，财物或外界物被赋予价值。而价值是计量的。①

瓦格纳推论的思路可以概述为这样：第一步，从作为"生物"的人出发，肯定人是有需要的，表现为满足需要的自然愿望；第二步，肯定人同他的周围环境处在经常的接触中，其愿望是要认识并且能够认识外界物对需要的关系；第三步，人通过认识外界物能够满足人的需要是财富，于是对财富进行估价，而估价就是赋予财富以价值；第四步，按照德语的用法，把"使用价值"和"价值"两个词混同起来，从使用价值直接得出"价值"概念，反之由价值又推出使用价值。结论就是："'价值'这个普遍的概念是从人们对待满足他们需要的外界物的关系中产生的"。

（一）讨论的焦点之一：《笔记》中的那句话究竟是瓦格纳说的，还是马克思说的？

怎样解释马克思《笔记》中被引用的那句话是瓦格纳说的？请注意：在那句话里，马克思在"价值"一词上打了引号，显然不是马克思自己所说的价值，而是指瓦格纳说的"价值一般"概念。为此，在《笔记》中，马克思还特别说明，"瓦格纳在把通常叫作'使用价值'的东西叫作'价值一般'或'价值概念'后，当然不会忘记：'用这种办法……推论出来的（！）价值，就是'使用价值'。"

马克思在《笔记》原稿中还删掉了一段话，这段话在正文中是

---

① 《马克思恩格斯全集》第 19 卷，人民出版社 1963 年版，第 404 页。

这样表述的:"一位德国的政治经济学教授的'自然愿望'是,从某一个'概念'中得出'价值'这一经济学范畴。"这某一个概念就是指使用价值。就是说,瓦格纳直接从使用价值概念推出了价值这个普遍概念。这段删掉的话也清楚地说明那个"结论"并不是马克思的观点,而是概括瓦格纳的错误观点的。

值得注意的是,马克思的《笔记》在阐述《资本论》的价值论基本原理时,清楚地分析了瓦格纳的价值概念推论的错误。主要可以归纳为以下几点:

第一,关于"一般的人"的分析。马克思首先指出,瓦格纳所说的"人"是"一般的人",即抽象的人,而不是具体的一定社会关系中的人。马克思说:"如果这里指的是'一般的人'这个范畴,那么他根本没有'任何'需要;如果指的是孤立地站在自然面前的人,那么他应该被看做是一种非群居的动物;如果这是一个生活在不论哪种社会形式中的人,……那么出发点是,应该具有社会人的一定性质,即他所生活的那个社会的一定性质,因为在这里,生产,即他获取生活资料的过程,已经具有这样或那样的社会性质。"[①]因此,分析商品的价值应该从"一定的社会经济时期"出发,也就是"从现实的实践于一定社会关系中的人"出发,而不能从抽象的"一般的人"和作为"生物"的人出发。这是两种根本不同的出发点和方法论。

第二,关于人与外界物的关系。马克思指出,瓦格纳认为人对自然的关系首先并不是实践的以生产活动为基础的关系,而是静止的、理论的关系。实际上,人们并不是首先"处在"某种对外界物的关系中,而是积极地活动,通过生产活动来取得一定的外界物,从而满足自己的需要。就是说,"一定的外界物是为了满足已经生

---

① 《马克思恩格斯全集》第 19 卷,人民出版社 1965 年版,第 404—405 页。

活在一定的社会联系中的人的需要服务的。"①

第三，关于"价值"概念的分析。马克思指出，瓦格纳的"价值"是由"使用价值"决定的，有时他又把价值偷换成"市场价格"。瓦格纳没有把各种劳动的具体性质和一切具体劳动所共有的劳动力的消耗区别开来。他接受了洛贝尔图斯所说的"价值就是使用价值"的错误观点。如果他进一步分析商品的交换价值，他就会在这个价值表现形式（交换价值）的背后发现"价值"；如果他再进一步研究"价值"，那么他就会发现"使用价值只是当作人类劳动的物化，当作相同的人类劳动力的消耗，因而表现为物的对象性质。这样一来，他就会发现，"商品的'价值'只是以历史上发展的形式表现出那种在其他一切历史社会形式内也存在的，虽然是以另一种形式存在的东西，这就是作为社会劳动力的消耗而存在的劳动的社会性。"②

第四，关于价值概念的推论。在瓦格纳看来，物作为满足自己需要的资料就是"财物"，对财物的估价就是"赋予价值"。这就等于说，从人对"财物"的自然愿望就能得出价值概念，这不过是用"价值"一词代替"财物"一词而已。瓦格纳推论价值概念的手法，就是把使用价值和价值混在一起，把"使用价值"按照德语的用法改称为"价值"；反过来又在"价值"一词前面加上"使用"一词，就得出"使用价值"。所以，马克思说瓦格纳是在偷换概念，"玩弄惊险的飞跃"，以摆脱"没有能力胜任深刻研究价值的尴尬"。

（二）讨论的焦点之二：应当怎样进行价值概念的抽象？

事实上，马克思对瓦格纳的批判和对自己的观点的阐述，不仅

---

① 《马克思恩格斯全集》第 19 卷，人民出版社 1965 年版，第 405 页。
② 《马克思恩格斯全集》第 19 卷，人民出版社 1965 年版，第 420 页。

是对经济学价值的科学分析，而且也是对价值概念的深刻的哲学分析。不难看出，把价值归结为主体需要的满足，或者归结为客体满足主体需要的有用性或效用，如果不把人的需要纳入社会实践和一定的社会关系，去深入思考事物关系的本质规定和意义，那就有可能还没有跳出瓦格纳构造价值概念的思维模式。实际上，这种思维模式在历史上是常见的。例如，17世纪英国经济学家尼古拉斯·巴尔本讲经济价值时是这么说的："人生而有两种需要，饥渴、欲望，追求快乐和幸福的需要，世界上凡是满足这两种需要的东西都有用，因而都有价值"。19世纪德国哲学家费尔巴哈讲哲学价值时也是这么说的："价值就在于使人得到快乐和幸福，而快乐和幸福就在于无阻碍地满足人的本质和生存的需要"。他们所说的价值概念都是指物满足需要的有用性，其思维模式本质上与瓦格纳是一样的，并非有人所说"那只是碰巧"。

应该怎样进行价值概念的思考呢？这里可以借鉴参考黑格尔的分析。黑格尔在批判费尔巴哈时说："盛行于18世纪的道德哲学是快乐主义，它追求特殊嗜好、愿望、需要的满足，因而把偶然的特殊的东西提高到意志所追求实现的原则"。他认为，"对存在物的规定来说，有用性和效用是必要的环节，但不是唯一的环节"。他认为，"对这种'启蒙观念'的研究应该继续深化"。他的《法哲学原理》一书就是深化了这种研究的经典之作。他从分析"人的需要"入手，阐释了经济学的价值，虽然没有明确地说出形成价值的"抽象劳动的共同性"，但按照他的理解，价值是"在使用中的实存的即在关系中的物的内在等同性"。这一点可以从他对市民社会"需要的体系"的阐述中得到解释。黑格尔说："某些普遍需要如吃、喝、穿等等，它们的得到满足完全系于偶然的情况。土壤有的肥沃些有的贫瘠些；年成的丰歉每岁不同；一个人是勤劳的，另一个人是懒惰的。但是从这种乱纷纷的任性中就产生出普遍规定。"①并且指出,政治经济学就是"从需要和劳动的观点出发、然后按照群众关系和群众运动的质和量的规定性以及它们的复杂性来阐明这些关系和运动"②。

值得注意的是,他把这样的价值概念进一步应用于法律、道德、审美等领域的价值分析。

首先,黑格尔对"在使用中的物"作了分析。他认为,物一旦进入人的实践,被人用于使用和交换,那么它就是在质和量上被规定了的单一物,并且与人的特种需要有关。这样,使用中之物的特种有用性,"由于具有一定的量,可与其他同样有用性之物作比较;同样,该物所满足的特种需要同时是一般的需要,因之它可以在特殊性方面与其他需要相比较"③。物的这种简单的规定性,是一种来自物的特殊性的普遍性。这种物的普遍性,就是物的实体性,而物的实体性(概念)就在这种价值中获得了规定。在他的概念分析中,有用性只是个别性、特殊性;价值性则是普遍性、一般性,有用性不等于价值性。他认为,正因为这样,价值才能成为意识的对象。如果它只是满足需要,那它还只是感觉的对象,而不是意识的对象。在黑格尔看来,当我们考察价值概念时,我们是把质(特殊性)暂时排除了的。假如不把质排除,就无法对不同的物进行比较和交换,就无法在比较中规定其价值。但量的规定性又不能离开质的规定性,后者是前者的载体,前者是后者的所值。因此,价值不

---

① 〔德〕黑格尔:《法哲学原理》,范扬、张企泰译,商务印书馆1961年版,第105—106页。
② 〔德〕黑格尔:《法哲学原理》,范扬、张企泰译,商务印书馆1961年版,第205页。
③ 〔德〕黑格尔:《法哲学原理》,范扬、张企泰译,商务印书馆1961年版,第70页。

仅是"物的内在普遍性",而且是物在比较中的内在同一性、可通约性,而不是那种表面的普遍性。

其次,从这些论述中,我们可以看到,黑格尔关于价值概念的规定,其思路和分析方法是本质的、深刻的思辨。但如果仅仅到此,我们只能说这是经济学的价值概念,并没有解决我们的问题。不过,黑格尔把这个概念的规定又用到了法律领域。当黑格尔论到对各种犯罪行为进行处罚时,他强调必须由法律来规定。而法律的规定即在于"找到由犯罪行为所造成的对法的侵害的普遍性,即找到它的价值"。这就是说,犯罪人作为具有理性的人做出的行为,各个都是特殊的行为,但每个特殊行为都"包含着它对作为法的普遍性的侵害,即包含着他的行为应有的价值";"法律对犯法行为的惩罚就是使犯法行为体现其价值";"犯法行为的价值就是它的侵害性质的普遍规定;法律就是适用于个别事件的一种普遍规定"。"然而真正讲来,普遍性才是个体事物的根据和基础,根本和实体。"①

黑格尔说,对犯法行为的惩罚是对犯法行为的报复。这种报复是对犯法行为侵害的侵害,但并不是与犯法行为特种性状的等同,即不是对犯法行为的同态报复(如以窃还窃,以眼还眼,以牙还牙),而是与侵害行为普遍性状的等同,即价值的等同。这种法的等同性、价值的等同性,就是不同种犯罪行为的同等量刑的根据。就在这里,黑格尔给价值范畴作了逻辑界定:"价值这一范畴,作为在实存中和在种上完全不同的物的内在等同性,……通过这一规定,我们对物的观念就从物的直接性状提高到普遍物。"②他说,通过这一规定,我们对事物就能够"从其直接的特殊性状提高到普遍

---

① 〔德〕黑格尔:《小逻辑》,贺麟译,商务印书馆1961年版,第350页。
② 〔德〕黑格尔:《法哲学原理》,范扬、张企泰译,商务印书馆1961年版,第105—106页。

物",也就是把握了它的价值。在法中,等同性是根本原则。把握等同性,就能对不同的犯罪行为加以比较,给犯人处以应处的刑罚。可以说,"审判就是通过事实和理智去寻求犯罪行为的价值上的等同性"[①]。

这里应该注意,黑格尔所说的"在实存中",就是在一定的实际存在的社会关系中,即在客观伦理关系的家庭、社会和国家中。不在实际社会关系中的存在只是抽象的存在,不是实存的存在。就法律行为而言,就是处在一定的社会关系中的事实存在。这样来说,黑格尔的价值概念规定就是这样:在一定社会关系中实际存在的不同事物相比较而存在的内在的等同性。这种内在等同性就是事物的内在本质,或以概念体现的普遍性。黑格尔强调,"个别事件之所以具有一定的价值,即由于它们对全体的关系。由于它们与普遍性目的的地位和关系,并因而获得它们的意义"。黑格尔解释说:"在哲学的意义上,谈起仅仅是经验的实在的东西,就好像是在谈一个无价值的实有物一样。但是,假如说思想、概念、理论等都没有实在,那就是说它们都不具有现实性……假如说一个内容的真否,取决于外在的实有,这种想法是片面的;那么,把理念、本质,甚至内在的感觉,都设想为与外在的实有无关,甚至愈远离实在就愈高超,那也是同样片面的。"[②]这里说的价值,显然是说概念与其实存的统一,即他所说的"概念及其定在"的同一。没有实在的东西没有价值;同样,没有现实性的概念也没有价值;如果思维仅仅停留在概念的普遍性和绝对性上,那也会导致拙劣的形式主义。

---

① 〔德〕黑格尔:《法哲学原理》,范扬、张企泰译,商务印书馆1961年版,第205页。

② 〔德〕黑格尔:《逻辑学》上卷,杨一元译,商务印书馆1977年版,第104页。

从上述黑格尔关于价值概念的分析和界定来看，抛开它的理念论思辨，可以清楚地看到，它与马克思的价值概念的共同之处。马克思认为，资本主义社会的现实和实践反映在道德上，就成为一种不成文的实践道德观念和原则，即"彻底的个人主义"和"积极活动的利己主义"。它把无数特许的和自力挣得的自由都用一种没有良心的贸易自由来代替了。所有人和人的关系都被归于唯一的功利关系，这种伦理关系之所以产生，是因为一切关系实际上仅仅服从于一种金钱盘剥关系，个人交往活动都被看作互相利用的关系，个人自然也就成为可利用的对象。在这种情况下，功利关系的意义就在于：只有这种剥削关系才具有独立自在的意义，其他一切关系只有归结为这种关系才有意义，即使在不能直接发现剥削关系时也要在想象中把它从属于这种关系。一切事物、人和关系的价值就只在于有用性，对我有用、有利。所谓是非、善恶、美丑、自由、平等、公正等价值，都是与这种价值观念和道德原则结合着的。

马克思认为，事物的价值是"由事物本性中得出的客观规定"或"事物的客观和本质的规定"。因此判断事物的价值，不能只从外在形式上看，而要看到事物的"内在实质"和"本质规定"。"价值"一词意味着尺度。作为尺度，虽然不能离开衡量者即主体的利益、需要、欲求、兴趣等，但是作为标尺、尺度必须是客观的，这是唯物主义价值观的基本原则这里，我们不去讨论话语的具体内容，只从对好坏的价值规定上看，马克思也是把价值看作普遍性、内在本质的，而不仅仅凭主体的主观感觉或兴趣确定其价值。每一种价值都是人类活动的社会存在方式或对象化。所以，这种对象性也只能通过社会关系表现出来，因而它们的价值形式必须是社会公认的形式、公认的社会存在方式。

（三）讨论之三：马克思对价值概念的哲学的理解。

马克思在批判黑格尔唯心主义哲学的同时，汲取其辩证法的合理内核，也在《资本论》和其他著作的写作过程中，深入思考了价值和价值评价问题。应该说，价值论并不是被马克思忽视的领域，他和恩格斯像重视真理一样重视价值，不但在对经济学价值论的批判中阐发了哲学的价值论思想，而且提供了哲学的价值思考和价值概念规定的方法论。应该说，马克思用毕生精力研究资本主义发展规律的结晶《资本论》，不只是经济学的巨著，它还是一部宏伟的马克思主义哲学的正义论和价值论。

在《资本论》的商品价值分析中，使用价值是"有用性"，而不是一般"价值"或"价值一般"。商品之所以又是"一般价值"，只是因为它体现着抽象的人类劳动，因而是一般劳动的对象化。马克思说，这种"价值对象性"，不同于可感觉的使用价值的对象性，因为它是纯粹社会的一般劳动的结晶，只能在社会关系中体现出它的社会意义，马克思曾幽默地把它比喻作"幽灵般的对象性"。这就是说，一方面，劳动创造的使用价值是与个人的特殊需要相联系的有用性，任何个人都可以通过感觉去体验和享受；另一方面，它又体现着一般劳动的价值，这是社会性的、是个人所不能直接感受和享有的，只能通过理性去认识，是可以去而且应该去认识的。在这里，有用性和价值性是不同的。有用性体现的是个别性、特殊性、具体性、自然性，而价值性体现的是共同性、普遍性、抽象性、社会性；它不能用感觉去体验，而只能用理性去把握。马克思在这里说的是经济领域的价值，但是在这种分析中无疑包含着价值分析的哲学意义，包含着分析哲学价值的科学的方法论。

在这里，马克思强调的是社会关系的规定。马克思在批评普鲁东时重申了这样一条历史唯物主义基本原理："人们按照自己的物质生产的发展建立相应的社会关系，正是这些人又按照自己的社会关系创造了相应的原理、观念和范畴。"就经济领域来说，价值这一范畴"只不过是生产方面社会关系的理论表现，极其抽象"①。从论说形式可以说，价值不过是表达事物所获得的社会意义的逻辑术语。马克思像批评瓦格纳的价值论一样，强调社会关系的规定，指出普鲁东的"构成价值论"不能从人的意见和意志引出价值，而"应当把社会当作出发点，给我们指出社会怎样构成价值"。这就是说，社会关系的规定、劳动（活动）的性，是使用价值向价值转化的必要条件。

这里还有一个可以讨论的提法。马克思在批评重农学派的经济价值论时，在对重农学派价值概念的否定性判断中，包含着一个肯定性的判断，即价值是"人的劳动（活动）的一定的社会存在方式"②。分析一下这个价值概念的规定，是否可以从中看到它所包含的哲学价值概念的内涵。

第一，就人类的"劳动"这种社会存在方式来说，它体现的是经济的价值。但是，就人类的"活动"（包括劳动）来说，它的范围就比劳动宽泛得多了，如政治的、法律的、道德的、文化艺术的活动，等等，人类的这些社会活动就包含着具有普遍意义的价值，如正义、公平、民主、自由、平等、文明、和谐、诚信、友爱，等等。说这些概念或范畴是人的活动的一定的社会存在方式，无疑是对无数具体活动的哲学概括。在这里，行为活动的价值与经济学的价值是相通的，经济价值只不过是行为价值在经济领域的体现。理解了经济学价值，就能理解人的其他行为的价值；掌握了行为价值的规律，便可以通过各种社会活动方式调节人的行为和相互关系。

---

① 《马克思恩格斯全集》第 4 卷，人民出版社 1958 年版，第 144—143 页。
② 《马克思恩格斯全集》第 26 卷，人民出版社 1972 年版，第 19 页。

马克思《资本论》的价值概念，所论的经济价值的功能只是价值对象性的表现形式，这种对象性只能通过社会关系表现出来。在这里，社会存在即其价值的存在。

第二，从劳动是人的本质方面来说，这一命题也正是人的自由自觉活动的表达。在马克思的理论体系中，劳动和自由始终是核心的价值观。劳动和自由分别作为人类本质和劳动本质体现的存在方式，正是构成马克思的价值概念的基础。自由作为价值并不是有用性的表达，正如黑格尔所说："不能把价值归结为需要的满足，如自由的价值就是这样。难道能把自由就规定为满足或不满足那种欲求能力的要求吗？"如果这样，他挖苦地比喻说，"狗也是这样的"。

第三，在马克思看来，物的存在本身并不是价值的存在，物满足人的需要的关系也不能直接产生价值，只有通过人的社会实践和社会关系才能构成价值及其表现形式。正如经济价值是以交换价值的形式表现出来一样，人的行为的潜在价值变成显现的价值，也是通过实践活动、社会关系及发展为政治、法律、道德、审美等规范体系表现的。也可以说，价值不仅体现着有用性、效用，还体现着内在价值的共同性和历史的普遍性意义。价值概念（范畴）一旦形成，它就不同于反映在个人意识中的主观思想，而是具有社会思想的客观性。对于一个思想者来说，任何事物，凡是意识到它的重要性时，就会把它看作思考的对象，看作是最值得研究的对象。一部经典著作的价值不是可叫卖的市场价值，主要还是它的内在价值，即它作为科学、思想史和人类文化史的价值。这些价值虽然不直接是经验感受的价值，但是它具有人类智慧所创造的永恒的历史价值。

第四，从"运动的联系"这个方法论出发，可以把价值问题给以哲学的解说。从思维的抽象规定来说，所谓价值一般，就是在价值关系中体现的同一性、可通约性，或者说是某种共同的东西。所谓价值特殊，就是在价值关系中处于关系一方的某种独立性、特殊性。没有统一性就没有独立性；没有普遍性，特殊性也无从谈起。如果把价值看做"理念"，那么价值特殊就是其外化的实存，也就是黑格尔所说"概念及其定在"，思辨的表达就是"实践的逻辑即价值判断"。问题的关键在于思维抽象的普遍规定性，必须进入有限的、实在的领域成为定在，才会具有现实性和必然性。马克思按照唯物主义辩证法的思考，进入有限的现实领域就是在经济领域以及政治、法律、道德、文化和审美等领域，审视其价值的特殊，使价值的理念落到现实的实践的大地上。

马克思的价值概念意味改造世界的价值导向。马克思的哲学不只是解释世界，更重要的是改造世界。解释世界即用理性认识世界"是如此"，改造世界即通过意志和行动使世界实"应如此"变为现实或基本符合现实。马克思对价值概念的规定从有用性的直接性提升到价值性的普遍性，是对认识和实践活动的反思的把握，重在明确实现价值的根据和条件，亦即揭示"应当如何"的价值导向及其实现的必然性。"应当"作为改造外部世界的价值导向，就是按照社会发展的根据和条件所抽绎出的一定的价值目标，并化为具体的行动计划、步骤和方案，通过群众性、持久性、历史性的实践活动，实现对外部世界的改造。它的目的和历史任务已由其经济发展状况和社会的整个结构必然地预示出来，问题只在于清醒地意识到或预见某种可能性和必然性的预示，使它从"是"提升到"应是"的所值，使事物由潜在的价值变成现实的价值。这如黑格尔所说，"因为历史里面有意义的成分，就是对普遍的关系和联系。看见了这个'普遍'，也就认识了它的意义"。马克思分析了18世纪工业革命后形成的大工业为世界进入现代文明提出的"自由、平等、博爱"价值观，并预见如果英国的印花布传到中华帝国的大清王朝，就会引起那里的社会变革；如果英国人那时到中国去，就可能看到中国大地上出现一个通行着"自由、平等、博爱的中华共和国"①。这不正是中华大帝国发生辛亥革命的历史背景和预测吗？马克思分析事物所坚持的原则是：事物借以互相区别的实质是事物的内在特征，即事物的本质和发展的规律性。借用黑格尔的话来说就是，"思维活动的产物、普遍概念，就包含有事物的价值，亦即本质、内在实质、真理"②。黑格尔所说的这个思维活动，在历史唯物主义看来它反映的就是事物变化的真实，也是社会历史的运动过程。

当然，对比较特殊的价值概念的使用来说，也不必在每个概念前面加上一个前置词"社会存在方式"，正如不必在任何情况下、对每个价值概念或范畴后面都缀上一个价值词一样。社会主义核心价值体系——富强、民主、文明、和谐；自由、平等、公正、法治；爱国、敬业、诚信、友爱等——这些概念或范畴作为国家发展、社会治理、家庭建设和个人成长的价值导向、价值取向和价值标准，是非常重要的，应当普及和落实。不过，我想在平常生活和思想交流中不加那个前置词、后置词，直接使用那些概念或范畴，虽然个人理解和讲说起来可能不太一样，但直接使用那些价值词或用语，似乎更明了、更大众化一些，可能会省去许多绕弯子的工夫。

---

① 《马克思恩格斯全集》第 7 卷，人民出版社 1959 年版，第 265 页。
② 〔德〕黑格尔：《逻辑学》上卷，杨一元译，商务印书馆 1977 年版，第 104 页。

恩格斯论法律和道德，以及对杜林的批判

一、《现实哲学》的真相

1873 年，杜林以社会主义改革家的姿态，从哲学、政治经济学和共产主义理论方面，对马克思的思想主义进行了歪曲和攻击，在德国社会民族党内造成了严重的思想混乱和组织分裂危险。为了回击杜林的挑战，恩格斯接受马克思的委托，从 1876 年 5 月开始至 1878 年 7 月，两年间陆续发表了一系列批判文章。这些文章都读给马克思听过，讨论过。原定总题目是《欧根·杜林先生在科学中实行的变革·哲学·政治经济学·共产主义》，后来以《反杜林论》为书名出版。恩格斯在《反杜林论》（1876 年 5 月至 1878 年 7 月）中，通过对杜林的批判，从正面发挥了他和马克思共同的见解，集中阐发了辩证唯物主义和历史唯物主义哲学思想。两部著作的大思路是一致的。从一定意义上说，在这里包含着恩格斯在哲学原理的阐释中对伦理学体系的独立思考和理论体系构思。

《反杜林论》的第一编有醒目的三题"道德和法"。恩格斯随着对杜林的所谓"关于意识要素的科学"和"现实哲学"的批判，批判了杜林式的道德观、正义观，在驳斥所谓道德世界"永恒真理

论""思维至上论"的荒谬和自相矛盾。在这里，恩格斯着重批判了杜林的"永恒真理论""永恒道德论"和"永恒正义论"，其结论是：杜林宣扬的"意识要素的科学"和"现实哲学"，不过是狡猾的先验主义道德论的教条。恩格斯严肃地申明："我们拒绝一切欲使我们以任何的道德教条作为永恒、终极、从此不变的道德规律之企图。这一企图的借口是道德世界也有超越历史和民族区别之上的不变原则。相反的，我们指出，所有的以往的道德论，归根到底都是社会当时经济状况的产物。而因为直到现在社会是在阶级对立中发展，所以道德总是阶级的道德。"甚至说："只有在不仅消灭了阶级对立，而且甚至在实际生活中这种对立已经被遗忘了的社会发展阶段上，超越阶级对立及对这种对立的回忆之上的、真正人类的道德方才成为可能。"恩格斯还补充说："自然谁也不会怀疑，在道德问题上也和人类知识的所有其他领域一样，一般地说有着进步。"[1]

关于"道德和法"的第二题，恩格斯批判了杜林的先验主义平等论。恩格斯指出，杜林在历史、道德和法律这些问题上，仍然用他的先验主义方法，即把对象分为它的最简单、最基本的要素，而对这些元素应用同样单纯、不言而喻的公理，推出基本概念和公理，并依此作出逻辑推论。甚至在社会生活领域的问题，也用这种单纯的基本形式、按公理来解决，如同数学上的基本形式一样。恩格斯对杜林的方法做了这样的解剖："这样，把数学方法应用到历史上、道德上和法律上它应能在这些领域上使所获的结论有像数学那样的确定性，应能使这些结论带着真正的不变的真理之性质。"但杜林的方法，仅仅是陈旧的先验主义方法的变相。按照这种方法，某一对象的本性，不是从对象本身去认识，而是从对象的概念中去作逻辑的推论。其特点是：首先从对象上形成关于对象的概

---

[1]〔德〕恩格斯：《反杜林论》第二分册，人民出版社1963年版，第96页。

念，然后把首尾颠倒，而用关于对象的表象和概念去衡量对象。这样，已经不是概念应当与对象相符合，而是对象应当与概念相符合。恩格斯指出："在杜林先生那里，代替概念的是最单纯的元素以及它所能到达到的终极抽象，可是这丝毫没有改变事情的实质。所以现实哲学在这里显示出也只是纯粹的意识形态，它不是从现实本身去演绎现实，而是从观念里去演绎现实。"①

然后把首尾颠倒，用关于对象的表象和概念去衡量对象本身。这样就不是概念应当与对象相符合，而是相反，对象应当与概念相符合，也就是与"最单纯的元素及其所能达到的终极抽象概念相符合。所以杜林的"现实哲学"所显示出的也只是"纯粹的意识形态"，它不是从现实本身去演绎现实，而是从他推论的"终极抽象观念里去演绎现实"。由此，杜林就运用这种方法，推出了他的"道德正义的基本形式和法律正义的基本形式"。不言而喻，关于"平等"的公理，不仅是表面的，不仅应当实现于国家领域中，而且应当是实现与社会和经济的领域中。恩格斯指出："历史的证明，平等的观念，无论在其资产阶级的形式中，或是在其无产阶级的形式，本身都是历史的产物，这一观念的形成，需要一定的历史条件，而这历史条件本身则又需要长期的以往历史为前提。所以这样的平等观念，无论是什么都好，总不是永恒的真理。"②平等观念在18世纪、19世纪的两百年间，普遍传播而且继续保持自身的意义，如马克思所说："已经具有公众成见的固定性"。但这是杜林的"自然哲学"所不能理解的。

在"道德和法"的第三题，恩格斯针对杜林的"哲学讲义"阐述了自由和必然的关系。在这里，杜林首先以"法学家"的身份，自吹他比马克思还高明的对法学研究的"深刻化的科学性"。但是

---

① 〔德〕恩格斯：《反杜林论》第二分册，人民出版社1963年版，第98页。
② 〔德〕恩格斯：《反杜林论》第二分册，人民出版社1963年版，第108页。

他对严密规定的法兰西法律与普鲁士邦法的模糊不清的不确定性之间的基本区别无知，而对拉萨尔提起了别有用心的诉讼而失败。由此可断定杜林对唯一的近代民事法典即法兰西法律完全无知。在另一个地方，杜林因不了解英吉利习惯法是自古延续下来的陪审员制在民事案件的决定上的绝对必要性，并且已广泛推广到爱尔兰、美国和英国殖民地。对此，杜林不置一词。不仅如此，杜林不仅无视近代法典法兰西法，而且对广泛传播的日耳曼法律（英吉利法）也懵然无知。到此，恩格斯不得不作出这样的结论：杜林先生的最透彻的专门研究只是第六世纪罗马帝国的法律编纂。立意给一切世界和一切时代编纂法律哲学的"法学家"们可以当当旧普鲁士的县审判官或律师。杜林的法律知识仅仅限于启蒙的、宗法制的专制主义之法典的普鲁士邦法。他从德文学到的是"这一法典带有道德上的注释"。

这里应注意两个问题；一个是，对法律的"道德方面的注释"，即对法律规范作道德的解释。这种对法律规范的道德解释，实际上是使法典失去其严格的确定性和稳定性；第二，真正体现道德的法律是法兰西民法和英国那种具有独立性的保障个人自由的民法。这两点都是关于打破的和法律的关系的思想。要注意的是：法律的规定是确定性的和稳定性的，道德的规范是不确定性的、不稳定性的。真正体现道德的法律应的体现独立民主和保障人民自由的法律。在作了上面的分析、解释后，恩格斯说了下面一段话："如果不谈谈自由意志、人的责任能力、自由和必然的关系问题，就不能很好地议论道德和法的问题。"①就是说，如果不能正确地理解法律和道德和法律的关系，就不正确地理解"未来共同社会"的功名道德和社会和谐。法律和道德都与人的自由密切相关。对人的自由来

---

① 〔德〕恩格斯：《反杜林论》第二分册，人民出版社 1963 年版，第 454 页。

说，法律对人发生约束力，人必须知道它，但不必自愿地希求它，而人对道德的约束力本身不但必须知道它，而且必须诚心地、自愿地希求它，从而实现自身的自化与自律。所以说，道德技术自由，是自由体现于人的内心里，体现在作为主体的人的自身。因为法律对个人来说，是国家对个人强行的约束，个人对国家法律是不能不遵守的，而道德虽然是公共利益对个人的要求，个人应当与之相一致，但它只能通过个人良心的认同和自觉自愿地希求，否则就不具有实际的约束力。所以，道德又必须以尊重人的自由为前提，否认这种前提往往由于对自由的片面理解，或者是处于某种专制主义的强制，被接受而埋下不满。正因为这样，社会对个人的道德要求必须尊重个人应有的权利，而只有自由的负责人的道德选择才能真正体现有教养的公民的价值和尊严，也才能体现社会治理的正义，民主和宽容。事实上，人民对道德要求的自觉、自主、自为、自择，这种内在的良心和自由意志的活动，以及在主体自身内达到的理性、情感、欲望的中和状态，以及它与外在社会相互作用中铸成的德行和操守，也就是有教养的公民的道德人格内在的必然在总体上就会积蓄成群体的良好的伦理秩序。

二、自由意志和意志自由

讲道德问题为什么要讲自由意志，以及责任能力、自由与必然的关系？试想，假如人完全没有自我意识和自由意志，像草木一样，东风来了往东歪，西风来了往西倒，完全是被动的，那么人的行为还有道德性吗？人还要对自己的行为负责吗？或者像动物一样，有感觉、某种彻底的知觉，还能对人的行为作出善恶选择和评价吗？显然是不可能的。可是，假如人的行为是绝对自由的，那么不仅他人的存在是不应该的，就连地球、空气等也都不应该存在了，那样也谈不上道德不道德。"自由意志"和"意志自由"两个概念稍有区别，有时也互用。"自由意志"是这样一种意志，即它是作为能思维的理智，是自我意识贯彻于意志，使之提高到普遍性的意志。意志自由是就意志对必然性的关系来说的，即意志是否认识和把握必然性，使其为自己服务。前者是主观意志，后者是客观意志。[1]怎样理解意志自由？恩格斯说，"意志自由只是借助于对事物的认识来作出决定的那种能力"。人的行为是否有自由，与指导行为的判断是否正确有关，判断得越正确就越自由，也就是判断的内容所具有的必然性就越大。在社会生活和历史发展中，存在的不是一个人，而且是群体的个人。每个人的自由是否同其他人的自由相一致？如一个人要做某一件事，想实现他的某一想法。他的这个意愿是他自由地作出的，而且他要采取行动同样也是自由的。但是他周围的人不同意他的想法和做法。他们反对他的意愿，而且他们的想法和做法同他一样有自由。那么，他怎样去克服这样的阻碍呢？他只有去和他们讨论，去说服他们，或者去恳求他们。但是他怎样知道这样做会得到什么结果呢？法国唯物主义者认为理性永远是正确的。可是理性为什么正确、怎样才能是正确的呢？那就只有正确地认识群众行动的必然性。就是说，如果他能够从群众行动的必然性方面去对待他们，相信他们在认识到事情需要那样、应当那样做和那样想时，他们就会有与他一样或近似的意愿。这样，他就会得到众人的支持，实现他的愿望。如果在自由的人的活动的基础上没有必然性存在，如果群众的思想和行动没有任何规律可言，那

---

[1] 〔德〕黑格尔：《法哲学原理》，张企泰、范扬译，商务印书馆1961年版，第31页。

么任何人自由活动的可能性就没有了。如果在群众的行动中没有任何必然性，或者不能从他们活动的必然性方面去理解他们，那么人们除了期待偶然性和祈祷神意之外，就别无他法了。

　　这里需要有个辩证思考：人们的社会关系是不是自觉活动的结果。从一方面来说，人们自觉、自由的追逐他们自己的目的是自觉活动的，如改善自己的生活和地位等，但无数个人活动的总和所产生的社会结果，却不是他们所希望的或不完全是他们所希望的，甚至也不是他们所预见的。这样，从一些个别的人们自觉的自由的行为中产生出他们意料不到的社会结果，即影响于他们的相互关系总和的结果，于是人们就从自由的领域转入必然的领域。从另一方面看，如果这种个人行为的社会结果引起了社会的变革，而且必然引起一定的社会变革，那么在人们面前就又会产生新的自觉目的和新的愿望，于是人们就又进行着新的、抱着个人自主目的的、出于自由意志的活动。这样，人们就又从必然的领域转到自由的领域。这样，无论从自由到必然，还是从必然到自由，都是有规律可循的。对个人来说的偶然性只是诸必然性的交叉点，个人的行为如果赶上了这个交叉点，那就是偶然，或叫"运气"，如果是好事那就是幸运，如果是坏事那就叫倒霉。理论哲学应该去研究、发现这些规律。如果理论哲学提供了正确的结论，它就给实践哲学铺垫了牢固的根基，使那些盲目生活的人们的思想获得解放，有理可循，有规可遵。

三、行为选择和责任能力

自由是历史发展的产物。个人行为选择的自由度不仅受历史条件的制约，而且要直接受环境条件和个人能力的制约。马克思在大学毕业时曾想在大学里任教，但因为他当时属于鲍威尔青年黑格尔派的一员干将，柏林大学的教授们对他怀有排斥的意图，而且得到国王腓特烈·威廉三世的支持。1841年夏天，各个大学神学系都攻击批判了《福音书》的作者鲍威尔，鲍威尔也被迫屈服。环境迫使马克思放弃了在大学任教的念头。正在这个时候，普鲁士颁布了限制自由的书报检查令，马克思就从批判这个书报检查令开始了他从事社会政治活动的生涯，走上了从事政治活动的道路，几个月后他就受聘做了《莱茵报》主编。从一方面看，这个批判非他莫属，是社会的斗争选择了他。从另一方面看，正是马克思为了自己的目标所作的自觉自主的选择。他之所以能够作出这样的选择，是因为客观上具备他作出选择的条件，主观上是他明智地意识到事件发展的契机和期望的结果，具备做出这个选择的能力，是他正确地估量了当时的形势，抓住机遇，发挥了他的能力。正如梅林所说，"马克思第一次显示了他那善于从实际出发，能使僵死的生命活动起来，按照自己的旋律翩翩起舞的无比才能"[1]。

马克思在大学毕业做职业选择的时候，恩格斯按照中学毕业要服一年兵役的规定，到一个炮兵连当了炮兵。他并不愿意当兵，但是既然进了兵营他就利用这个机会学习军事知识、研究武器，同时到柏林大学旁听谢林的哲学课。谢林的神秘主义和反历史主义思想

---

[1]〔德〕梅林：《马克思传》，樊集、持平译，人民出版社1965年版，第52页。

激起了恩格斯的反感，他随即撰写文章和小册子批判谢林。恩格斯的批判受到青年黑格尔派的热烈欢迎，但也受到正统派的激烈反对。正统派在教会报纸上攻击恩格斯"宣传革命""反对权威谋求个人的独立自主"。这种哲学和思想斗争的现实，使恩格斯放下了文学的爱好，而转向了哲学和政治斗争。1842年秋天，恩格斯服完兵役后回到英国曼彻斯特经商，中途就去《莱茵报》会见了马克思，从此开始了两个人共同的伟大事业。恩格斯的选择是历史的选择和思想斗争的需要，更是出于他对事业的理想和高度的责任心。

现在可以提出一个问题：为什么他们要把自己的生命献给一个社会斗争的目的？他们究竟是在"可能"中生活，还是在"现实"中生活，还是在"应该"中生活？这种献身的根据在哪里呢？

首先，这里有个现实和理想的关系问题。一个人选择了远大目标就是确定了自己的理想。马克思、恩格斯从年轻时起，就确定了远大的理想：解放全人类，为人类服务。他们的这种理想是从哪里来的呢？是来自他们所生活的资本主义社会现实总和。从封建社会到资本主义社会的发展，资本主义社会本身的发展，就是他们身临其中的社会现实。他们的理想就是这个现实发展的要求，就是未来可能实现的、将要实现的现实的要求。说未来可能实现、将要实现的现实，并不是因为马克思、恩格斯有作为人而与生俱来的目的性，而是因为历史和现实的发展本身提出了未来的要求解决的问题，是因为在现实中已经存在着发展的根据和条件，而且从可能性到未来的现实性的发展是有其本身的内在规律的，而且是有特定的具体事件为表证的。马克思、恩格斯不过是从现实的发展中，深刻地认识到社会的矛盾和发展的要求，洞察了历史发展的规律，敏锐地发现现实生活的问题和表证，因而作出了行动的选择和人生的抉择。

其次，如此说来，一切归于现实的根据和客观规律，那么他们为什么要用自己的一生去干预呢？没有他们这两个人不行吗？这就是社会的要求和人的责任问题。显然，这里存在两个方面：从客观方面看，现实在它从一种形势转化为另一种形势的过程中，社会的问题特别是重大问题引起了他们的注意，把他们当作行将到来的社会变革的必要的人选之一，即使不是他们两人，也会选择别的人。从主观方面说，他们两人都非常优秀，并且愿意参与历史运动，认为这是他们应当承担的责任和历史使命。他们的参与及无数人的参与，就是历史规律实现的中介，就像自然规律的实现有物质作用的中介一样，他们的参与活动就起着历史发展的推动作用，而且是巨大的作用。在这里，责任和使命对他们个人来说，就意味着应当所包含着的必然。遵循这样的"应当"，去建立一个保障人的正常生活的社会，建立一个没有剥削和压迫的社会主义、共产主义社会，就是马克思、恩格斯的行动和人生的选择。有些人认为这是不幸，他们认为这正是人生的幸福。

人生的价值目标不是个人幻想的产物，而是由社会发展的要求和个人的理想认同选择的。正确的价值目标是一种与历史前进方向一致的社会定向，它给人们指出选择的方向，向人们提出"应当如何"的道德指向，也构成个人行为的内在价值的核心指导原则。从这个意义上说，"应当"就体现着社会进步的要求和个人选择的道德良心。[①]

就人的直接行为来说，责任与行为主体的动机和故意相联系。凡是出于故意的行为，都要负有一定的责任。这里有两方面：一方面是行为的外部归责，一方面是行为的内部责任。前一方面对法律行为特别重要。后一方面主要是认识问题、道德问题。自由意志的行为指向的外在对象是有限的，这个意志必须对这个外在的对象有

[①] 参看《论可能的生活》，载《世纪评论》，1997年版，第5—6页。

所认识。有限性意味着主体自身的限度和外部力量对主体的限制。这就是意志自由受到的限制，因此它就要听命于内部力量和外部力量。但是外部力量有些是必然的，有些是偶然的，而什么是必然的，什么是偶然的，在特定的时间内，也很难确定。因为有限东西的内在必然性是作为外在必然性，即作为个别事物的相互关系而达到定在的。人做出某种行为，就是进入一种必然性与偶然性的复杂的交错关系和变化之中。因此不能把行为的全部外在结果都归责于该行为，而只应把自由意志所意图的结果归责于它，因为后果之中包含着许多外部侵入的偶然性因素，是不能由行为者负责的。因此论行为不问其后果是不对的，但只把后果当作正当和善的标准，也是不对的。

就行为的内在意图和目的来说，它既包含着特殊的内容，同时又包含着外在事物的相互联系的普遍性。行为的道德性就关系到这两方面。如果行为主体只注意到自己意图的特殊方面，如个人利益、好处等，而不顾及普遍方面，如公共利益或共同利益，那就有损于行为的内在价值。如果只注意普遍方面而不顾及特殊方面，完全没有个人利益，行为就不能实现，良好的意图只能是空洞的愿望。道德的价值在于两者的结合、统一。黑格尔把这种统一叫做法与福利的统一。他提出的原则就是"行法之所是，并关怀福利，——不仅自己的福利，而且普遍福利，即他人福利"[①]。所以，道德的观点，就是关系的观点，要求的观点，应然的观点。道德的应然就来自社会的、人与人的关系和要求的必然，所以道德学不仅要研究应然，而且要研究必然，甚至可以说看不到必然性就难以正确地把握应然性。

[①]〔德〕黑格尔：《法哲学原理》，张企泰、范扬译，商务印书馆1961年版，第136页。

四、自由和必然性的关系

　　回答"什么是自由?"这个问题,要比回答"什么是平等?"这个问题困难。这好比直观地看桌子上的几个台球,你比较容易说它们是平等的,但说它们是自由的就不那么容易。回答什么是自由的问题,曾使无数哲学家绞尽脑汁。在西方伦理思想史上,关于自由与必然的关系问题,大体有两种倾向:一种是机械唯物主义,它重视客观必然性,但忽视或否定人的意志自由。如法国唯物主义者就搞不清自由和必然的关系。在他们看来,既然在历史中起支配作用的是必然性,那么就没有人的自由活动的地位了。这个错误被思辨唯心主义所纠正。纠正这个错误曾经是思辨哲学的最主要的任务。谢林指出,脱离了必然性的自由是不可思议的。他说:"一个人在奋不顾身、牺牲自己时,如果不具有一种信念,相信这个个体所从属的那种生物是在决不停留地胜利地前进着,那么,他还能作出自我牺牲吗?"①黑格尔解决了这个二律背反问题。他认为,只有在认识了自然规律和社会历史发展规律并且服从这些规律、依靠这些规律的限度内,人才是自由的。在黑格尔那里,自由是对必然的认识。必然只是在它没有被了解的时候才是盲目的。思辨哲学重视精神的自由,辨证地解决自由和必然的关系,但它把必然性归于思想的逻辑必然或绝对理念的历史发展的必然。因此,它同机械唯物主义一样,在社会历史领域都不得不陷入唯心主义。

　　对历史现象作唯物主义的解释,要以辩证的思维方法为前提。

---

① 《普列汉诺夫哲学著作选集》第 1 卷,生活·读书·新知三联书店 1974 年版,第 493 页。

马克思、恩格斯在他们从事理论活动的过程中，始终重视自由与必然的关系问题。马克思在为《博士论文》准备的笔记中说："哲学研究的首要基础是勇敢的自由的精神"①全在他建立了唯物辩证的思维方法，形成了科学的世界观之后，他和恩格斯共同批判了社会历史领域的机械唯物主义的必然观和思辨唯心主义的自由观，阐发了辩证唯物主义、历史唯物主义关于自由与必然的思想。实际上，解决这个问题的困难正在于应用于历史方面。马克思、恩格斯指出，历史的发展是一个有规律的必然的过程，人的自由不是任性的为所欲为，不是头脑中的思辨，而是在生产力和生产关系矛盾发展规律的基础上，正确认识客观规律，并通过社会实践改造社会的结果。人的自由是生产力发展的漫长过程。就人类的发展来说，只是在现有生产力所决定和所容许的范围内取得的自由。人类只有在生产力高度发展，消灭了阶级对立，由全面发展的个人组成社会联合体，才能真正获得自由，实现从"必然王国"向"自由王国"的飞跃。

在《反杜林论》中，恩格斯对自由和必然的问题进一步作了哲学的论证，解决了道德哲学的根本问题。这个问题对道德之所以重要，是因为它是理解人的行为选择和责任的理论基础。

什么是自由？杜林作了两个规定。其一是说，自由就是"认识和冲动、悟性和非悟性之间的平均值"。其二是说，自由是人的"先天的或后天的悟性对自觉动机的感受"，而这样的动机"总是以不可避免的自然规律性起着作用"。这两个规定显然是互相矛盾的。他想按照黑格尔的方式，把自由和必然性联系起来，但是他把黑格尔的辩证法庸俗化了。一方面，他把自由看作是纯主观的东西，另一方面，又把自由说成是被自然规律强制的。恩格斯肯定了黑格尔的思想，认为他"第一个正确地叙述了自由和必然之间的关系"。

---

① 《马克思恩格斯全集》第 40 卷，人民出版社 1982 年版，第 112 页。

不过黑格尔说的是认识的自由。由认识到作出行为决定是意志自由，由意志化为行动是行为自由。恩格斯针对杜林的错误观点指出，"自由不在于幻想中摆脱自然规律而独立，而在于认识这些规律，从而能够有计划地使自然规律为一定的目的服务"①。这个结论包含了上面所说的三方面的自由。

请注意，恩格斯在这里所说的规律包括两类规律，一类是外部自然界的规律，另一类是支配人本身的肉体和精神的规律。这两类规律是统一的，在现实中是不可分割的。因此，恩格斯又说，"自由是根据对自然界的必然性的认识来支配我们自己和自然界"。这个观点对于理解意志自由很重要。自由实现是一个从必然性转化为自由的过程。在这个过程中，最初的必然还不是自由，但在对自由的认识过程中，随着对自由的认识，必然性就逐渐成为包含在自由之中的潜在性。自由必然为前提，包含必然在自身之内。一个有德行的人，之所以"达到真正内容充实的自由"，就因为他意识着他的行为内容的必然性。②

这个道理，用到一个处在社会变革时期的民族的、阶级的实践上，那就是：社会变革需要被动的因素，需有必要的物质基础，要有社会和国家的现实需求。这些被动的因素也就是必然的、必要的因素。而这些必然的、必要的因素或迟或速地被反映在人们的思想和理论当中。那么这种思想和理论是否能够变成直接的实践呢？这就要有两个条件，一是思想、理论必须正确地反映社会变革的历史趋势和现实要求；二是通过整个社会的、阶级的行动，把思想和理论变成现实。这就是从必然性转向自由。在这里，马克思有一个极其重要的思想，就是"光是思想竭力体现为现实是不够的，现实本

---

① 《马克思恩格斯全集》第 20 卷，人民出版社 1972 年版，第 125 页。
② 〔德〕黑格尔：《小逻辑》，贺麟译，商务印书馆 1961 年版，第 401 页。

身应当力求趋向思想。"①所谓"现实本身应当趋向思想",就是要求人按照正确的思想、理论去改变现实。这就是学习、宣传、贯彻指导性的思想、理论的重大意义。如果说理论家是从必然向自由转化的杠杆,那么宣传家就是从自由向必然转化的杠杆,当然二者也不是截然分开的。

---

① 《马克思恩格斯全集》第 1 卷,人民出版社 1958 年版,第 462 页。

家庭伦理及其秩序
——恩格斯对家庭关系的人类学研究

马克思、恩格斯在他们合著的《德意志意识形态》一书的原稿中曾说,历史可以从两方面来考察,可以把它划分为自然史和人类史,又说这两个方面是密切联系的。但历史学和社会学很长时期对人类史缺乏系统的研究。历史上第一个想给人类史前史建立确定系统的人摩尔根,自发地运用唯物史观,把野蛮时代和文明时代加以对比研究,在主要之点上达到了与马克思相同的结果。马克思对摩尔根的研究成果《古代社会》极为重视,详细地写了摘要和批语,并打算进一步研究摩尔根的成果,阐发它的全部意义,但因工人运动的政治工作和《资本论》写作和出版而未能如愿。恩格斯执行马克思的遗言,以《家庭、私有制和国家的起源》(以下简称《家庭》)一书,补偿马克思未能完成的工作。恩格斯坚持唯物史观,遵循着马克思的思路,对家庭、私有制和国家的起源作了深入的调查研究,阐发了许多重要的思想和结论,其中关于家庭伦理的思想和结论至今仍是家庭伦理和社会伦理道德研究的经典,在马克思主义伦理研究史上可以说是为务实,在马克思主义伦理研究史上可以说是为务实,在马克思主义伦理研究史上可以说是历史唯物主义唯物哲学史观的继续。[①]

一、人类的生产和家庭伦理源头

家庭研究本身带有学科交叉性质。时间的久远,地理上的隔离,民族的特色,都使家庭问题的研究涉及多种学科,没有一个学科能够综合、全面地研究家庭。人类学的研究注重于家庭的历史沿革和结构,以及跨文化的家庭典型和民族继承性。一般宏观人类学主要是研究家庭制度的起源和进化,探讨从原始人到文明人演进的过程和阶段。恩格斯在《家庭》中所阐述的伦理思想,就是与这种宏观人类学的视角相联系的。

(一) 两种生产和伦理的起源

从语源上讲,人类学是研究人的科学。这门学科试图依据人类的生物特征和文化特征综合地研究人类。它一开始就注重对"原始的""野蛮的""部落的""前文字的"社会的研究。后来扩展到对社会内部人类行为的普遍性问题的研究。一般来说,人类学分为体质人类学和文化人类学。体质人类学注重对作为类的个体人的研究;文化人类学注重从不同历史阶段和社会的文化中研究人类,从

[①] 有些西方学者对恩格斯关于家庭的理论作了歪曲的转述,如美国社会学家罗斯·埃什尔曼在他的《家庭导论》中说,"恩格斯认为家庭是资本主义社会的基本单位,也是女性被压迫的主要根源。丈夫是资产阶级而妻子是无产阶级。……作为妻子、女性和母亲(被压迫者),他们开始意识到他们的共同利益,就联合起来一起去反对丈夫、男性和父亲(统治者),以力量去改变现状。"(《家庭导论》,第60页)《家庭导论》在美国是作为大学教科书发行的,很有影响。仅从这一点,也有必要对恩格斯的著作和思想进行认真的研究和严肃的解说。

而确定人类进化的阶段和过程,可以说是人类史的线性解释。恩格斯对家庭的人类学分析,遵循着历史唯物主义的基本观点:家庭、法律、伦理、道德、风俗都是建立在社会生产方式和生活方式基础上的,它们随着社会生产方式和生活方式的变化而变化。但是,19世纪后的人类学研究还深受宗教的影响。青年黑格尔派在人类学上虽然脱离了唯心主义理论,但仍然没有跳出唯心主义思辨。他们用自我意识代替理念,认为观念、思想、概念是独立的存在,人的举止行为和相互关系都是他们意识的产物。所以他们思辨地构造人的起源和人生的发展阶段,要求人们用所谓"批判的""利己的"意识来代替现实的意识,从而消除意识的束缚,实现人的解放。他们根本没有想到人的意识和发展过程与他们所处的社会物质生活条件之间的联系。他们的理论不过是用宗教的观念代替一切。马克思、恩格斯指出,任何历史的第一个前提无疑是有生命的个人的存在。因此第一个需要确定的具体事实就是这些个人的肉体组织以及他们和自然界的关系。这是科学人类学的出发点。这就是说,要考察人类作为类存在的原点,就必须首先面对有生命的个人的存在,否则就会陷入神秘主义或唯心主义思辨。但是,科学的人类学考察不能停留在自然人这一点上,因为这样的考察还只是对与动物相似的自然人的考察,还不是对社会人的考察。人类学的考察应当进一步从这种自然人在历史进程中的变化、发展出发,从他们生产必需的物质生活资料的实践把人与动物区分开来。而事实是"一当人们自己开始生产他们所必需的生活资料的时候,他们就开始把自己和动物区别开来"[①]。

恩格斯在《家庭》第一版序言中说过,根据唯物主义观点,历史中的决定性因素,归根结底是直接生活的生产和再生产。但是,

---

① 《马克思恩格斯全集》第 3 卷,人民出版社 1972 年版,第 24 页。

生产本身又有两种：一方面是生活资料，即食物、衣服、住房以及为此所必需的工具的生产；另一方面是人类自身的生产，即种的繁衍。一定历史时代和一定地区内的人们生活于其下的社会制度，受着两种生产的制约。劳动愈不发展，劳动产品的数量、从而社会的财富愈受限制，社会制度就愈是在较大程度上受血族关系的支配。所以，恩格斯说最初的社会结构是"以血族关系为基础的"。由此可知，最初的社会伦理关系也是以血族关系为基础的。

伦理是一种人和人之间的关系。从人类学的视角来看，人与人之间的关系首先当然是男人和女人的关系。男女之间的关系是人和人之间的最直接的、自然的、必然的关系。这种关系是怎样产生的？在进化论产生之前，人们是按照宗教观念解释的。如人类学家巴霍芬[①]认为：历史上发生的男女之间的关系，起源于宗教观念，而不是起源于人们的现实生活条件。这种观点还不如中国古人的说法接近真理。中国古人说：有天地而有男女，有男女而有夫妻，而有父母，有子女……当然，如果对天地怎么产生男女不能科学解释，最终也免不了诉诸神话。人类学和进化论解决了这个问题。马克思在《1844年经济学哲学手稿》中使用了"类行为概念，来代替"性行为、性结合概念，既科学，又文雅。"对个别人说亚里士多德已经说过的下面这句话，当然是容易的：你是你的父亲和母亲生出来的。这就是说，在你身上，两个人的性结合即人的类行为产生了人。因而，你看到，人的肉体的存在也要归功于人。这是一个无限的过程，是可以直接感觉到的循环运动……因而，人始终是主体。"[②]男女两性关系的发展如何，之间表现着人类的进步和个人的教养程度。这种关系本来是自然的行为，它在何种程度上成为了人

---

① 约翰·J.巴霍芬（1815—1887），瑞士人类学家和法学家。——编者注
②《马克思恩格斯全集》第42卷，人民出版社1972年版，第130页。

的行为。这正是伦理学要研究的问题。①

在这个问题上，马克思、恩格斯是遵循进化论的，同时又进一步用唯物史观解释从动物到人的转化，这就是劳动和直立行走实现了人到动物的转化。人类在劳动中形成了意识和语言。语言是一种实践的、既为别人存在并仅仅因此也为我自己存在的、现实的意识。语言和意识同时既在人类的实践中产生，又在人与人的交往关系中产生。人的初始关系是与人的原始意识相联系的。人的意识起初只是对可感知的环境的意识，包括对自然和对他人的关系的意识。这种意识是开始意识到自身的与以外的其他人和物的狭隘联系的一种意识。这就是说，人意识到必须和周围环境打交道，必须和其他人来往，这就有了自我与环境、自我与他人的区别意识，也就开始意识到自己作为人是生活在他人和社会之中的。这就为形成有一定社会意识渗透其中的社会伦理关系造成了精神条件。伦理关系就是由客观关系和主体意识统一形成的特殊的社会关系。人类的男女关系、夫妻关系，父母和子女之间的关系，正是在这样的条件下进入了历史发展过程。

（二）前伦理时代

马克思、恩格斯指出，在自然界还没有被历史的进程所改变的时候，人类对自然界狭隘的关系制约着他们之间的关系，而他们之间狭隘的关系又制约着他们对自然界狭隘的关系。因此，虽然初始的人意识到必须和周围的人们来往，就开始一般地意识到是生活在社会中的，但这个阶段上的意识还是"纯粹畜群的意识"，因而这时的社会生活也还是动物性的，人们的行为还只是被意识到了的本能行为，或者说只是刚刚代替了本能的自觉行为。这大体上就是恩

---

① 《马克思恩格斯全集》第 42 卷，人民出版社 1972 年版，第 119 页。

格斯所说的人类的"蒙昧时代"。如果从伦理演进的过程来看,大体可以称之为"前伦理时代"。这个时代的低级阶段,人类有一部分还住在树上,靠食坚果、根茎为生,开始有分节语言。这个时代大约延续了千年之久。在这个时间段上所发生的一切,虽然不能直接地得到证明,但既然肯定人类来源于动物界,那就不得不承认有这样一个从动物发展到人的相当长的过渡时期。

蒙昧时代的中级阶段,是从通过摩擦取得火种开始的。这是与采用鱼类为食物相联系的。他们沿着河流和海岸捕鱼为食,因此人们的生活可以不受气候和地域的限制;因为不断迁徙,更新环境,还可以使用石器和棍棒打猎,于是有了不断活跃的探索欲。但是由于食物的来源不能保证,所以也发生了食人之风,而且此风持续了许久。

蒙昧时代的高级阶段,是从弓箭的发明开始的。有了弓箭使打猎成为日常的劳动之一。弓箭的发明需要相当的智力和有关生活技术的掌握,甚至有了用木材建造的房屋。不过,高等动物的群和家庭并不是互相补充,而是互相对立的。因为在性关系中,雄性的嫉妒既联系又限制着动物的家庭,使动物的家庭与群对立起来。由于这种嫉妒,作为共居生活最高形式的群,在一些场合就成为不可能,而在另一种场合就被削弱,或者被瓦解。单从这一点就证明,人类的社会与动物的"社会"、人类的家庭和动物的"家庭"是根本不同的。因此,作人类学的研究,不能根据动物"社会"的关系推断人类社会的伦理,也不能根据动物的"家庭"关系推断人类的家庭伦理。

那么,是什么因素使人类脱离动物状态,实现自然界的"最伟大的进步"呢?如果说从动物"社会""家庭"对于推断人类社会还有什么意义的话,那就是恩格斯所说的:这种推断具有反面的价值，即从动物的雄性嫉妒阻碍了群的发展来看，人类的起始和发展就是从这个雄性的嫉妒消除的关节点上开始的。人类为了在发展过程中脱离动物状态，实现自然界中的最伟大的进步，需要一种因素，即群的联合和集体行动的力量。只有这种力量才能弥补人类个体自卫能力的不足。可是，如何才能形成群的联合和集体行动呢？形成群的联合和集体行动的首要条件，就是恩格斯所说的，"成年雄者的相互宽容和嫉妒的消除"①。只有在这种相互宽容、消除了嫉妒的集团中，才能实现由动物向人的转变。

人类蒙昧时代的两性关系是杂乱的关系，就是没有任何禁例的性关系。所谓"没有任何禁例"，就是说对性杂交的危害还没有认识，即使有所认识也还没有禁止。在那种情况下，不仅兄弟和姊妹之间性关系没有禁例，而且父母和子女之间的性关系也没有禁例。在"血亲婚配"的危害发现之前，这种性关系并不引起憎恶和嫉妒。嫉妒是较后发展起来的感情。所谓杂乱，并不是乱得毫无秩序，而是说还不存在后来才有的那些习俗和规定的秩序。在那样的日常生活实践中，男女之间可能有短时期的成对的配偶。如果说男女在生子之前成对同居的一切场合都叫做婚姻，那么可以说，这种婚姻也是完全可以在性杂交关系状态下发生的，它与杂乱状态（即没有习俗规定限制的状态）并不矛盾。如果说这还不是道德，那只是说明当时还没有产生后来所说的道德。那么，道德是从什么时候产生的呢？应该说就产生于意识到"血亲婚配"的危害从而产生禁例的那一界限上。②因此发现"血亲婚配"的危害，是人类发展史上极其伟大的发现。从此才有了真正的人类家庭史。

---

① 《马克思恩格斯全集》第 21 卷，人民出版社 1965 年版，第 45 页。

② 这里可能有各种假说，如恐惧说、危害说、羞耻说等，如黑格尔认为，"血亲之间通婚已为羞耻心所不容"，再者与生殖力和优生有关（参见黑格尔《法哲学原理》，第 184 页）。

（三）从野蛮到文明的规范意识

人类的伦理关系是人对人即主体对主体的关系。只有人意识到自己的主体性并成为主体，才能真正形成人类社会的伦理关系。人与自然的对立、与环境的对立，使人意识到"我"的存在，以及"我"与环境、他人的区别。人之所以异于禽兽，且因而异于一般自然，即由于人知道他自己是"我"。当人有了这个"我"的意识之时，人就成为自为的存在。不仅如此，当人意识到自我是在与外部关系中的有限存在时，他同时就发现自我与周围世界的无限联系，从而使自我意识带上想象、理想的能力。这是一种力求突破有限规定的理想性能力，它使人面对外部关系而产生"应该怎样"的意识。这里的"应该怎样"，有对自然环境的，有对他人的，也有对自己的。这种"应该怎样"的意识不断重复，在语言中形成较为稳定的、约定俗成的词，表达着"应该"的观念，这就是初始的规范意识。

这样，我们就看到人的主体意识进化的三个阶段：

第一阶段，是人从动物状态脱离出来的状态，其主体性是意识到自己的本能的那种初级的自觉能动性。一般来说，动物也是主体，也有动物的主体性。但动物的主体性与人的主体性的区别在于：动物是出于低级意识支配的本能，而人的主体性则是意识到自己的本能的主体性。人的主体性是在劳动中形成和发展的。劳动是人类区别于类人猿的基本特征，是人的主体性发展的推动力和社会定向。

第二阶段，是原始的野蛮人的主体性。这个阶段上的人，如马克思所说，还没有脱掉自然发生的共同体的脐带，个人的眼界仅仅局限于原始部落，在情感、思想和行动上无条件地服从部落。可以说，这是还没有出现社会分工、权利和义务，还没有差别的野蛮人群的主体性。这种主体性，是只具有人格的可能性而不具有独立人格的主体性。但人离开动物越远就越具有对社会关系的自觉，具有经过思考向着预想目标前进的特征。

第三阶段，是人从原始的、野蛮的人中分离出来，成为开化的、文明的人。这个阶段上的人不是只有人格的可能性，而是具有一定善恶意识和意志的人，是知道自己"应该怎样"的主体。从这个意义上说，文明人的人格就表现为意识到自己"是怎样"和"应怎样"的统一的主体。"人是主体"，但不是一般的主体，而是意识到自己"是怎样"和"应怎样"的统一的主体。人虽然还带有"野性"，但这是在自知"应做什么"和"能做什么"的主体意识支配下的"野性"，是有道德反思能力的人格主体。用荀子的话说就是："水火有气而无生，草木有生而无知，禽兽有知而无义，人有气有生有知亦且有义，故最为天下贵。"（《荀子·王制》）。达尔文说："道德感也许提供了一个最好而最高的差别，足以把人和低于人的动物区别开来。"（《人类的由来》）荀子以道德来比较人与动物的差别，与达尔文的观点不谋而合，只是缺乏科学的证明。

从人的主体性进化过程中可以看到，人的发展过程是"是怎样"和"应怎样"统一的过程。"应怎样"是从自我和环境的关系、自我与他人的关系中产生的，它是对实存规定的有限性的否定和超越。没有"是怎样"，人就没有规定，就不是现实存在的人。没有"应怎样"，人就永远是实存的有限规定，而不能成为主动超越现有规定的人。没有"应怎样"，人与人之间就永远是孤立的自然人，而不能形成自觉的群体和社会伦理关系。

二、家庭伦理关系的演变

有关家庭史的研究是在 19 世纪 60 年代才开始的，确切的说是从 1861 年巴霍芬的《母权论》出版开始的。在此之前还根本谈不上家庭史，整个历史领域都是处在《摩西五经》的影响下，从属于神学。恩格斯科学地分析了人类早期发展阶段的历史，揭示了原始公社制度解体和以私有制为基础的阶级社会形成的过程，同时揭示了人类早期发展阶段上家庭关系演变的过程和特点。其中通过血缘关系和亲属制度的考察所阐明的伦理关系的发展，为家庭伦理的研究提供了科学的观点和方法。

（一）道德感的分化和家庭伦理

巴霍芬的《母权论》，是根据古代世界的宗教和法权本质对古代世界的妇女统治的研究。巴霍芬研究了群婚、母权制、由母权制而产生的妇女统治，以及以妇女为中心的向个体婚制的过渡问题。他试图找出从杂婚到一夫一妻制、从母权制到父权制发展的过程和规律。他开辟了家庭史研究的新途径。但是，他并不是把家庭的发展看作人类的现实生活条件的发展，而是把它看作在人们头脑中的宗教反映过程。他把宗教看作具有世界历史的决定性杠杆的作用，是宗教观念引起男女两性相互的社会地位的历史性变化，是神创造奇迹推翻了母权制，建立了父权制[1]。显然，巴霍芬的研究陷入了

---

[1] "母权制""父权制"是摩尔根的用语，恩格斯在《家庭、私有制和国家的起源》一书中，为了简便起见，仍然保留了这一名称，但恩格斯同时申明这种名称是不大恰当的，因为在社会发展的这一阶段上，还谈不上法律意义上的权利。实际上，在一切群婚家庭中，谁是孩子的父亲虽然不能确定，但孩子的母亲是知道的、确定的。即使母亲把共同家庭的一切子女都叫做自己的子女，对于他们都担负母亲的义务，她也能够把自己亲生的子女同其他一切子女区别开来。因此，只要是存在着群婚，那么世系就只能从母亲方面来确定，也只能称之为女系。其社会称为母系制也最为恰当。到父系产生的时代已经是奴隶社会，已经有了法律意义上的权利，因此父系制称为父权制是恰当的。在有些氏族那里，如在希腊、罗马氏族那里，还通过氏族直接进入了文明时代。氏族公社的规模是由原始共产制的家庭经济决定的。氏族的规模虽然有时因条件的变化而变化，但由于氏族公社经济的确定性，其规模也是相当确定的。由于同母所生子女血亲婚配的禁止而使家庭公社发生分化，同时也产生了亲属等级和财产继承问题。

纯粹的神秘主义。恩格斯在1891年所写的《家庭、私有制和国家的起源》德文第四版序言中，把他同摩尔根并列称作"两个天才的外国人"，同时又严格地批判了他的神秘主义，纠正了他的一些错误结论。

恩格斯科学地分析了人类的早期发展，揭示了人类早期发展阶段上家庭关系演变的过程和特点。恩格斯指出，在原始的婚姻状态下，男子过着多妻制的生活，而他们的妻子同样也过着多夫制的生活[1]。所以，它们两者的子女都被看作大家共有的子女。这种状态，在彻底过渡到个体婚制以前，经历了一系列的变化。这种变化是这样的：被共同的婚姻纽带所连结的范围，起初是很广泛的，后来越来越缩小，直到最后占主导地位的成对配偶为止。根据摩尔根的考察，美洲的易洛魁人奉行一种双亲可以轻易离异的个体婚制，即"对偶家庭"。这种家庭夫妻的子女是大家公认的，对谁该用什么称呼是没有疑问的。易洛魁人的男子不仅把自己亲生的子女称为自己的儿子或女儿，而且把他兄弟的子女也称为自己的儿子或女儿，而

---

[1] 据西班牙《世界报》2001年4月29日报道，现在在印度的库瓦努村，与一夫一妻制并存的还有一妻多夫的婚姻制度。两种婚姻形式中的女性除了满足性生活的需要外，在农业生产、生儿育女和照顾家庭方面都是主要角色。他们的子女不知道哪一个父亲是自己的亲生父亲，他们也不关心这种关系。两兄弟共有一个妻子，主要是维系兄弟关系和维护土地的完整。这个村的男子一般认为，如果兄弟娶了不同的妻子，兄弟情谊就会减弱。兄弟之爱要比男女之爱更重要，甚至比一切都重要。女子则认为这样对孩子有好处，一个父亲外出，还有一个父亲在家陪伴妻子，照顾家庭。1956年，印度政府颁布的婚姻法禁止了一妻多夫制，但1967年，政府又将这里确定为部落，允许实行一妻多夫制，但这种家庭也存在许多新问题，兄弟间经常产生嫉妒，往往导致家庭冲突。随着社会的开放，这种制度已经被新一代人所不满，他们在寻求不同的生活，愿意选择一夫一妻制的婚姻，一妻多夫的婚俗正在逐渐消失。据《世界报》报道，现在，一妻多夫的现象在世界上已不多见。仅存的还有印度南部一小部分地区，尼日利亚、澳大利亚南部和爱斯基摩人的某些村庄，以及菲律宾的个别地方。（《参考消息》，2001年5月25日）

他们都称他为父亲。另一方面，他把自己姊妹的子女称为外甥或外甥女，他们称他为舅父。相反，易洛魁人的女子，把自己妹妹的子女和她亲生的子女都称为自己的儿子或女儿，而他们都称她为母亲。她把自己兄弟的子女称为自己的内侄或内侄女，她自己被他们称为姑母。同样，兄弟的子女们互称兄弟姊妹。反之，一个女人的子女和她兄弟的子女，则互称为表兄弟和表姊妹。这些称呼并不是无意义的，而是实际上流行的对血缘关系的亲疏异同的观点的表现。这里包含着家庭伦理发展的三个环节：首先是血缘关系，由这种关系产生、决定了辈分、亲戚关系；其次是亲疏关系，由血缘关系的远近、强弱制约的亲戚关系的远近；再次是义务关系，在这种血缘、亲疏关系范围内形成的道德义务关系以及相应的秩序。血缘—亲疏—义务；辈分—等级—秩序。后来的发展使氏族—胞族—部族，成为代表着不同程度的血缘关系的社会组织。这就是说，从家庭发展、扩大的不同级次的社会组织表明着伦理关系的远近、亲疏，说明在原始氏族、部落阶段就已经明显地产生了道德情感的分化，已经有了亲与疏的观念和情感，因而也相应地使伦理关系日益复杂化。

　　这种观念和亲疏程度是完备的亲属制度的基础，而这种亲属制度可以表现单个人的数百种不同的亲属关系。亲属关系在一切蒙昧民族和野蛮民族的社会制度中起着决定作用。父亲、子女、兄弟、姊妹等称谓，并不是简单的荣誉称号，而是一种负有完全确定的、异常郑重的相互义务的称呼。由亲情而产生的义务观念，是维系伦理关系的情感纽带，而这些义务的总和便构成这些民族的社会制度和伦理关系的实质部分。与家庭比较，亲属制度是相对稳定的，或者说是比较被动的，它只不过是在一个相当长的时间内把家庭发生的进步记录下来，只有在家庭发生急剧变化时才发生变化。因此，可以根据历史上遗留下来的亲属制度断定曾经存在过的与家庭制度相适应的家庭形式。按照摩尔根的意见，在性杂交关系的原始状态中，已发展出几种家庭形式：

第一种是血缘家庭。这是家庭的第一个阶段。在这里婚姻集团是按照辈分来划分的：在家庭范围内的所有祖父和祖母，都互为夫妻；他们的子女，即父亲和母亲，也是如此。同样，后者的子女构成第三个共同夫妻圈。而他们的子女，即第一个集团的曾孙和曾孙女们，又构成第四个圈子。这样，在这一家庭形式中，仅仅排斥了祖先和子孙之间、双亲和子女之间互为夫妻的权利和义务。但同胞兄弟姊妹之间则一概互为夫妻。恩格斯说："兄弟姊妹的关系，在家庭的这一阶段上，也包括相互的性交关系，并把这种关系看作自然而然的事。"① 关于这种两性关系，马克思曾在一封信中说："在原始时代，姊妹曾经是妻子，而这是合乎道德的。"② 马克思这里所说的道德，应当理解为恩格斯所说的"自然而然的事"，并不是说当时已经有了一定的道德规范。确切地说，那时的道德就是原始习俗。

第二种是普那路亚家庭。原始婚姻的进步与血亲婚配的限制成正比。凡是血亲婚配受到限制的部落，其发展就比那些没有受到限制的部落迅速和健康。旧家庭的分裂和新家庭的形成，以一列或数列姊妹或兄弟为核心的氏族公社的出现就是证明。这就是说，在家庭的原始阶段上，是否有利于人类种族的保存和发展是道德发展和伦理进步的标准之一，或者说是基本标准。

值得注意的是，在家庭的这一发展阶段上，第一次发生了内侄和内侄女、外甥和外甥女、表兄弟和表姊妹这些类别的划分。如我母亲的妹妹的子女，依然是我母亲的子女；我父亲的兄弟的子女，

---

① 《马克思恩格斯全集》第 21 卷，人民出版社 1965 年版，第 48 页。
② 《马克思恩格斯全集》第 21 卷，人民出版社 1965 年版，第 48 页。

也依然是我父亲的兄弟的子女，他们全都是我的兄弟姊妹。但是，我母亲的兄弟的子女，现在却是我母亲的内侄，我父亲的妹妹的子女，现在却是我父亲的外甥或外甥女，而他们全都是我的表兄弟和表姊妹了。这种类别的划分已经清楚地表明了亲属的等级，并逐渐凝化为伦理的等级制度。这种划分的根据是自然的，是合理的，因而也是伦理的必然发展，是道德的进步。"由此可见，原始时代家庭的发展，就在于不断缩小最初包括整个部落并盛行两性共同婚姻的那个范围。"①由于次第排斥亲属通婚，任何形式的群婚终于在实际上成为不可能的了。这种家庭的主要特征是一定的家庭范围内相互的共夫或共妻，只是要把彼此的兄弟或姐妹除外，起初是同胞的，后来及于血统较远的。

第三种是对偶家庭。对偶婚在群婚时期也偶有发生和短期的存在。但是随着氏族的发展和兄弟、姊妹类别的增多，这种对偶婚就逐渐巩固下来。由于婚姻禁例越来越严格和复杂，群婚就越益受到限制而成为不可能，于是对偶家庭就代替了群婚。氏族公社的形成对禁止血亲婚配起了推动作用。在这一阶段上，一个男子和一个女子共同生活，多妻和通奸偶尔也会发生，这是男子的权利；同时要求女子严守贞操的义务，否则就要受到残酷的处罚。在这里，道德的界限受两方面的制约：一方面是受经济条件的制约，另一方面是自然选择的制约。由于这种制约，在这种对偶家庭的婚姻中，男子还没有经济实力实行多妻制，而女子由于属于母亲又比较容易撕破婚姻关系。因此，同任何事物的发展一样，在进步中也伴随着退步，随着对偶婚的发生和发展，便开始出现抢劫和购买妇女的现象，也出现了普遍的包办婚姻。这是在原始道德进步中出现的道德的退步。

———————
① 《马克思恩格斯全集》第 21 卷，人民出版社 1965 年版，第 59 页。

（二）家庭关系的质变和夫权

对偶家庭产生于蒙昧时代和野蛮时代的交替时期，是野蛮时代特有的婚姻形式。要使这种家庭形式成为巩固的婚姻形式，自然选择的动力已经很小了，新的动力是什么呢？新的动力就是社会的选择。这是与家庭经济的发展相联系的。有家庭经济的发展，产生了前所未有的财富来源，于是产生了新的社会关系，这就是财产的私有制。首先是牧民的畜群私有制。人类学家证明，在文明历史的初期，畜群乃是一家之长的特殊财产。这时人类也就到达奴隶制的门口了。这种财富一旦转归于家庭，私有制就迅速发展起来。这就给以对偶婚制和母系制氏族为基础的社会一个有力的打击。这时家庭内就有了确定的父母和亲子关系，同时也有了新的分工和责任。丈夫的责任是获得食物和必需的劳动工具，同时也获得了劳动工具的所有权，后来又获得了牲畜和奴隶的所有权。由此就发生了家庭内的男女关系和地位的重大变化，即丈夫在家中的地位超过妻子在家中的地位。丈夫在家里掌握了权柄，而妻子则被贬低，被奴役。这时，母系制就很自然的被父权制所代替。正如恩格斯所说，"母权制的被推翻，乃是女性的具有世界历史意义的失败"[①]。可以说，这是人类早期所经历的最激烈的伦理关系的变革之一。

一夫一妻制家庭是在野蛮时代的中级阶段和高级阶段交替的时期从对偶家庭中产生的。它的产生是文明时代开始的标志之一。与社会的奴隶制相适应，这种家庭是建立在丈夫的统治之上的，其明显的目的就是生育确凿无疑地出自一定父亲的子女，以便确定父亲的财产继承权。一夫一妻制家庭与对偶婚家庭不同的地方，在于前者的婚姻关系比后者的婚姻关系牢固得多。也就是说，这种婚姻的伦理关系已经不能任意解除了，其权利和义务的关系已经有了法律

[①]《马克思恩格斯全集》第21卷，人民出版社1965年版，第69页。

的规定和道德的约束。丈夫有解除婚姻的权利，妻子有保持贞操的义务。忠诚的道德只是对妻子的要求，破坏忠诚的道德则是丈夫的权利。这种伦理不仅有习俗为证，而且有19世纪初的《拿破仑法典》的规定。所以，正是奴隶制和一夫一妻制的并存，正是完全受男子支配的年轻美貌的女奴隶的存在，使一夫一妻制从一开始就具有了它的特殊的性质，使它成了只是对妇女而不是对男子的一夫一妻制。①一夫一妻制不是个人性爱的结果，而是权衡利害的婚姻形式。一夫一妻制也不是以自然条件为基础的，而是以经济条件为基础的，即私有制对以原始的自然长成的公有制的胜利为基础的第一个家庭形式。"个体婚制是一个伟大的历史的进步，但同时它同奴隶制和私有财富一起，却开辟了一个一直继续到今天时代，在这个时代中，任何进步同时也是相对的退步，一些人的幸福和发展是通过另一些人的痛苦和受压抑而实现的。"②现代女性主义伦理学正是从这里建立起道德呼唤的根据，确定了女性主义伦理学研究和实践的历史使命。

（三）家庭伦理关系的制度化

"制度"概念指出了在人类社会生活的某些特殊领域存在的极为广泛的各种典型组织。制度是一种组织。组织是规范的系统，它能使人的行为规范化。制度表示一种围绕社会发展的基本目标的规范化的组织、价值、状况和角色。任何社会都必须容许正常的性活动，把性关系变成一种社会关系，以保证子女的生育和抚养。家庭制度是社会制度的组成部分。制度化是指建立期望的、典型的、需要的和可以预测的行为模式或组织，它是对非制度化行为的抑制和

---

① 《马克思恩格斯全集》第21卷，人民出版社1965年版，第75页。
② 《马克思恩格斯全集》第21卷，人民出版社1965年版，第78页。

克服，因为非制度化的行为是本能的、无规则的，因而是不可预测的。如夫妻打架是非制度化的行为，夫妻结婚和离婚是制度化的行为。

原始氏族公社伦理关系的制度化是从什么时候开始的？这很难说出确切的时间点，但可以确定大体的时期和起决定作用的根据。应当说这种制度化是在氏族公社形成和确立时期。大体说来，从杂乱的性交中产生出级别制度，从级别制度中产生出各种家庭制度，与家庭制度相联系的又有从母系制分化出来的父系制度，以及从家庭分化的集团形成的氏族公社制度，等等。伦理的制度化是原始家庭伦理发展的必然趋势。例如，从普那路亚家庭发展出来的等级制度，已经有了相当严格的形式。恩格斯曾分析过英国传教士劳里默·法森对澳大利亚芒特-甘比尔地区黑人家庭形式的研究。恩格斯指出，在那里，整个部落分为两个级别：克洛基和库米德。每个级别内部都严格禁止性交关系；反之，一级别的每个男子生来就是另一级别的每个女子的丈夫，后者生来也是前者的妻子。这里不是单个人，而是整个集团相互结婚，即级别和级别结婚。

制度化是一个过程，不是一个固定的时间和固定的模式。在发展过程中，这种制度化实际上是经历了几个不同的阶段，在每个阶段上都有自己的特殊形式。从血缘家庭到普那路亚家庭，再到对偶家庭、一夫一妻制家庭，每一步伦理关系的变化都有相应的家庭制度形成，并通过家庭制度的确立使伦理关系即辈分、等级、秩序等确定下来。恩格斯常用"家庭组织"这一概念，组织也意味着结构和秩序，因而也都是制度的体现。各个社会基本的家庭组织或制度可能是一致的，如结婚、亲属关系、孩子培养、家庭角色等。但是，也不能忽视在世界范围内家庭的这些方面又有很大的差别。其差别表现在多方面，如同一个家庭的妻子数量，新婚夫妇是否离开父母建立小家庭，家庭大事由谁决定或共同做出决定，继承权归于谁，婚前性行为是否自由，教育、培养子女的方式，以及可能给社会带来的影响，等等。家庭伦理制度化，是稳定婚姻和家庭关系的必然结果。它有利于家庭经济建设，有利于家庭成员的团结和子女教育，有利于家庭成员的个性培养，有利于世家技艺的传承，也有利于社会的稳定和发展。按照《家庭导论》一书作者所说，家庭作为初级群体，有它的特殊功能。这就是：第一，家庭是实现社会化的基本单位，它使人的观念和态度社会化和内在化。第二，家庭是实现满足人的各种需要的初级群体，它为每个人提供福利、友谊、保险和爱的温暖。第三，家庭是社会建设人才的源泉，是实现社会稳定的基础。他以有效的方式惩罚恶行，奖励善行。所以，形成合理的、健全的家庭伦理秩序是极其重要的。

（四）家庭权利关系的转化

从前面所述，男女家庭伦理的演变，有自然的因素，更有社会的因素。而社会的因素，首先的、决定的是经济因素。在对偶制家庭中，由于共产制家庭经济的存在，妇女在家庭中占统治地位，妇女不但居于自由的地位，而且受到高度的尊重，这正如在母系氏族制家庭内妇女不仅是自由的，而且还受到高度的尊重一样。在共产制家庭经济中，全体或大多数妇女都属于同一氏族，而男子则属于不同的氏族。这种共产制家庭经济是原始时代到处通行的妇女统治的经济基础。在易洛魁人中做过多年传教士的阿瑟·莱特，曾描述这种情形说：通常是女方在家中支配一切。不管男子在家里有多少子女或占有多少财产，仍然要随时听候命令，收拾行李，准备滚蛋。对于这个命令，他甚至不敢有反抗的企图。妇女在氏族里，乃至一般在任何地方，都有很大的权力。有时她们可以毫不犹豫地撤换酋长。①在共产制家庭经济中，全体或大多数妇女都属于同一氏族，而男子则属于不同的氏族。这种共产制家庭经济是原始时代到处通行的妇女统治的物质基础。原始共产制的共同的家庭经济，盛行到野蛮时代中级阶段的后期，正是这种经济决定着家庭公社的最大限度的规模和女性的权利，这种规模虽然依条件而变化，但是只要经济条件没有大的变化，这种家庭关系就是稳定的。

在母系氏族社会里，婚姻关系是一氏族的一群子弟与另一氏族的一群姐妹之间互相群婚。在两性结合不稳定的情况下，子女自然只知其母，不知其父，世系也只能按照母系计算，财产由母系血缘亲族继承。从我国仰韶文化遗址发掘的元君庙可以发现母子合葬墓，在半坡墓地发现四男子合墓和四女子合墓，未发现成年男女（夫妻）合葬的墓地。这说明当时是母系氏族和男性外婚制。在母系氏族社会里，人类强烈地依赖于自然，生活资料基本上是取自于自然界现成的东西。在劳动中自然按照性别和年龄分工，妇女采集植物，男子渔猎。采集植物要比渔猎对维持生活更有保障，妇女的劳动对维持氏族的生存起着特别重要的作用，因而妇女成为主要的劳动力，成为生活资料的主要提供者。同时，也使妇女更受到尊重，统帅氏族的责任自然落到妇女的身上，从而习惯内成母权制。

恩格斯指出，"决定两性间的分工的原因，是同决定妇女社会地位的原因完全不同的。"②在古代，妇女受尊重的地位是与她们所从事的劳动和创造的财富相联系的，文明社会的贵妇人的表面受尊重而实际地位低下，也是与她们脱离劳动相联系的。如果说家庭经济是原始时代妇女统治的物质基础，那么，同样的原因，男子在家庭中上升为统治的地位，也是由于家庭经济发生的原因。在母权制

---

① 《马克思恩格斯全集》第21卷，人民出版社1965年版，第60页。
② 《马克思恩格斯全集》第21卷，人民出版社1965年版，第61页。

社会，由于生产力低下，人们必须共同劳动，才能维持生存。生产劳动的这种直接的集体性质，使全体氏族成员（包括氏族首领在内），只能平均分配产品，过着平等的生活。因此，调节人们之间的社会关系是靠长期形成的习俗和传统力量和氏族首领的威信来维系的。没有专门用于统治的特殊机关，也没有任何强制手段。由于这种情况，所以社会的基本单位只能是氏族，而不是家庭，因为丈夫与妻子必然属于两个不同的氏族。既然如此，也就不可能形成家长制。但是，随着生产力的发展和氏族内私有制的出现，随着父亲在家庭中作用的增大和家庭结构的变化，父权的家长制的产生就成为不可避免的了。父权的家长制产生的根本原因，是社会生产方式由牧业转向农业和手工业，大规模的农业、畜牧业和陶冶劳动，使男子在劳动中起着举足轻重的作用，对氏族的生存和发展起着决定性的作用，因而在家庭经济中男女的地位和作用就发生了根本性变化，男子处于主要地位，妇女降到次要地位，从而使母权制转变为父权制。在这种转变的同时，原来母权制家庭的平等关系就变为不平等的关系。丈夫对妻子、家长对家庭成员的关系是统治和被统治、主治和服从的关系。这一次革命性的变化，使人类家庭伦理关系和社会伦理关系都发生了深刻的变化。

首先，由于家庭经济的变化，在家庭中出现了家长，形成了家长制。这一形式的主要特点是：自由人和非自由人在家长的父权下组成一个家庭。而这种组织的目的不是脉脉温情的家庭生活，而是为了在一定地域范围内照管畜群。所以"家庭"（Familia）这个词，起初甚至不是指夫妻和子女，而是指属于一个人的全体奴隶。"家庭"作为一种新的社会机体，就意味着父权支配着妻子、子女和一定数量的奴隶。

其次，由于经济地位的变化，丈夫作为家长不但有家庭的统治权，而且改变了传统的财产继承权。有了这个变化，就可以规定氏族男性成员的子女留在本氏族内，而女性成员的子女应该离开本氏族，转到他们父亲的氏族中去。这样就废除了按母系的继承权，确立了按父系的继承权；同时也就废除了按女系顺序的伦理，而确立了按男系顺序的伦理。

再次，由于经济地位的变化，促使婚姻关系迅速向着个体婚制转化。古代传下来的两性关系，越是随着经济条件的发展，从而随着古代共产制的解体和人口密度的增大，而失去朴素的原始的性质，就越使妇女感到屈辱和难堪；妇女也就越是迫切地要求取得保持贞操、只同一个男子结婚的权利，哪怕这种权利是暂时的。像澳大利亚盛行的那种级别婚姻，即分布在全大陆的整个一级别的男子和同样广布的一级别的女子群的婚姻，大体上是与他们的生产水平低下和漂泊不定的生活发生相适应。而普那路亚家庭作为群婚的高级阶段，则是与他们的生产发展和比较稳固的定居生活相联系的。

三、家庭伦理关系的调节

伦理是一种关系和秩序，道德是调节这种关系和秩序的手段。这种调节手段还有法律、宗教、习俗等。原始家庭伦理的调节方式是多方面的，要作伦理关系的人类学考察，有必要研究多种调节发生。"伦"字表示辈分、等级、秩序，这在古代人类社会中是一致的。"理"表示治，有整理、条理、纹理等。这也是一致的。伦理就意味着伦理关系和关系的治理。这在恩格斯的《家庭、私有制和国家的起源》一书中已体现得很明显。

(一) 自然选择和禁律制

恩格斯在《家庭、私有制和国家的起源》一书中，曾描述过最初的两个级别生来就互为夫妻；根据母亲属于第一级别或第二级别，她的子女就属于第三或第四级别；这后两个同样结婚的级别，其子女又加入第一或第二级别。这样，一代总是属于第一或第二级别，下一代则是属于第三或第四级别，第三代又重新属于第一和第二级别。根据这一制度，兄弟姊妹（母方的）不得为夫妻，但是兄弟姊妹的孙子孙女却可以为夫妻。这一复杂的制度由于母权制氏族的插入而更加复杂。在这里，阻止血亲婚配的意向，一而再再而三地表现出来，但这是本能的自发的表现出来的，并没有明确的自觉的目的。这就是两性关系的自然调节。自然调节是自然选择的结果。在原始婚姻中，排除血缘亲属结婚的行为，最初不是自觉的、有优生目的的行为，而是自然选择的结果。摩尔根在《古代社会》一书中写道："没有血缘亲属关系的氏族之间的婚姻，创造出在体质上和智力上都更强健的人种；两个正在进步的部落混合在一起了，新生一代颅骨和脑髓便自然地扩大到综合了两个部落的才能的程度。"[1]这样，实行氏族制度的部落便会对落后的部落取得上风，其他部落也会仿效这样的部落。这就是人种的自然选择。自然选择通过不断缩小婚姻关系的范围而对血缘亲属关系之间的婚姻起着调节作用。按照摩尔根的意见，普那路亚家庭是自然选择的最好例证。在普那路亚家庭关系中，排除了兄弟姊妹之间的性交关系。这是一个进步的过程：先排除同胞的兄弟和姊妹之间的性交关系，起初是个别场合，逐渐成为惯例，成为习俗，最后禁止旁系兄弟和姊妹之间结婚。但从人类文明的发展来说，这也是人类认识了自然选择规律的结果，是以更文明的方式调节血亲关系范围内的人与人之

---

[1]《马克思恩格斯全集》第21卷，人民出版社1965年版，第58页。

间关系的进步,因而也是伦理的进步。

两性关系的人为调节是从禁忌开始的。禁例从个别到普遍的进展,从偶然到自觉的进步,就是道德规范形成过程的必要阶段。由于血亲婚配给生命和氏族造成了严重危害,经过一再反复生活体验,引起人类对两性关系"应怎样"的自觉,于是产生了男女杂乱性交关系的禁忌。这种禁忌在处于野蛮时代的易洛魁人那里曾有过数百种。禁忌(Taboo)一词本身具有两种意义:一是崇高的、神圣的、神秘的;另一义是危险的、不洁的、禁止的。据弗洛伊德研究,最初的禁忌还不具有宗教和道德的意义。禁忌先于宗教,待宗教观念产生后就与宗教观念相冲突了。禁忌也还不是道德,因为它没有明显的、可以观察到的说明,也没有明确的理由。但它是人类最古老的"法律"。这主要是与原始人对人的生命和种族的自觉意识相联系的,因此也可以说禁忌起于恐惧和对种族利害的考虑。可以说它是人类对伦理关系的自觉,即对辈分、类别、秩序的意识。

乱伦禁忌的问题是人类学讨论得最多和最困难的问题。因为这种现象是与族外婚和婚姻的原始形式,以及与远古的杂婚相联系的。马林诺夫斯基①研究了原始人的乱伦禁忌的问题。他认为,族外婚不过是乱伦禁忌的扩大。动物之间的乱伦对生长、发育是无害的。但人类则相反。一切社会最强烈的避障和禁令,都是对待乱伦的。其原因是人类的文化、伦理的影响。马林诺夫斯基把已经形成分工的家庭成员之间的关系看作是一个"文化工厂",而不是一个"生物工厂"。

家庭伦理的第一个进步,就是自觉排除父母和子女之间的性交关系;第二个进步是自觉排除兄弟姊妹之间的性交关系。这后一种

---

① 马林诺夫斯基(1884—1942),英国社会人类学家,功能学派创始人之一。——编者注

进步比前一种进步更重要，但也更困难，因为在成年雄性之间的相互宽容比较困难。这一进步是逐渐实现的。起初是个别场合，以后逐渐成为惯例，再后来就严格禁止同胞兄弟姊妹的子女、孙子女，以及曾孙子女之间结婚。开始是偶然的、个别的禁例，后来逐渐成为氏族生活中普遍的禁忌和习俗，禁例在发展过程中变为通例，即变为普遍的原则或通则。由于对血亲婚配的认识而逐渐扩大禁例的范围，一旦兄弟和姊妹间，甚至母方最远的旁系亲属的性交关系的禁例确立，已经分化的兄弟和姊妹集团便转化为氏族，即组成一个确定的、彼此不能结婚的女系血缘集团。从此时起，这种集团就由于其他共同的社会制度和原始宗教制度而日益巩固起来，并且与同一部落的其他氏族区别开来。如前所说，两性关系"应怎样"的观念，就产生于意识到两性关系血亲婚配禁忌的那一界限上，也可以说是产生于由动物向人转变的那一界限上。这个界限上的道德表现，在两性间就是"宽容"，在不同辈分之间就是"尊敬"。中国古代的《尚书·舜典》中记载，舜帝使契实施"五教"，即"五品"之教父义、母慈、兄友、弟恭、子孝。强调五教在"宽"。应该说，这"宽"是自古传下来的基本观念。实际上，有禁忌，又有宽容，正是人类伦理关系最初形成的道德条件。

　　禁例是限制血亲婚配范围的。由于生活实践经验的积累，个别的禁例就成为普遍的禁例，成为通例，偶然的行为就成为大多数人的行为，以至成为习俗。在原始的民族中，普遍存在着决定两性相互关系的复杂规矩。谁要是破坏了这些规矩，氏族就要进行严格的追究。因为，这关系到整个氏族的利益。这些复杂的规矩，最初就是一些禁忌，后来逐渐形成为道德规范。与此相联系的是图腾，还有纹身产生。野蛮人通过图腾和纹身，记录着自己的一生，同时也标记着个人与氏族之间的关系。实际上，原始氏族对禁忌最早的戒律就是两条：禁止杀害图腾动物和禁止与同图腾的异性发生性关系。这种禁忌规定从禁例到习俗，再到传统，到道德和法律。虽然这种禁忌通例是外在的，但在原始社会，决定是否道德首先是它的外在性和他律性。正如法国著名社会学家迪尔凯姆[①]所说，"要确定一项戒律是不是道德的，我们应该看它是否具有道德的外在特征。这种特征表现在一种普遍的制裁措施上面，即表现在一切违反戒律的行为受到舆论谴责上面。每当我们遇到具有这种特性的事实，都没有权利否认它的道德之名，因为这表明它与其他道德事实具有同样的性质。"[②]当然，从另一方面说，也不能排除对禁忌的内在自觉性。从这方面来说，与禁忌、图腾相联系的正是良心。什么是良心？弗洛伊德说，良心与人的"确实的自觉"有关。他提出了一个值得注意的定义：良心是我们对某些特殊欲望由拒绝而产生的一种内在自觉。这种自觉不必寻求任何支持。[③]人类在原始阶段，如何从外在的禁忌、禁例、禁制转化为内在的良心？这就是我们现代的德育要特别加以研究的"内化"问题。[④]

（二）从习俗到规范调节

习俗在人类的原始生活中，起着重要作用，其中婚俗的作用尤

---

① 迪尔凯姆（又译涂尔干、杜尔凯姆等），法国社会学家、人类学家，与马克思、马克斯·韦伯并列为社会学三大奠基人。——编者注
② 〔法〕迪尔凯姆：《社会学方法的准则》，商务印书馆1995年版，第60页。
③ 〔奥地利〕弗洛伊德：《图腾与禁忌》，上海人民出版社2005年版，第88页。
④ 人类在原始阶段，如何从外在的禁忌、禁例、禁制转化为内在的良心？这就是我们现代的德育要特别加以研究的"内化"问题。这里有几个方面值得考虑：从认识上说，是反映问题，包括感觉、知觉、表象，通过记忆、回想、想象，达到某种观念、概念性认识。如何反映，要反映得客观、正确，在这一步就有无限差别的不同反映和认识。从情感上说，是直接的感受和共鸣问题。从心理上说，有个净化问题。这也可以说是宗教的意识。从意志方面说是决断问题，这里也可以说是立场问题。

其重要。古往今来，各个国家和各个民族都把婚姻的缔结看作人生中的重大事件。美国社会学家凯温女士，把人生的全过程分为七个阶段，其中前三个阶段都是结婚的准备阶段，第四个阶段是结婚，后三个阶段是结婚的表现期。这种把婚姻贯彻于人生各个阶段的观点虽然有些片面，但是确有一定的道理。因为就其普遍性来说，它确实是贯彻并制约着人的一生的。[①]在古代，结婚、成家、立业，是重人伦、广继嗣的大事。当然，把婚姻的意义夸大也是错误的。因为还有比婚姻更重要的事业。中国传统到底叫做"修身、齐家、治国、平天下"，齐家只是一个重要环节，而不是全部。

恩格斯曾描述过印第安人氏族制度的"风俗调节"：没有军队、宪兵和警察，没有贵族、国王、总督、地方官和法官，没有监狱，没有诉讼，而一切都是有条有理的。一切争端和纠纷，都由当事人的全体即氏族或部落来解决，或者由各个氏族相互来解决；……家庭经济都是由若干家庭按照共产制共同经营的，土地乃是全部落的财产，仅仅有小小的园圃归家庭经济暂时使用，……可是丝毫没有今日这样臃肿复杂的管理机关。一切问题，都由当事人自己解决，在大多数情况下，历来的习俗就把一切调整好了。不会有贫穷困苦的人，因为共产制的家庭经济和氏族都知道他们对于老年人、病人和战争残废者所负的义务。大家都是平等、自由的，包括妇女在内。……凡未被腐化的印第安人接触过的白种人，都称赞这种野蛮

---

① 《中庸》有"君子之道，造端乎夫妇，及其至也，察乎天地"。可见，结婚关乎人伦，系于天地。说结婚"关乎人伦"，就是强调了它的重要意义。梁启超有"原道德"之说，讲连贯过去、现在和将来的人伦之道有三：感恩、名分、虑后。试想，不结婚，不生子，怎么能知道父母之恩？不结婚，不成家，怎么能体验父母兄弟子的人伦（五典）、懂得做事的职分？不养子，不成家，怎么能建业，为将来、后代着想？所以，在古代，结婚、成家、立业，是重人伦、广继嗣的大事。当然，把婚姻的意义夸大也是错误的。因为还有比婚姻更重要的事业。叫做"修身、齐家、治国、平天下"，齐家只是一个重要环节，而不是全部。

人的自尊心、公正、刚强和勇敢，这些称赞证明了，这样的社会能够产生怎样的男子，怎样的妇女。①

习俗的调节在原始婚姻中是常见的。群婚时代的澳大利亚，有一种级别婚，是分布在全大陆的整个一级别的男子和同样广布的一级别的女子群的群众性夫妻关系。这种群婚中有一种调节法则，根据这种调节法则，一个外地的澳大利亚黑人在离开本乡数千公里的地方，在双方语言不通的地方，往往仍然可以在部落里找到甘愿委身于他的女子，而有几个妻子的男人也愿意让一个妻子去陪客人过夜。这在现代社会看来是不道德和无法纪的行为，在那时的原始部落生活中，却是有严格的法则调节着的。这些女子属于客人的通婚级别，因而她们生来就是他们的妻子；把他们彼此结合起来的那个道德法则，同时又用剥夺权利的方法禁止相互所属的通婚级别以外的任何性交关系。甚至在经常抢劫妇女的地方，也很慎重地遵守着级别法则，某些地方还把它当作通例，成为通行的法则。在文化发展到一定阶段上，这种通行的法则就被道德规范和法律规定所代替。法律也是家庭伦理调节的必要手段。不过，从习俗调节的过程来看，对于个体的道德内化，急不得，对于广大民众来说，它是一个从俗的生活过程，是一个潜移默化的熏陶过程。对老百姓来说，能从俗就是向善人生取向了。②

《家庭》中还讲到夏威夷习俗，也是典型的一例。夏威夷长期

---

① 〔德〕恩格斯：《家庭、私有制和国家的起源》，人民出版社1972年版，第110页。

② 荀子讲"民德"有三即养生、货财、从俗。他说，"以从俗为善，以货财为宝，以养生为至德，是之谓民德"。那就是说，对老百姓来说，能从俗就是向善人生取向了。

处于普那路亚家庭①状态。若干数目的姊妹——同胞的或血缘较远的即从表姊妹，再从表姊妹或更远一些的姊妹——是她们共同丈夫们的共同妻子，但是在这些共同丈夫中，排除了他们的兄弟；这些丈夫彼此也不再互称兄弟，他们也不必再成为兄弟了，而是互称普那路亚（伙伴）。同样，一列兄弟——同胞的或血缘较远的——则跟若干数目的女子（只要不是自己的姐妹）结婚，这些女子也互称普那路亚。这就是原始群婚习俗的延续。这种习俗就是当时的秩序。习俗之所以能够起到调节作用，是因为习俗具有稳定性②和承继性。当然，习俗中有良善之风，也有陈规陋习；有精华，也有糟粕。

（三）婚姻离异的理论和实际

在传统的德国哲学特别是在黑格尔哲学中，对婚姻的离异抱有一种理想主义的观点，强调婚姻本身在本质上是不可离异的。这种观点早在 1842 年就被马克思批评过。马克思在《论婚姻法草案》一文中曾指出，这种观点完全没有表明婚姻所具有的特殊东西。婚姻是一种伦理关系。就婚姻这种伦理关系的概念来说，也就是从它的本质上说，是不可离异的。但是，如果以婚姻的真实性为前提，

---

① 普那路亚家庭，原始社会群婚家庭形式之一。它从血缘家庭发展而来。"普那路亚"系夏威夷语 punalua 的音译，意即"亲密的朋友"或"亲密的伙伴"。"普那路亚家庭"由美国民族学家 L.H. 摩尔根命名，并把它作为群婚家庭的典型。——编者注

② 习俗的稳定性：如中国某些少数民族地区在旧社会自古传下来的婚前性自由、一夫多妻的习俗，就是原始群婚的残余表现。婚前性自由，女子生子后不离开母家，男子可能再到女子家，也可能从此散伙，没有稳定的家庭，子女只知母不知父。一夫多妻往往是男子入赘，姐妹共夫，甚至还有母女共夫的现象。还有一妻多夫现象。这都是以氏族外婚为通婚原则的原始群婚残余。但是这种原始遗风仍被人们接受，而且认为是道德的表现，起着调节男女关系的作用。这种习俗一直保持到西藏解放，新政府颁布婚姻法禁止一妻多夫和一夫多妻为止。

从实际存在的婚姻事实来说，那就不同了。因为任何事实上的婚姻都是不完全符合它的概念的，因而也是可以离异的。任何实际存在的伦理关系，都不符合自己的本质，或说并不必须符合自己的本质。如黑格尔所说，"婚姻应该是不可离异的，但我们也只是说应该而已"。只是说离婚不能听凭任性去决定，而只能通过伦理性的权威来决定，如由教堂和法院决定。问题在于确定在什么条件下可以离异、应该离异。马克思指出，离婚仅仅是对这样一个事实的确定：某一婚姻已经死亡，它的存在仅仅是一种外表和骗局。婚姻是否已经死亡，不是由个人的任性或立法者决定的，而是要由婚姻事实的实质来决定，要由无可怀疑的婚姻死亡的征象来确定。法律调节者的权利和义务，首先是"保护伦理关系的生命"。法律所应当规定的只是在什么条件下婚姻是可以离异的，在什么条件下婚姻实质上已经离异了。"法院判决的离婚只能是婚姻内部崩溃的记录"。

在婚姻的离异问题上，恩格斯的观点同马克思是完全一致的。恩格斯从现实的婚姻关系上强调指出，婚姻的离异是与一夫一妻制的财产关系相联系的。一夫一妻制由于与财产关系紧密联系，所以具有两个特征：一是男子的统治；二是不可离异性。在这种条件下，婚姻的不可离异性，部分的是一夫一妻制所赖以产生的经济状况的结果，部分的是这种经济状况和一夫一妻制之间的联系还没有被正确地理解和缺乏必要的传统。正因为这样，在现代婚姻中，这种不可离异性已经遭到严重的破坏。所以恩格斯说："只有以爱情为基础的婚姻才是合乎道德的，那么也只有继续保持爱情的婚姻才合乎道德。"[1]在作出这个结论之后，恩格斯又说，如果感情确实已经消失，或者已经被新的热烈的爱情所排挤，那就使离婚无论对于婚姻双方或对于社会都成为幸事，省得使人们陷入离婚诉讼的无益

---

[1]《马克思恩格斯全集》第21卷，人民出版社1959年版，第96页。

的泥潭中。

恩格斯对离婚问题的思考是非常实际的。1888年10月，他在给考茨基①的信中，谈到离婚的问题。他对考茨基说，如果你们感情不和是那么明显，以至你真的决定离婚，那我认为首先应当考虑到现在的情况下妻子和丈夫地位的不同。离婚，在社会上来说，对于丈夫绝对不会带来任何损害，他可以完全保持自己的地位，只不过重新成为单身汉罢了。妻子就会失去自己的一切地位，必须一切从头开始，而且是处在比较困难的条件下。因此，当妻子说要离婚，丈夫可以千方百计求情和央告而不会降低自己的身份；相反，当丈夫只是暗示要离婚，那么妻子要是有自尊心的话，几乎就不得不马上向他表示同意。由此，恩格斯向要离婚的丈夫提出以下三项要求：1. 对离婚应当慎重考虑，只是在万不得已的时候才做这种决定；2. 要在考虑成熟以后，只是在完全弄清楚必须这么做之后，才有权利采取这一极端的步骤；3. 即使正式提出离婚也只能用最委婉的方式。

恩格斯还谈到第三者插足的问题。他说根据他自己的经验，每个家庭的父母很难公正地对待违背他们意志的新入家门的媳妇或女婿，父母的"好意图常常给新人造成痛苦。在家庭中，每个丈夫都会发现自己的妻子的某些缺点，同样，妻子也会发现丈夫有某些缺点。这本来是正常的。但是由于第三者的插足"过问"，这种批评态度就会转化为感情不和或长期不和。"②这就是第三者插足对合法伦理关系的破坏。

伦理使人庄重。恋爱和婚姻都不可轻率。恩格斯强调，现代社

---

① 卡尔·考茨基，社会民主主义活动家，德国工人运动理论家，是马克思主义及社会民主主义发展史中的重要人物。马克思《资本论》第四卷的编者。——编者注

② 《马克思恩格斯全集》第37卷，人民出版社1959年版，第107页。

会的爱情，必须以所爱者为前提，以双方的互爱为基础。如果自己的爱没有引起对方的爱，没有成为被爱的人，这样的性爱就是不幸。因此与什么人发生性爱关系，在什么情况下发生性爱关系，对男女双方来说都不是无所谓的事情，而是关系到做人的品质和人格尊严。性爱的轻率不仅会导致失足，甚至会影响一生。婚姻也是如此，已经成家立业，就应当对家室老小负起责任。一个严肃对待自己的生活和对他人负责任的人，在任何情况下都要保持心性端正，使行为合于道德和法律。那种只顾自己"自由"、不顾别人痛苦的婚恋行为，是不严肃的，也是不道德的，其结果也不会是真正的自由。

性爱是排他的，但不是自私的。所谓"爱情自私"是混淆了两种不同的伦理关系。夫妻关系是以爱为基础的家庭共同体，应当是无私的。在这种伦理关系中，如同眼睛里容不得沙子一样，有一分自私就会减少一分爱情。这种关系不容第三者插入，是维护正当婚姻的权利，而不是自私。理想的婚姻不是没有矛盾，而是通过矛盾的妥善解决，不断增进双方的感情，维护家庭共同体。这种第三者插足，虽然可能有一定的爱情因素，但他（或她）不是促进他人的家庭和睦，而是有意破坏他人的婚姻，因而不但是自私的，而且是不法的行为。当然，如果夫妻双方的感情确已消失，再强行保持婚姻已经是不幸，在这种情况下离婚就是正当的，而且对双方都是脱离争吵和痛苦的幸事。离婚后的再恋，具体的伦理关系已经发生变化，其行为的性质也就另当别论了。

"婚姻是具有法的意义的伦理性的爱"，黑格尔这句话说得很对。婚姻关系作为实体性伦理关系，不仅具有道德意义，而且具有法律意义。因此，对婚姻伦理关系的调节，不仅有道德的方式，还要有法律的方式。

四、私有制和现代婚姻道德

私有制和婚姻的平等要求是历史的必然。男女之间的性爱,按其本性来说是排他的。那么以性爱为基础的婚姻,按其本性来说就是个体婚姻。在人类历史上,由群婚向个体婚的过渡,主要是妇女的功劳;由对偶婚向一夫一妻制过渡主要应归功于男子。在人类历史上,这后一个进步实质上是使妇女的地位恶化。

(一)个体婚制的道德意义

原始婚姻的个体婚制与现代意义上的个人性爱是不同的。原始婚姻的个体婚制是由于禁例不断缩小两性婚姻的范围的结果。由于次第排除亲属通婚,起初是血统较近的,后来是血统愈来愈远的亲属,最后是仅有姻亲关系的,这就使任何群婚形式在实际上不可能,而为个体婚制的形成准备了前提条件。个体婚制在历史上绝不是作为男女之间的和好而出现的,更不是作为这种和好的最高形式而出现的。相反,它是作为女性被男性所奴役,作为整个史前时代所未有的两性冲突的宣告而出现的。马克思、恩格斯指出,人类最初的分工是男女之间生育子女而发生的分工。不用说,男女在生育方面是有自然分工的。在生育以后,当男子从事打猎或打仗的时候,妇女就采集野生植物和果实,或者在有条件的地方采集贝壳,照看孩子,操持一般家务。在历史上出现的阶级对立也是同个体婚制下的夫妻间对抗的发展相联系的,最初的阶级压迫也是与男性对女性的奴役同时发生的。个体婚制是一个伟大的历史性的进步,但同时它同奴隶制和私有制一起也是相对的退步。个体婚制是文明社会的细胞形态,它包含着文明社会充分发展的对立和矛盾。个体婚制发展的几千年的结果,却是伴随着杂婚制极其极端形式卖淫的现代婚姻制度。从这里可以看到,"它是自文明时代起分裂为各个阶级的社会在其中运动着,但是既不能解决又不能克服的那些对立和矛盾的一幅缩图"①。

恩格斯说,个体婚制的家庭,并不是在任何时候和任何地方,都必须为古典的粗野形式。在具有远大见识的古代罗马人中间,妇女就享有更多的自由和尊重,妇女和男子一样,可以自由解除婚姻关系。个体婚制发展的最大进步,是在德意志人中发生的。大概是因为德意志人贫穷,一夫一妻制在那时还没有从对偶婚中发展出来。恩格斯的结论是根据古罗马历史学家罗马塔西佗所说的下面三种情况得出的:1. 尽管他们以一个妻子为满足,但是他们的显贵和酋长还是盛行多妻制。2. 从母权制向父权制过渡的时间比较晚,因此他们的观点与美洲印第按人相一致,婚姻方式与斯巴达人相一致。3. 在德意志人中间,妇女享有很大的尊敬,对公共事务也有很大的影响,这是与一夫一妻制男子特有的统治相矛盾的。由此,人类婚姻史上出现了一个新的因素,在一夫一妻制中使丈夫的统治具有了比较温和的形式,而使妇女至少从外表上看来有了古代所未有的更自由和受尊重的地位。这就造成了一种可能性,在此基础上,从一夫一妻制中发展起来最伟大的道德进步,这就是:整个过去的世界所不知道的个人性爱。这一进步不是由于德意志人爱好道德所致,而是因为当时在德意志人中实行的对偶婚制并不具有明显的矛盾。相反,德意志人在其迁徙时期,特别是在向黑海沿岸草原游牧民族区迁徙时期,在道德上堕落得很厉害,甚至染上了丑恶的反自然的恶习。当然,这并不是说只有一夫一妻制才是性爱在其中发展

---

① 《马克思恩格斯全集》第 21 卷,人民出版社 1959 年版,第 80 页。

的唯一形式，因为丈夫统治下的个体婚制，本质上是与此相排斥的。所以，历史上出现的第一个作为热恋的性爱形式——骑士之爱，根本不是夫妇之爱，恰好相反，正是要破坏那种没有热恋自由的夫妻关系。

严格地说，中世纪的伦理是从古代世界随性爱的萌芽而告停顿的时候开始的，就是文艺复兴时期薄伽丘的小说《十日谈》所反映的，从通奸开始的。中世纪并没有真正的爱情。对于王公贵戚、达官贵人、佩剑骑士来说，结婚本身往往是一种政治行为，是借联姻来扩大势力的机会；或者是受种种人为规定的限制结成某种婚姻，起决定作用的还是家世的利益和家庭利益，而绝不是出于个人的意愿，也不是基于真正的爱情。直到中世纪末期，在绝大多数场合，婚姻的缔结仍然不是由婚姻当事人自己决定的。它或者是人一出世就被定下了亲事，同整个一群异性定了亲；或者是由母亲给自己的子女安排婚事；或者是在父权制、私有制条件下对财产继承权关切的考虑。

历史的发展具有讽刺意味的是：正是资本主义社会把这种婚姻方式打开了一个缺口。它把一切变成了商品，从而消灭了过去遗留下来的古老的关系，用买卖、自由、契约代替了世代相传的习俗、道德和法，同时又进一步发展了现代社会的性爱。现代的性爱，同单纯的性欲和古代的爱是根本不同的。第一，它是以所爱者的互爱为前提的。在这方面，妇女同男子同样平等的地位，而在古代这种情况是很少的。第二，性爱常常达到这样强烈和持久的程度，如果不能结合和彼此分离，对于双方来说都是一种不幸。仅仅为了能够彼此结合，双方敢冒很大的危险，甚至冒生命的危险。第三，对于性交关系的评价，也产生了新的道德标准；按照这种标准，不仅要问：它是结婚的还是私通的？而且要问：是否由于爱情，由于相互的爱而发生的？这样的道德标准，即使在实际上并不被特别重视，在理论上和纸面上也还是要承认的。

恩格斯在讲到英国工人阶级的婚姻道德时，说他们在道德和智力方面同农民一样，遵守习俗和严格的生活规律。年轻人在幽静纯朴的环境中、在和婚前的游伴互相信赖的气氛中长大的，虽然婚前发生性关系几乎是普遍现象，可是这仅仅是在双方都已经把结婚看做道义上的责任时发生的，只要一举行婚礼，就一切都正常了。①

当然，爱情不是抽象的，而是具体的。马克思在给燕妮的信中说："爱情，不是对费尔巴哈的'人'的爱，不是对摩莱肖特的'物质的交换'的爱，不是对无产阶级的爱，而是对亲爱的你的爱，使一个人成为真正意义上的人。"人与人之间的伦理关系并不是费尔巴哈所说的男人与女人的关系，但男女关系却是人与人之间最直接、最自然的关系，是人伦关系的初始关系和自然基础。在一定的社会意识和关系中，男女关系作为社会性别，就形成最普遍、最基本的伦理关系，对其他伦理关系发生一定的影响。马克思、恩格斯指出，把性欲看作爱情，把爱情看作只是生命力的表现的观点，是错误的。爱情是人的固有规定性的对象化，是人的社会规定性的表现。爱情与性欲相联系，但不能归结为性欲，它具有特殊的社会意义。从男女关系摆脱自然性关联的程度，可以判断人的教养程度和人类进步的阶段。爱情也从男女关系上，表明人与人的伦理关系合乎人的本质的程度。这里顺便说说歌德在《亲和力》一书中所讲的亲缘关系。爱德华、夏洛蒂和上尉三个人讨论何谓亲缘关系，认为物质之间一种内聚力，如水、油、水银，一种整体性，局部之间有某一种"内聚力"，总是相聚成一个整体。应该从力量和定性的角度来认识这种关系。在物质之间有的是血缘亲，有的是精神亲、灵

---

① 《马克思恩格斯全集》第2卷，人民出版社1957年版，第283页。

魂亲。人与人之间也可能产生真实而伟大的友谊：因为互相对立的属性可以使得内外的统一成为可能。

亲和力也有层次：有较近、较强的吸引力，有较远、较弱的吸引力。引起离婚的亲和力才是最有趣的一种。

男女之间的性爱是爱情的自然基础，没有它不能算是健全的爱情。这是一种自然的亲和力。按照歌德的说法，这种亲和力也是吸引力，有层次的区分：有较近、较强的吸引力；有较远、较弱的吸引力。关于自然和女性崇拜。道梅尔[①]认为："自然和女人不同于人类和男人，前者是真正神圣的……人类为了自然而自我牺牲，男人为了女人而自我牺牲乃是真正的、唯一真实的温顺和克己，是最高的，甚至是唯一的美德和笃敬。"那时，还有克尼格[②]的教言。他在《对人的态度待人之道》一书中不仅规定了对待人所必需的规诫，而且规定了人对动物所必需的规诫。马克思讥讽它是"新世界秩序"的至理名言，是"恳切的道德说教"。马克思恩格斯认为，道梅尔先生在"逃避威胁他的历史悲剧，求救于所谓自然，即笨拙的农村田园诗，宣扬女性崇拜以掩饰他自己对女性的屈从。""他企图用现代化的形式来恢复基督教以前的古代的自然宗教。不过，在他那里，这一切都是关于自然的基督教德意志的宗法式的空谈。"但是，单有性爱也还不是健全的爱情，只有性爱升华为社会的、道德的情感，才会有健全的爱情。人来自于自然，但结成社会以后就不只是以自然为基础的生活，更重要的是社会的生活。社会的生活就是在一定的社会关系中的生活。夫妇关系之所以形成，不仅有生理的自然条件，更因有共同的兴趣、爱好、理想及其他社会背景，包

---

① 道梅尔：19世纪德国哲学家和诗人。——编者注
② 阿道夫·弗朗茨·克尼格男爵，18世纪德国作家，共济会和光照派主要成员。——编者注

括经济的、政治的、文化的、道德的、审美的种种因素。所有这些因素都构成夫妇伦理关系的社会基础。这个方面是更重要的、更根本的方面。假如没有这个方面,单有自然的爱欲,那种夫妇关系就不是伦理的,而是生理的;不是人类的,而是与动物的两性关系类似的东西。假如这个方面脆弱,那么即使有较优越的自然、生理基础,也会是不巩固、不稳定的婚姻,面合心不合,以致在生理要求厌腻之后,互相抛弃,甚至仇杀。健全的婚姻应当包括自然性基础、双方的情感和维系婚姻关系的理性,还应当重视个人的权利和双方对婚姻共同体的义务。健全的婚姻是情感与理性、权利与义务的统一。

(二)现代一夫一妻制的伦理

马克思在《论新离婚法草案》中讲了这样几个思想:1.对离婚法的批判方法有三种:一种是从莱茵法学的观点进行的批判;一种是从旧普鲁士法及其实践进行的批判;再一种是从一般法哲学的批判。前两种批判只是阐述同意或反对离婚的个别理由,后者则阐述离婚的概念及其产生的后果。2.婚姻与宗教的关系(以及宗教与法律的关系)。马克思发表的前两篇文章,都是指责宗教干预法律,但没有阐述婚姻本身就其本质来说在多大程度上是宗教的或非宗教的。因此,也就不能说明一贯彻底的立法者遵循事物的本质并切不满足于该本质抽象的规定,那他必须怎么办?这里有两种态度:一种是宗教立法者,认为婚姻的本质不是人的伦理性,而是宗教的神圣性,因而以上天注定代替自己做主,以超自然的恩准代替内心的、自然的献身,以消极的顺从凌驾于这种婚姻关系之上的戒律代替忠诚地服从婚姻关系的本性,因而把婚姻从属于教会,把世俗的婚姻置于教会最高当局的监督之下。这样做是无可指责的必然结果。这里有两个方面：一方面是"内心的、自然的献身"，另一方面是"忠诚地服从婚姻关系的本性"。再一种是把婚姻看作它本身所是的东西，婚姻的本质是人的伦理性，与宗教性相对的世俗性，按照婚姻所固有的规律来对待婚姻。彻底的立法必须遵循事物的本质，并且不应满足于关于事物本质的抽象规定。

马克思批评鲍威尔的观点，指出如果仅仅指出宗教立法与婚姻的世俗本质是矛盾的，那是驳不倒宗教立法的。因为宗教立法者并不是反对世俗婚姻的离异，它反对的是婚姻的世俗本质，他要维护的是婚姻的宗教本质。它一方面竭力使世俗婚姻失去其世俗本质，另一方面，在做不到的地方，它就适当容忍并对其世俗性加以限制，力求消除其罪恶的后果。

按照莱茵法学观点，把婚姻分成两种本质：世俗的本质和宗教的本质。其世俗的本质只同国家和公民的法律意识相联系；其宗教的本质只同教会和个人的信仰相联系。马克思认为，这样把婚姻划分为两个不同的领域，区分为两种本质，并不能消除矛盾；相反，这样划分会在两个至关重要的领域之间制造矛盾和无法解决的冲突。同时，也不能使立法者持二元论的两重世界观（婚姻观也体现着世界观）。其实，在有良心的立法者那里，"应当把在精神世界和宗教形式中他认为是真理的东西、作为唯一崇拜的力量看作现实世界及其世俗形式中的唯一力量"[1]。

1842年在萨维尼[2]领导下拟定了一部离婚法草案，普鲁士执政当局的准备和讨论工作是严格保密的，但《莱茵报》于1842年2月20日公布了这一草案，引起了报刊舆论对草案的广泛公开的讨

---

[1]《马克思恩格斯全集》第21卷，人民出版社1959年版，第316页。

[2] 弗里德里希·卡尔·冯·萨维尼，德国最伟大的法学家之一，历史法学派的代表人物。——编者注

论。《莱茵报》也因拒绝向当局提供草案投稿人的姓名而被封闭。《莱茵报》在发表马克思的文章的按语中，谈到对离婚法草案的几点意见，其中提出"立法不是把婚姻看作合乎伦理的制度，而是看作一种宗教的和教会的制度，因此，婚姻的世俗本质被忽略了"。这里提出了"婚姻是合乎伦理的制度"，阐述离婚的概念及其产生的后果，批判了莱茵法学的观点和旧普鲁士法的观点及其实践。对此，马克思提出了一系列的问题：1.是能满足于关于婚姻本质的纯粹抽象的规定，还是尊重现实婚姻的世俗本质？2.婚姻的本质是人的伦理性还是宗教的神圣性？3.婚姻是上天注定还是自己作主？4.结婚是超自然的恩准还是内心的自然的奉献？5.婚姻是顺从凌驾于伦理关系本性的戒律，还是忠诚地服从伦理关系的本性？6.能不能把婚姻分为宗教的本质和世俗的本质，使一种本质与教会和个人信仰相联系，另一种本质与国家和公民的法的意识相联系？7.法律能不能一方面颁布法令让人去做合乎伦理的事情，一方面又承认不合乎伦理的事情是合法的？8.是按照对象世界所固有的规律来对待对象世界，还是满足于任意的主观臆想或无内容的"理智的抽象"？9.婚姻立法能不能没有明确规定什么是"合乎伦理的行为"，就宣布对"不合乎伦理的行为"的立法？这些问题不仅触及到当时德国婚姻的本质，而且也具有普遍的立法和道德意义。

　　婚姻与宗教的关系（以及宗教与法律的关系）。马克思发表的前两篇文章，都是指责宗教干预法律，但没有阐述婚姻本身就其本质来说在多大程度上是宗教的或非宗教的。因此，也就不能说明一贯彻底的立法者遵循事物的本质并且不满足于该本质的抽象的规定，那他必须怎么办？这里有两种态度：一种是宗教立法者，认为婚姻的本质不是人的伦理性，而是宗教的神圣性，因而以上天注定代替自己做主，以超自然的恩准代替内心的、自然的献身，以消极的顺从凌驾于这种婚姻关系之上的戒律代替忠诚地服从婚姻关系的本性,因而把婚姻从属于教会,把世俗的婚姻置于教会最高当局的监督之下。这样做是无可指责的必然结果。这里有两个方面:一方面是"内心的、自然的献身",另一方面是"忠诚地服从婚姻关系的本性"。再一种是把婚姻看作它本身所是的东西,婚姻的本质是人的伦理性,与宗教性相对的世俗性,按照婚姻所固有的规律来对待婚姻。彻底的立法必须遵循事物的本质,并且不应满足于关于事物本质的抽象规定。

按照"批判的批判"的观点,如果仅仅指出宗教立法与婚姻的世俗本质是矛盾的,那是驳不倒宗教立法的。因为宗教立法者并不是反对世俗婚姻的离异,它反对的是婚姻的世俗本质,他要维护的是婚姻的宗教本质。它一方面竭力使世俗婚姻失去其世俗本质,另一方面,在做不到的地方,它就适当容忍并对其世俗性加以限制,力求消除其罪恶的后果。

按照莱茵法学观点,把婚姻分成两种本质:世俗的本质和宗教的本质。其世俗的本质只同国家和公民的法律意识相联系;其宗教的本质只同教会和个人的信仰相联系。马克思认为,这样把婚姻划分为两个不同的领域,区分为两种本质,并不能消除矛盾;相反,这样划分会在两个至关重要的领域之间制造矛盾和无法解决的冲突。同时,也不能使立法者持二元论的两重世界观(婚姻观也体现着世界观)。其实,在有良心的立法者那里,"应当把在精神世界和宗教形式中他认为是真理的东西、作为唯一崇拜的力量看作现实世界及其世俗形式中的唯一力量"[1]。

当时,离婚的理由繁多和轻率是不能容忍的,而现行的婚姻法又不能解决。《莱茵报》认为,现行的普鲁士婚姻法是不合伦理的。

---

[1]《马克思恩格斯全集》第1卷,人民出版社1958年版,第316页。

新离婚法草案只是对旧法进行了修订，但并没有进行彻底改革。主要的问题在于，"立法不是把婚姻看作一种伦理制度，而是看作一种宗教的和教会的制度，因此婚姻的世俗本质被忽略了"①。"如果任何立法都不能颁布法令让人们去做合乎伦理的事情，（这就是不能使道德法律化的根据）那么任何立法更不能承认不合乎伦理的事情是合法的"。这里所说的《普鲁士法》是指《总普鲁士法》②。该法于1794年颁布，包括刑法、教会法、国家法和行政法等，反映出封建普鲁士私法的落后性。

（三）对婚姻幸福主义的批判

马克思批评抱着幸福主义观点的人，"他们仅仅想到两个个人而忘记了家庭"。他们注意的仅仅是夫妻的个人意志，或者说仅仅是夫妻个人的任性，却没有注意到"婚姻的意志"，即婚姻关系的"伦理实体"。马克思在这里使用了用黑格尔《法哲学原理》关于伦理和道德的概念和用语，来阐述自己的思想。在黑格尔的《法哲学原理》中，道德是体现为个人品德和操守的主观精神，伦理是体现为家庭、社会、国家的客观精神。

这里说的"婚姻的意志"，是指婚姻双方结合而形成的共同意志，它体现为家庭共同体。这种共同意志，也就是区别于个人道德意志的婚姻的伦理意志，在黑格尔的法哲学中就被称作"伦理实体"。马克思甚至还用黑格尔的法哲学思想说，法律仅仅是"把精神关系的内在规律表现在有意识的现行法律之中"。因此，两个人只要结了婚就必须服从婚姻法，而服从婚姻法就是服从"精神关系

---

① 《马克思恩格斯全集》第1卷，人民出版社1958年版，第346页。
② AllgemeinesLandrecht für die Preußischen Staaten 又译作《普鲁士普通邦法》或《普鲁士总邦法》。——编者注

的内在规律",如同游泳者必须服从水和重力的本性一样。婚姻是双方共同意志所产生,由共同意志所创立。所以婚姻不能听从已婚者的任性,而应该服从婚姻的本质,即服从共同意志的法,服从"精神关系的内在规律",也就是服从作为"人民意志的自觉表现"的法律。

婚姻的任性的行为,是仅仅考虑个人的主观欲望和意见,是非理智的行为,把婚姻看作自己专有的特权;而婚姻的理智行为则是服从婚姻的本质,即服从伦理关系共同意志,服从一切人都可以做的体现"精神关系的内在规律"的法。所以,在离婚问题上,马克思不同意幸福主义的观点,认为家庭是包括子女和共同财产的伦理制度的体现,不是由父母随心所欲决定和处理的。婚姻是伦理的制度,这种制度是家庭的基础,有响应的法律来调解,不能把个人的任性和特权作为处理婚姻关系的根据,不能把任性和个人特权提升为法律。"法律是人民意志的自觉表现"。①

马克思不同意黑格尔关于婚姻"就其概念说不能离异"的观点,认为黑格尔的观点只强调了婚姻的普遍性,而忽视了它的特殊性。马克思认为,一切伦理的关系就其概念来说都是不可解除的,这个命题如果是以伦理关系的真实性为前提的,那是可以相信的。就其概念来说,真正的国家,真正的婚姻、真正的友谊,都是牢不可破的、永恒的。(只从概念、本质出发看问题,常常会注重事物的普遍性而忽视事物的特殊性,注意其抽象性而忽视其具体性。后来反对抽象谈论"真正社会主义""人的本质",也是这个道理)但是实际上,任何实际存在的伦理关系都不符合自己的本质,也并不必须符合自己的本质。任何国家、任何婚姻、任何友谊,都不完全符合自己的概念,因为它们都是特殊的、有限的、有条件的。婚姻

---

① 《马克思恩格斯全集》第1卷,人民出版社1958年版,第184页。

和离婚都仅仅是对一定事实或特殊情况的确定。某一婚姻已经死亡（"伦理的死亡"）决定于事物的本质，而不决定于当事人的主观愿望。因此，保护"伦理关系的生命"不仅是当事人的权利，同时也是他们的义务。法律只是确定婚姻的存在或离异的条件。立法者的观点应当是必然性的观点，而不能把任性上升为法律。尊重婚姻、承认它合乎伦理的本质，就应当尊重伦理的本质和伦理的理性。马克思指出：谁责难实施严格的离婚法的国家伪善，谁就是冒失。"只有那些眼界没有超越自己周围的道德沦丧现象的人们，才敢发出这样的指责。"法律的制定是"为了尊重人"。法律不应服从超伦理的和超自然的权威，而应服从伦理的自然力量。①

现代社会合理的婚姻形式是一夫一妻制，男女平等、夫妻和睦，互助互爱，应该是一夫一妻制家庭的伦理关系和道德标准，男女双方都有维护婚姻的权利和义务。不过，一夫一妻制也有两种：一种是事实上的一夫一妻制，另一种是法律上的一夫一妻制。在第一种制度下，丈夫只有一个妻子，而法律可以允许他有几个妻子。在第二种制度下，法律禁止一夫多妻。事实上的一夫一妻制在许多种动物和原始氏族中并不少见，与法律所规定的制度具有同样的普遍性。在原始人散居在大地上时，个人之间的社会联系是很少的，每个人各自独立生活，一个男子就力求有一个妻子，因为在那种孤立生活的状况下，一个男子很难有几个妻子。相反，强制的一夫一妻制只能见于文明社会。因此，两种一夫一妻制有着不同的意义。

现代社会的一夫一妻制不是以自然条件为基础的，而是以经济条件为基础的。一夫一妻制的产生是由于大量财富集中于一人之手，并且是男子之手。这种财富必须传给这一男子的子女，而不是传给其他任何人的子女。为此就需要一夫一妻制，当然是妻子方面

---

① 《马克思恩格斯全集》第1卷，人民出版社1958年版，第185页。

的一夫一妻制。一夫一妻制相对于以前的家庭形式，是"伟大的历史进步"，但在一定的历史时期又包含着退步，以卖淫、嫖娼、通奸作补充。恩格斯指出，只有在被压迫阶级中间，在无产阶级中间，性爱才可能成为对妇女的关系的常规，而且事实上也已成为常规。为什么事情是这样的呢？第一，因为在这里没有了古代一夫一妻制那种体现男子统治的财产基础，也没使男子达到统治的手段，因而也就没有建立男子统治的任何刺激条件。第二，被官方肯定的维护男子统治的资产阶级法权，对于没有钱的工人以及工人和妻子的关系来说，是没有意义的。第三，自从大工业迫使妇女走出家庭，进入劳动市场和工厂后，妇女在一定程度上也成为家庭生活的供养者，虽然在家庭中还可能有某种虐待行为存在，男子的统治也就失去了任何基础。在这里起决定作用的是另一种个人和社会的关系。这种关系的一夫一妻制只具有词源学的意义，而不具有任何历史意义。正如恩格斯所说，"如果说在我们所知道的一切家庭形式中，一夫一妻制是现代的性爱在其中负责制起来的唯一形式，那么这并不是说，现代的性爱完全或主要是作为夫妇相互的爱而在这一形式中发展起来的。在丈夫统治下的牢固的个体婚制的本质，是排斥这一点的。"

这里可以讲一下关于家庭文明的解体。早在马克思恩格斯两人共同合作《德意志意识形态》批判施蒂纳①时，他们就指出，"在18世纪，家庭的概念被哲学家们取消了，因为现实的家庭在文明的极盛时代已经开始解体。家庭的内在联系瓦解了，包括在家庭概念中的各个因素如服从、尊敬、夫妇间的忠诚等瓦解了；但家庭的形式的躯体、财产关系、对其他家庭的排他关系、勉强的共同生

---

① 马克斯·施蒂纳，德国哲学家，小资产阶级无政府主义创始人之一。——编者注

活,——由于有子女、由于有现代城市的建筑、由于资本的形成等所产生的关系,——所以这一切虽然遭到无数次的破坏,但都保持下来了,因为家庭的存在必然会受它和不以资产阶级社会的意志为转移的生产方式的联系所制约。这种必然性最明显不过的表现在法国革命时代,那时家庭曾经一度几乎完全被法律所取消。但家庭甚至直到19世纪还存在着,不过它的接替过程变得更为普遍了,但这不是由于家庭概念,而是由于工业和竞争的更高的发展所引起的"[1]。

不过,婚姻是一种很复杂的社会现象。它在稳定中包含着无数的变化因素。按照人类学的方法,这种变量分为自变量(假定上的原因)和依变量(假定上的结果)。自变量在先或同时,依变量在后,因原因而变。如家庭成员的素质和能力是自变量,那么家庭收入就是依变量。在通常情况下,当一个变量发生规律性变化时,依变量也会发生相应的变化。在现代社会,随着工业化的增长,扩大家庭将会解体,工业化和扩大家庭的变化成反比关系:一个增长,另一个下降。1971年,美国社会学家威廉·J.古德、伊丽莎白·霍普金斯、海伦·麦克鲁尔在《社会制度和家庭模式:一个命题的发现》一书中,提出了有关家庭命题的变量有10000个。[2]所以,未来的婚姻如何变化,除了基本的社会制度原因之外,还会有许多变量影响婚姻和家庭的变化。家庭群体和组织及其组成它的个体,就像其他社会组织那样,是古老的又是可以预测的单位,但必须在极其复杂的社会关系和变迁中去观察它。

---

[1]《马克思恩格斯全集》第3卷,人民出版社1963年版,第196页。
[2]〔美〕罗斯·埃什尔曼:《家庭导论》,中国社会科学出版社1991年版,第53页。

（四）人类婚姻发展的前景

恩格斯早在 1847 年作《共产主义原理》时，就明确地回答了未来共产主义制度将会对家庭产生什么影响的问题。恩格斯指出，在未来共产主义制度下，两性间的关系将成为仅仅和当事人有关而社会无须干涉的私事。这一点之所以能实现，是由于废除私有制和社会负责教育儿童的结果。由私有制产生的现代婚姻的两种基础，即妻子依赖丈夫、孩子依赖父母，也会消灭。恩格斯还驳斥了关于共产主义"共产共妻"的谎言，指出公妻制完全是资产阶级社会特有的现象，卖淫就是这种公妻制的充分表现。卖淫是以私有制为基础的，未来的社会变革，至少要把绝大部分耐久的、可继承的财富——生产资料——变为社会所有，从而把这一切传授遗产的关切减少到最低限度，最后使它随着私有制的消灭而消失。共产主义并不实行公妻制，正好相反，共产主义要消灭公妻制。[①]私有制的废除将会对家庭产生极大的影响。

恩格斯在批判了资本主义社会的婚姻之后，提出一个问题：取

[①] 我们往往以为整体化的共同生活就是好的，其实这要看历史条件，不能抽象地强调。正如《一元论历史观的发展》的作者普列·汉诺夫所说，"'共同的'生活还不是名副其实的人的生活。它标志着人类的幼年生活。一切民族一定要经过这种幼年，只是表现方式不同而已。只有脱离了这个幼年生活的民族才能成为文明的民族。"黑格尔曾断言："共同的生活构成了一般东方的特点，特别是中国的特点。"黑格尔所说的"东方"和"中国"，当然是封建时代的东方和中国。但后来的世界舆论一般都是如此，认为东方特别是中国就是整体主义，西方就是个人主义。这种理论很值得商榷。我们理论界以为这是社会学的定论。有些人以为人家肯定中国的整体主义就是表扬我们民族的优点。其实，马克思并没有说东方是整体主义，而是指出与封建生产方式相适应的是权威主义，与资本主义生产方式相适应的是个人主义。即使肯定东方的特点是"整体主义"，那特点也并不就是优点，正如西方以个人主义为特点并不等于是它的优点一样。黑格尔早就看到了这一点。按照他的辩证法思想：东方是缺少个性原则的。因此，不论是道德还是智慧，对个人来说，都是某种外在的东西。缺少个性原则，必然压制个人的主体性和创造性。

而代之的新的婚姻是什么？他说，这要在新社会的条件和新一代人的成长来的时候才能确定。新一代的男子，在他的一生中将永远不会用金钱或其他社会权力手段去买得妇女的献身；而妇女除了真正的爱情以外，也永远不会再出于其他某种考虑而委身于男子，或者由于担心经济后果而拒绝委身于她所爱的男子。婚姻的自由，只有在消灭了资本主义生产和它所造成的财产关系，从而把对选择配偶还有影响的考虑消除以后，才能普遍实现。到那时，除了相互的爱慕以外，就再也不会有别的动机了。这样的人们一经出现，对于今日人们认为他们应该做的一切，他们都将不去理会，他们自己知道他们应该怎么行动，他们自己将造成他们与此相应的关于各人行为的社会舆论。请注意，恩格斯在这里并不是主张放任主义，在一定条件下还可能对家庭有一定的干预。恩格斯在 1847 年 6 月为共产主义者同盟第一次代表大会起草的纲领《共产主义信条草案》中曾写道："只有在保持现有的各种形式会破坏新的社会制度时，我们才会干预夫妻之间的关系和家庭。"[①]

恩格斯在书后注声明：他本来还想对文明时代的家庭、社会和国家制度进行批判，但因为没有时间就没再做这个工作。不过，恩格斯在全书的结尾引了摩尔根对文明的批判精彩结论："自从进入文明时代以来，财富的增长是如此巨大，它的形式是如此繁多，它的用途是如此广泛，为了所有者的利益而对它进行的管理又是如此巧妙，以至这财富对人民说来变成了一种无法控制的力量。人类的智慧在自己的创造物面前感到迷惘而不知所措了。然而，总有一天，人类的理智一定会强健到能够支配财富，一定会规定国家对它所保护的财产的关系，以及所有者的权利的范围。社会的利益绝对地高于个人的利益，必须使这两者处于一种公正而和谐的关系之

[①]《马克思恩格斯全集》第 42 卷，人民出版社 1958 年版，第 379 页。

中。只要进步仍将是未来的规律,像它对于过去那样,那么单纯追求财富就不是人类最终的命运了。自从文明时代开始以来所经历的时间,只是人类经历过的生存时间的一小部分,只是人类将要经历的生存之间的一小部分。社会的分解,即将成为以财富为唯一的最终目的的那个历程的终结,因为这一历程包含着自我消灭的因素。管理上的民主,社会中的博爱,权利的平等,普及的教育,将揭开社会下一个更高阶段,经验、理智和科学正在不断向这个阶段努力。这将是古代氏族的自由、平等和博爱的复活,但却是在更高级形式上的复活。"[1]这段引文,可以说表达了恩格斯《家庭》一书所要表达的中心思想,对理解和把握恩格斯所阐发的伦理思想也具有重要意义。

---

[1]《马克思恩格斯全集》第21卷,人民出版社1959年版,第202页。

道德的自律与他律
——从康德、黑格尔到马克思

　　道德的自律和他律是本文要讨论的主题。关于自律和他律的哲学思考，在西方道德哲学史上源远流长，可以说在古希腊智者和亚里士多德伦理学那里就已现其源头。但真正具有独特意义的自律、他律的系统理论，还是在近代德国哲学中产生和发展起来的。本文拟从近代德国道德哲学思想史中切出一段——从康德、黑格尔到马克思，梳理主题的提出和延伸的大思路，以求从那饱含严肃、深刻和激情的道德哲学中汲取其精华。

一、康德的自律概念本义

　　"自律"这个概念，是18世纪德国哲学家康德（1724—1804）提出来的。康德为什么提出这样一个新概念？从历史的远因来看，与那个时代的文化发展和思潮有密切的关系。18世纪的欧洲已进入资本主义生产方式和商品经济大发展的时代，但德国还基本上处在半封建半教会统治的状态。不过，德国地处欧洲中心，是欧洲文明乃至整个西方文明的组成部分,在哲学、文学、艺术等领域有其独具特色的贡献。德国哲学家敏锐地反映着欧洲先进文化和时代精神,唤起了以自由为特征的思想启蒙;康德哲学的发展也正进入理论建构的一个转折点,在阐发了宇宙生成说之后移志于探索人类心灵的奥秘。

德国思辨哲学、伦理学有个优点,就是重视并且善于进行严格的哲学发现和逻辑推演,把对象作为逻辑主体来对待。当时,在英法哲学中争论的自由与必然性的关系问题已传入德国知识界。问题争论的主导思想或者肯定必然性而排斥自由,或者肯定自由而否定必然性,带有经验论、机械论的弊端,以至诉诸宗教神学的独断。康德哲学遇到了这样的难题:一方面,要承认在物理、经验世界中一切都是由规律和必然性决定的;另一方面,又不得不承认作为自发始因的意志自由是不能依赖于经验和必然性的。换句话说,理性对必然与自由的判断,陷入二律背反。作为科学家的康德,自然认为理性不能仅仅局限于追求自然规律知识,而应找出不同于自然原因的自由因,确定自由的因果关系的实在性。正是摆脱这种困境的愿望,促使他的思辨哲学从面向自然规律和必然性而转向对人的内在理性和意志自由的思考。由此,康德提出了认识的能动性思想,认为人的美德必须得到体现人性独立和尊严的原则性支持,道德概念必须通过纯粹理性来获得。这种思考突出了认识的能动性和道德原则的主动性,为他寻求先于经验的纯粹理性原则、建构道德形而上学体系作了准备。其中关于人的自由意志和行为能力的研究,关于道德是内在完善而不是外在表现的观点,以及必须建立绝对的纯粹理性原则的观点,都是旨在揭示自由的规律,阐述意志自律的道德原则的基础性逻辑建树。

康德明白,人类要摆脱蒙昧状态,就必须有理性的意志自由和批判精神。道德是判断和选择善恶的,但不能从上帝意志、宗教法规和先天感觉中引申出判断善恶的基本原则,也不能依据经验的快乐、幸福、功利为标准来进行善恶选择,而必须借助于理性,确立独立的、超验的、普遍有效的道德原则,实现道德选择和价值。简单地说,就是要确定一个普遍的、纯粹的、绝对性的道德原则,来确定行为的道德善恶价值,以摆脱对上帝的顺从和经验世界因果性的依赖,否则就是取消了道德,否定了人的意志自由和义务。总之,他要寻求对道德的自由作出全新的解释。在这种意义上,美国哲学家J.B.施尼温德①恰当地指出:"自律(autonomy)概念是康德在抵制宗教服从观念基础上、对自治(self governance)观念反思而发明的一个新概念。"这一观念的产生,不仅可以排除上帝决定善恶的教条,也能摆脱由于对善恶本质的无知而留恋抽象人性论的纠缠。本着这样的批判态度,康德作了如下推论:"如果人的意志就像上帝意志那样不为外部因素所必然决定,那么,运用我们的意志就是我们自己的责任。假使我们并不总是善的,我们是不能拿人的本性作借口的。"也正是在形成自律的道德哲学的年代,康德为争取自由而喊出了启蒙运动的响亮口号:"要有勇气运用你自己的理智!"

但是,究竟如何超越哲学二元论阈限、建立独立的先验的道德原则呢?康德根据他对现象和自在之物的区分,把必然性和自由分作两个领域:现象是主观的,因为它是主体借助于感觉的先天形式造成的,而自在之物只不过是作为本质的必然性和规律性的抽象,于是问题就在于如何统一或沟通这两个领域。按照构建先验原则的目的,他把必然性移到主体之内,实现必然性和自由在主体中的统

---

① J.B. 施尼温德,美国著名学者,世界范围内的西方伦理学史及康德伦理哲学权威专家之一。——编者注

一，于是自由也就变成了超感觉的抽象，而且是注定发生的必然性力量。康德认为，这种抽象虽然不可能在经验世界得到证明，但它却能依靠纯粹理性的创造性，给意志的实践理性自由奠定基础，并给独立的道德法则提供逻辑前提。这样，同一主体就可以在不同一的关系中实现对经验的超越。就是说，在经验中的主体要服从必然性，而对超感觉的道德主体来说，按照理性原则的规定也能达到自由，从而实现自在之物的必然性和自在之物的自由的统一。由此，康德作了如下的结论："这样一来就保住了实践的自由，也就是说，理性，按照客观规定的根据，有了其因果性的自由，同时，就作为现象的那些结果来说，也毫不妨碍自然界的必然性。"他认为，这就解释了先验的自由和自然必然性在同一主体但不在同一关系上的相容。也就是说，必须在主体的内心里发现一种规律，它能够无条件地命令意志应当怎样行动。按照它的理解，在这个内在世界里，"我们就发现了一个'理性事实'：它无疑向我们表明，我们作为本体界的成员拥有这样的自由。"显然，康德跳出困境的这一步，就是要找到表达道德自律、自由的绝对原则。按照18世纪流行的科学方法，确立这种普遍性的道德原则，就意味着提出表达意志自由规律无条件的先验综合判断，即表达道德义务的绝对命令："不论做什么，总要做到使你的意志所遵循的准则永远同时能够成为一条普遍的立法原理。"按照康德的解释，绝对命令要求做的行为，用不着间接地通过某种经验对象去达到目的，只需用绝对命令的形式对意志表示：这种行为在客观上即在普遍性上是必要的。

　　康德所说的目的，不是通常所说对具体对象的主观目的。如果目的是指向具体对象的目的，那就意味着它只是行为所要达到的经验性的具体目标，只是作为行为之所以可能和必要的条件而成立的。这种主观目的只是特殊的、偶然的，不具有普遍必然性。相反，如果这目的是超越经验纯粹出于理性的，它就是适合于一切理性存在物的目的，因而也就是具有普遍必然性的客观目的；它作为实践原则，抛开一切主观的、特殊的、偶然的目的而只保留纯粹形式原则所指示的目的，因而就构成意志的普遍必然的、客观根据，也就能够作为自由规律概念成立的根据。康德认为，只有这种以理性原则决定的、以理性自身为目的的目的，才具有绝对价值。只有通过绝对命令实现的道德自由才是积极意义的自由。因为道德法则无非表达着纯粹实践理性的自律，亦即意志自由的规律。这就是说，道德立法的根本就在于影响感觉的世界，在感觉世界中按照意志自由规律达到理性所期望的目的。在这种意义上，康德把道德行为的动机归于道德感，即意志对于它的感受，作为无条件的强制时就叫做道德感。

在德国道德哲学中，道德的原则作为实践理性的"准则"，就是主体内在理性的规定，即道德主体自己给自己立法，而不是强加于主体意志的法律规定或上帝意志的规定。意志遵照纯粹理性原则的自为决定，就是道德的自律。这也就是说，遵守人为自己制定的法则就是自由。在这里，康德特别强调了道德责任，阐明了道德权利："任何与责任不相矛盾的行为都被允许去做，这种自由，由于不被相反的绝对命令所制约，便构成道德的权利，为该行为的保证或资格。从这点便可以立刻明白什么行为是不允许的或不正当的。"对此他作了这样的演绎说明："纯粹理性是实践的，也就是说，它能够不依赖于任何经验的东西自为地决定意志……而且它通过一个事实作到这一点，在这个事实之中我们的纯粹理性证明自己实际上是实践的；这个事实就是理性借以决定意志去践行的德性原理之中的自律"。

这里说的"纯粹理性是实践的"，意思并不是说它是表现在外的行动，而是说纯粹理性原则能够不依赖于任何特殊经验而自行决定意志即"实践理性"，因此说它是理性借以"决定意志去践行"的德性原则。就是说：自律是一个德性原理，是理性借以决定意志去践行的德性原理，是不依赖于任何经验而自为地决定意志践行的纯粹理性原理。所谓意志自由就是主体决定自己依照"规律的概念"去行动的能力。在这种意义上，自律也就是自由意志的道德权利。那么，意志自决所依照的"规律的概念"又是根据什么呢？康德认为，这个最终的根据就是作为目的的人。在康德看来，人作为感性的存在者，摆脱不了自然界的控制，因而是不自由的。但是人作为理性的存在者，则可以独立于感性条件之外，只服从于绝对命令或"规律的概念"，因而有绝对的意志自由，也就能自主和自律。

按照康德的这一思路，自由乃是一切有理性的存在者的属性，是人的本质。只有承认意志自由，道德才是有意义的，道德就是意志自由的实践表现。如果一个人的行动完全受必然性支配，没有自由，他怎么能表现道德、担当起道德的责任和义务呢？所以，康德对道德法则的分析论证，最后归结到自由概念上，认为自由与理性同等重要，都是理解意志自律的关键。

与道德自律的逻辑定义相对应，康德把以经验为条件的、就其感性对理性而言的原则，叫作他律（heteronomie）。康德对他律的逻辑界定是："一般理性存在者的感性自然就是在以经验为条件的法则之下的实存，因而这种感性自然对于理性而言便是他律。"他律的原则只是表达着作为假言判断的有条件的命令。无条件的和有条件的两种判断都表示了道德行为的必然性，区别只在于无条件或有条件。也就是说，在康德那里，他律不是道德的本质特征，即不是在纯粹理性原则指导下的意志自律，只是经验的有条件的行为必然性，即以某种条件为前提而不得已、不能自由决定的行为。

不过，在这种相对意义上，康德对"他律"概念所作的界定，很容易被理解为道德自律就是理性对感性的关系，而没有任何外在的实际内容。实际上，康德所说"自律"的这个缺陷，是用"他律"来补救的。他所说的"他律的人"，就是具有一般知性的人，即对感性、功利、偏好等经验性内容有所依赖性的人，而不是作为智慧的能意志自律的"理性人"。实际上，康德是在并非自觉、自律的人身上肯定了他律的作用和一定层次的道德性。换句话说，道德的人首先是把握纯粹理性原则的智慧的人，而不是依赖外在的制约或经验生活的规定，但也不否定后者也具有一定的道德性，只是理性不够"纯粹"而已。这里似乎存在一个古希腊伦理学曾提出的理性的层次问题，即纯粹理性、计算理性、功利理性等。在这种意义上，对康德所肯定的"道德人"也包含着高尚和普通之间渐次的差别区分，但他始终没有明确地肯定道德的层次性，因为他所确定的道德原则作为绝对命令不容许具有相对性。

由此可见，在康德那里，自律和他律之"律"，也有不在同一个层次上的意义。因为他所说的自律并没有超出主体内部感性与理性关系的范围，而它所规定的"应该"的根据，只是与"唯一适合于理性的普遍立法的意志"相符合一致。正因为这样，在康德所理解的道德中，从经验的现实的规定中推不出"应当"，因为它只是一种板结的没有内在矛盾的概念规定。黑格尔说康德忘记了一条真理："不能用有限范畴构成无限"。他把本质和现象、理性和经验绝对对立起来的结果，必然导致刻板迂腐的道德观。后面我们将说到，黑格尔的思辨则却是从肯定经验和理性、必然和自由的统一的"规定"推出应当。从实质上说，康德并没有真正解决经验和理性、自由和必然关系问题，因此给后来的研究者留下了诸多诘难。

不过，也有值得肯定的地方：其一，康德的自律论是期望人摆脱奴隶主义，具有自由意志和独立人格，使公民普遍具有理性素养和良好的德行。其二，康德的自律论也预示着道德教育应当是为着达到自觉的自律的教育，培育个人的道德自觉和责任能力。其三，康德的自律论，突出强调人的道德责任和义务，对于鼓励人们自觉向上、无私奉献的精神和信念，具有积极意义。在这种意义上，一个有理性的普通人和公民，他就可能有廉洁自守的道德理性，把自己的行为看作是先于功利而履行道德原则的行为，甚至为道德信仰而牺牲自己的私利乃至生命，也是可以理解的。绝对命令的普遍性和适用性固然是逻辑的推论，在实践上是不可能普遍适用的，但它对具有正常理性或健康理性的人来说，也是应当要求的，如同讲中道、中庸道德理想的极致，但仍然是要肯定人人应有的美德。在这种意义上，道德法则作为理性命令，作为先于特殊欲求的对善的欲求，就其理性对意志的命令而言，它就体现为主体的内在的自觉的强制性，甚至是一种"不可为而为之"的超强的意志力和崇高精神。

由此，康德提出了这样的问题：如果一个人不能证明这个事物是什么，他可以试着证明它不是什么。如果两个方面都尚未成功，他可以问自己是否愿意从理论的或实践的观点上假定接受某种可以代替的理想目的。换句话说，一种假设之可以被接受，要么是为了说明某种现象，要么是为了达到某个目的，那么人们就有义务把它当作行动的准则去采取，以至于付诸行动。由此，康德得出一个重要的实践性结论："一个有目的的可行的假定，虽然仅仅作为理论的和带着探究性的判断提出来，仍然可以为他构成一种义务。"作为道德义务，即使这种假定在实践上还不是实在的事实，甚至还没有存在的可能性，但只要它尚未被范例证明其不可能，它就依然是加在我们身上的义不容辞的义务。在这种积极意义上，理解康德的"义务"命题，就不能简单地斥之为"空洞的抽象"，而应当看作一种价值体系的理想和实践性探索的鼓舞。

进一步思考，有两点可以肯定：其一，康德的自律精神是期望人摆脱"奴隶主义"，具有高尚的道德情操，期望公民社会普遍具有理性素养和良好的德行；其二，康德的自律论，也给道德教育提出了基本的要求，预示人类的道德教育应当是为着达到自觉的自律的教育，而不是被动的强制的他律教育。康德自律道德观的实质，就是启发人们要解放思想，依靠自己的理性和智慧，实现人格自尊、独立，成为一个脱离低俗的、自卑的人。他呼吁人们不仅要自尊，也包括尊重他人。他强调理性但也应尊重经验，"要敢于用自己的双脚在经验的地面上向前迈进"。这就是要从普通人的善良意志中提炼出纯粹理性的道德意志，即"自由的精神世界中的道德力"。就这一点而言，康德在理论体系中设计的三个假设，在一定程度上也是普通人的人生实际的描述，如超越自己的世俗经验，作为一个理性的、善良的人，想到死后会有好报，生命不死的连续性，以至于想到有上帝的保佑，等等。康德把这些也都算作自由的道德意志的能力。在这种意义上，一个有理性的普通人，他有廉洁自守的道德理性，把自己的行为看做是先于功利而履行原则的，把道德的意志放在自己的私欲之前，完全是可以理解的。绝对命令的普遍性和适用性固然是逻辑的推论，在实践上是不可能普遍适用的，但它对具有正常理性或健康理性的人来说，也不是不可能的。康德肯定这类人的他律不仅有"理性的意愿"，甚至是具备"万事通晓"的能力，即有此意。在这种意义上，道德法则作为理性命令，作为先于特殊欲求的对善的欲求，既不可能有任何与道德法则相抵触的意志，也没有对非理性欲求的依赖性，就其理性对意志的命令而言，它就体现为一种内在的自治的强制性，不过这是理性存在者意愿的强制性。

由此，康德把问题引向和谐社会建设的构想。康德认为，一个文明的社会组织，其社会的规则不是来自单纯的经验，把某些人的经验当成其他人的最好标准生活的指南。他用一句流行的话说："最好的政体，就是在这个政体内，不是人而是法律去行使权力。"他认为这观念不仅具有形而上学的崇高性，而且具有高度的客观现实性。因为通过逐步地改革，并根据确定的原则加以贯彻，它就会通过一个不断接近的进程，引向最高的政治上的善境，通向永久和平。①

在康德之后，追随道德自律论的是费希特。费希特尊重理性和经验，抛弃了"自在之物"的虚构和纯粹形式的自律原则，但他坚持并修正了康德的意识能动性思想，强调行为的根据和条件存在于行为本身，在于主体的主动行为。他认为行动就是道德的最高原则，只有通过行动才能创造价值和尽到自己的责任，使事物和自己的意志相一致，可以说他把康德的自律说打开了一个由内而外、走向实践客观的缺口。费希特之后，德国思辨哲学通过谢林道德哲学发生了从主观唯心主义向客观唯心主义的转变。谢林认为道德律不是来自主体内在的自我意识，而是来自外在的绝对精神，只有当人的意志活动与体现在人的内在绝对精神相一致时，才能产生主观意识的道德原则。人的意志必须指向外部事物，而不能追求纯粹形式的道德。他认为道德本身只有通过外部世界才能成为客观的，个人的主观希求必须服从客观必然性。他还针对费希特的主观"伦理世界秩序"论，提出了自由与必然性在历史发展中统一、从有限的理论哲学走向无限的实践哲学的思想。谢林道德哲学思想是向黑格尔道德哲学转变的重要中介环节。

---

①〔德〕康德：《法的形而上学原理：权利的科学》，沈叔平译，商务印书馆1991年版，第191页。

二、黑格尔的他律论及对康德的批评

黑格尔的哲学也是思辨哲学。一般说来，思辨哲学是比较善于超出一般经验和具体事物的那种理性思维，但他的哲学与康德不同，作为客观唯心主义一元论，其思维的辩证法不但透视了理念衍化的矛盾，而且揭示出矛盾辩证发展规律，主张在对立统一中解决矛盾。他称赞康德强调道德主体自由和自律的重大意义，但他也看到了康德道德观和道德原则的空虚性和片面性。尽管他说的是理念衍化过程的矛盾，但他主张理念的衍化同时也是它所体现的定在或实在的衍化、特殊化，并在抽象思辨中始终关注着实在的内容。可贵的是，他的客观唯心主义包含着唯物主义的实在内容。

（一）《法哲学原理》深藏的"秘密"

黑格尔主张绝对精神是独立存在的、自在自为的，但不是康德所说的那种自我意识的独立，而是绝对精神作为绝对理念的矛盾运动；也就是从绝对理念出发，通过绝对理念自身的异化，即不断地外化、特殊化，演绎理念辩证发展的过程。按照黑格尔体系的表述就是绝对精神的"自我实现"：从意识到自我意识，到理性，再到精神；经过艺术、宗教、哲学，最后复归绝对精神。他用《逻辑学》《自然哲学》《精神哲学》所建构的《哲学全书》，描述了绝对精神的全部发展过程。因为《哲学全书》是从纯粹思辨的精神开始又以超人的绝对精神而结束，所以马克思说他是在给抽象的观念"撰写深奥和神秘的传记"。尽管如此，《精神哲学》所阐述的客观精神，毕竟是需要深入了解的精神及其实存定在的发展过程。按照德国思辨哲学的一般理解，精神的本性就是自由。黑格尔正是在这个基地上建立起他的法哲学体系，描述了从抽象到具体的意志自由的发展过程。

黑格尔的法哲学是理解他的思辨哲学的关键。黑格尔的法哲学作为抽象的反思与康德不同，不仅追求概念的普遍性形式，而且要达到形式与内容、概念与其特定存在统一的理念。他的深藏否定性辩证法的理念论，力图打通形而上学二元论的死结，沟通内在与外在、现象与本质、主观与客观、自由与必然的关系。尽管他阐释的理念衍化过程是抽象的思辨，但它同时也是理念所体现的特殊化和现实性的内容。正是在这个重要的方面，黑格尔对康德道德哲学作了全面的分析，以其严谨的学理批判态度，既肯定康德自律论的长处和贡献，同时又指出其局限性和缺失，可以说是在德国古典哲学范围内，在费希特、谢林之后对康德道德论所做的最认真和最系统的批判。

黑格尔肯定了康德道德哲学高扬自我意识的主体性和人格独立性的重大贡献，同时又指出它的二元论和道德命题二律背反的内在矛盾：它只在单纯道德观点上徘徊而未能越出自由意志内部规定和应然的主观领域，因而所表述的自律概念只是善良意志和绝对命令的形式原则，而没有把内在的主观道德与外在的客观伦理统一起来，因而缺乏现实的真实内容和判定是非善恶的确定性标准。如果道德自律的根据就在于纯粹理性确立的绝对原则，那么一元论哲学就不能不追问：主体的纯粹理性根据在哪里？其内容是什么？虽然可以作出精细的逻辑推理和论证，但道德意志的向善行动不可能只在主观精神阶段实现，如无客观外在的实在内容和发展过程的历史根据，就难以实现自由与必然的沟通和自律与他律的统一，从根本上也难以摆脱理论体系的内在矛盾。

黑格尔的批判和学理性分析，透视了康德道德哲学体系的困境。他在分析康德道德哲学的过程中，认真总结其理论和方法的得失，阐发了他的思辨哲学新体系。1806年出版了被称为"黑格尔的圣经"的《精神现象学》，其中系统分析了人的意识、精神由低级到高级的发展过程。随后，又在《法哲学原理》一书的序言中，进一步阐释了关于精神发展的合理性与现实性关系的思想，提出了一个惊人的命题："凡是合乎理性的东西都是现实的，凡是现实的东西都是合乎理性的。"当时几乎无人理解这个命题所深藏的秘密。

《法哲学原理》所深藏的"秘密"是什么呢？并不是新黑格尔主义者斯忒林所说"康德的秘密就是黑格尔的秘密"，而是马克思所说，黑格尔《精神现象学》最后成果的辩证法，即"作为推动原则和创造原则的否定性"。正是在这种意义上，恩格斯揭示了黑格尔这个命题所深涵的革命意义：不是一切现存的都是现实的，现实性这种属性仅仅属于那同时是必然的东西，就其必然性而言一切现实的东西都是要灭亡的，亦即都要发展为更新的东西。恩格斯指出，这个命题的意义不限于哲学认识领域，在任何其他认识领域和实践行动领域，也都是适用的。从德国道德哲学发展的那个时代来看，黑格尔命题的"秘密"还意味着一种学理的根本性变革，即把先前的道德形而上学体系翻转过来，代之以具有辩证思维和历史考量的道德哲学，特别是对占据德国思辨哲学统治地位的康德道德哲学的改造。在黑格尔看来，哲学的对象就是现实性，而真实的现实性就是现象和本质的统一，只有在其发展过程中具有必然性的东西才是现实的。而理念在发展过程中从抽象到具体的进展，由于其内在否定性而不断要求打破陈旧规定，向新的方向前进。这就体现着"规定与应当"的对立而又统一的辩证关系。按照形而上学的思维，规定就是规定，而不能是应当；应当就是应当而不能是规定。但按照发展的矛盾辩证法来看,应当恰恰是在现实性规定之中生长出来的,规定就包含着应当。因为任何规定都包含着内在的差别和矛盾,即包含着对规定的否定性关系,即意味应当有发展了的新规定。用黑格尔的话说就是:"自在之有,作为对与它有区别的界限的否定关系,作为对自身的限制的否定关系,就是应当。"就是说,任何规定都包着应当,没有应当它就不能发展;同样,任何应当都在其规定中有其发展的根据和条件,否则它就没有发展的基础和必然性。规定本身有事物发展的根据和条件,也就是具有必然性的发展,或者说具有除旧布新的发展的必然性,否则它就只是一种可能性,甚至只是一种主观幻想和空想。黑格尔的《逻辑学》(即"大逻辑")对这种关系作过详细的论证,并在一个注释中说:"康德和费希特哲学标榜'应当'是解决理性矛盾的顶点,那种立场却反而仅仅是在有限性中,也就是在矛盾中僵化。"在黑格尔看来,哲学的最高目的就在于实现理念与经验的一致,达到理性与现实的和解。如果思维仅仅停留在理念的普遍性和绝对性上,那就是没有实在性和生命力的形式主义。

(二)道德与伦理的分化与融合

黑格尔在伦理学说史上,第一次对"道德"和"伦理"作了明确的区分。本来道德和伦理两个词,在语源学上是同义词,在语言习惯上一般也不作区分,但黑格尔看重从概念本身的内在区分上,把《法哲学原理》和《精神现象学》联系起来分析,认为意识的起源和发展有一个从低级到高级的复杂过程。概括地说,这个过程是:意识、自我意识、理性;主观精神、客观精神、绝对精神。他在《精神现象学》中描述自我意识的发展过程时,曾提出"自我意识的直向运动"和"自我意识的反向运动"。前者是指自我意识对自我意识的相对关系，犹如自我意识作为个体人对人或相互交叉的关系，称为"伦理世界"；后者是指自我意识返回自身的自我反思，犹如每个人返回自身、反躬自问，称之为"道德世界"。《精神现象学》研究的是理念作为意识、精神的自我显现过程，也就是研究自我意识、精神异化的过程及其特殊化的阶段和环节。从上述顺序来看，自然是先伦理后道德。从意识起源上考察，也不难理解，通过意识他人而意识自身，犹如"以他人为镜"。

在黑格尔的体系中，主观精神发展的最高点是现实的自由意志，而自由意志要得到实现就必须进入外部世界。在外部世界中，自由意志的实现必然会受到一定程度的限制，这就意味着个人要克服自我的任性，一定程度地限制意志的自由。这种限制就是自由意志本身所建立起来的规定（法）。自由意志是通过各种特殊的规定，如道德、法律、组织、规章制度等来实现的。所以黑格尔说"法是自由的定在"，就是说法是意志自由的实际的特殊的规定。这就是《法哲学原理》所研究的客观精神的领域。所以，关于客观精神的学说就称为"法哲学"。法哲学所描述的就是客观精神发展的过程，包括抽象法、道德、伦理，其中又有家庭、社会、国家乃至世界史的发展过程、阶段及其形态。

比较两书可以看到，在《精神现象学》中，伦理是在前的而道德是在后位的，而在《法哲学原理》中则相反，道德是在前的而伦理是在后的。为什么有这样的颠倒的处理呢？这当然不是随意为之。实际上，黑格尔考察的是人类意识起源和发展的过程，也是精神发展的过程及其不同阶段的形态；也就是说，他考察的是人的意识、精神自然发生和发展过程的"内在本性"或规律性，犹如"先知人，后知己"的过程，虽然"知人易，知己难"，但又必须反躬自问而实现立身成人的"至善之道"。

黑格尔的思路和逻辑大致是这样的：

首先，他说的自我意识本身是作为实体与现象的统一，实际上说的就是有意识有身体的个体的人。当这个个体意识到自己就是人（作为自我意识）时，他们的关系就是现实的自我意识和自我意识的关系。黑格尔把它看作人和人交往的礼俗伦常，而每个人的行动也就是实存的普遍的礼俗伦常的一分子及其表现。可贵的是，黑格尔在这里现实地描述了个体与整体关系和秩序的生动的图画。作为自在自为的自我意识，"当其完全个体化了的时候，它是在它的现实里交叉于一切个体的行动中的。个体满足于自己的需要的劳动，即是他自己的需要的满足，同样也是对其他个体的需要的一个满足，并且一个个体要满足它的需要，就只能通过别的个体的劳动才能达到满足需要的目的。……个别的人在他的个别的劳动里本就不自觉地或无意识地完成着一种普遍的劳动，那么同样，他另外也还当作他自己的有意识的对象来完成着普遍的劳动；这样，整体就变成了他为其献身的事业的整体，并且恰恰由于他这样献出其自身，他才从这个整体中复得其自身"。这是一种自我意识与别的自我识的统一，也就是自我与他人、个体与整体关系的自由与必然的统一。这个统一即是通过自我而存在的，也是通过别人自己而存在的。黑格尔把这种关系和秩序概括为"他们为我，我为他们"并认为，在一个自由的民族里，理性的实现就是这样一个"现在着的活的精神"。他所说的"自我意识的直向运动"，首先说的就是这个自我意识发展的最初阶段及其形态（也就是他后来说的市民社会的个人及其关系）。

其次，所谓"自我意识的反向运动"，则是从精神发展的过程及其阶段和环节考察的道德世界。黑格尔说"精神在这里具有着存在的形式"，就是说精神在这个阶段上，已经有自己独立存在的形式了。按照黑格尔描述的这个精神发展过程，就是从主观精神到客观精神，再到绝对精神的过程。由于精神的内在矛盾，在其发展过程中形成各个阶段或环节的前后转化，后一形态和环节就是前一形态和环节扬弃的结果。在法哲学中，所谓"扬弃了的私法=道德，扬弃了的道德=家庭，扬弃了的家庭=市民社会，扬弃了的市民社会=国家，扬弃了的国家=世界史"，就是说私法、道德、家庭、市民社会、国家等等都是在现实中存在着的，但在概念异化的体系中它们就变成精神演变的过渡环节，变成人的活动的存在方式。这些存在不能孤立地发挥作用，而是互相联系、相互消融，互相产生的。黑格尔认为，在这个异化的过程中，精神在其现实存在的本质中，法哲学的存在即是政治的存在，道德、伦理都是作为意识形态出现的。黑格尔把这叫做"活的精神""活的真理性"和"活的善"，这也就是自为客观精神存在的伦理世界。

再次，这个伦理世界作为客观精神在其发展过程中，一旦意识到自己的伦理本质时，就沉沦在法权普遍的形式下，即进入抽象法（人格）阶段，把自己沉蔽于混乱的物质的现实中（如孟子所说"蔽于物"），于是必然要回归自身，反躬自省，自我反思。这个自我意识就在道德中将自己理解为本质性，并将本质理解为现实的自我：它现在不再把世界以及世界本源（或根据）设置于它自身之外，而是让一切都消解于其自身之内，并且对它自己有了确信的精神。这就是所谓"道德就是自在自为的意志"，也就是所谓"道德就是自我确信的精神"，亦即作为良心而存在的道德。意志的反思就把人规定为主体（先立乎其大）。这样，伦理世界就分化出两个方面（领域）：一方面是内在的世界即道德，即自我意识向自身的反思。从绝对精神的发展来看，它也就是绝对精神向着自我的归返运动。它就体现着意志的自为存在的自由。再一方面是外在的世界即伦理。相对于道德而言，它是普遍性、实体性的本质。黑格尔认为，道德和伦理的这两个领域各有不同的内容。道德特指个体的个人态度和意愿的主观性，而伦理却显示出人类共同体的有机形式，即家庭、市民社会和国家，乃至世界史。黑格尔称这个方面为"活的伦理世界"。黑格尔说："在这些社会机构中，精神被看做某种客观的东西，不管个体怎样，客观的伦理都同样起作用，只有这种伦理性才是永存的东西，才是支配个体生命的力量。伦理是永恒的正义，如果个人妄想违抗它，那只是一场危险的游戏。"

由此可见，黑格尔既肯定了道德和伦理的区别和区分的必要性，同时又指出了两个方面的联系和关系：精神和存在、经验和理性、主观和客观、内在和外在、个人和家庭、社会和国家等，是统一而不能分离的，各个阶段也是精神发展的历史过程中转化的中介。最初，在抽象规定进而形成自我相关的规定，从而是主观性的自我规定，被设定为偶然性。或者说，在道德阶段意志已把人格作为对象。这种意志对自身的关系是肯定的，但这种肯定只有通过对自己的直接性、（素朴性、幼稚性、自然性）的扬弃才能达到。总之，通过否定的否定而导向肯定和成熟。"这种自为地无限的自由的主观性构成了道德观点的原则。"但是，有一点必须肯定，如前所说，"不管个体怎样，客观的伦理都同样起作用，只有这种伦理性才是永存的东西，才是支配个体生命的力量"。个人的自由意志的选择，只能是在偶然性与必然性的交叉点上，通过理性的分析和智慧的选择，实现道德与伦理的统一与融合，从而实现真正的实在的自由。

由此可见，道德和伦理是精神发展过程中两个阶段的精神形式，它们是独立的，同时又是统一的精神发展过程的过渡环节。在学理上，必须把两个领域加以区分，否者就会产生如下理论和逻辑上的混乱；或者丧失独立意识和独立人格精神，对社会道德产生不切实际的主观依赖，而对自己的道德品质及行为缺失没有必要的反思和警惕；或者是对公共道德和伦理秩序缺乏必要的认识和文明修养，从而难以建立起明确坚定的信念和道德世界观。个人道德是群体道德风尚的基础和成活的基因；如果个人道德操守缺失或衰弱，共同体的伦理秩序就不可能健康地形成和发展，所谓道德建设就可能是流于形式或一纸空文。

在这里，黑格尔把道德只看作伦理精神发展的必然阶段或环节，其原因在于他视道德是"自由意志的内在规定"，是"确定自身的精神"，而伦理则是全面涵盖着抽象法、道德和伦理的客观精神。伦理存在和发展的历史形态和现实形态就是家庭、市民社会和国家，乃至无限延续的世界史。所以，对黑格尔的法哲学体系不能笼统地称作道德哲学，也不宜笼统地称作伦理哲学；可以说前者是主观的法，后者是客观的法，合之则应称作主观法与客观法统一的法哲学。但因黑格尔把法哲学的对象规定为客观精神，强调伦理，甚至用伦理概括整个客观精神的发展过程，所以有时把他的法哲学也称作伦理学，如恩格斯所说，黑格尔的伦理学或关于伦理的学说就是法哲学，其中包括：1. 抽象法，2. 道德，3. 伦理，其中又包括家庭、市民社会、国家。这里形式是唯心主义的，内容是实在论的。

（三）道德的内部规定和外在的伦理义务

这里可以看到，黑格尔与康德在精神哲学上的一个重大区别就是：康德抬高道德贬低伦理，突出精神的主观性、自律性和道德的应然性。黑格尔则看重伦理、限定道德，强调伦理的客观性、他律性和必然性。他把道德看作伦理的一个必要环节，在伦理的客观性基础上理解道德的意志自律和伦理精神的他律，同时在自律和他律的统一中把握道德的应然性和必然性。由此，黑格尔与康德不同，他不把道德看作最高原则的附庸，而是看作斗争。他认为"没有无斗争的德行""德行不如说是最高的、完成了的斗争"。这种斗争不仅是对邪行、恶行而言，而且也是对自身的缺陷而言，甚至是对天真幼稚而言，换句话说，德行是通过对邪行、恶行，或对缺陷或幼稚的斗争而炼成的。

应当注意的是，黑格尔并不是机械地把客观精神划分为三块，也不是把道德和伦理简单地裁断为两截，而是以辩证的发展观分析精神发展过程的统一的理论体系。这种理论体系也决定了他同康德对道德自律和他律的界定具有本质的不同。因此，我们理解黑格尔的道德自律和他律的理论，必须把法哲学体系展开的三个阶段联系、统一起来。用一个不太恰当的比喻，就像作套色版画一样，把三块刻版合理地复合起来，得到全貌，而且要变成动态的景观，不是一张画片而是一部 N 集连续的动态画面。所以，对黑格尔的道德伦理思想体系应当称之为"法哲学"。

在黑格尔的《法哲学原理》体系中，就其实证意义来说，所谓"抽象法"，说的是以经济所有权为内容的法权关系。法权关系对自由意志来说是外在的规定，道德则是自由意志超越法权关系规定而进入自我意志本身的内部规定。道德作为自由意志自我规定，这是对康德道德论的肯定，也是对德国哲学道德论的肯定。

按照黑格尔对道德精神展开过程的描述，意志自我规定的过程要经过三个环节，即动机、意图和善，以及与其相对应的责任、福利和良心。在意志表现于外在行为之前，首先萌发的自觉意识即故意，其本身就是动机。动机的产生是作为过程的行为的开始，其行为过程与故意的动机是有必然性联系的。"动机"的德文词是 beweggrund，直译是"使事物动起来的根据"。就是说，动机是行为发生之意志由内而外及其结果的原因，因而这种因果必然性就蕴含着行为附着于自身的责任。这就是自觉的道德自律意识发生的契机和必然性。所以黑格尔说："更精确些说，行动的动机就是我们叫做道德的东西。"也可以说道德的直接目的性就是行为的自律性。所以，黑格尔讲绝对理念演化的道德自律与康德讲的"绝对命令"决定的道德自律，并无根本性区别。黑格尔对道德是"主观意志的法"作了这样的解释："这种法，意志承认某种东西，并且是某种东西，但仅以某种东西是意志自己的东西，而且意志在其中作为主观的东西而对自身存在者为限。"这里其实就是强调个体自由意志内容的客观性。能够作为道德内容的东西，必须是作为自由概念这个意志自身的东西，即它必须是自由意志的定在。

另一方面，"道德自律"又具有目的性、过程结果性的意义，即道德的任务目标是自由、自律。整个道德活动是由包括目标在内的一系列环节所构成，不能以目标这一环节代替或取代其他环节乃至道德自身的丰富内容。在这个意义上，又可以将上述"道德是自律"理解为道德是追求自律即自由存在的过程。黑格尔对此的认识是明确的：道德阶段"就是对自由今后的基地即主观性进行加工，把这一最初是抽象的即与概念有别的主观性变成与概念相等的东西，从而使理念获得真正的实现"。这样看来，不能简单地以"道德是自律"这一论题为由来否定道德中他律因素存在的可能。因为，道德自律命题只是证成了道德的一个特质、一个环节，但却并没有否证他律存在之可能。

道德作为主观意志的法，既是自由意志的内在定在，又是人的自由行为的导向。在道德的主观性中深深隐藏着客观性、普遍性内容。道德的要求，并不是主观的任意，而是以客观性、普遍性为内容的主观自觉的自由。理性的明智的自律，是与主体理性的这种自觉意识有着必然联系的。如果一个人认识不到自己的主观故意与其后果的必然性联系，就不可能做到明智、自觉的自律，甚至有可能丧失正常的自制能力。作为一个自觉的有道德的人，不但应该意识到自己行为的隐秘动机，而且应该知道与行为故意和意图有必然联系的后果，使自制提升为自觉意图的理性行为。从"意图"的观点看，自律的行为不仅应意识到眼前的行为事实，而且还应理智地意识到可能给自己和他人乃至社会造成的长远影响和深远意义，预想到自己行为的道德使命。动机和意图是道德行为实施的目的和善恶价值之根本所在。在这个过程中，善恶之本在于心，在于心术正邪。这就是说，行为动机的善恶就已经构成了自由意志的或善或恶的道德性。显而易见，动机就是道德自律的萌动和贯彻，黑格尔把它叫做"灵魂鼓荡的规定性"。

  黑格尔认为，动机和意图是有所指的，它包含着行动主体所欲求的福利。这种福利包括互相联系的两个方面：一方面是故意中的普遍福利，另一方面是意图的特殊福利。前者是行为涉及他人的客观方面，后者是行为自身的主观方面。两者之间有不可分割的联系，真正的道德规定不能割裂这两者的联系。他强调人有权追求自己的福利，把自己的需要作为目的，但同时也强调人并不是纯粹的生物，不能只停留于追求私人福利，还应该关注他人的福利、普遍的福利，把个人、家庭、社会和国家统一起来。因为个别、特殊和普遍是必然联系的，在联系中的存在才是具体的、现实的，否则就是抽象的非现实的。就是说，善不是抽象的概念规定，而是由法和福利所构成的、内容充实的外部定在，或者说是主观意志要求以善为目的并使之在外部实存中得以实现。而善也只有以主观意志为中介、通过主观意志才能进入现实，即主观见之于客观。这就是说，意志并非本来就是善的，只有通过自己的自为活动和创造才能具有善的实在性，并产生善的更高境界。所以，黑格尔又说："道德的动机是伦理性质的本质规定。"正是在这个充分论证的基础上，黑格尔才肯定道德是客观伦理成为"活的善"的必然环节，只有道德与伦理统一才能使伦理精神成为真正的"活的善"。

在这里，黑格尔点出了善发展的三个特点：一是善的希求者应该知道善；二是应该说出什么是善，并发展善的特殊规定；三是规定善本身，使抽象的普遍性善得到特殊化规定。当善的这种内部规定活动达到反思善的普遍性时，它就体现为良心。不过，按照黑格尔的描述，在道德阶段上，作为自由意志内部自我规定的良心还只是形式的，它还没有进入客观的伦理关系，因而还缺乏善的规定的实在性内容，甚至还没有实现善的选择的确定性，还"处在转向作恶的待发点上"，也就是前面所说意志选择的善恶两种可能性，或向善或向恶，其危险在于它仍然"作恶的待发点"。

因此，道德不能只是以自由意志为基地，因为无论抽象法和道德，都不能自为地存在，而必须以客观的伦理为其承担者和基础。就是说，道德的自律必须由主观意志的自觉承担，还必须站在客观伦理关系这块基地上，因为精神的主观性因其缺乏客观的方面，所以其本身是缺乏客观内容的，因此它必须进入体现客观精神的伦理关系，获得家庭、市民社会和国家伦理的客观规定，具有实在的确定性的内容而成为"真实的良心"。这种真实的内在良心，是主体的意志摆脱了自身主观性的局限和个人利益的片面性，而达到的对他人利益和共同意志的理性反思，也就是在主体内心中达到了对个人利益与他人利益、个人意志与共同意志道义的自信。

由此可见，道德是自由意志的自我规定。所谓"自我规定"，就是说道德是个人自我的事，而不是也不能是他人的事，也不是国家的事，如马克思所说"道德是非国家的，国家是非道德的"。它一方面是作为自在存在的规定，另一方面是自我意识到普遍性共同体的社会规定，即福利和法、特殊利益与善的统一。这两方面把人规定为道德的主体。从这方面来看，道德价值根据的内容是他律的，但他必须是经过个人选择和内化的。个人成为有自在自为的道德则是主体意志的自我规定，而不是从外在方面强加于主体的规定，不能"被规定"或由他人代替。它之所以不能强加，就因为个人意识、精神、思想和操守是内在的、深在的、自由的、自主的，是外力强加不进去的。如果是可以强加的，那么不就会像铸模一样，每个人的道德是一个样子了吗？

这里的关键是对善和恶的道德选择。这是黑格尔与康德道德哲学的重大区别。如前所说，知道善、追求善、实现善，对个人的特殊意志来说就是义务。与康德不同，在黑格尔这里，义务对于个人不是抽象的绝对命令规定，而是具有特定内容的现实规定。从善与福利对法的关系可知，所谓义务就是实现特殊福利和普遍福利统一的善。在这种意义上，黑格尔确定的关于义务的基本原则就是："行法之所是，并关怀福利——不仅自己的福利，而且普遍性质的福利，即他人的福利。"这里说的"法"是指道德法则（原则）的意思，不是指法律之法（当然也包括合理的与道德相一致的法律之法律规定）。所谓"行法之所是"，就是遵循道德法则的规定。这样，我们就可以看到意志活动的两个方面：一方面是在内部达到对善的普遍性规定的反思的良心；另一方面，是超越主观的应该，实现对普遍善的追求，实现特殊利益和普遍利益的统一。"义务是这样一个应当，它反对个别意欲，反对自私贪婪和随心所欲的兴趣；只要意志能够在它的活动中将自身从真实的东西分离出来，这个真实的东西就会作为应当摆在意志的面前。"良心和义务的一致和同一，也就是形式和内容同一并通过自律体现的自律和他律的统一。在这种意义上，黑格尔认为，良心比义务具有更崇高的地位，因为良心的要求是主体自身内带有特殊性的要求，并对它拥有权利。按照黑格尔的描述，良心是"自己同自己相处的最深奥的孤独"，它彻头彻尾地隐遁在"我"自身之中，任何外在的力量不能左右它。不仅如此，作为主体自身的我的良心，"知道它本身就是唯一对我有约束力的东西"。这就是为什么黑格尔把良心看作"在自身中意识着的，在自身中规定其内容的那无限的主观性"的根本原因。可以说，这里就包含着黑格尔所讲的自由的真正意义，如约翰·罗尔斯[①]所说："一旦在反思中我们把社会理解为表现了我们的自由并使我们在日常生活中能够实现我们的自由，我们便与社会取得了和解。……我们通过制度而非其他途径获得了那种自由。"

不过，这一点需要深入地分析。一般说来，道德行为选择是个人的，而且只有个人意志才能最终作出抉择。这种能力和权利是别人所不能代替、不能剥夺的，正如不能把自己的良心转让给别人一样，但它也必须由个人对自己的行为选择负责，对自己的人格负责。道德选择的意志自由和责任直接关系到人的内在良心。这种内在的良心，是主体的主观意志摆脱了个人狭隘性的束缚而达到的对他人、对社会利益和共同意志的反思。这种自我的反思，就是黑格尔所说的主体内部的"绝对的自我确信（Gewissheit），是特殊性的设定者，规定者和决定者，也就是他的良心（Gewissen）"。在这种意义上，黑格尔把道德在个人身上的体现叫做"德"，这个德就是伦理性的东西在本性所规定的个人性格本身中得到的反映。

正因为这样，黑格尔认为，良心对于义务来说具有更崇高的地

[①] 约翰·罗尔斯，美国著名政治哲学家、伦理学家，哈佛大学教授，《正义论》的作者。——编者注

位。因为现实的人要求有特殊性的现实内容，而且人们对这种特殊性的要求有自己的权利：个人自我决定的意志就是一条对自己的法则，因而也就是主体的权利，这就是道德权利；犹如荀子论人心所说"口可劫，形可劫，心不可劫"。在这个意义上，作为真实的良心正是希求意志的自主自为，也是自律的善和义务的"自我规定"，而且这种自我规定就是"唯一对我有拘束力的东西"。这应该是理解和把握黑格尔所说的道德他律必须通过自律实现他律与自律统一的要点所在。伦理义务不仅是承担义务的个人"应该做的"，而且通常是"立刻要做的"。只有在良心和义务的统一中，在道与德的统一中，在道德与伦理的统一之中，个人才能真正得到解放而达到实在的自由。所以，黑格尔说，"义务所限制的并不是自由，而只是自由的抽象，即不自由"。

伦理义务与道德义务是有区别的。区别在于：在前者义务和权利合而为一，真正实现伦理自由；在后者仅仅知道自己的知识和意志的权利，只是应该实现权利与义务的合一。前者乃是伦理个人关系的义务，个人毋宁说是获得了解放；后者由于仍然停留在"应然"的阶段，对自然冲动和抽象自由形成限制，因而难以视之为解放。黑格尔说："其实，如果道德是从主观性方面来看的一般意志的形式，那么伦理不仅是主观的形式和意志的自我规定，而且还是以意志的概念即自由为内容的。"这就可以理解康德的道德自律原则只限于形式，而黑格尔的自律则不仅涵盖了自律的形式，而且揭示出自律的客观内容。在这个意义上，可以说黑格尔道德哲学是自律和他律的统一，其内容本质上是他律的。

这样看来，黑格尔在把道德和伦理分开之后又把已经分开的两个环节看作统一的客观精神发展过程。他说道德只是主观环节，而伦理则是实体性的，既有客观环节又有主观环节，是"活的善"，是"在自身中被反思的普遍性",就是这个意思。正是在这种意义上,黑格尔把善作为主观意志的本质,而不使之分居于两个相隔离的领域,同时又把道德与伦理统一起来,使道德的自律有其充实的内容和根据,这比康德把善良意志放在与客观伦理脱离的可望而不可即的"纯粹理性"领域,更具有道德发展的逻辑合理性和道德原则的实用性。善与良心各自的特点说明,如果两者相互分离,各自独立,则两者都不是真实和现实的存在;唯有两者相对统一、彼此融合,才能成为有规定性的,有实在内容的现实的伦理。正是在这种意义上,约翰·罗尔斯明确地肯定:黑格尔的哲学是"和解的哲学",并在道德哲学作为政治哲学的意义上,肯定它不是探讨"超越于现世之外的应然世界(如康德哲学所从事的那样),而探讨摆在他们眼前的实现了他们的自由的那个世界"。

这里我们就可以看到:作为主观意志的道德和作为外在理念的客观精神,两者相互对待,互为中介的联系,于是就有"从外部定在出发在自身中进行反思"的扬弃的道德进展。这实际上就是意志自律和他律的统一实现的过程和规律性。在这个意义上,道德和伦理通过意志的统一才是自主自为的存在的自由。这一点可以说是黑格尔肯定康德自律思想之意义重大,并克服康德道德哲学内在矛盾的重大贡献。对马克思、恩格斯道德哲学的形成和发展,也具有直接的启示和推动作用。

三、马克思恩格斯关于自律他律统一的思想

马克思、恩格斯精通康德、黑格尔哲学。但马克思和恩格斯不是康德、黑格尔式的书斋学者和思辨哲学家,而是学识渊博、经验

丰富的实践的思想家和革命家。在道德哲学问题上，他们从学术上专门系统的论述不多，但他们的道德哲学思想和博大精湛的著述，却包含着对德国道德哲学思想传统的继承和超越思辨哲学的创造性发展，特别是对理解道德自律和他律的方法论启示。

这里，有必要首先解说一下马克思 1842 年在《评普鲁士最近的书报检查令》（以下简称《评》）一文中说的那句话："道德的基础是人类精神的自律，而宗教的基础则是人类精神的他律。"经常有人说这句话表达的是马克思自己的观点，并把这句话引作论证自律、他律的马克思主义的经典根据。其实，这种理解和引用有悖于马克思文章的本意。马克思的文章是这样说的："根据这一检查令，书报检查应该排斥像康德、费希特和斯宾诺莎这样一些道德领域内的思想巨人，因为他们不信仰宗教，并且要侮辱礼仪、习尚和外表礼貌。所有这些道德家都是从道德和宗教之间的根本矛盾出发的，因为道德的基础是人类精神的自律，而宗教的基础则是人类精神的他律。"这段话清楚地说明"道德是人类精神的自律、宗教是人类精神的他律"这种观点，是马克思在概括转述康德、费希特和斯宾诺莎这些大思想家的观点。他们的基本哲学立场和伦理学体系虽然各不相同，但是在道德领域他们都坚持理性主义，都从道德和宗教的根本矛盾出发，把道德和宗教对立起来。他们也不尊重基督教的教义，以及宗教礼仪、习尚和礼貌，而主张道德是独立的。他们这种对待道德和宗教关系的态度，在当时具有一定的进步意义，对于批判死守基督教旧道德原则的德意志国家的"书报检查令"，也是有力的舆论支持。所以马克思肯定了他们的理论倾向和态度。不过，在《评》文中，马克思只提到康德、费希特和斯宾诺莎而没有提黑格尔，这是因为黑格尔哲学虽然是理性主义的，但它并不主张道德独立，而是把道德看作从属于作为客观精神的伦理发展的一个阶段或环节，甚至把宗教也纳入绝对精神发展到最高阶段的一个环节。后面的分析我们会看到，马克思和恩格斯认为黑格尔的道德论重在自律与他律的统一，但本质上是他律论的。

那么，为什么说那时把道德和宗教对立起来的观点是进步的呢？与宗教对立的道德又是什么道德？个中原因要由历史来说明。众所周知，欧洲中世纪是基督教教义和神学禁锢着人的精神世界，也僵化了发展着的道德观念。在这种情况下，启蒙思想家举起了理性和科学的旗帜，主张把理性和信仰、科学和宗教分开并使之对立起来，强调道德本身是"神圣的独立范畴"，道德原则是"普遍理性"，与此相联系，他们也要求道德与国家相分离。

德国启蒙思想家康德、费希特和荷兰哲学家斯宾诺莎，都强调道德的理性本质，坚持以人类理性为原则，强调道德的理性本质和理性对情欲的主导性，从而把理性的道德奉为理性的"绝对命令""世界的原则""纯理性的命令"。按照这样的道德哲学，他们把"人类精神"看作道德和宗教的基础，所不同的是：人类精神自律是道德的基础；人类精神的他律是宗教的基础。就是说，宗教把人的类本质精神异化为统治人类的上帝，使人类受上帝律法的统治，从而实现宗教对人的精神和社会生活的绝对控制。因此，理性主义的道德哲学要求必须使道德和宗教分离，必须在理性的道德和信仰的宗教之间划出一个原则界限。这样，他们就以独立的、理性的道德，侮辱了宗教的上帝原则和信仰的道德。正是在这种意义上，马克思肯定了这种与宗教信仰主义相对立的理性主义道德观的积极意义。

那么，黑格尔给道德指出的"真正地位"是什么呢？从黑格尔的《法哲学原理》中可以看到，在黑格尔看来，道德不能只是意志的主观性，也不能只是个体的德，在本质上它是社会的、历史的。

也就是说，道德是主观统一于客观，个人统一于社会和国家，乃至于世界历史，因此就道德的内容来说本质上是他律的。这样，我们再来看前面那段引文，就不能简单、直接地把它看作也是马克思自己主张的观点，更不能看作是体现作为马克思主义的马克思的一贯主张。事实上，马克思在1843年夏天所写的《黑格尔法哲学批判》中，就表明了自己不同于那些思想家的新观点。马克思在评论黑格尔关于权利和道德的观点时指出，按照黑格尔的法哲学体系，在客观精神发展的前两个阶段即抽象法和道德阶段，法权和道德都是抽象的、虚幻的。但是黑格尔"并没有由此得出结论说：国家，以这些抽象为前提的伦理生活，无非是这些虚幻东西的社会性（社会生活）。相反，黑格尔由此得出结论说：这些虚幻东西是这种伦理生活的从属环节"。所谓"伦理生活"的从属环节，就是指处在伦理精神发展过程中的从抽象法到国家等的各个环节。由此，马克思质问："私法若不是国家的这些主体的法，道德若不是国家的这些主体的道德，那它们又是什么呢？或者说得更正确些，私法的人和道德的主体是国家的人和主体。"尽管这种观点在当时遭到主张"道德应和国家分离"的观点的责难，但是马克思还是维护了黑格尔的这个观点，说他"只不过是阐释了现代国家的和现代私法的道德而已"，并且强调指出："人们想使道德进一步同国家分离，想使道德进一步得到解放，他们这样做证明了什么呢？只能证明现代国家同道分离是合乎道德的，道德是非国家的，国家是非道德的。"马克思认为，黑格尔给现代道德指出了它的真正地位，并且说这是他的一大功绩，虽然从某一方面来说是不自觉的功绩。显然，马克思的这些精辟分析，包含着与"道德是人类精神的自律"这种观点不同的更深刻理解。

值得注意的是，恩格斯在马克思写作《评》文之后5个月，即

1842年6月15日，写了《评亚历山大·荣克的〈德国现代文学讲义〉》一文，批评荣克把黑格尔体系看作是"与自由主体和因循客体的他律相对立"的观点。恩格斯说："黑格尔要高超得多，他主张主体和客观力量相调和，他非常重视客观性，认为现实即存在比个人的主观理性要高得多，并且正是要求个人承认客观现实是合理的。"与马克思不谋而合，恩格斯说："黑格尔并不是荣克先生所说的宣扬那种在'青年德意志'派身上却表现得非常任性的主观自律的人。黑格尔的原则也是他律，也是主体服从普遍的理性，有时甚至是服从普遍的非理性，例如宗教哲学就是这样。"恩格斯还特别申明不要把黑格尔和青年德意志派混在一起。由于恩格斯是针对荣克的片面观点立论的，所以这段话要比马克思的论述更直接、更明确地说明了黑格尔道德观的他律性，甚至进一步指出了黑格尔哲学的"普遍理性"，或说"绝对理念""绝对精神"，实质上与宗教的"普遍非理性"的信仰是相通的。

现在回过头来，分析前面提到的作为道德和宗教基础的"人类精神"。德国思辨哲学迷恋于"普遍理性"，从而也迷恋"人类精神"，这几乎是启蒙时代的流行观念和道德哲学的共识。怎样理解这个普遍理性的"人类精神"？它的本质是什么？它本身又是由什么力量决定的？要理解马克思的那句话，就不能不回到求解"道德的基础是人类精神"这个观念上来。

有人解释马克思在文中所说的"人类精神"是指"人类共同利益"。这种解释难以说通。第一，如果是指"人类共同利益"，那就是说道德是以人类共同利益为基础的。那恰好说明道德是他律的，其道德律或道德原则的客观根据就是人类的共同利益。第二，如果说"人类精神"是指人类的共同利益，那么说"宗教的基础是人类精神的他律"，也就意味着人类的共同利益也是宗教的基础，这也是宗教教义所不能接受的，因为它否定或贬低了上帝的万能。第三，如果把"人类精神的自律"解释为人类精神自己为自己立法，自己约束自己，那就会陷入德国思辨哲学的道德观，或者是康德式自我意识的自律，或者是黑格尔式绝对理念的自律，把道德自律解释为概念本身的自我规定，这当然也不是马克思道德哲学所能同意的。

毫无疑问，马克思很重视人类的共同利益，而且一以贯之地为人类的解放而奋斗终生。但是，在《评》文里所讲的"人类精神"，却不是指人类共同利益，如前所说，在那些理性主义思想大师那里，人类精神就是指"普遍理性"，抽象的"人类精神"，或者叫做普遍的"自我意识"，或者叫做"绝对精神"。那么，当时马克思的道德观是否也是这种理性主义的观点呢？这就要注意马克思道德哲学思想的发展。马克思撰写《评》文是开始从事政治活动时所写的第一篇政论文章。如果《评》文还没有直接阐释这个概念，那么马克思在博士论文中所作的分析就早已说明了。马克思说："如果抽象的、个别的自我意识被设定为绝对的原则，那么，由于在事物本身的本性中占统治地位的不是个别性，一切真正的和现实的科学当然就被取消了。可是，一切对于人的意识来说是超验的东西，因而属于想象的理智的东西，也就全部都破灭了。相反，如果把那只在抽象的普遍性的形式下表现其自身的自我意识提升为绝对的原则，那么这就会为迷信的和不自由的神秘主义大开方便之门。"这段话的意思是说，不能把自我意识及其自由抽象化、绝对化，那样就会否定研究特殊事物、揭示普遍规律的科学，但也不能把自我意识的普遍形式绝对化，那样就会限制自由并给神秘主义提供辩护理由。这前一句话实际上是批评了把自我意识绝对化的费希特，后一句话实际上是批评了把普遍性自我意识绝对化的康德，同时也就是批评了康德的道德自律形式的绝对化。事实上，康德道德自律的"绝对命令"不讲自由意志的发展，不讲道德原则的层次性，也就窒息了个人的道德自由。他把道德自律的形式原则绝对化，最后不得不求助于关于灵魂不死、上帝存在和大写自由的假设，岂不是为迷信和神秘主义大开方便之门吗？当然，黑格尔道德哲学从绝对精神、绝对理念出发，通过自身的不断外化、特殊化而最终回到精神的绝对，是更彻底的与神秘主义相通的唯心主义。

马克思和恩格斯对问题的回答，并不是纯学术的或依据个别经验的，而是与他们高瞻远瞩的历史使命和哲学思考密切联系在一起的。这里不是是否尊重自我意识和个人良心的问题。在这方面，马克思是继承了前辈理论研究的优秀成果，充分肯定了个人道德良心的地位和价值。马克思在论说自己坚信的共产主义信念时曾说："征服我们心智的、支配我们信念的、我们的良心通过理智与之紧紧相连的思想，是不撕裂自己的心就无法挣脱的枷锁。"马克思认为，作为"信仰"，它是一种发自内心的、对真理的真正确信和行动的指南，它就体现着与理性相结合的"自我确信的"良心。这样的良心作为道德感能知善恶，它通过理智就能与思想结合在一起，也就是"理性把良心牢附在它的身上"，形成理智与良心合一的坚定信念，这也就是任何外力都不能左右的深藏于主体内心的道德权利。正是在这种意义上，马克思说人的这种规定就成为对意志的"枷锁"，成为持之以恒的意志坚定性，成为敢于与上帝抗衡的"魔"。如果一个人的主观愿望与这种理性的规定相抵触，那就必然会使他产生良心与理性对立和人格分裂，从而产生良心的痛苦，而这种痛苦"只有撕裂自己的心才能摆脱"。

这个意思用马克思 20 年后给库格曼[①]的信中一句话说就是：

---

① 路德维希·库格曼（1828—1902），德国社会主义者，第一国际会员，参加过 1848 年德国革命。——编者注

"良心这东西是永远不能完全摆脱的",从马克思的这一思想来看,道德从其内容来说是他律的,但作为人之德性和德行它又必然是个体的、深藏在个人主体之中的。马克思是在批判道德观的唯心主义和形而上学时,强调道德观的社会性和历史性,指出道德是由社会经济基础决定的社会意识形态,但作为道德品性和操守必然是以个体的心智、行为及其综合实践的形式表现的。这里的内在决定性正是真实的良心。

这里涉及一个更为根本性的哲学思考:论说道德自律是回到抽象的"自我意识""绝对理念"或上帝旨意,还是回到人类历史发展和现实生活条件?马克思、恩格斯当时虽然还没有建立科学的道德哲学体系,但他们深刻的历史洞察力和实事求是的科学精神却是早熟的。他们在批判黑格尔、费尔巴哈和青年黑格尔派等哲学思想和后来的理论研究过程中,就已经运用辩证唯物主义和历史唯物主义的基本观点和方法,解释人类精神的产生和发展规律性,回答精神和物质、社会意识和社会存在的关系及其发展的规律性。马克思和恩格斯着重考察的是作为社会意识的道德观的本质问题,而不是个体人的德性和操守问题。这个方面,可以从马克思《关于费尔巴哈的提纲》中得到理解。马克思在指出旧唯物主义的主要缺点时说:"和唯心主义相反,能动的方面却被唯心主义抽象地发展了,当然,唯心主义是不知道现实的、感性的活动本身的。"这不仅是说费尔巴哈"没有把人的活动理解为对象性的(gegenstndliche)活动",而且也是批判康德和黑格尔哲学也没有把人的活动理解为对象性的(gegenstndliche)活动。根本的问题在于:他们都没有真正理解人的活动的社会实践、并合理地理解为革命的实践。所以,他们对人的活动的能动方面只是"抽象地发展了"。其实,"人的思维是否具有客观的真理性,这不是一个理论的问题,而是一个实践的问题。人应该在实践中证明自己思维的真理性，即自己思维的现实性和力量，自己思维的此岸性。关于思维——离开实践的思维——的现实性或非现实性争论，是一个纯粹经验哲学的问题"。

同年秋天，马克思、恩格斯在《德意志意识形态》一书中，在揭露施蒂纳关于人的历史秘密时指出，人们的观念和思想是关于自己和关于人们的各种关系的观念和思想。人和人们之间的关系"是什么"和"应是什么"，是直接与人们的实际生活条件和发展过程相联系的。这里说的不是孤立的单个人的意识，而是同他人和社会联系着的个人意识，是关于人们生活于其中的整个社会的意识。"因此，道德、宗教、形而上学和其他意识形态，以及与它们相适应的意识形式，便不再保留独立性的外观了。这样，那些发展着自己的物质生产和物质交往关系的人们，在改变自己的这个现实的同时，也改变着自己的意识和意识的产物。"马克思、恩格斯在这里所说的，都是指作为意识形态的道德观，而不是作为道德观的独立性的"外观"，即道德观客观化、特殊化的具体德行和操守的表现，或者说是在个人的性格中得到的反映。

进一步说，马克思、恩格斯考察伦理道德是同人类的历史发展联系在一起的。他们在从猿到人、从家庭、家族和民族到国家的历史考察中，证明人类意识的历史性发展，使人类的道德意识和行为从自发到自觉，从区域到普世，是有一定的社会生活根据和个人境遇条件的，并不是无需任何根据和条件的"上帝意志"或"绝对命令"，或自我意识的绝对自由。道德也并不是共同意识形式的产物，不是高级意识或圣人意识的产物；道德感也不是由纯理论研究造成的，而只能是社会生活实践、职业教养和个人生活情境的结果。马克思、恩格斯看重的是社会生活条件和人的生活实践，因而强调道德的社会性、实践性和历史性。马克思、恩格斯也重视实存的个性的道德品性和行为操守，看重个人生活条件"是什么""能够成为什么"和"在一定条件下必然成为什么"的自我实现的发展过程。人的社会存在不只是自然的存在，而且意味着一种历史发展，人们在每个历史时期的社会存在决定着人们每个时期的意识的特殊性和有限的自由。

例如，在对待"利己主义"和"自我牺牲"的关系问题上，马克思、恩格斯强调应当注意问题的两个方面：一方面，从社会意识来说，不能单纯在道德情感或思辨理论的形式上去理解，也不能用坚持一个方面、反对另一个方面的教条主义方法去解决，而应当去研究它们存在的社会根源和生活条件，从其产生、发展的根源和条件上去理解和解决它们的对立。社会存在决定社会意识，只有消除社会意识存在的根源，才能消除由根源产生的结果。所以说，"共产主义者既不拿利己主义来反对自我牺牲，也不拿自我牺牲来反对利己主义，理论上既不是从那情感的形式，也不是从那夸张的思想形式去领会这个对立，而是在于揭示这个对立的物质根源，随着物质根源的消失，这种对立自然而然也就消灭"。另一方面，从个人意识上说，也不能靠道德说教解决问题，而是要注重创造个人的现实生活条件。因为在历史唯物主义看来，现实的个人就是他们的活动和他们的物质生活条件，包括他们得到的现成的和由他们自己创造出来的物质生活条件。"如果这个人的生活条件使他只能牺牲其他一切特性而单方面地发展某一种特性，如果生活条件只提供给他发展这一种特性的材料和时间，那么这个人就不能超出单方面的、畸形的发展。任何道德说教在这里都不能有所帮助。"正是在这个意义上，马克思、恩格斯如实地指出：个人总是并且也不可能不是从自己本身出发的，因此个人发展的两个方面同样是个人生活的经验条件所产生的，它们不过是人们的同一种个人发展的表现，所以它们仅仅在表面上是对立的。至于由发展的特殊条件和分工所决定的这个个人的地位如何，他比较多地代表矛盾的这一面或那一面，是更像利己主义者还是更像自我牺牲者，这个问题也只有在一定的历史时代内对一定的个人提出，才可能具有任何一点意义。由此，马克思、恩格斯得出了如下结论："无论利己主义还是自我牺牲，都是一定条件下个人自我实现的一种必要形式。"而这种形式下的实际内容，作为道德要求来说，与黑格尔所提出的"行法之所是，并关怀福利"的义务原则具有理论思考的一致性。

正是在历史唯物主义原则的指导下，马克思、恩格斯严肃地批判了康德道德自律论的哲学基础，指出："康德把这种理论的表达与它所表达的利益割裂开来，并把法国资产阶级意志的有物质利益的规定变为'自由意志'、自在和自为的意志、人类意志的纯粹自我规定，从而把这种意志变成纯思想上的概念规定和道德假设。"问题在于，康德只谈善良意志，哪怕这个善良意志毫无效果他也心安理得，他把这个善良意志的实现以及它与个人的需要和欲望之间的协调都推到彼岸世界。康德虽然想把意志自由和必然性统一起来，但是他把随社会生活条件变化的道德绝对化、神秘化，使之变成永恒不变的、绝对的道德命令，却是与他所追求的科学观背道而驰的。马克思、恩格斯肯定康德道德哲学的贡献，并不肯定它的独断论和绝对命令，而是以辩证唯物主义历史观及革命的实践论揭示了问题的谜底。与此同时，马克思和恩格斯肯定了黑格尔对康德的批评，认为黑格尔"更尖锐地批评了康德的软弱无力的'绝对命令'（它之所以软弱无力，是因为它要求不可能的东西，因而永远达不到任何现实的东西）"。马克思、恩格斯也深刻地批判了黑格尔建立在绝对精神基础上的道德伦理观的神秘性，认为在黑格尔的法哲学思辨体系中，其主观精神和客观精神的逻辑演化是"颠倒的世界意识"和"神话式荒诞"。

但是，在对黑格尔的唯心主义辩证法的批判中，马克思恩格斯汲取了其合理内核，科学地阐释了从必然到自由的辩证法，如恩格斯在《反杜林论》中所说，与必然性相统一的自由并不是康德心目中的那种自由，即可以不依任何经验根据、单凭自身就能推动人的行为活动的那种意志自由。如果这样那就意味着人类将从必然的可以认识的王国进入不可认识的灵冥世界，把人变成排除一切感性生活而成为天使。在这里，恩格斯正是批判地汲取了黑格尔的自由观，即对必然性的认识和把握，人类是自觉自愿地去做自己认识到的必然的事情。恩格斯说："自由不在于幻想中摆脱自然规律而独立，而在于认识这些规律，从而能够有计划地使自然规律为一定的目的服务。"恩格斯说，这对外部自然规律或对支配人自身的肉体和精神存在的规律都一样，只能在观念中而不能在现实中把它们分开。"意志自由只是借助于对事物的认识来作出决定的能力。因此，人对一定问题的判断越是自由，这个判断的内容所具有的必然性就越大；而犹豫不决是以不知为基础的，它看来好像是在许多不同的和相互矛盾的可能的决定中任意进行选择，但恰好由此证明它的不自由，证明它被正好应该由他支配的对象所支配。因此，自由就在于根据对自然界的必然性的认识来支配我们自己和外部自然；因此它必然是历史发展的产物。"

在终结德国古典哲学的《费尔巴哈论》中，恩格斯说到"对理想目的的追求"时，批评那种把康德的先验唯心主义看作道德理想和道德信仰的观点，指出："绝不能避免这种情况，推动人去从事活动的一切，都要通过人的头脑，甚至吃喝也是要从通过头脑感觉到饥渴而开始，并且同样由于通过头脑感觉到饱足而停止。外部世界对人的影响表现在人的头脑中，反映在人的头脑中，成为感觉、思想、动机、意志，总之，成为'理想的意图'，并且以这种形态成为'理想的力量'。"这当然是肯定外部世界对人的内在的道德动机和意志的影响和不能避免的决定作用。这一思想在恩格斯按照马克思的遗愿所撰写的《家庭、私有制和国家的起源》一书中，作了进一步系统的发挥和阐述。在恩格斯看来，对待人的道德意识和道德行为，不仅要看到社会生活条件的影响，还要看到它们所继承的历史延续观念和习俗惯例。在这种实证考察基础上，人的道德社会性的表现方式，即其道德行为和群体风尚，在每个人那里是由他继承来的各种特点及他直接获得的观念来决定的。在这个范围内，道德也可以说是自律的，甚至可以说是自由的，并非法律强制使然。当然，这里有一个自律的有效性程度问题，就是说一个人可能或多或少是自律的，是能够塑造自己的人生进程的人。为了实现个人的自律，他们也寻求控制物质环境、调节个人行为对他人的非强制性后果。

　　说到这一步还需要强调一点，即只有当个人感知到道德律是自己自觉自主的欲求，而不是由外部强加于自身的要求时，才是与道德自律相统一的道德的他律。也就是说，只有这种要求成为他自己自主自愿遵行的法则（准则）时，对他来说才是道德的自律和他律，也才能在他身上产生应有的道德效用和人格的尊严。按照辩证法的规律，就是在决定道德行为方面正是内因起着决定性作用。但是，从道德的总体和普遍性来说，在社会道德内容的范围内，可以说道德本质上是社会的和他律的。在这个意义上，可以说做到道德自律与他律的统一才是人生的最高智慧和修养的境界。所以，马克思、恩格斯强调，自由不是个人的任性，而是对必然性的认识把握；自由是理性全面发展的人的自由，而不是个人的无理性和任性的为所欲为的表现。

马克思、恩格斯所说的自由,并不仅仅是"个别的个人形式下的自由",更重要的是看众多的个人、广大的群众及其意志的自由。个人的自由意志必然要面对并程度不同地接受自然和社会关系的前提。马克思、恩格斯对人和人的意志的思考,并没有停留在个人道德这一步。恩格斯说得好,从问题的形式方面看,就单个人来说,人的行动的一切动力都要通过个人的头脑,要转变为个人意志的动机,从而行动起来;同样,任何一个社会的要求也一定要通过国家的意志,以法律的形式发生普遍效力。但问题不在于形式上的意志,而在于意志或实践理性的实际内容,在于这个内容是从哪里来的,具有怎样的特殊意义。在寻求问题的答案时,马克思、恩格斯所关注的是国家意志与市民社会不断变化的需要以及处于优势地位的阶级利益全体、各个阶层的关系,归根结底是生产力和交换关系的发展以及人们的物质和精神条件所决定的生活方式。在他们看来,历史的进程是受其内在规律支配的。无论历史的结局如何,人们总是通过每个人的追求他自觉的预期目的来创造他们的历史,而历史就是这许多按不同方向活动的愿望及其对外部世界的各种作用的合力。黑格尔虽然认识到历史人物的动机并不是历史发展的最终原因,看到它的后面还应有别的动力,但是他不从历史本身去寻找这种动力,而是把哲学的意识形态插进历史,作出纯属思辨的说明。而马克思恩格斯则认为:"如果要去探究那些隐藏在——自觉的或不自觉的,而且往往是不自觉的——历史人物的动机背后并且构成历史的真正的最后动力的动力,那么问题涉及的,与其说是个别人物、即使是非常杰出的人物的动机,不如说是使广大群众、使整个的民族,并且在每一民族中间又是使整个阶级行动起来的动机;而且也不是短暂地爆发和转瞬即逝的火光,而是持久地、引起重大历史变迁的行动。"由此可见,理解道德的自律和他律问题,从康德、黑格尔到马克思的道德哲学，展示了伟大的德国哲学的传统和智慧，它不仅需要微观的解剖，更需要做宏观历史的把握。马克思的理论是建立在历史的、现实的、具体分析基础上的，而不是如空想主义者诉诸"人性"，从人性观点出发设想一个完善美好的和谐社会。可是如果人性是个一成不变的东西，要想靠它去说明不断变化的人类历史命运，那是那么难以理解的；如果人性是变化的，那么它的变化根源是什么？德国思辨哲学家认为它的动力源就是"世界精神"，而所谓"世界精神"不过通过思辨了逻辑炮制过的"人性"的一个方面而已。这种说法好像很动听，但实际上却同一切想用人性概念来说明社会演进现象的企图一样是很肤浅的。马克思的理论结束了这一切的虚构、肤浅和迷茫。

最后，还有一个道德和法律的关系问题。在发挥道德的调节作用中，法律似乎是对道德内心的"强制"影响，但那还仍然是法律的作用，而不是主体自为的道德。如果法律是正义的，因而一般也是符合个人福利或利益需要，也是合乎道德的，那么个人必会自愿地把这样的法律规定纳入自己的道德信念，自觉地加以选择或作为自律的规范；如果法律不符合道德主体的需要且违背道德，甚至与之相反，即使再强制，人们仍然会至死不从，如荀子所说"心不可劫而使易意"（《荀子·解蔽》）。所以真正道德上的行为与真正法律上的行为是有区别的。

法律和道德都与人的自由相关。对人的自由来说，如果说法律对人发生约束力，人本身必须知道它但不必自愿地希求它，那么人对道德约束力本身不但必须知道它，而且必须诚心、自愿地希求它，所以说道德就是自由，是自由体现在人的内心里。因为法律对人来说是国家对个人强行的约束，个人对法律来说是不能不遵守的；而道德虽然是公共利益对个人的要求，个人应当与之相一致，但它只能是通过个人内在良心的认同和自愿的希求，否则它就不具有实际的约束力，所以道德又必须以尊重人的自由为前提。正因为如此，社会对个人的道德要求必须尊重个人的权利，而只有自由的负责任的道德选择才能真正体现它作为有教养的公民的价值和尊严。所以，在讨论自律他律问题时，如恩格斯所说："如果不谈所谓自由意志、人的责任能力、必然和自由的关系等问题，就不能很好地议论道德和法的问题。"至于良心可靠性，如果肯定道德是自律的，那么可靠不可靠都在于主体自身，他律的内容正是自律形式的本身，而自律正是对它的认识、判断、选择、取舍和自抉的过程，这常常是在两难或多种选择之间的艰难抉择，乃至于几乎要"撕裂自己的心"。所以，在实际生活中真正做到完全合乎道德良心的行为是不容易的，但也正是在这里成就并彪炳着一种高尚、伟大的人格和顶天立地的马克思精神。

马克思主义与伦理学：历史、文化与方法[①]

一、历史语境与思想主线

张霄：宋老师，您好。您以前研究的是西方伦理思想史（以下简称"西伦史"），后来为何转向马克思主义伦理学（以下简称"马伦"）研究？是兴趣使然还是有别的什么原因？

宋希仁：应该说是西伦史本身的发展和马克思对它的反思，使我产生了这个转向。让我稍稍往前说一点，我对伦理思想史的研究和教学，比较注重把伦理学和伦理学史统一起来。我认为学伦理学史本身就是从人类伦理思想发展上学习伦理学，是学习历史上发展着的伦理学。对伦理思想史的研究就是要用发展的眼光看历史上发展着的各具特色的伦理学说，在世界历史变革的背景下，马克思和恩格斯的思想也是在批判继承西伦的基础上才发展起来的。您可能看到过我编的那本文集，叫做《伦理的探索》（河南人民出版社，2007年版），书名不太贴切，那主要是想说明从西伦向马伦的转化。从古希腊伦理学概略地讲到欧洲英、法、德近代几位伦理学家的代

[①] 本文是一篇访谈录，其中，采访者张霄现为中国人民大学哲学院副教授、院长助理，伦理学教研室主任。——编者注

表作，进一步讲到马克思《资本论》的经济伦理思想。在这本书的序言中，我大致讲了西伦史和马伦之间的关系。在我看来，西伦史有其自身的脉络和基础，但思路比较窄，眼界往往局限于某种学术圈子。只有转到马克思的世界观和方法论，才能打开思路、放宽眼界，才可能在更高的层级上完成自身及其历史发展。这就是我后来的研究方向从西伦史转向马伦的主要原因。所以，从事西伦史研究不久后，我就有了研究马恩道德哲学的想法，于是就一边编写伦理学教材、研究西伦史，一边做这方面的课题研究准备工作。

张霄：我们是否可以说马伦也是沿着西伦史的脉络和基础发展而来的？换句话说，我们应当在西方伦理思想发展的历史语境中理解马克思主义伦理思想？

宋希仁：从伦理学发展本身来看可以这么说。不过应在打破它本身的基础和条件的前提下，才能参考它的历史和语境思考马克思伦理思想。在西方伦理思想史上对马克思思想产生影响的哲学家有很多。从古希腊哲学家开始，往后经过罗马时代到近代哲学，特别是德国古典哲学，尤其是从康德到黑格尔再到费尔巴哈，许多人的思想都对马克思有影响，有些甚至产生了很关键的影响，如果没有黑格尔和费尔巴哈从前启后的过渡作用，马克思怎么会转到辩证法？怎么会转到历史唯物主义呢？可以说，没有这些人就没有马克思哲学和伦理思想。所以说在马克思思想转向和过渡的地方，我就会特别注意，写下了一些必要的读书笔记，特别是关于黑格尔研究的笔记，后来把讲课笔记和文章有选择的编辑起来，作为《伦理的探索》书稿。

张霄：您在研究马恩伦理思想的时候，经常强调黑格尔对他和恩格斯哲学思考的影响。当时您是为了解读马克思去研究黑格尔的吗？

宋希仁：有这个想法。但当时我只是一般地理解马克思主义一般原理，并不是特别熟悉马克思的伦理道德思想，也不太理解黑格尔的思辨哲学思路。后来，我比较系统地研究马克思著作的时候回头看黑格尔就比较清楚，也能比较清楚地理解黑格尔了；我再回头研究黑格尔时，也能更好地理解马克思。所以在研究过程中，研究黑格尔和研究马克思是互相影响的，前面为后面做准备，后面反过来帮助我更好地理解前面。

张霄：您的这番话让我想起了马克思在《资本论》序言里讲过的一句话："人体解剖对于猴体解剖是一把钥匙"。只有了解了思想发展的成熟形态，才可能回过头来重新认识思想发展史上各个阶段和环节存在的价值和意义。所以，在某个成熟的节点"回头看"，才能看出整个思想的脉络和每个阶段的语境。我这么说，不知道能不能贴切地表达您通过马克思来理解黑格尔的思想方法。

宋希仁：是这样的，完全可以这么理解。而且不仅仅是黑格尔，还可以通过这个方法继续往前追溯，不光是哲学还有经济学、政治学、社会学以及伦理学等等。

张霄：的确如此。我在阅读马克思的时候会习惯性地把他读过的书再读一遍。通过这个过程，不仅可以多了解一种理解马克思之前人物思想的特殊方法，比如对古希腊罗马哲学、德国古典哲学、近代法国社会学、英国的政治经济学等，也可以让我们更深刻地体会到马克思的思想为什么会是这样。

宋希仁：我体会，把这些研究和前人思想与马克思联系起来，才能更好地理解马克思。这个思路不光在研究马克思与前人思想之间的关系上有价值，在研究马克思个人思想的发展上也有重要意义。在马克思的思想中既有连续性的一面，也有在不同时期根据不同情境形成的具体观点，要综合这两个方面来理解马克思思想。比方说他关于暴力革命的观点,这是一个早期的想法,那时是作为实现共产主义理想、推动社会变革的一种手段或形式。但在1848年欧洲革命失败后,他和恩格斯就开始冷静下来,通过学术研究的方式反思历史发展和社会进步的规律性和各种可能性。所以,那时主张的暴力革命观点不能被夸大,但也要知道暴力革命作为一种革命形式,是为实现共产主义理想这个马克思一生为之奋斗的目的服务的。我记得复旦大学有个国外引进的特聘教授也提出过这样的观点。他熟悉马克思的手稿原迹,并有独到而深入的研究。

张霄:您说的是不是复旦大学的特聘教授史傅德[①](Fred E. Schrader)?我在网上读过一篇《财经》杂志对他的专访叫《寻找真实的马克思》,说的就是这个问题。他认为马克思在1850年之前的思想清晰直白,主体就是暴力革命和无产阶级专政。由于1848年法国革命以后建立的"法兰西第二帝国"并未像预想的那样很快就垮掉,反而日渐稳定下来,马克思自然是在震撼中反思过去的那些想法。

宋希仁:我读的也是那篇文章。1848年欧洲革命失败之后,马克思开始冷静地反思。这个反思对他后来看待历史的方式产生了重要影响。特别是他在那个时候,就看出了经济危机、金融危机的世界化趋势。这样的世界性眼光使他感觉到资本主义历史的发展并没有完结,因此事先做出结论是不明智的。近期出版的当代美国经济学家詹姆逊[②]写的《重读〈资本论〉》,说的也是这个问题。他也说,马克思的思想从来都不是一个最后的结果,而是处在不断地思考和发展过程中的连续性的东西。他自己不给历史下结论,而是让

---

① 史傅德,世界知名马克思学家,复旦大学历史系教授,国际马克思恩格斯基金会编委。——编者注

② 弗雷德里克·詹姆逊,美国当代著名左翼批评家,马克思主义理论家。——编者注

后人通过自己的实践去给历史一个结论。你看他的共产主义理想，虽然一以贯之，但马克思从未提出过明确的构架或规划，就是这个道理。这么做是聪明的。

张霄：为什么说他不做结论是一件聪明的事呢？

宋希仁：我想马克思主要是想告诉我们一个研究历史和理解历史的方法论原则。后人的历史由他们自己去创造，因为那是他们自己的历史，我（马克思）只提供自己能够提供的东西，不能越俎代庖。您知道，大思想家都很不简单，考虑问题都非常复杂谨慎，深藏若虚。一些背后的想法普通人是难以想到的。其实马克思的思想很多地方连恩格斯也没有完全猜到或看透。复旦大学那位史傅德教授在那个访谈里就说过这个情况。恩格斯和马克思在个别问题上是有分歧的，但他们的原则是求同存异，在两人的友谊上则始终如一，互相支持和帮助，尤其是恩格斯在经济方面给马克思的无私援助。他们去世后保留下来的互相通信竟有6000多封（再查一下弗兰茨·梅林所著《马克思传》），可以说是伟人传史上独有的传奇。对挚友恩格斯在讨论问题时，马克思始终是一边思考，一边试探，试探恩格斯的思想有没有和自己达成一致。如果没有达成一致，他就暂时不讲，如果达成了一致或距离不大，他就坦诚相告，公开讨论。

张霄：您觉得马克思有很多思想没讲出来是出于谨慎还是觉得自己的考虑还不成熟？

宋希仁：我回答这样的问题有些冒昧。马克思的思想是深刻而复杂的。他思考和研究的过程也是一般思维难以追随的。他的思想并没有完全讲出来，很多地方或许是他还没有想清楚，还有待于进一步的探索。他不断地探索大多是因为不断地有新问题出现。因为现实生活总是不断变化的，历史总是不断发展的，总是有许多问题需要他去面对。所以他为了研究这些新问题,特别是经济问题研究和《资本论》的写作,他常常参看恩格斯的社会调查,有时为了解决一个重要问题为慎重而事先写好调查提纲或提出问题,发信给恩格斯再考虑结论。为《资本论》的写作,他几乎用去了一生的大部分时间,做了许多笔记,写了很多手稿,最后大都没有写完。他在世时正式出版的只是他亲自整理、加工完美的第一卷。这个第一卷不但是第一卷的内容、而且提示了后面各卷的纲要。第二卷、第三卷是恩格斯加工完成的。第四卷,是考茨基整理出版的,以后还有不少文稿如何?……那位看过马克思全部手稿的史傅德教授也没有说到这一点。如果人们询问:马克思还是不是一个作家?我认为他不但是个作家,而且是人类文化史上独有的一位伟大的作家。

张霄:按照您的说法,马克思在不同时期会有不同的研究重点,思想观念也是处在变化发展中的。那么,有没有一条可以把马克思在不同时期的研究重点串在一起的主线呢?

宋希仁:应当说有一条主线。这个主线就是唯物辩证法和历史唯物主义方法论,他把这个方法论用于对资本主义社会发展规律的研究。历史的发展是一个辩证的过程。它既是分阶段的,同时这些阶段又是彼此联系的。《重读〈资本论〉》中突出地强调,在资本主义发展的几百年中每一次的调整或变化,马克思的《资本论》都以不同的方式、不同的重点予以切实的回应。而且指出:唯有马克思的《资本论》才能解开资本主义各个阶段之间的同一和差异、即现实的对立统一之谜(横向的对立统一)和历史的对立统一(垂直的对立统一)。他认为"理解的关键在于资本主义作为一种生产方式的那个致命的一贯性"。不能说它哪一段就是完善的、恒定的,可以到此截止了。马克思以严密的逻辑辩证的创新点就在于证明"资本主义开放系统恰恰是封闭的。……它一旦稳定下来,停止了延展和膨胀，便必然会停滞并逐渐消亡。"

张霄：除了这个方法论的主线外，是否还有其他的线索呢？比方说您刚才谈到的共产主义理想。这个共产主义理想中是不是有某种道德价值，例如正义、自由、平等、共同体、自我实现等等。有这样一种价值方向指引着马克思毕生的研究吗？

宋希仁：我看有这个方向而且是始终如一的。马克思的小女儿给他做的《马克思的自白》，其中有一问是"您的特点？"马克思简明地回答："目标始终如一。"这个始终如一的目标就是《共产党宣言》里所讲的那个"实现没有剥削没有压迫的'自由人的联合体'"。至于如何达到目标，他们虽然在此文中没有下结论，但在他们共同发表的《德意志意识形态》中却早有个大致的构想："在共产主义社会，即在个人的独创的和自由的发展不再是一句空话的唯一的社会中，这种发展正是取决于个人间的联系。"而这种个人间的联系则表现在下列三个方面：经济发展的前提，必要的团结一致，以及个人的共同活动方式。这就是《宣言》里所说的那个理想社会目标条件的构想——每个人的自由发展是其他人的自由发展的条件，换句话说就是"创造个人自由全面发展的共同条件"。这些条件里当然包含着您所说的正义、平等、自我实现，等等。

张霄：我是否可以这样理解：1848年后，马克思毕生都在研究创造这个社会需要达到的条件？而自由则是整个创造过程的核心价值？换句话说，创造条件实现这个社会的过程就是人获得自由或实现自由的过程？有许多国外学者认为，自由是马克思思想的核心价值，但也有不少学者认为，正义和平等才是马克思思想的核心价值。我们应当如何看待这一问题？

宋希仁：如果就《共产党宣言》来讲，那里说的是自由，即每个人独立的全面发展的自由，而且是每个人的自由发展是其他人自由发展的条件。这里有个如何理解自由的问题。那是一个基本要求而且是有条件的，就是自由与必然统一的自由。要实现这个要求，关键在于落实满足这个要求的条件，最终要达到实质的自由而不是追求形式的自由。就是说，单是强调自由是不够的，那还有可能是抽象的自由。马克思也讲过正义和平等的重要，例如在《哥达纲领批判》中就曾提到按劳分配和按需分配的问题。但任何一个社会都离不开各个特殊方面"法"的规定。我在这里所说的"法"意味着某种规定，不一定都是国家的法律的强制性规定。法有强制性的，也有非强制性（劝导性）的，例如道德、礼仪也具有法的规定含义，如中国传统文化经典称之为"德法""礼法"也是法，但却不是强制、惩罚性的法律规定，而是行为品德方面的规范即《大戴礼记》所说"躬行心得，垂为法象"，法象即一种内在规定外显的礼义形式（或仪式）。这样理解的话，自由、正义、平等以及道德、礼仪法（或规范），是否都可以归于马克思思想的核心价值。这个问题当然还可以再谈或谈得深入一点。

二、法哲学与人生哲学

张霄：自由、平等、正义这些价值虽然在马克思思想中都占据重要地位，但不能把其中任何一个单独拿出来说是最重要的，是这样吗？

宋希仁：单独把任何一个拿出来，如果不是特殊需要，那就要考虑是否够全面了。应该把这些价值整合起来理解，也就是说把它们理解为主观和客观相统一的伦理关系要求，而这些价值也是伦理关系中具有现实性的体系。黑格尔将其称之为"活的善"，看作观念的精神的东西，叫做"绝对精神"。这当然说的就是有理性和感情的人，是主观与客观统一的存在，因而成为伦理道德和礼仪的主体，即作为民族和人民共同体的精神。黑格尔把它叫做"绝对精神"，马克思批判它为客观唯心主义，那是针对他的抽象的逻辑思辨，而不是批判其实存的定在。如果没有主观精神，伦理就是死的东西；如果没有实体的定在，那精神就是空洞的概念。换句话说，如果我们把主观精神理解为人的道德，那么客观的伦理只有带着人的道德或者说作为"绝对"的东西体现在人的道德中的时候才是活的。所以说伦理、道德是统一的，不能把两者分开。黑格尔在继承辩证法思想传统的基础上，对法权、道德、伦理以及实存的习俗礼义都作了有内在联系的哲学思考，构成他的"法哲学"体系。他主张理念与实存、主观与客观、个人与社会、自律和他律、自由与必然的统一。应汲取其法哲学的合理内容，为建设我们的伦理学服务。但如果按照中国的伦理讲，除了伦理和道德之外，还应该加上一个礼仪，在这里说礼仪就具有"礼义"的意义了。因为从客观的伦理转为主观的道德还不够，还有内在道心的外化即善心的显现，中国传统伦理有一种巧妙的解释，叫做"躬行心得，垂为法象"，法象即一种内在规定外显的"义礼"形式。按照义礼的要求，人的每一个行动都应该有合乎与伦理道德要求相应的道义规定，而这个"道义"规定就应该是伦理、道德、礼仪统一体现的礼义。只有在这种统一中，才可能有良好的社会秩序和醇厚的道德礼仪风尚，才可以被称得上是几千年的中华文明。中国传统社会非常重视礼仪（义）规范。我们的伦理学也应该把礼仪（义）加上才是完整的。我最近正在写的一篇文章强调的就是伦理、道德、礼仪（义）的统一。统一起来称什么？其实中国伦理也包含有伦理法、道德法、礼仪法。统称也是法哲学，同样也可以称为中国的法哲学即伦理学。

张霄：这样说来，伦理、道德、礼仪其实就是不同形式的法的规定，例如说"婚姻是具有法的意义的伦理性的爱"（黑格尔的定义）。伦理是客观见之于主观的法，道德是内在意志自我规定的法，礼仪是主观意志法的外在化，即"躬行心得，垂为法象"。只有这三者联动起来，善才是"活的善"。

宋希仁：是的，这里面既有客观的主观的东西，也有外在的内在的东西，还有形式的质料的东西。这三者结合起来讲才是完整、完全的。如果光讲伦理和道德，只讲外在内在，不讲内在的外在化，或礼仪的外在显现化，就不会形成群体习俗风尚的实存效果。中国传统文化特别重视礼仪的外显，普及礼仪，国有常序。这是古人治国理政的一条重要经验。

中国传统礼仪讲得特别细，典籍记载有"礼仪三百，威仪三千"。"礼者，法度之通名"，大别为官制、刑法、仪式以及生活常规。具体类分比较繁琐，据说包括：冠、婚、丧、祭、朝、聘、射、餐之规，以及揖让进退、饮食起居之礼节等。这三百三千条目如何把握和践行？一言以蔽之，就是两个字：敬与义。这当然要根据时间、地点、条件和行为的内容而定。伦理精神集中起来就自然且必然地产生了，并且形成具有中华民族文化的特色。如果将中国传统礼仪纳入伦理学体系的内容，那么多条当然不行，需要简化成几个主要概念：如传统文化所说的：仁义礼智信，忠孝节义或十几个、二十几个概念。如果写成当代伦理学体系，那就是社会主义核心价值观的二十四个概念。

若问礼义何以发生？荀子有高论："人生而有欲，欲而不得则不能无求，求而无度量分界则不能不争。争则乱，乱则穷。先王恶其乱也。故制礼义以分之，以养人之欲，给人之求。使欲必不穷乎物，物必不屈于欲，两者相持而长。是礼之所起也。"（《荀子·礼论》）荀子的论点有四：一、要肯定人生的欲求及其应得所求；要养人之欲，给人之求。二、要有公正的度量分界。三、要欲必不穷乎物，物必不屈于欲，使欲与物两者相持而长。四、要有法、有规矩，培养法礼、足礼的有方之士和有方之民。此论曾为秦国治世起了重要作用，也具有普遍意义。

张霄：礼仪规范的确是中国传统伦理文化的一大特色。不过，黑格尔除了讲伦理、道德之外，就没有讲过礼仪之类的东西？或者说没有讲过外在化的东西？

宋希仁：其实黑格尔的《法哲学原理》也讲到了，就是他所说的饱含个人行为习惯和群体习俗风尚的家礼和社会文明礼节。这在西方伦理思想史上，从亚里士多德就开始讲了。他们说的外在化的风俗习惯其实就是中国人讲的礼仪风尚。黑格尔也非常重视风俗习惯。他说人在风俗当中生活的时候，自己就已经是风俗的一部分了，群体的习惯成风即风俗。在这个时候，个人就要按照风俗的要求规定自己的行为，随俗而行，否则就会受到惩罚，虽然不是法律的惩罚，而是舆论的惩罚，但可别小看了舆论的惩罚，舆论的惩罚有时也会要人命的。中华民族自古就很重视习俗、重视舆论，也就是重视群体习惯成风的趋势。比方说你到一个地方就得入乡随俗。不随俗你就无法融入当地的圈子和群体风尚，就可能被这个圈子的群众所冷落或孤立。

张霄：您刚才说伦理、道德和风俗习惯三者是统一的，它们是以何种方式统一的？

宋希仁：风俗里面有伦理和道德，风俗将伦理和道德都能体现出来，犹如刮起几级大风，个人不站住定位就可能被刮倒。伦理也把道德和风俗都包含在自己里面了，而且还是一种平静稳定的包含状态。它们当中都有一个叫绝对理念的东西。外化就是绝对理念的外化，没有绝对理念、民族精神，也就没有外化的规定性，外化成什么样子就不可知了。绝对理念的外化就是伦理和道德意志的外在化（垂为法象），而且是整体的人民意志和民族降神的力量使然。外化不达到定在就没有完成，概念就不能变成现实。也就是说，如果概念不能以其自身的规定外化成具体的、现实的定在，它就不是真理。而现实的东西如果不是概念以其自身的规定进行的外化，它也不是实存的定在。所以说概念和定在是结合在一起的。真善美是统一的价值总体的体现。当然，真实和现实要加以区分。现实不等于真实，只有符合真理的现实才是真实，而真实必然都是现实的。所以从这个意义上讲，黑格尔是最唯物主义的。马克思之所以看重黑格尔，就在于他的思想的深刻性和全面性，就在于他具有唯物性的辩证思维，而且"具有历史主义倾向"。

张霄：这让我想起了马克思在《关于费尔巴哈的提纲》中的第二条："人的思维是否具有客观的真理性，这不是一个理论的问题，而是一个实践的问题。人应该在实践中证明自己思维的真理性，即自己思维的现实性和力量，自己思维的此岸性。"概念和定在之间的相互符合其实需要靠实践来完成。黑格尔在这一点上虽然有很大的唯物主义成分，但最终还是依靠思辨来完成这种相互符合。马克思提出用实践来解释并现实地改造概念与定在之间相互符合，其实就是他的实践的辩证法。可以这么说吗？

宋希仁：我看是可以的。马克思的辩证法受到古希腊哲学特别是黑格尔思辨辩证思维的启示，后来经过改造形成了唯物辩证法和历史唯物论。马克思要是写伦理学的话，肯定也会强调概念和定在的统一，理念和现实的统一。而这些统一必定是要通过意志的推动实践去完成的。

张霄：您是否能帮我们猜想一下，如果马克思写一部伦理学著作，那会是怎样的构架和内容呢？

宋希仁：我不是猜想，只是看过梅林写的马克思传记，知道一点马克思年轻时候想写一部伦理学，但因急事多没能成行。我想如果他要写的话，首先是会坚持辩证法和唯物论，肯定离不开这两个方法论原则。我同意你的意见，我们也要把这两个原则贯彻到自然、社会和精神三个领域中讨论伦理学问题。三个环节缺了哪一个都不完整。这一点我在写人生哲学时曾想到过。我的伦理学研究曾受两位先生的启发，一位是罗国杰教授，那时我们接受了教育部统编《人生的理论与实践》教材任务，由他和我分别任主编、副主编，于是我想把人生哲学与伦理学结合起来。此后主要是受萧焜焘教授的启发，他给我的《不朽的寿律》一书作序，真善美是他的中心思想。萧老早先研究过数理逻辑，通晓黑格尔的思辨，也熟悉马克思著作。他就是从自然、社会和精神三个方面审视哲学和伦理学问题的。我从这里开始想到从人生的发展过程和阶段来抓出主题，分出章节和细目。于是《人生哲学导论》的体系就是按照如下的思路写的：人生的寿率，人生的阶段，人生的实存；人生的理想，人生的道路，人生的价值；人生的纯朴，人生的崇高，人生的不朽。如果再从这里抽取一些具体的问题（细目），如人生的自然寿数、现在和将来、从实践看人生；人生的四项性，人生的实存、受动和主动；自立与成人、责任与贡献、劳动创造美；自律与他律、目的与使命、创造力的伟大；自由与必然、站在生命之上、人生的不朽等。我认为这就大致包含着伦理、道德、礼仪的内容以至与伦理和人生相结合的伦理学，不知是否摸着点眉目？

不过，我讲人生哲学不是上来就讲人的类本质，而是从个体的人生开始，从个体上升到群体、从特殊上升到一般和类本质的思路，回答"人生是什么""人生应当是什么"和"人生能够成为什么"这样三个问题，力图统串人生学、心理学、道德学、伦理学和政治学，思考它们之间的内在联系。我的《人生哲学导论》，这本书里以马克思主义世界观和方法论为指导，结合中国革命和建设的实际，从人生经验和常识出发，进一步完善了已有的人生哲学体系，力求探索实施人生哲学教育的途径，分章节阐述了：人生的寿律，人生的阶段，人生的实存；人生的理想，人生的道路，人生的价值；人生的纯朴，人生的崇高；人生的不朽。随着年龄的逐步成长，逐渐提高人生德智体美劳全面发展的过程，把真善美统一起来，构建了独具一格的人生哲学体系。这是一次尝试，不知是否可取？

中国传统伦理首先是从自然开始的。上来就是天地人。有天地而有人，有人而有男女。于是有了人伦的起点，从男女两性结合受孕、生育开始，这就是人生的自然开始。而男女婚姻约定，就是具有法的意义的伦理性的爱。再从自然进入到家庭、社会；从古代原始的不成熟的人到成熟的文明的人。从人生的过程来说，在生与死之间就是从幼年、青年、壮年、老年等年龄段（人生"四项性"）当然还有其他项限的划分，如孔子说的志于学、而立、知天、耳顺、从心。然后再讲人的精神世界，欲望、感觉、情感和理性等。从自在自为，到善良与崇高。这些阶段和层面是连续贯通的叠加的。幼儿有幼儿的天真，少年有少年的智力，青年有青年的壮志，中年有中年的智慧，老年有老年的老练。精神也是从小时候到老年的发展过程。这是一个辩证的发展过程，也是一个否定之否定的交替上升的过程。人生哲学反映的就是这两个过程。伦理学也就蕴含在这两个过程之中。

张霄：那么人生哲学和伦理学是一种什么样的关系呢？

宋希仁：两者既有密切的联系，也有差别；从理论体系上反映出来，主要是纵横关系问题。我的《人生哲学导论》就是在生与死的有限时间中去把握住有限的空间，从人的幼年写到老年，顺序写到初生与生长、事业和理想，成就与贡献；一面写出人生的成长过程。这是人生的纵向面，也是包含横向内容的历练过程。伦理学就不能只是这样写，因为它也有一个横向面的。纵向面包含着伦理学的横向面，作逻辑的表达。但伦理学的横向面包含不了人生哲学的纵向面。所以民国时期的伦理学家，常常是概括地提一下纵向面，很快就转到横向面，从逻辑上勾画出人生哲学体系。这么讲是有一定道理的。这种写法，强调伦理学应是抽象出来的关于善恶的逻辑体系。但是是否能从纵横交叉上再研究一下呢？特别是还有实践问题需要认真考虑。

张霄：您把伦理学放在人生哲学里讲的方式，让我想起了黑格尔把自由意志的辩证发展过程放在法哲学里讲的处理方法。结合您对黑格尔一贯的重视，我突然想问您的是：马克思写出的伦理学，会不会就是黑格尔法哲学的样子呢？

宋希仁：也可能批判地取其精华，不会完全一样。你的问题很有启发性。马克思、恩格斯都说过：黑格尔的法哲学就是他的伦理学、即关于伦理的学说。所以如果他要写伦理学的话，大概也会参考法哲学的一些内容，批判地理解作为法哲学的实质，也会讲伦理、道德、社会风俗和礼仪形式之类，甚至把国家法律也纳入它的一个必要环节。他大概（可能）会从伦理的角度理解法哲学。伦理学研究的是伦理，而不是通常意义上说的道德。有一点需要特别指出来的是，黑格尔在讲法哲学的时候，把劳动也加了进去。他说"主体就等于他们一连串的行为"，劳动就是其中基本的一种。正是因为这一点，黑格尔在德国古典哲学里就很特殊了。也是因为这一点，黑格尔和马克思又多了一层联系。

张霄：您说伦理学是研究伦理而非道德的学说。这样就把伦理和道德做了区分。我知道您一直强调这一区分。您觉得这种区分的意义何在？

宋希仁：意义就在于这种区分分清了人的活动和行为的客观、主观和外显这三个层面。不作区分就分不清客观精神和主观精神、自然的精神和社会精神的互动关系。如果我们跟着黑格尔思路理解法哲学，那法哲学就是从客观的伦理到主观的道德，再到外显的风俗和礼仪这个过程。分清楚这一点更有利于理解伦理学。正是从这个意义上，说伦理学就是关于道德的研究就比较片面的了。黑格尔也是在这个意义上批评康德的，说他"用道德消解了伦理"。康德伦理学是强调道德、强调个体自由的，在历史上是具有重大的启蒙意义。但在黑格尔看来，康德的伦理学在现实中会带来空洞的形式主义，最终把道德判断完全交给了个人的主观不确定的良心。这就会造成主观是善、客观为恶的结果。这也是黑格尔给与世人的必要启示。所以个体的道德意志必须上升为客观的伦理关系要求。有人推崇康德伦理学与追求个人自由不无关系。但其实黑格尔的辩证法倒能比较全面、深刻地理解自由与必然的关系，当然这只是走向马克思主义理解的起步。

张霄：您刚才说跟着黑格尔的思路理解法哲学是从客观伦理到主观道德再到外显的风俗礼仪。但在黑格尔的《法哲学原理》中写的顺序却是从抽象法到道德再到伦理，和您刚才说的过程正好是相反的，这该如何理解？

宋希仁：这不是相反的，而是一个互相包含的过程。在他看来，伦理是"绝对精神"，什么都包括在其中。它不断地外化，也就是不断地具体化、特殊化，直到最后变成现实的定在。这是从抽象到具体的发展过程。在《法哲学原理》的第141节附释之后有个"补充"，就是专门说明这一点的。他的补充是说，由于抽象法和道德的片面性必然向伦理转化，才有实在的基地。这是个从抽象到具体的连续发展过程，要用历史来理解它的发展过程。这个过程是纵的辩证法和横的辩证法的统一。一边是几个环节递升形成的过程，一边是一个环节本身外化展开的过程，两个过程是同时发生、相互包含的。它们之间是一个交互促进的过程。不可能只有一个方向，如果只有一个方向，就谈不上发展了，那样的理解可能是短暂的。我们可以比照中国古代儒家经典《大学》第一章的叙述，那里反复阐述和强调大学之"道"的。从"古之明明德于天下者，先治其国……致知在格物"。反回来是："物格而知至，知至而……国治而天下平"。这是寻道的过程，其规律就是"物有本末事有终始，知其先后则近道矣"。其意义在于"在明明德，在亲民，在止于至善"。朝闻道夕死可矣。

张霄：您说要从历史的角度理解伦理和伦理关系。如果历史唯物论是马克思伦理学的一个基本原则，那么我们是否可以从历史唯物主义的角度来理解伦理关系的变化发展？这样的话，进入伦理学是不是就转化成了某种道德社会学？

宋希仁：可以叫道德社会学，也可以叫社会伦理学。历史唯物主义为解释伦理的起源、发生、发展的过程提供了社会学和历史社会学依据。

举一个中国传统文化的典型描述：人伦的实存状况如何呢？唐代《通典》中有这样的说法："黄帝经土设井，以塞争端，井开四道，宅分八家。"从实存的人伦秩序来说，就形成如下的社会景象：1. 不泄地气；2. 不废一家；3. 同风俗；4. 齐巧拙；5. 通财货；6. 同出入；7. 相更守；8. 相借贷；9. 病相扶；10. 通婚嫁；11. 生产均、相处亲。于是有了"倫"字的象形字：左边一个人字，弓腰站立，像是在刨地；右侧上半是个立着的三角形，象征一座房屋；底边下有一条竖线，象征房前有一条路；路的两边各有一口井，井的周围开出四道，分住四家，两口井就是八家，如《通典》所记"井开四道，宅分八家"。作为一个象形字，重在形似，而其实存则极其抽象、简化，字中深藏人伦实存和民风习俗。于是有所谓"躬行心得，垂为法象"（《大戴礼记》）。这大概就是初民意识中的村落形象，或说是初始人伦秩序的象形，可谓"道不可见可见者化而已，化不可见可见者形而已"（《化书》）。有人伦关系存在，就有人和人相互的要求和相应的约束，就有彼此"应该如何"的道德意识、情感和行为习惯的常规，乃至相待应有的态度、言语和礼节等。

"人伦之理"如何形成？只有放在社会历史的变迁过程中考察才能看得清楚。马克思对人类伦理道德的演变规律给出了前人所没有的独到解释。这是历史唯物主义方法论带给伦理学质的改变。很多伦理学的东西，就伦理来谈伦理是理解不了的。而历史唯物主义就起到了这个作用。恩格斯在所著《家庭、私有制和国家起源》一书中所阐述的关于家庭伦理的思想和结论至今仍是理论研究的经典。

张霄：我记得您在《马恩道德哲学研究》一书里就提到过《资本论》的经济伦理思想。这个思想可以被称之为马克思成熟时期的社会伦理学吗？

宋希仁：马克思写的《资本论》是一部百科全书式的著作，不单讲了经济，还讲了许多其他问题，里面也有伦理思想。但究竟怎么看待《资本论》的伦理学，那还得专门去研究。我写《马恩道德哲学研究》的时候，有两章涉及《资本论》。但主要是在作伦理的社会学研究，并不是专门针对伦理和道德的。因为马克思只把道德从历史唯物主义角度看作社会意识形态问题的一个层面，并没有单独拿出来集中给它下定义。比方说资本家的道德就是想赚钱，那么他赚钱到底合理不合理？答案是既合理又不合理。这就是对道德的社会学和经济规律的研究，而不是从道德的角度去研究社会经济。正是从这个意义上讲，《资本论》既不是讲道德的，也不是讲政治的。《资本论》确实不是从道德的角度去讲资本的。讲资本原始积累的时候也不是从道德的角度去讲的。当然，这其中可以讲正义不正义。合理的地方就是正义的，在当代资本也还有它的积极作用。资本主义为什么还存在呢，就是因为有它存在的历史和社会条件。但是它发展下去是不是永远合理的呢？这就是詹姆逊在《重读〈资本论〉》中要做的回答："资本主义是不能永远发展下去的"。为什么呢？看看现代资本主义是一个什么状况就明白了。马克思讲的资本主义社会的基本矛盾并不是解决了或接近解决了，而是越来越突出了，"特别是晚期资本主义更是显示出作为一种生产方式的那个致命的一贯性"。他强调应把握马克思提出的两个基本点：一是社会存在决定社会意识的观点；二是把握资本主义总体性的观点，即分析资本主义的发展和演变，全面地、整体性地考察与它相关因素的联系。把握这两个基本点，再看资本主义的历史和现实将会找到基本贯通之路。至于他提出的"认知测绘"方法的实用性有待商榷，但他的方法论和批判态度还是值得肯定的。

三、中国伦理文化与马克思主义伦理学

这里有必要先说一下，中国究竟有没有自己叫作"伦理学"的伦理学？长期以来传说"伦理学"这个名词是从日本传来的。因为日本学者从西文翻译了 Ethos 这个希腊文（语源为行为品性和符合人伦关系的习俗），而复合城邦公民的学问则叫伦理学（ethica）中

国学者移借过来，才有了中国的伦理学。到罗马时代希腊文拉丁化时哲学家西塞罗用拉丁文（mos：习惯、习俗）译希腊文（ethos）又用 mos 的复数第一格 mores 译为"德性伦理"或译为"道德规范"。于是伦理和道德两个语汇就被混合或等同使用了，并传播到中国文化界。

其实，中华文明传承几千年，从思想萌发和理论建树来看，不能不说中国自古就有自己的伦理学，只是表述方式和文字语言独具中国特色。这类内容的思考早在先秦时代就已有了明白的表达，叫做"人伦之理"。到汉代就开设了学校教育，其内容的宗旨和作用不仅是中华文化祖传的伦理道德礼仪教育，而且作为"治国立人之道"，就是供大众关于伦理道德礼仪学习和修身用的伦理学。古代的大学小学所讲的内容层次悬殊，但都在伦理、道德和礼仪范围之内。后来作为"四书"之首的《大学》，其大学之道也叫作"人伦之理和为人之道"，这也就包含着中国古代建立并且千年传承着的伦理学或道德哲学。更有启发的是《大学》篇的第一章，从开句"古之欲明明德于天下者先治其国"，到"至知在格物"，后面又返回来从"物格而后知至……国治而后天下平"。其意何在？就在于求一个"道"。大学的宗旨在于求那个"道"，此道即为"理"。这一反复并非简单地重复，而是深涵"人伦之理"的本义："自天子以至于庶人，壹是皆以修身为本"。这个"壹"字用得有深意，它不单是指哪个人，而是指从上到下、从天子到庶民的所有人即那个代替"一"字的"壹"示意的普遍性，即所有的人。它那简练的文字和严谨的思维逻辑，表达的是有普遍意义的"治国之理和立人之道"。中国传统文化经典的《大学》篇，不就是自古就有的中华民族的伦理学理论和教材的创始本吗？当然此话不只是指《大学》，还有其他有关的书籍，这是否可以专门设立一个研究课题？

张霄：马克思的伦理学或许会受黑格尔很大的影响，但终究还是会有不小的区别是吗？我们通常说黑格尔哲学是一种客观唯心主义。从伦理学上讲，就是认为伦理、道德、风俗这些都是"绝对理念"的外化和特殊化。这显然和马克思的历史唯物论不是一路的。所以，马克思的伦理学尽管会受到黑格尔的影响，但必定会建立在对黑格尔伦理学进行大幅改造的基础上。您认为，马克思会对黑格尔伦理思想如何改造呢？

宋希仁：这个问题应该说在马克思主义对黑格尔哲学的批判中已经解决了的。在我看来，马克思可以借助中国文化的务实思路作为特例对黑格尔的抽象思辨进行改造。中国文化是朴素的、现实的、实证的同时也是实在的、理性的、智慧的。当然，中国传统文化是个比较广泛的概念，从唐宋明时期形成的"儒释道"也构成了这个传统的一部分，都对中华文明有其各自的影响。有个说法叫做"释明死、道养生、儒治世"。别的暂且不说，单说这"儒治世"。这的确是儒家在中华民族历史上治国理政的事实概括。这里的"治世"当然包括社会伦理秩序和个人道德礼仪的治理，如汉代明臣贾谊在《治安策》中诉说，道德礼法"非天之所为，人之所设也。夫人之所设；不为不立，不植不强，不修则坏"。古人所说的"治化"，也就是改革和建设。如果没有前人的改革和建设能有后人的伦理、道德和礼仪秩序的改进吗？那么，伦理是如何形成的呢？其实就是从男女关系、夫妻结合自然开始的。正如马克思所说："男女之间的关系是人和人之间最直接的、自然的、必然的关系"。马克思说："任何历史的第一个前提无疑是有生命的个人独立的存在，因此第一个需要确定的具体事实就是这些个人的肉体组织以及他们和自然界的关系。"马克思恩格斯早在《德意志意识形态》《家庭、私有制国家的起源》等书中就提出了两种生产的观念，即"通过劳动而达到对自己生命的生产，或是通过生育而达到对他人生命的生产"。①马克思在《1844年经济学哲学手稿》中用"类行为"概念代替"性行为"概念，以便科学地说明人类的性行为的反复和无限过程，证明"人始终是主体"。以此排除宗教迷信的干扰，也能解除对老子所说，"道法自然"（人法地，地法天，天法道，道法自然）的误解。所谓其本义，按照唯物主义理解，是与上述马克思恩格斯的说法是一致的。当然只作抽象思辨的解释那就不是同一"自然"观念了。按照中国传统伦理素朴解释：有天地而有人类，有人类而有男女，有男女而有夫妻，最初的伦理是"内伦"，也就是夫妻之伦，后续有家庭、家族、民族……这是自然和人伦合一的过程。人在天地之间，有人而有社会，有社会而有精神。前面说到马克思所说的两类生产就是伦理的开端和基础。有了男女而有家庭，父母的子女再生子女，父母就是祖父祖母了。随着生生不息的繁衍，祖父祖母再往前追溯就成了祖宗，到头了就是祖神，就是最早那个生人的人。老祖宗的老祖宗就是神了。说不出来他是谁，那就是一个观念。这就有了宗教和与之对立的科学进化论了。马克思也是一个面向现实、竭力追求真相的人。如果他讲伦理学，要讲得现实一点，那就要认真对待和参考中国文化了。从这一点上说，马克思的思想虽然受德国古典哲学影响很大，但还是有一种叛逆精神的，那就是他不追求唯心主义思辨和宗教，而是看重现实和人类历史。如果马克思写伦理学的话，按照他的思想精神来说，应当先从客观的伦理讲起，如同重视摩尔根的《古代社会》那样，作了相当于摩氏原著1/3页数的笔记。恩格斯在摩著和马克思笔记的基础上加上他自己对古代社会的考察，写了《家庭、私有制和国家起源》，延伸了他们早期提出的历史唯物主义哲学的论证，或许也是他们给历史留下

---

① 《马克思恩格斯选集》第1卷，人民出版社1995年版，第57页。

的伦理思考的遗嘱。

张霄：按照您的说法，我是否可以认为，马克思应当从伦理讲起就是从男女讲起，然后接着讲家庭、社会、国家和人类历史。这样一来，他就不会像黑格尔那样从客观的、形式的抽象法讲起。因为在马克思看来，人在现实性上是一切社会关系的总和。所以，不应当先从抽象出来的某种法的形式或者人格、权利去理解人的伦理观念，而是应当在现实的伦理关系中理解人的道德和风俗礼仪观念。因为人一生下来就是活在某种人伦关系和风俗习惯之中的。这的确和中国传统伦理文化是契合的。

宋希仁：这只能一般地说。一旦回到生活中来理解就清楚了。如果从我们抽象的思辨角度来理解，那就要从和人的价值有关的概念讲起了，比方说自由概念。但只要回到生活中来，那就必定要从现实讲起。马克思肯定会从现实出发讲伦理学。因为不这么讲就有可能讲的是思辨的伦理学。这不会是马克思一贯的风格。

张霄：也就是说，我们应当在伦理关系中谈论个体道德礼仪文明。是不太可能脱离伦理礼仪而讲道德的。即便把道德理解为一种自己对自己的自觉的意志规定，也是有意或无意地对伦理背景的遗忘或忽略？

宋希仁：这个需要分析。道德观念是从什么时候开始有的？伦理从什么时候开始就发生了道德观念的？幼儿是没有道德观念的《三字经》上说"融四岁能让梨"，没有说也能"知荣辱"。当小孩子开始从自然人变成社会人的时候，才开始从不成熟到成熟，才有礼仪道德观念"知荣辱"。这就要联系到人生哲学来讲了。最初，这些观念是在家庭中形成的。长大以后有了生活经验和知识就知道有父母和兄弟姐妹关系之道和礼仪之节啦。品德和礼仪就是从这里来的。这些关系怎么产生的呢？就是因为有伦理关系的要求，也就是生活中的现实要求或说是情理所致吧。你不尊重、不爱护这些关系就无法正常地做人。这就是从现实讲伦理、道德和礼仪的应该如何的道理所在。

张霄：所以，个体的道德要求其实是在伦理关系中形成的。个体的道德就是依据伦理这个共同的要求返回自身，即"躬行于心又垂为法象"而形成的德性和文明行为。

宋希仁：是的。当人们意识到这个关系的要求时就是有所"得"了，从这"道"中得到的就是"德"，即所谓"得道之谓德"，这个道就是伦理关系的规定。人在小的时候不理解这个道，长大后有了一定的生活经历和知识教养就能理解了。促进他理解这个道的不完全是课本，而是现实的生活加教育或说教化。比方说，有好吃的东西，小孩子先让给妈妈吃。孩子是妈妈生养的，妈妈有好东西先给孩子吃，那是人之天性，孩子也学着做也是教养的结果。道德文明观念和习惯也就是这样慢慢形成，而道德观念就包含其中了。

张霄：这么说，中国伦理文化还真是能和马克思的伦理学走到一起去的。

宋希仁：就是可以结合起来的。马克思在世的时候如果了解中国文化，他也会学习中文，认可中国文化、理解中国伦理的方式。因为这有助于破解黑格尔那个抽象观念和绝对理念的秘密。只有到生活中去理解，才能发现真相，从而理解伦理道德礼仪观念和规范的来源。其实黑格尔也解释说概念和定在相统一才是真理。而马克思一定会思考概念如何与定在相统一的问题。这个定在是什么？其实就是现实生活，用黑格尔的话说就是家庭、市民社会、国家和世界史。

张霄：也就是说，我们应当从现实生活出发来理解伦理、道德、礼仪这些作为法的形式的规定？

宋希仁：是的。伦理、道德的东西是怎么变成礼仪的？找到它们的渊源、理解它们的现实历史就明白这个问题了。只知道记背那些伦理学的范畴和概念，是不会懂得伦理究竟为何物的。说伦理学研究的是道德，就容易造成这个误解，把道德看成是基于某些概念的行为规范，认为伦理学就是研究这些道德规范的。好像知道这些规范就懂得伦理学了，就会行使道德了。应该说这是一种误解。这也是如今道德教育偏失的一个原因之一。孩子们学了概念，一看现实不是那么回事就不信了。那些规范、概念就白讲了。真正的伦理学教育不应该只向孩子们灌输各种规范和概念，而是要教会他们辩证地理解伦理、道德以及礼仪之间的关系，教会他们理解社会生活关系的求实态度和求是思维方法。我们经常讲要理论联系实际，要把观念和实际生活结合起来，就是要唯物地辩证地看待概念和现实生活之间的关系。既不能单纯记概念，也不能盲目看生活，关键是要辩证地看待和把握两者关系的思维方式和实践本领。尤其当概念和现实生活不一致的时候，就要自觉地注重思想方法了。这个方法就是客观全面地看问题了。

由此，可以考虑，把自然法实定法的规定融合于伦理秩序的调节、治理的方策之中，加入善与恶、奖与罚的关注与处理，研究其根源、行为的种类，分析其恶行的程度和手段，以及罪行的证明与教育方法。把抽象的伦理之道与生活的实际的秩序紧密结合起来。把理论上的自律与他律确实地结合起来；把法律、纪律和伦理、道德和礼义统串起来，发挥他律与自律相结合，大化与自化统一的作用。在这里，"中和"是大道之本，"礼仪"是大本之末。本末相连，以本带末，循末及本，如前所说同理也是伦理道德治化的重要途径。中国古代伦理秩序和社会治理的思路强调"礼为大""礼为道德之极",看起来似乎是重末轻本,甚至是本末倒置,其实不然。文明进化的规律是本末统一的,但不同的过程中顺序是不同的。从发生过程来说,是由本而末,以本定末。但是从文明的建设过程来说,往往要从末抓起,从可见之形去寻求看不见的道,而要通过具体的事情和变化去发现它的规律,从而认识道,掌握道,得到欲求索之道。就是说,在道德文明建设的过程中,是由道而化德,由德而观道;道为德之本,德为道之末,由德而达道,由末而求本。所谓"道济天下,德序人伦"。这很像黑格尔所说理念外化的直向运动和反向运动;前者是伦理的外化和特殊化运动,后者是主体向自身返回(反躬自问)的自化过程。这样的两个过程,两个方面连接的方式或桥梁,就是伦理之道、道德之规、礼仪之形。是否可以考虑把自然法、实定法、伦理法、道德法以及礼法,都纳入统一的伦理学(即法哲学理论体系),可以划分出礼仪学、道德学、伦理学、法哲学等学科,相应地分出学习和教育的层次,以社会主义核心价值观的三层次贯彻于国家、社会、职业、家庭和个人治化之道的法哲学。

张霄:您的这番话让我想起了马克思在柏林上大学的时候遇到的一个思想困惑:应有之物与现有之物的对立。马克思原本想设计一套法的形而上学体系,也就是作为应有之物的法。但当他用这个体系去研究作为现有之物的罗马成文法的时候,他发现了两者之间的对立。真正帮助他解决问题的是黑格尔的辩证法:把现有之物与对立面的相互转化关系看做是可能成为应有之物的趋势。这个转变造成了马克思后续的研究更加面向现实、讲求实际。您看,马克思也经历过您所说的概念和现实生活之间的矛盾和对立。

宋希仁:你说得很好。马克思早期的确经历过这样一个转变。你说的现有之物和应有之物的关系与我刚才讲的概念和现实生活之间的关系就是一回事。这就是辩证法。做伦理学要讲方法论的。我说的方法论,主要讲的是哲学的方法论,就是学会用哲学的思维分析伦理和道德礼仪问题,关键是要领会生活的辩证法。

张霄:您是说应当把概念的分析结合到生活辩证法里去讲,而不只谈概念是吗?

宋希仁:是的。但是讲概念也同样重要。不讲概念在理论上就讲不通。理论上不仅要讲得通,还得讲得系统。这个系统就是要成一个体系,把各种概念和关系统一起来。这样才能灵活地对待体系中的每一个要素。我们有时候喜欢讲构建体系。构建体系的意义其实就在这里。知识如果成不了体系,就不全面,就会以偏概全。这样的知识如果运用到实际生活中,就容易出错。理论体系和现实生活之间的互动形成的最终结果既不是原来的理论体系,也不是原来的现实生活,而是包含两者的新东西。这才是发展。所以归根到底还是说,必须和现实生活结合起来讲伦理学,必须和人生哲学结合起来讲伦理学。

张霄:那么,如果马克思和现实生活结合起来讲伦理学,您觉得他最看重何种伦理关系?

宋希仁:如果从国家层面来说,应考虑排出黑格尔国家观的神秘主义后,在合理的正义感的国家条件下,考虑黑格尔的意见。他认为,这里有个国家意志和个人意志关系的问题。就是说,大国伦理不能是个人意志和意见形成的契约,而必须是人民意志的决定和法律的抉择,否则就会导致国家的混乱甚至是"最残酷的事变"[①]所以必须批判地认识"个人意志原则"。这当然需要有理性的主导,有个人自觉的意识和意志,因而要有共同性的礼仪或理义规范以及

---

① [德]黑格尔:《法哲学原理》,张企泰、范扬译,商务印书馆1961年版,第255页。

法治。

宋希仁：扩大来讲，也可以这么说。社会关系中包含着伦理关系，但不全是伦理关系，还有经济、政治、法律各方面关系。严格来讲，社会关系包含着伦理关系，而且是从伦理关系发起的。一直到关系成熟的时候，仍然贯彻着伦理关系。这是不能否定的。但是，哪些关系中包含的伦理关系多一些、重一些，哪些关系中包含的伦理关系少一些、轻一些，这个需要具体研究，不能一概而论。

张霄：您谈了马克思伦理思想这个大问题，还讲了如何用马克思主义立场、观点和方法研究伦理学，特别是当代中国伦理学这个新的伦理学问题。给我印象最深刻的是，您以马克思主义历史唯物论为基础，把西方伦理学集大成者黑格尔的法哲学和中国伦理文化中的人生哲学和伦理思想结合起来，提出了一种具有综合创新意义的当代中国伦理学形态。我非常期待您在访谈里提到的最近正在撰写那篇把伦理、道德和礼仪结合在法哲学里理解的论文，希望能早日读到它。

宋希仁：也谢谢你，给我一次学习和思考伦理学的机会。这项工作才刚刚开始，也希望大家能够帮助我争取在有生之年，把这项工作再推进一步。

第二编　伦理观念与现实道路

关于"伦理"与"道德"的反思

一、对"伦理"的反思

先有伦理还是先有道德?很多人会说先有道德,因为有了道德观念和规范,才能形成伦理关系。其实,正好相反,是先有伦理关系才有道德。道理很简单,先有事实才有关于事实的观念,犹如先有父母才有子女。

那么,伦理是什么?这就要追问一下伦理观念的源头。《易经·序》有言:"有天地而有万物,有万物而有男女,有男女而有夫妇,有夫妇而有父子,而有……"。先有人,才有人伦。人伦是指家庭、家族成员之间的辈分、亲疏、关系,以及扩大了的人和人与人之间的关系。有关系就有相互之间要求的"应该如何"的对待之理,所谓"伦类以为理",这里的"类"是指自先祖始的种、祖宗,所以有"先祖者类之本也"(《大戴礼记·礼三本》)。自先祖以下的辈分、顺序、位次就是传统文化本义的"人伦"。人伦本身就有自然之理,自然而然的辈分、本分、顺序和秩序。

唐代的《通典》有这样的记载:"黄帝经土设井,以塞争端,井开四道,宅分八家"。于是有如下景象(不是原文):不泄地气,不废一家；同风俗，齐巧拙，通财货，同出入，相更守，相借贷，病相助，通婚嫁；生产均，相处亲。这就有了古代"仁政必自经界始"的伦理秩序。于是有了象形字。有人伦关系存在，就有人和人之间相互的要求，就有"应该如何"的伦理意识和人伦之理、之情，乃至相待的态度和礼节等。

本来，按其男女两性和亲情来说，家庭是以爱为纽带的。对于人的关系和行为来说，爱、情感、欲望的作用固然重要，是生命的根基，但仅有这一方面是不够的，还需要有理性的主导，要有自觉的思想内容和意志的自制。有了这种自觉意识和意志，人才能意识到家庭共同体的实质和相互关系"应当如何"的道理，并自觉遵行其应守的礼规。这才有人之为人的家庭伦理秩序[①]。因此，在家庭能以道自守，以礼治家，这不仅是良善的家风，而且是家庭、家族共同体稳定和谐的保障。

国家的情形又如何呢？古代对社会国家形态的记载，例如元《文献通考》提出：在黄帝治下的地界，有行政治理的划分："一井为邻，邻三为朋，朋三为里，里五为邑，邑十为都，都十为师，师七为州。始分于井，计之于州，迄乎夏殷未易其制。"这也是防治暴君污吏仁政的一个重要方面。

从这里可以看出，当时已有个人利益、家庭利益和社区、邦国之间的利益矛盾，不得不设井以塞争端，划地邑以牧民。这幅图景所体现的，正是一种农业社会乃至古代邦国的伦理关系和秩序的形态。在这里伦理精神就自然且必然地产生了，并且具有中华民族的特色。

但是，无论是家庭还是社会、国家，都需要通过教育把"应该

[①] 这里的意思显然不是指原始时代的杂婚，可以参见恩格斯《家庭、私有制和国家的起源》。

如何"的意识、精神、规范、规矩，传播出去。先进人物首先得到启示、悟出了其中之道和伦理的要求。所以有《左传》记载：舜尧时代，"行五教于四方：有父义、母慈、兄友、弟恭、子孝"。《孟子·滕文公》有："学则三代共之，皆所以明人伦也。""使契为司徒，教以人伦：父子有亲、夫妇有别，君臣有义，长幼有序，朋友有信。"君臣、父子、夫妇、兄弟、朋友是包括乡学和国学"共之"的"大伦"；而"义、亲、别、悌、信"就是调节和治理人伦关系、具有法礼意义的道德规范。

这样，家庭伦理就有了"五典"，即关于父母兄弟子相互关系的伦理规范；社会秩序就有了"五礼"，即关于天子、诸侯、卿大夫、士、庶民的地位和从属关系的制度规定。《礼记》有所谓"礼仪三百，威仪三千"的说法[①]，但"礼不下庶民，刑不上大夫"，那是封建时代社会制度使然。两千多年普遍通行的是"三纲"（君为臣、父为子、夫为妇）、"五常"（仁、义、礼、智、信）。尊卑贵贱乃是封建时代的伦理秩序的常态。

于是有诸子论道，百家争鸣，儒、墨、道、法等各家都留下了世代传承的经典之作。如道家《化书》的哲理性演绎："旷然无为之为道，道能自守之谓德，德生万物之谓仁，仁救安危之谓义，义有去就之谓礼，礼有变通之谓智，智有诚实之谓信，通而用之之谓圣。"[②]这种阐释富有思辨智慧，作为生活经验的哲理性概括，确有深刻的思想。

宋明时期的哲学、伦理学产生了新特点：一是使和谐理论系统化，一是使内外两方面加以结合。朱熹系统地论证过三纲五常，认为"即使尊卑贵贱各得其宜，君臣父子各得其所，便是和"；认为

[①] 礼仪三百，威仪三千，儒家取其精神归结为一个"敬"字。
[②]（五代）谭峭：《化书·仁化》，中华书局1996年版。

"人之等级区分，看似不和，使之各得其宜则甚和"。王阳明有四句教："无善无恶心之体，有善有恶意之动，知善知恶是良知，为善去恶是格物"（《传习录》），他强调"致中和只在慎独"。他们从各自的哲学视角，对和谐秩序做了论证，使和谐伦理兼顾了外与内两个方面，达到了相当的系统和深度。但是，在用于经国治世的过程中，在宗法专制制度的范围内，也使传统的和谐哲学带上了僵化、虚化的特征，以至于在很多方面沦为伪道学。

质言之，实体性伦理关系是现实的社会结构中的关系，如黑格尔所说，"伦理关系本质上是现实合理性的秩序中的关系"[①]，也可以说是合理的社会关系中的秩序；它不但是人伦之实，人伦之理，还有种种价值观，即人的活动的一定的社会存在方式。从具体的实体性来看，用黑格尔的话来说，伦理关系就是生活的全部，也就是现实的家庭、社会和国家等复杂的组织系统，它体现为超出个人主观意见和偏好的规章制度与礼俗伦常，并表现为维系和治理社会秩序和个人行为的现实力量。个人如果无视家庭、社会、国家的伦理秩序和规矩，他就会受到相应的限制或惩罚。这也是我们常说的道德他律的外部（外在）根据。在这种意义上，从社会伦理（或社会道德）方面来看，黑格尔和马克思都认为道德也是他律的。

二、怎样理解道德

道德意识是从哪里发生的？讲道德的起源，我们都是从社会存在的反映上说，即作为社会意识形态来理解的，那当然是正确的。

---

① 〔德〕黑格尔：《法哲学原理》，张企泰、范扬译，商务印书馆1961年版，第274页。

道德是社会的、历史的，不能只是个人的。然而，一讲道德就非要把它看作社会的原则规范体系，一说道德就是规范体系，认识道德就是掌握或对照那些道德规范，这就会使一些人把道德理解成知识、学术理论。学习那些知识和理论当然是必要的，但那样理解也是片面的、简单的。

我认为，讲社会道德的起源可以追溯到社会意识的起点，但讲道德意识的发端，则要换一个角度，回到个体的人生论、人生的寿律；要追溯到人的内在自我意识的发端点和成长过程；它虽然不是不依赖于现实的具体人和人的关系的独立存在，但它毕竟属于个人意识、心性发端的内在精神形态，体现为个人的意志、心行，操守和人格。

孟子说的"四端"就是说的"意之端"（《孟子·告子上》）。所谓"四端"，即恻隐之心、恭敬之心、羞恶之心、是非之心，也可以说是"心之端"。王阳明把意和心通称，"四句教"中有所谓："无善无恶心之体，有善有恶意之动"中的"意之动"，说的正是自由意志的心意活动。于是才有"知善知恶是良知，为善去恶是格物"。他们都强调从人的自我意识开始，发出道德意志之善心。其实，自我意识是哲学的开端，此为中西哲学的通理。《大学》所说"大学之道"，就在于"明明德"，而明明德于国、于家，归之一本则在于修身，"从天子庶民皆以修身为本"。

自我意识、自由意志是德行的开端。最深层、隐蔽的道德意识、道德意志和人格在于慎独。"慎独"即所谓"暗室无欺"：有两层意义；一是在私居独处之时不作恶，二是在隐微幽曲之地，在人自身内部的最深藏的良心即方寸之地，也没有恶念。按《大学》之教，那是"知止"而后能定，而后能静，而后能安，而后能虑，而后能得之"近道达善"的功夫。

从人的主体性进化过程可以看到，人的发展是"实存"向"应当"、从自在到自在自为的过程。没有对"应当"的自觉，就没有人的意志创造，就不能成为自在自为的人，更难成为道德高尚的人。

《孟子·告子上》有记载：公都子曾问孟子，何谓大人，何谓小人？孟子说：耳目之官不思蔽于物，物交物，引之而已矣。心之官则思，思则得制之，不思则不得也。孟子强调，要成为大人就不能做感官欲望的奴隶，只听从感觉的诱惑，而应有清醒的理性，在思想上确立高尚的做人原则，即"先立乎其大"；"先立乎其大者，则小者不能夺也"。这就是借助于理性的反思和道德选择，立志如何做人的大学问。

荀子在这个方面讲了许多重要的思想。如《荀子·解蔽》中论心的作用："心者形之君也，神明之主也。出令而无所所受令。自禁也，自使也，自夺也，自取也，自行也，自止也"。又说："口可劫，形可劫，心不可劫而使易意。是之则受，非之则辞。故，心容其择也"。道德之根本在于良心之选择、决定行为的取舍进退。

19世纪的德国道德哲学，对道德做了深入的研究和缜密的逻辑论证。黑格尔的《法哲学原理》可谓集大成的经典之作。他重视客观伦理的发展，把道德只看作伦理发展、主观转向客观、内在转向外在的一个基本环节；通过这个环节的中介转化，也就是从内在精神走出，进入客观的、实在的家庭、社会和国家，乃至进入历史的领域。他看重伦理[①]仅仅是在这个道德与伦理统一的精神及其实在合一的层次上，因为这样才能体现伦理是灵魂与肉体、内在与外在、个人与他人统一的"活着的善"。

[①] 黑格尔也把从抽象法、经过道德、进入伦理阶段，统一看作是伦理理念的发展、特殊化、具体化的过程。

这样理解道德，就能清晰地理解道德活动的主观根据及其运动过程[①]按照黑格尔的分析包括如下环节：1.动机（故意）。任何行为如果算做道德行为，必须首先跟他的故意相一致。2.它的内部内容是行为的意图（福利）。行为的意图（特殊利益福利），即行为在自我相关中的相对价值。3.意图包含了普遍内容，即作为内部被提升为自在自为的意志的绝对目的，这就是善（普遍价值）。

需要注意的是：在反思的领域和过程中，这种主观普遍性还是不稳定的，它时而是恶，时而是善心。道德要求要从"形式的良心"提高到"真实的良心"，当然要走出自身，进入家庭、社会生活。在这样的逻辑展开过程中，就包含了一个道德的基本原则，那就是如何处理个人利益与他人利益、特殊利益和普遍利益的关系。黑格尔提出的原则就是："行法之所是并关怀福利——不仅个人福利，而且普遍福利，即他人福利"。何谓"行法之所是"？就是伦理的合理的必然性规定（要求）。

马克思对此做出了进一步的要求，明确提出"道德态度应当与科学相一致是基本的原则"。科学的辩证唯物主义的"应当"是有根据的，不能只是主观的、个人（或权威的）的。没有客观根据的"应当"，还是虚而不实的，或不完全合理的、切实的。按照唯物主义原则，要解释"应当"必须找到客观根据，即认识事物发展的必然性和调节利益关系的必要性，在此基础上确定行为选择的应然性。

什么是"应当"的根据？"应当"的根据就是矛盾。矛盾是一切运动和生命力的根源，也是"应当"由以产生的根据。马克思用求解数学方程式的道理说明，"如果一个方程式是已知各项中没有

---

① 〔德〕黑格尔：《法哲学原理》，张企泰、范扬译，商务印书馆1961年版，第117页。

包含解这个方程式的因素,那是不能解这个方程式的"①。批判就是求解历史发展的方程。在这个意义上,善、真、美、"应当"是同一层次的范畴。在具体的道德行为中,"应当"就表现为自由意志和责任能力所实现的和社会实践的创造性活动。自由意志是与对必然性的认识相联系的。必然性是根据,责任是中介,必然性经过责任达到自由。人们对事物的必然性认识越清楚,越能尽到自己应尽的责任,也就越能得到自由。这就是说,人们越是准确地把握合理的"应当"的要求,就越能够使自己的行为具有现实性。恩格斯说,如果要对道德和法有正确的认识,就必须搞清"自由意志、责任能力,自由与必然性的关系",正是这个转化、上升过程的逻辑程式的概括。

当然,人类的行为复杂的。判断"应当"的正当性、恰当性的具体依据也是多样的。因此每个人的现实存在都是多维度的,不能用简单的方法去对待。这里不仅要提出个人"应当怎样",而且要看个人"实际怎样",在一定条件下"他能够怎样",甚至"必然会怎样"。要对各种"应当"的要求加以辨别、权衡。正因为"应当"包含着不确定性,所以有人说对于任何一个"应当"都可能提出"不应当",也是有道理的。指出"应当"的不确定性,第一,不是要贬低"应当"的理想价值,恰恰相反,正是把握了"应当"的确定性和不确定性的辩证法,才能把合理的"应当"吸纳在自己的信念中。这种信念是"应当"的最高价值根据。第二,是为了防止"道德的诡辩"。所谓"道德的诡辩",就是凭借手中的权力,把恶的意志说成善,或者用虚伪的手段造成善的假象。②这种现象通常

---

① 《马克思恩格斯全集》第35卷,人民出版社1965年版,第154页。

② 这种事态的混乱造成的道德蜕化和善恶颠倒,也证明了与经济、政治密切联系的道德与伦理秩序的关系。

在道德和善由伪善的权威来决定时发生。借用黑格尔的话来说，"其结果，有多少个权威，就有多少个把做恶说成为善的理由，也就有多少欺骗"①。

"应当"意味着义务。但道德义务的"应当"是非强制性的、劝导性的，它的理由往往是多元的，所以常常存在二律背反的冲突，其强制力也往往互相抵消。可以说，多元性和分歧以相等的程度影响着道德选择的确定。因此，单一的客观性的道德"应当"的要求，并不能解决一切道德难题和二律背反，也就是说不可能有单一的道德"应当"或单一的方法足以解决道德分歧，尤其是缺乏明确性、确定性的"以德治国"。②必须把义务与权利统一起来，加强法制建设和社会管理，以法治国。绝不能形成一部分人只享受权利而不尽义务，另一部分人没有权利而只尽义务的局面，那就完全违背了我们的社会主义核心价值观。

社会为了社会的利益，不能单纯信任个人的判断，而是由社会对每个人提出一定的要求。而要做到这一点，除了由社会颁布法律，即制定一定的"外部规定"外，是否还有其他的办法呢？没有！那就只有争取个人的意识和意志。而不能由社会或某组织来代替个人决定。我们常常强调社会意识或社会意志，这只是一种假设，虽然它也可能是有充分根据的。不过，如果我们打算说明社会意识或社会意志的话，就必须从个人的自觉意识和自由意志出发，实际地、科学地对众人的思想和意志做出实事求是的分析和判断。

道德不是共同意识形成的产物，也不是高级智力的产物。由此，许多哲学家和教育家都得出一个结论："道德是不可能教会的。

---

① 〔德〕黑格尔：《法哲学原理》，张企泰、范扬译，商务印书馆1961年版，第159页。

② 所以，以德治国也必须有法治、法制的保障。

如果道德来源于生活条件，而生活条件又视其性质之不同而能够加强或削弱的话，那么道德教育就可能是徒劳的。在学校里，对儿童道德教育也不能依靠格言来进行，如果他们所处的生活条件同他们所学的所听的格言相反，那么所做的道德教育就会失效或受到嘲笑。如果所受的道德教育或道德格言同他们的生活条件一致，就会成为枯燥无味的老生常谈。应该把儿童放在正当的社会、家庭生活条件之下，这样，那个造成美德教育的教育才能成为有效的，才是合乎道德的。

自律和他律是统一的。在社会的要求与个人欲求大体一致的情况下，道德要求和约束是他律的。然而，只有当个人感觉到道德律是自己所固有的与希求的、而不是外来的威胁、利诱或法律规定时，它才能在自己身上发生德育的效果。自律、责任、尊严是有内在联系的。

总之，对"应当"的思考，总体上要寻求理想与现实、主观与客观、个人与社会、权利与义务、自由与纪律、自由和必然的统一。只有正确地理解和把握这些统一，才能找到对"应当"合理的、科学的理解。

三、道德伦理统一的法哲学

黑格尔在伦理学史上，第一次对"道德"和"伦理"作了明确的区分。本来道德和伦理两个词，在语源学上是同义词，在语言习惯上一般也不作区分。但黑格尔认为哲学的划分并不是对现存材料作外表的分类，而是概念本身的内在区分。要建立伦理学的科学体系，或学科体系，有必要认真研究并借鉴黑格尔的成果。

首先是道德意识。黑格尔认为，意识的起源和发展是一个从低级到高级的复杂过程。他在《精神现象学》中，描述自我意识的发展过程时，曾提出"自我意识的直向运动"和"自我意识的反向运动"。前者是指自我意识对自我意识的相对关系，犹如自我意识作为个体的人对人的关系（你、我、他）、或相互交叉的关系，确定这种相互关系的精神，就称之为"伦理精神"；后者是指自我意识对自身的反思，犹如自我意识把自我意识作为对象来思考，作为个人意识返回（反观）自身、反躬自问，即所谓"确定自身的精神"，这一方面就被称为"道德世界"。《精神现象学》就是研究自我意识、精神异化的过程及其特殊化形态。从上述顺序来看，即从理念的一般到特殊的转化来看，自然是先伦理后道德的逻辑。这从意识的起源和发展上考察，也不难理解，自我意识通过意识外在关系而反思意识自身，似有"先知人，后知己"，通过他人认知自己之意。

在黑格尔的体系中，主观精神发展的最高点是现实的自由意志，而自由意志要得到实现就必须进入外部世界。在外部世界中，自由意志的实现必然会受到一定程度的外界关系的限制，这就意味着个人要克服自我的任性和狂妄，自觉地限制自我意志的自由。这种限制（规定）就是自由意志本身所建立起来的法（即规定）。自由意志通过各种特殊的规定来实现其自身，这就是自由与法的统一，即黑格尔所说："法是自由的定在。"就是说，法是意志自由确定了的特殊性存在。这是《法哲学原理》所研究的客观精神的领域。所以，关于客观精神的学说就称为"法哲学"。具体说来，法哲学所描述的就是客观精神发展的过程、阶段及其诸特殊形态：包括抽象法、道德、伦理，其中又有家庭、市民社会、国家乃至世界史。

比较两书可以看到，在《精神现象学》中，伦理是在前的而道德是在后的。而在《法哲学原理》中则相反,道德是在前面的,而伦理是在后面的。为什么有这样的颠倒处理呢?这并不是黑格尔随意而为之。实际上,黑格尔是从不同的方面考察人类意识起源和自我意识发展的过程,也是精神发展的过程及其不同阶段的特殊形态,黑格尔也把这两者统一称作"伦理精神"。也就是说,黑格尔意欲考察的是人的意识、精神自在发生和自为发展过程的"内在本性"或规律性。这当然是建立伦理学体系首先要考虑的,而且是必须考虑的。

首先,自我意识本身实际上说的就是有意识并有其身体的(精神和肉体、心与身统一)个体的人。当它(作为自我意识)意识到本身就是人时,他和他(她)的关系就是现实的、实存的人和人的关系(自我意识和自我意识的关系)。黑格尔把这看作人和人交往的礼俗伦常,而每个人的行动也就是实存的普遍的礼俗伦常的一因素。作为个人,他们各个都是独立的、互相不同的,但又是有着共同性的、互相联系着的,因而成为普遍的客观的伦理和礼俗伦常,如荀子所说:"不同而一,夫是之谓人伦。"

可贵的是,黑格尔在这里非常现实且精明地抓住人类的劳动活动,通过人人劳动的活动及其相互关系,描述了个体与整体关系和秩序的辩证发展的图画。他说,作为自在自为的自我意识,"当其完全个体化了的时候,它是在它的现实里交叉于一切个体的行动中的。个体满足于自己的需要的劳动,即是他自己的需要的满足,同样也是对其他个体的需要的一个满足,并且一个个体要满足他的需要,就只能通过别的个体的劳动才能达到满足需要的目——个别的人在他的个别的劳动里本来就不自觉地或无意识地完成着一种普遍的劳动。那么同样的,他另外也还当作他自己有意识的对象来完成普遍的劳动;这样,整体就变成了他为其献身的事业的整体,并且恰恰由于他这样献出其自身，他才从这个整体中复得其自身。"在这里，黑格尔是通过一种自我意识与别的自我意识的统一，描述、揭示了人作为自我与他人、个体与整体关系的自由发展与必然的统一的辩证法。这个统一即是通过自我而存在的，也是通过别人的自我以及人人相互关系的整体而存在的。他把这种关系和秩序概括为"他们为我，我为他们"，也就是我们经常说的"人人为我，我为人人"。黑格尔认为，在一个自由的民族里，理性的实现就是这样一个现实的"活的精神"，思辨地说也称作"现在着的精神"。他所说的"自我意识的直向运动"，首先说的就是这个自我意识发展的最初阶段及其形态，也就是他后来在《法哲学原理》和其他著作中所描述的市民社会的人及其相互关系。在劳动和满足需要的上述依赖性和相互关系中，主观的利己心转化为对其他一切人的需要得到满足是有帮助的东西，即通过普遍物的转化为特殊物的中介。这是一种辩证运动。其结果，每个人在为自己取得、生产和享受的同时，也正为了其他一切人的享受和生产而取得。这就是我们常说的"主观为自己，客观为他人"的伦理的合理的命题。

其次，所谓"自我意识的反向运动"，则是从精神发展的过程及其阶段和环节来考察的道德世界。就是说，精神在这个阶段上，自在自为的、已经有自己独立存在的形式了。"这就是说，意志对它自身来说必须是主观性，必须以本身为其自己的对象"，即它自身是不是、能不能自为的存在和发展，配不配做一个人或配不配被称为一个人（成人、三十而立、四十而不惑……）。黑格尔说："精神在这里具有着存在的形式"，说的就是精神内部的自我认识和自我确信（从在家里开始闹独立的时候，到成家立业、齐家、治国……）。伦理精神作为客观精神在其发展、特殊化过程中，一旦意识到自己的伦理本质时，就进入自我意识的自觉反思。"这个自我意识就在道德中将自己理解为本质性,并且对它自己有了确信的精神"。这就是自在自为的意志把人规定为主体,道德就是主体意志的自我确信,就是主体的内在的自我精神建设。(道德建设是什么?可以说就是精神的实在化)

这样,伦理世界就分化出两个方面(领域):一方面是内在的世界即道德,即自我意识向自身的反思(反省,反躬自问)。再一方面是外在的世界即客观的伦理(自由的秩序)。相对于道德而言,伦理是精神的普遍性、实体性的本质(理念的体现)。这样,黑格尔就揭示出道德和伦理这两个领域各有不同的过程和形态。道德特指个体的个人态度和意愿的主观性,而伦理却显示出人群共同体的有机形式及其内容,即家庭、市民社会和国家的伦理秩序,乃至世界史伦理精神的发展,即黑格尔所说的内容充实的"活的伦理世界",同时也展示出两个领域和发展过程的差别。

在黑格尔《法哲学原理》中的概念异化的体系中,它们变成精神演变的环节,变成人的存在和存在方式。这些存在方式不能孤立地发挥作用,而是互相联系、相互消融,互相产生的(伦理的秩序、自由及其秩序)。不管个体怎样,客观的伦理都同样起作用,只有这种伦理性、伦理秩序才是支配个体生命的力量。如果个人妄想违抗它,那只是一场危险的游戏(这正是我们的道德教育所关注的现实要求)。

显然,这里既肯定了道德和伦理的区别和区分的必要性,同时又指出两方面的关系和必然性联系:主观和客观、内在和外在、个别和一般、个人和社会、可能与现实、自由与必然、自律与他律等,是统一而不能分离的,各个阶段也是精神发展的历史过程中转化的中介。由此可见,道德和伦理在黑格尔那里是精神发展过程中两个阶段的精神形式(意识形态),它们是独立的,同时又是不独立的,是统一的精神发展过程的过渡环节或中介。在学理上,必须把两个领域加以区分,否则就会产生如下理论和逻辑上的混乱:或者丧失独立意识和独立人格精神,对社会道德产生不实际的主观依赖,而对自己的道德品质及行为则缺失、没有必要的反思和警惕;或者是对公共道德和伦理秩序缺乏必要的认识和文明修养,从而难以建立起明确坚定的信念和道德世界观和人生观。个人道德是群体道德风尚的基础和成活的基因,个人道德操守缺失或衰弱,共同体的伦理秩序就不可能健康地形成和发展,所谓道德建设就只能是流于口头宣传的空话。这就是我们的道德建设的任务和历史使命。

总之,笔者对道德伦理关系这个问题的初步构想是在法哲学的基础上实现道德伦理的统一。具体包括如下几点考虑:

第一,德是普遍性的道应用于体现着个性的特殊方面;换句话说,道只有在个体行为和群体的风尚那里,才有显现的形态和现实性。所谓"道济天下,德序人伦"。道是普遍的,德是特殊的个别的。按照道家《化书》的思辨解释,"道在天地间不可见,可见者化而已;化在天地间不可见,可见者形而已"[1]。譬如,一年四季的存在和变化。道—化—形,这个简单的公式体现着道与德的历史和逻辑的统一。"化"的本义是变化、化解,是道与德转化的中介。这是道之由虚而实,由隐而显,由体而用,由变而常,由道而成德的转化过程。这个过程使"道"有了"定在"(实在)。所谓"定在",是说道虽有其理,但尚无定形,必须有所作为行事才有实在的"定在"。从道德本身来说,这就是由道而化德,由德而显道。从个人来说,就是所谓"道能自守之谓德",成为个人的操守或美德。这也正是人类道德文明进步所蕴涵的哲理奥秘。因此应当说,所谓道德,就是道与德的统一,道是本,德是末。"以德治国",应

---

[1] (五代)谭峭:《化书·序》,中华书局1996年版。

强调"道"之本的根本作用，不能只讲"德"。阐明这种统一和过程，应是道德哲学和政治哲学的任务，不能满足于流行的习惯说法，其误解往往造成道义的毁灭。

第二，需要充分吸收黑格尔道德哲学的合理内容和优秀成果。在世界伦理学史上，黑格尔是唯一系统阐述了伦理和道德两个概念的区别和联系的哲学家。他说，他的伦理学研究的对象包括伦理和道德，有时也通指伦理。所以，恩格斯说："黑格尔的伦理学或关于伦理的学说就是法哲学，其中包括1.抽象的法；2.道德；3.伦理，其中又包括家庭、市民社会、国家。在这里，形式是唯心的，内容是现实的。"[①]恩格斯说，"黑格尔的法哲学就是他的伦理学，即关于伦理的学说"。黑格尔在继承辩证法思想传统的基础上，对法权、道德、伦理作了有内在联系的哲学思考，建立起他的"法哲学"体系。他主张理念与实存、主观与客观、个人与社会、自律和他律、自化与大化、自由与必然的统一。应该批判黑格尔的客观唯心主义理论，但应汲取其法哲学思想的合理内容，取其精华，弃其糟粕，为建设我们的辩证历史唯物主义的伦理学（或法哲学）服务。

第三，可以考虑把自然法、实定法、道德礼法和伦理法则纳入统一的理论体系，其中又可以划分出：道德学、伦理学、法哲学等具体门类，相应地分出学习和教育的级次或层次。这个统一的理论体系，就是以马克思主义哲学思想为指导所建立的中西伦理思想结合的法哲学体系。

第四，"自由意志"是道德伦理统一的法哲学体系的核心概念。要理解法的形成体系和秩序的过程的必要性。由此，我们可以进一步理解恩格斯所说："如果不谈谈所谓自由意志、人的责任能力、

[①] 《马克思恩格斯全集》第21卷，人民出版社1965年版，第329页。

必然和自由的关系等问题，就不能很好地讨论道德和法的问题。"恩格斯的这个遗愿，也是我们需要认真领会的。这个遗言实际上提出了辩证唯物主义—历史唯物主义道德哲学体系的逻辑链条，可以展开这个链条的逻辑系统，形成具有现实性和科学性的伦理学或法哲学。这当然是一个艰巨的任务。

总之，我们的法哲学要靠理论与实际统一的真理和科学的逻辑体系深入人心，并"明明德于天下"，实现中华民族伟大复兴的中国梦，并走向人类共同的共产主义理想。

伦理思想史与伦理学[①]

一

提到伦理思想史，人们自然会想到历史上的思想与现在的伦理学之间的联系。想到这一层是必要的。因为我们无论是研究伦理学或伦理思想史，都必须把握过去的思想和现在的思想之间的联系，只有从这种联系中才能理解思想和思想史的意义。历史上出现的每种具体的思想在它产生的时候，是与它的时代背景、理论状况及思想者的个人特征相联系的，但它一经产生就进入了历史，亦即进入人类思想史的普遍联系，因而就具有了历史意义。本书作为西方伦理思想史，就是从两千多年的西方伦理思想中梳理各种观点、思想和理论体系，阐述它们之间的递进关系和联系，从而展示西方伦理学形成和发展的轨迹。人们往往以为这其中的各种观点、思想和理论体系，原本是历史的陈迹，好像已离开现实非常遥远，但是事实上它们是构成无穷无尽变化、发展的思想史的永恒要素，是无数有智慧的头脑创造的伦理思想精华，它们从未间断过与现实的联系，

---

① 本文摘选自作者编著的《西方伦理学思想史》导论部分，本书2006年由湖南教育出版社出版。

从一定意义上说，现在的伦理思想和伦理学理论体系只不过是它们发展的结果。研究思想史就是自觉的去把握思想之间的联系，如黑格尔所说："因为历史里面有意义的成分，就是对'普遍'的关系和联系。而看见了这个'普遍'，也就是认识了它的意义"。[①]我们庆幸历史给我们保留了这么悠久丰厚的传统，并要把这份珍贵的遗产传递下去。这就是我们撰写西方伦理思想史的任务。

展示西方伦理思想的发展，主要是指在伦理思想的演变中产生的基本概念、范畴、原理和方法等方面的内容，即构成思想体系和理论体系的内容。它要在深入研究伦理思想代表人物、流派和著作的基础上，梳理出伦理思想发生、发展的基本脉络，说明伦理学理论体系的发生、发展及其对人类精神文明进步的意义。伦理思想史所要阐发的是每个发展阶段和每个思想体系真实的、本质的内容，它不能像排列数字符号那样空疏，而要通过各个历史时期的人物、流派的思想和理论体系去体现，并要叙述在伦理思想、理论发展过程中有关思想、理论、方法方面的论争、批判、融合、借鉴和创新。至于相关的经济、政治、文化、制度以及个人条件等背景材料，只在必要的地方作适当的交代，亦如山水丹青，亦显亦隐，有主有次。

伦理学史的研究表明，伦理学史本身也就是伦理学，是历史上发展着的伦理学。我们通过对伦理思想史的研究，便可以引导我们了解伦理学本身的内容。换个角度看，研究伦理学思想史，也就是用发展的眼光去看历史上发展着的伦理学。这种梳理一方面要梳理出学科知识体系，描述该学科思想发生、发展的整体趋势和概貌；另一方面，还要注重发现那曾经引起涟漪、激起波涛、带动历史潮

[①]〔德〕黑格尔：《哲学史讲演录》第1卷，贺麟译，商务印书馆1959年版，第11页。

流的思想和理论观点，特别注意那历史转折点上的思想闪光。

　　伦理学要研究一定时期伦理关系形成和发展的规律性，研究个体和群体行为的特征，研究调节伦理关系原则的合理性和道德规范的正当性，要通过对必然性的认识和把握实现人的意志自由和合理的社会秩序。在这个意义上，也可以说伦理学是关于人的自由和秩序的科学。然而，要理解这个规定，就需要全面了解西方伦理思想史。

　　伦理学有它的起源、传播、成熟、衰落和复兴的历史，有它的研究者、宣传者和反对者的历史。因此，作为伦理学思想史就必然是各种分歧意见和理论观点的陈述、修正或交锋。但重要的是对于伦理思想分歧的意义进一步获得更深刻的见解，真正理解伦理思想史中的分歧绝不是意味着真理和谬误非此即彼的对立，而应看作人类对伦理、道德认识的过程，是人类精神的合乎规律的发生、发展和成熟的过程。

　　正是在这个意义上，我们对西方伦理思想史的叙述尽可能地照顾到历史的连续性和学说的多元性，着重把握伦理思想发展的链条，在写法上有所调整，有所改进，有所补充，有所创新，故谓之"新编"。

　　鉴于伦理学思想史的特殊性，本书对从古代到现代、纵涉千年、包罗万象的内容要作适当的选择，有重点的叙述，有时甚至不得不抓"重中之重"，而其他都只是为突出重点所作的铺垫。伦理学的生长犹似一棵千年古树，越往后发展枝杈就越多，每到条件成熟的时候就会出现新的分支学科。本书主要是宏观地把握伦理思想史的主体，涉及学科分支的内容，只能是点到为止，不再作单独分支学科的叙述。

二

如果说伦理思想史的研究本身就是伦理学的研究，那么我们研究了伦理思想史当然也就了解了伦理学本身。但是，我们要从两千多年的思想史中去发现伦理学的内容和形式，就必须具有伦理学是什么的概念，犹如我们要判断一个人的行为是否正当，就必须有"正当"的概念作标准或参照一样。

有这样一个惊人的事实：伦理学作为一个学科延续了两千多年，是人类最古老的学科之一，但是对"伦理""道德"这两个概念的界定却至今众说纷纭。甚至在两千多年间，直到德国古典哲学之前，还没有想到给伦理和道德两个概念下一个确切的定义，作出适当的区分。伦理学家们对这个领域现象的描述、理解、阐发、修正，在不断地进行着，但问题在于对基本概念的理论思考和逻辑界定。人们平常习惯上使用这两个概念往往不加区分，这对一般日常思想交流也无大妨害。但是，在学理的研究中就有所不同，在必要的时候和地方还需要对"伦理"和"道德"这两个概念严格加以界定和区分。

伦理学是什么？一般地说，伦理学就是关于伦理的学说。按照中国传统的诠释，"伦"意味着辈分、等次、顺序；"理"是治理、整理、条理的意思。伦理是一种客观的关系，是一种特定的人和人之间的关系以及对这种关系的领悟和治理。就是说，只有形成客观的关系又通过人为有意识的调节，才能构成伦理关系。这样，尽管伦理是指人与人之间的关系，但是如果人没有领悟这种关系是什么，或对这种关系没有自觉意识，也不能说形成了伦理关系，那只是存在着而已，或者说只是"自在"的，而不是"自为"的关系。

例如，父与子的关系，按照生命的存在，是先有父后有子，这是由血缘决定的不依人的意志为转移的辈分、等次关系，这是客观的、有血脉联系的物质性关系。但是，单有这种客观的、物质性的关系还不能就构成人的伦理关系，因为动物也有这种关系；只有人有自觉的意识和思想，能够领悟这种关系，并有相应的观念和调节规范维系这种关系，才能构成伦理关系，严格地说是"人伦关系"。如在父子的关系中，为父应有义，为子应有孝，父子应有亲，或者父子应友爱、平等。这义、孝、亲、友爱和平等，就是调节或维系这种关系的道德观念或规范。这就是说，只有一方面有了客观的、物质性关系，另一方面又有主观的、精神性关系，两个方面统一起来才能构成人类的人伦关系。

再如，在社会生活中存在的个人与个人、个人与集体、个人与社会的关系，也都包含着一定的伦理关系。这种关系首先是物质性的生产关系，这是不经过思想而形成的客观的、物质性关系。正是这些客观的物质性的关系，要求有相应的道德观念和规范的调节，于是便有相应的要求个人行为的道德规范，以至有相应的约束个人行为的礼仪和法律规定。个人是生活在社会中的，个人固然可以有个人的自由、自主行为，但在社会生活中又必须照顾到他人的自由和自主行为，必须照顾到社区、社会的人伦关系和合理秩序。有关系就有要求，有要求就有"应该如何"的行为礼仪规范。人在社会上，必然生存于各种客观的关系之中，但是只有对所在关系有所领悟和认同，才能使关系成为人伦之理的关系，成为自觉的、主动的、人伦性的关系。这就是说，伦理关系是通过人的领悟、认同和自觉维系的客观关系，道德、礼仪和法律都是维系和调节这种伦理关系的社会存在方式，同时又是个人应有的德性或操守。那些被社会所确定并推广的道德、法律观念和精神的总和，就是作为社会道德规范和法律的意识形态。个人自觉地遵照伦理关系的要求并养成良好的行为习惯，就是美德。德性是处于伦理关系中的人所应有的领悟和操守。按照中国文化传统的诠释：自先祖以下的辈分、顺序、位次就是传统文化本义的"人伦"，其本根就是先祖对道德和伦理两个概念的认识和区分，是一个复杂的历史性进展。本来，在古希腊时代，亚里士多德在讲授伦理学时，把人的德性分为伦理的德性和理智的德性，实际上就是大体区分了伦理和道德。所谓"伦理的德性"，就是指在城邦伦理关系中形成的德性。所谓"思辨德性"，则是不经过伦理关系的天生的智慧之德。这后一种德性，按照现代人的认识也并非天生，实际上主要还是社会生活实践和交往的结果。亚里士多德之后的道德思考回到自我意识，但罗马时代的世界主义和法律体系却特别注重了人的外在关系的调节。中世纪基督教教义寻求天国伦理，注重人和上帝的关系，而使人与人的关系从属于上帝。经过文艺复兴的启蒙，近代的道德思考又回到人自身，重新重视人与人的关系。从英国、法国到德国，逐渐从自然法转向社会法；从通过人研究社会到通过社会研究人及人和人的关系；从经验的描述和概括到思辨的理论体系。道德哲学或伦理学实际上已在研究社会的伦理关系和调节方式，在研究个人的德性和行为的道德性，在其思想和著作中已隐含着对伦理和道德两个概念的区分。但是真正从伦理关系上去研究伦理和道德并建立了相应的伦理学体系的，只有黑格尔。黑格尔在他的《精神现象学》和《法哲学原理》中，把客观精神的发展看作是伦理发展的过程，伦理关系本质上只是现实合理性的秩序中的关系，法和道德都是伦理关系发展过程的阶段或环节，德是在这个过程中的主体意志的主观规定，而主体只有进入客观的伦理关系才能形成现实的德，所以德只是

"伦理的造诣"。恩格斯说，黑格尔的法哲学就是他的伦理学，即关于伦理的学说。这无疑是给伦理学提出了一个科学的界定，但这个界定还有待进一步科学的阐发。

能不能有一个统一的定论？看来很难，因为理论来源于生活又说明生活，概念的严格界定和统一也只能限制在有限的学理范围内，超出学理的范围就是经验和习俗的天下了。不过，对于我们讲述西方伦理学思想史这件事来说，还是应该有个明确的说法，不然也难以梳理和把握众说纷纭、变化多端的西方伦理思想，或者简单地把黑格尔的伦理学体系看作例外甚至荒诞。

三

西方伦理思想在历史上的发展波澜曲折，异说纷呈，历史悠久，从总体上看，明显地具有前后相继的递进性和逻辑的一贯性。尽管追溯文化源头可见东方文化的影响，但希腊文明确是西方伦理文化的摇篮。西方伦理思想就是发源于古代希腊并在西欧、北美演变和发展的各种道德思想和伦理学说。自亚里士多德作出学科划分以后，该学科研究所涉及的问题很多，如人的本性、善的本质、行为法则和规范、德性的分类，意志自由、道德义务和良心、幸福和终极关怀、道德的结构、道德判断、道德价值、伦理关系、权利和义务，以及理想人格和生活方式等。由于对基本问题回答的观点和方法的分歧，又形成了许多学派，如自然主义、快乐主义、幸福主义、信仰主义、经验主义、理性主义、情感主义、直觉主义、功利主义、意志主义、进化主义、理想主义，以及利己主义、利他主义、个人主义、社会主义等。

一般来说，古希腊伦理思想反映着进入文明时代的欧洲先进民族的伦理精神。其主要特征是探求善的本质、普遍的行为法则和城邦公民应有的品德，在奴隶制的范围内寻求自由和公正的城邦秩序。在理论形态上，呈现出百家争鸣、百花齐放的局面，涌现出一大批著名的伦理思想家，产生了人类历史上第一部真正作为伦理学的《尼各马可伦理学》，对人类伦理思想的发展起了极其重要的作用。

中世纪伦理思想是在封建专制主义和教会神学统治下发展的。它的基本任务是解释和论证《圣经》的道德观念和伦理原则；注重个人对上帝的关系和灵魂拯救，形成了适应封建领主和教阶统治需要的神学伦理思想体系，宣扬上帝是美德的体现和最高价值标准。虽然它包含着古代伦理所没有的人的自由、平等的教义，但是它在教会统治和君主专制范围内，实际上推行的是信仰主义和权威主义的伦理。

值得注意的是，从古希腊经过希腊化时期和罗马帝国时代到中世纪的两千多年间，伦理思想逐步走向了极端：从感性主义发展到理性主义，再走到神秘主义；从快乐主义发展到制欲主义，再走到禁欲主义；从现世的个人原则发展到理想的世界原则，再走到超世的上帝原则；从伦理主观主义发展到伦理客观主义，再走到伦理绝对主义。起初说"人是万物的尺度"，后来说"理念是万物的尺度"，再后来就喊出"上帝是万物的尺度"。事到极端必自反。随着近代资本主义经济的发展和社会转型，哲学和伦理学又回到对人的思考，欧洲各国相继发生了提倡人道主义的启蒙运动，对神学和封建伦理思想进行了猛烈的抨击，并代表新的时代要求，提出了以人为本的自由、平等思想，强调尊重人的价值、人的尊严、人的权利和世俗生活幸福，对西方伦理思想的转型起了革命的推动作用。

近代西方伦理思想是继古希腊之后伦理思想发展最活跃、最富于生命力的阶段。它批判继承了前两个历史时期伦理思想发展的成果，注意到主体德行和客观法则的统一，比较自觉地探讨了在资本主义制度下，个人与他人、个人与社会、国家的关系，特别是关于公民社会的复杂关系以及公民的权利和义务，建立了更加完整的伦理学体系。他们从各个方面、各个角度，对善恶本原、个体道德和社会伦理进行了广泛、深入、系统的探讨，充分表达了那个时代的伦理精神，并力图按照这种精神建设理想的市民社会。

近代西方国家所建设的市民社会，是在资本主义经济、政治和文化迅速发展的基础上，力求使市民的自由和社会的秩序相适应，在道德上表现出一种追求自由与礼法统一的伦理精神。它给公民个人以权利，同时要求公民尽到自己的义务。在这里，公民个人有权以这样那样的方式生存和发展，社会也有权要求个人按照适当的方式去完成应做的事情。就是说，一方面，市民社会必须保障它的成员的个人自由；另一方面，个人也必须遵守市民社会的秩序，接受道德和律法的规范。从这种意义上说，西方伦理学的各种理论体系，无非是站在不同立场上，力图反映社会利益关系的要求，表达某种合理的伦理精神。如果把这种伦理精神化为一个道德调节的实践原则，那就是以强调个人权利和自由为基础的个人利益与他人利益、私人利益与公共利益相结合的原则。各派伦理学说尽管在哲学、政治观点上有种种分歧，但主张这种结合伦理则是几百年来的主流倾向。

四

学习和研究西方伦理思想史，并不是直接认同一般经验性知识。它是包含着人类的生活经验和常识，但是它已是上升到哲学高度的经验和常识，因而应有相应的、适当的态度和方法。

翻开西方伦理思想史就会看到，两千多年来，各种思想、学派分歧不断，互相论争，相递取代，这种情况并不是说明伦理学、道德哲学的各种学说是无谓之争，不能把伦理思想史看作过时了的迂腐思想的陈列馆，或简单地看作真理对错误的否定和推翻，而应该看作人类道德思考和伦理思想发展的合乎规律的过程。真理、善是在发展中完成的。不能把某个时期的理论和某个被推崇的体系看作就是完成了的最后的体系，能够永恒占据道德哲学的殿堂。因此不能满足于一些思想观点的堆积，而要找出一个时代的伦理思想的精华，找出伦理思想发展的规律性，以为学习和研究的借鉴。

应该看到，研究伦理思想史就是研究伦理学。伦理思想史的进步和发展就标志着人类对自己和自己生活于其中的社会"应当如何"的觉醒。应该通过对各种争论的分歧、比较和引申，进一步得到对自己和对社会生活更深刻的认识，以至把握一种更高级、更科学的现代伦理精神和道义观。

对待历史上的东西，一定要从历史上去看待。在历史的发展中，每一种伦理思想体系或伦理学说，都有它特殊的历史条件和环境，因而都有其特殊的地位和作用、特殊的意义和价值。必须这样去认识它、评价它。只有这样，才能有对历史的东西的公正态度。这里应该特别强调的是，要有历史感，不要有超历史感、非历史感。研究思想史，是研究古人的思想，那是千百年前的思想，我们现代人与千百年前的古代人自然有一条鸿沟。我们研究古人的思想、行为和生活，最容易犯的毛病就是常常自觉或不自觉地把现代人的思想、行为和生活方式强加给古人，把现代人的理解、感情、情调，都混杂或寄托到古人的思想体系中去。这样就不能自觉地把握伦理关系和道德现象的时代特征，不能区别不同伦理思想、范畴、命题、原则等的时代差异和特殊意义，自然也难以解释伦理思想发展的规律性。有历史感，才能实事求是地考其源流，别其得失，使伦理思想史的研究给人们以经验、知识和哲理的启示。

对待历史人物，要注意他的一生历史经历和思想演变。历史是复杂的运动，社会变革时期的情况更为复杂。因此，在社会生活中活动的历史人物、伦理思想家也是复杂的，甚至是多变的。同一个阶级的人会有很不同的经历和思想面貌，同一个人在几十年时间里也会有很大的变化，甚至前后言行判若两人。他们的政治态度和学术思想有联系，但也有区别，可以分开评述，即使联系起来，也应分出主要的东西和次要的东西、本质的东西和非本质的东西。对其思想发展可以分阶段评价，分方面进行分析和批判，而不应简单地否定，一棍子打死。

黑格尔法哲学的思辨之谜

一、黑格尔对康德的批判

一般说来，思辨哲学是比较善于超越偶然性事物的反思，比较容易达到必然性知识的思维的。黑格尔的哲学思辨，作为抽象的反思与康德不同，不仅追求普遍性形式，而且要达到形式与内容、概念与其特定存在统一的理念。他的深藏否定性辩证法的理念论，力图打通形而上学二元论的死结，沟通内在与外在、主观与客观、自由与必然的关系。尽管他阐释的理念衍化过程是抽象的思辨，但它同时也是理念所体现的特殊化和现实的内容。正是在这个重要的方面，黑格尔对康德道德哲学作了全面的分析，以其严谨的学理批判态度，既肯定康德自律论的长处和贡献，同时又指出其局限性和缺失。可以说是在德国古典哲学范围内，在费希特、谢林之后对康德道德论所做的最认真和系统的批判。

（一）黑格尔肯定了康德道德哲学高扬自我意识的主体性和人格独立性的重大贡献，同时又指出它的二元论和道德命题二律背反的内在矛盾；指出康德道德论只在单纯道德观点上徘徊而未能越出自由意志内部规定和死守"应然"的主观领域，因而它所表述的自律概念只是善良意志和绝对命令的形式原则，而没有把内在的主观道德与外在的客观伦理统一起来，因而仍然空虚不实、缺乏善的真实内容。

（二）黑格尔认为，康德强调道德义务的意义和普遍性价值，是他的实践哲学的卓越观点，但同时指出它只是停留在抽象思辨上理解道德义务，使其纯粹、崇高而不能落到实处，因而达不到任何实在性可践行的特殊目的。康德固执于单纯的道德应然性观点，而不使之与客观必然性的现实特殊内容相联系，实际上是把道德义务贬低为虚设形式，成为关于"为义务而义务"的道德辞令，即使作出义务概念的逻辑规定，也因缺乏特殊的内容所指而没有判定善恶的确定性标准，因而一切违法和缺德的行为同样可能由此得到庇护和辩解。

（三）康德彰显实践理性，借以抵制当时盛行的消极的快乐主义，反对把特殊性目的提升为意志的普遍性原则，具有积极意义。但是他没有注重把实践理性的自决力量发挥在实际行动上，实现行动的现实性的自由。他虽承认人的自由意志有这种自决力量，但对意志所体现的实践理性内容却没有作出明确的规定，因此谈到善良意志时就缺乏实在的根据，只是以"意志自身一致"的原则提出抽象的道德要求是无济于事的。

（四）黑格尔认为，在意志决定问题上，康德主张情欲应服从理性的"绝对命令"，并把"绝对命令"规定为纯粹理性的必然的、绝对的道德自律原则，在逻辑体系上是保持了纯洁性和严谨性；但是，如果脱离任何经验，排斥人的满足需要的一切功利、兴趣等的追求，其道德原则就必然缺乏必要的基础和动力。如果道德自律的根据就在于纯粹理性确立的绝对原则，那么一元论哲学就不能不追问：主体的纯粹理性根据在哪里？其内容是什么？虽然可以作出精细的逻辑推理和论证，但道德意志的向善行动不可能只在主观精神阶段实现，如无客观外在的实在内容和道德发展过程的历史根据，就难以实现自由与必然的沟通和自律与他律的统一，从根本上也难以摆脱理论体系的内在矛盾和软弱性。

黑格尔的批判和学理性分析，透视了康德道德哲学体系的困境。他在分析康德道德哲学的过程中，认真总结其理论和方法的得失，也进一步阐发了他的自律和他律统一的思辨哲学思路。

二、黑格尔哲学思辨的秘密

1806年黑格尔出版了被称为"黑格尔圣经"的《精神现象学》，其中系统阐述了现象与本质统一的辩证法。1820年，黑格尔在《法哲学原理》一书序言中，进一步阐述了关于合理性与现实性关系的思想，提出了一个惊人的命题："凡是合乎理性的东西都是现实的，凡是现实的东西都是合乎理性的。"当时几乎无人能理解这个命题所深藏的秘密，黑格尔说就连聪明的海涅也没理解。

这个深藏的"秘密"是什么呢？它并不是新黑格尔主义者斯忒林[①]所说的"康德的秘密也就是黑格尔的秘密"，而是马克思所说，黑格尔精神现象学的"最后成果"，即"作为推动原则和创造原则的否定性的辩证法"。就在这种意义上，恩格斯揭示了这个命题所深涵的革命意义。那就是："不是一切现存的都是现实的，现实性这种属性仅仅属于那同时是必然的东西。"恩格斯还特别指出它的意义不限于哲学认识领域，在任何其他认识领域和实践行动领域也都是适用的。

[①] 斯忒林，美国新黑格尔主义奠基人。——编者注

其实，从那个时代德国道德哲学发展的转折来看，黑格尔命题的"秘密"还有另一种意义：它意味着一种学理的根本性变革，即把先前的道德形而上学体系翻转过来，代之以具有辩证思维和历史考量的道德哲学，特别是占据着德国思辨哲学统治地位的康德哲学的改造。

值得注意的是，黑格尔在病逝前几天所写的《小逻辑》导言中，进一步阐释这个命题时，批评了两种倾向：一方面是认为理念与理想太高尚纯洁而没有现实性，或太软弱无力而不易实现其自身；另一方面，也批评了"惯于运用理智的人特别喜欢把理念与现实分离开，他们把理智的抽象作用所产生的梦想当成真实可靠，以命令式的'应当'自夸，并且尤其喜欢在政治领域中去规定'应当'。这个世界好像是在静候他们的睿智，以便向他们学习什么是应当的，但也是这个世界所未曾达到的"。

这就是说，在黑格尔看来，哲学的对象就是现实性，而真实的现实性就是现象和本质的统一。因此，只有在其发展过程中具有必然性的内容才是现实的。黑格尔认为，理念在发展过程中从抽象到具体的进展就体现着"规定与应当"的关系。按照形而上学的思维，规定就是规定，而不能是应当；应当就是应当，而不能是规定。但是按照否定性辩证法的法则，应当恰恰是生长在规定中的，即对规定的否定。因为任何规定都包含着内在矛盾，即包含着对规定的否定性关系。应当就是对已有限制的超越。用黑格尔的话说就是："自在之有，作为对与它有区别的界限的否定关系，作为对自身的限制的否定关系，就是应当。"任何规定都包含着应当，没有应当它就不能发展；同样，任何应当都在其规定中有自身发展的根据，否则它就不能成为现实。就是说，规定本身有事物发展的根据和条件，也就是具有必然性的发展，或者说具有发展的必然性，就是现实；否则它就只是一种可能性，甚至只是主观幻想和空想。黑格尔以义务为例，说明义务就是这样一个应当。它反对个别意欲，反对自私贪欲和随心所欲的兴趣。只要意志能够在它的活动中将自身从真实的东西分离出来，这个真实的东西就会作为应当摆在意志的面前。由此，他批评那种把道德的"应当"看作是最后的、最真实的东西，否则道德就会败坏的观点；批评那种认为在现实本身中，合理性和规律并不像"仅仅应当是"那样悲观；也不能把"应当"看作"自身是永久的""有限物是绝对的"之类的抽象。从这种形而上学的思维来看，黑格尔认为："康德和费希特哲学标榜'应当'是解决理性矛盾的顶点，那种立场却反而仅仅是在有限性中，也就是在矛盾中僵化"。黑格尔命题强调的核心思想就是这样一个结论："哲学研究的对象是理念，而理念并不会软弱无力到永远只是应当如此而不是真实如此的程度。所以哲学研究的对象就是现实性。"对于哲学研究的理念来说，日常生活中所说的那些事物、社会状况、典章制度等现象，只不过是现实性的浅显外在的方面。"哲学的内容就是现实（Wirklichkeit）。我们对于这种内容的最初的意识便叫做经验。"哲学的最高目的就在于实现与经验的一致，达到理性与现实的和解。在这种意义上，如果思维仅仅停留在理念的普遍性和绝对性上，黑格尔认为那就应被指斥为形式主义。

三、道德和伦理的分化与融合

黑格尔在伦理学史上，第一次对"道德"和"伦理"作了明确的区分。本来道德和伦理两个词，在语源学上是同义词，在语言习惯上一般也不作区分。但黑格尔认为哲学的划分并不是对现存材料作外表的分类，而是概念本身的内在区分。怎样理解这个"内在区分"？有必要把《法哲学原理》和《精神现象学》联系起来，作比较分析，从精神发展过程中进行辩证的分析。

黑格尔认为，意识的起源和发展是一个从低级到高级的复杂过程。简括地说，这个过程是：意识、自我意识、理性；主观精神、客观精神、绝对精神。这个意识、精神的发展过程，在黑格尔那里是通过《精神现象学》和《法哲学原理》所阐述的体系完成的。他在《精神现象学》中，描述自我意识的发展过程时，曾提出"自我意识的直向运动"和"自我意识的反向运动"。前者是指自我意识（在黑格尔那里实际指的是人，因为只有人才有自我意识，自我意识在人身上，人就是个自我意识。这不等于唯心主义）自我意识对自我意识的相对关系，犹如自我意识作为个体的人对人的关系（你、我、他）、或相互交叉的关系，确定这种相互关系的精神，就称之为"伦理世界""伦理精神"；后者是指自我意识对自身的反思，犹如自我意识把自我意识作为对象来认识、思考，作为个人意识返回（反观）自身、反躬自问，即所谓"确定自身的精神"，这一方面就被称之为"道德世界"。《精神现象学》研究的是理念作为意识、精神的自我显现过程，也就是研究自我意识、精神异化的过程及其特殊化形态。从上述顺序来看，即从理念的一般到特殊的转化来看，自然是先伦理后道德的逻辑。这从意识的起源和发展上考察，也不难理解，自我意识通过意识外在关系而反思意识自身，似有"先知人，后知己"，通过他人认知自己之意，犹如个人不照镜子，就不能知道自己的面貌。

在黑格尔的体系中，主观精神发展的最高点是现实的自由意志，而自由意志要得到实现就必须进入外部世界。在外部世界中，自由意志的实现必然会受到一定程度的外界关系的限制，这就意味着个人要克服自我的任性和狂妄，自觉地限制自我意志的自由。这种限制（规定）就是自由意志本身所建立起来的法即主观规定。自由意志通过各种特殊的规定来实现其自身，这就是自由与法的统一。所以黑格尔说："法是自由的定在。"就是说，法是意志自由的确定了的特殊性的存在。这是《法哲学原理》所研究的客观精神的领域。所以，关于客观精神的学说就称为"法哲学"。具体说来，法哲学所描述的就是客观精神发展的过程、阶段及其诸特殊形态；包括抽象法、道德、伦理，其中又有家庭、市民社会、国家乃至世界史。

比较两书可以看到，在《精神现象学》中，伦理是在前的而道德是在后的。而在《法哲学原理》中则相反，道德是在前面的，而伦理是在后面的。为什么有这样的颠倒处理呢？这并不是黑格尔随意而为之的颠倒。实际上，黑格尔是从不同的方面考察人类意识起源和自我意识发展的过程，也是精神发展的过程及其不同阶段的形态。黑格尔也把两者统一称作"伦理精神"。也就是说，黑格尔意欲考察的是人的意识、精神自在发生和自为发展过程的"内在本性"或辩证发展的规律性。

首先，他认为自我意识本身是作为实体与现象的统一。实际上说的就是有意识并有其身体的（精神和肉体、心与身统一）个体的人。当它（作为自我意识）意识到本身就是人时，他和他（她）的关系就是现实的、实存的人和人的关系（自我意识和自我意识的关系）。黑格尔把这看作人和人交往的礼俗伦常，而每个人的行动也就是实存的普遍的礼俗伦常的一分子（因素）。作为个人，他们各个都是独立的、互相不同的，但又是有着共同性的、互相联系着的，因而成为普遍的客观的伦理和礼俗伦常，犹如中国古代儒学家荀子所说："不同而一，夫是只之谓人伦。"

可贵的是，黑格尔在这里非常现实且精明地抓住人类的劳动活动，通过人人劳动的活动及其相互关系，描述了个体与整体关系和秩序的辩证发展的图画。他说，作为自在自为的自我意识，"当其完全个体化了的时候，它是在它的现实里交叉于一切个体的行动中的。个体满足于自己的需要的劳动，既是他自己的需要的满足，同样也是对其他个体的需要的一个满足，并且一个个体要满足他的需要，就只能通过别的个体的劳动才能达到满足需要的目的……个别的人在他的个别的劳动里本就不自觉地或无意识地完成着一种普遍的劳动，那么同样，他另外也还当作他自己的有意识的对象来完成着普遍的劳动；这样，整体就变成了他为其献身的事业的整体，并且恰恰由于他这样献出其自身，他才从这个整体中复得其自身。"在这里，黑格尔是通过一种自我意识与别的自我意识的统一，描述、揭示了人作为自我与他人、个体与整体关系的自由发展与必然的统一的辩证法。这个统一即是通过自我而存在的，也是通过别人的自我以及人人相互关系的整体而存在的。黑格尔把这种关系和秩序概括为"他们为我，我为他们"，也就是我们经常说的"人人为我，我为人人"。黑格尔认为，在一个自由的民族里，理性的实现就是这样一个现实的"活的精神"，黑格尔也称作"现在着的"。他所说的"自我意识的直向运动"，首先说的就是这个自我意识发展的最初阶段及其形态，也就是他后来在《法哲学原理》和其他著作中所描述的市民社会的人及其相互关系。在劳动和满足需要的上述依赖性和相互关系中，主观的利己心转化为对其他一切人的需要得到满足是有帮助的东西，即通过普遍物的转化为特殊物的中介。这是一种辩证运动。其结果，每个人在为自己取得、生产和享受的同时，也正为了其他一切人的享受和生产而取得……对每个人来说的普遍而持久的财富——另一方面又保持和增加了普遍的财富……利己心同国家和普遍物结合起来。①

其次，所谓"自我意识的反向运动"，则是从精神发展的过程及其阶段和环节来考察的道德世界。就是说，精神在这个阶段上，自在自为的、已经有自己独立存在的形式了。"这就是说，意志对它自身来说必须是主观性，必须以本身为其自己的对象"，即它自身是不是、能不能自为的存在和发展，配不配做一个人或配不配被称为一个人，一个"成人"。黑格尔说："精神在这里具有着存在的形式"，说的就是精神内部的自我认识和确信。伦理精神作为客观精神在其发展、特殊化过程中，一旦意识到自己的伦理本质时，就进入自我意识的反思。"这个自我意识就在道德中将自己理解为本质性，并且对它自己有了确信的精神。"这就是自在自为的意志把人规定为主体，道德就是主体意志的自我确信，就是主体的内在的自我精神建设，就是黑格尔说的自在自为的主体，成熟的、独立的个人。

黑格尔在法哲学中，讲家庭、社会、国家，其中贯穿权利和义务的阐述。为什么他强调义务并不是对个人的拘束和限制？而且也不会对个人造成拘束和限制呢？一个关键之处是他尊重自由，从个人的自由意志出发，阐述自由意志在家庭、社会、国家中的合理的、必然性的发展进程。

自由体现在法中，就只有外在性、客观性；自由体现在善中，就只有内在习惯、主观性；只有在伦理中，才能使两者结合为一体而成为真实的自由。所以，"伦理是自由的理念"，就是说，只有在精神性的社会整体中才能有真正的自由。自由是自我意识和伦理性存在的统一。这里有两个方面：一个人的自我意识，即主观的方

---

① 〔德〕黑格尔：《法哲学原理》，张企泰、范扬，商务印书馆1961年版，第212页。

面；一是伦理性的存在，这是客观的方面。第一个方面，伦理性的存在只有通过自我意识而被意识、意愿和被实现。第二个方面，自我意识在伦理性的存在中有自己的目的的动力，才是真实的，才能真实地实现自由。伦理既是自由体现于现实世界，又是自由体现于自我意识，是普遍意志和特殊意志的统一。黑格尔思维的基本特点是：普遍性、客观的方面优先于个体性、主观的方面。他说，在考察伦理时永远只有两种观点可能：一种是把普遍性的实体性看作第一位的，即"从实体性出发"的观点；一种是把个体的东西当作第一位的，"这是一种原子式的进行探讨，即以单个的人为基础而逐渐提高"的观点。后一种观点是"没有精神的，因为它只能做到集合并列"，他把伦理的实体不是理解为精神，而是理解为个体的偶然堆集。所谓"伦理性的实体"，乃是认识的客体。伦理性的实体，它的法律和权利作为认识的客体，一方面是独立于主体而存在着的，另一方面它们就是主体"所特有的本质"，它们不是与主体异己的东西，一种陌生的东西，主体或个人正是在伦理性的实体，它的法律和权利中才有自己的尊严。所以，个人对于伦理实体的关系就同自己对自己的关系一样。法律虽然与主体有区别，但另一方面又不是异己的，自我意识在法律中就是在自己本身之中，而且只是就这一点来说，自我意识才是精神，否则就是无精神的东西。人们可以服从没有文化修养的法律，但那只不过是作为一个奴隶服从它，服从一种外部异己的东西。

以上，关于伦理中的主观与客观、特殊与普遍的关系，对理解个人在伦理中的权利和义务很重要。黑格尔就是根据上述观点阐述他的义务论的。

他认为，如果把个人与伦理性实体、法律和权利分裂开来，把个人完全看成是主观的、特殊的东西，那么，法律和权利就成为

"拘束着他的意志"的"义务"。这样的义务论不是一种哲学科学，也不是伦理学的义务论。伦理学的义务论是一种客观的学说。按照这种学说，"各种伦理性的规定（家庭、社会、国家等的规定）都表现为必然的关系"，而这些关系又是"由于自由的理念"而成为必然的。这样，个人就不会觉得这些伦理关系和规定是外在的限制或拘束。真正讲来，在义务中，个人不但不受到限制，而且是获得了解放，即摆脱了自然冲动，摆脱了主观性和自私的狭隘性。

这样，伦理世界就分化出两个方面（领域）：一方面是内在的世界即道德，即自我意识向自身的反思（反省，反躬自问）。从绝对精神的发展来看，它也就是绝对精神向着自我的归返或回归运动，它就体现着意志的自为存在的自由。另一方面是外在的世界即客观的伦理（自由的秩序）。相对于道德而言，伦理是精神的普遍性、实体性的本质（理念的体现）。这样，黑格尔就揭示出道德和伦理这两个领域各有不同的过程和形态。道德特指个体的个人态度和意愿的主观性，而伦理却显示出人群共同体的有机形式及其内容，即家庭、市民社会和国家的伦理秩序，乃至世界史的发展。即黑格尔所说的内容充实的"活的伦理世界"，同时也展示出两个领域和发展过程的差别和目的。

黑格尔《法哲学原理》中的概念异化的体系中，它们变成精神演变的环节，变成人的存在和存在方式。这些存在方式不能孤立地发挥作用，而是互相联系、相互消融，互相产生的。"不管个体怎样，客观的伦理都同样起作用，只有这种伦理性才是支配个体生命的力量。如果个人妄想违抗它，那只是一场危险的游戏"。

显然，这里既肯定了道德和伦理的区别和区分的必要性，同时又指出两方面的关系和必然性联系：主观和客观、内在和外在、个别和一般、个人和社会、可能与现实、自由与必然、自律与他律等,是统一而不能分离的,各个阶段也是精神发展的历史过程中转化的中介。由此可见,道德和伦理在黑格尔那里是精神发展过程中两个阶段的精神形式(意识形态),它们是独立的,同时又是不独立的,是统一的精神发展过程的过渡环节或中介。在学理上,必须把两个领域加以区分,否者就会产生如下理论和逻辑上的混乱:或者丧失独立意识和独立人格精神,对社会道德产生不实际的主观依赖,而对自己的道德品质及行为则缺失、没有必要的反思和警惕;或者是对公共道德和伦理秩序缺乏必要的认识和文明修养,从而难以建立起明确坚定的信念和道德世界观。个人道德是群体道德风尚的基础和成活的基因,个人道德操守缺失或衰弱,共同体的伦理秩序就不可能健康地形成和发展,所谓道德建设就只能是空话。这就给我们提出了道德建设的任务,是不断进行而又没完没了的使命。

在这里,黑格尔把道德只看作伦理精神发展的必然的阶段或环节。道德是"自由意志的内在规定",是"确定自身的精神",而伦理则是全面涵盖着抽象法、道德和伦理的客观精神。伦理存在和发展的历史形态和现实形态就是理念所显示出来的家庭、市民社会和国家。但是,有一点必须肯定,"不管个体怎样,客观的伦理都同样起作用,只有这种伦理性才是永存的东西,才是支配个体生命的力量"。个人的自由意志的选择,只能是在偶然性与必然性的交叉点上,最好是过渡到必然性,自觉地把握必然性,即理解世事发展的趋势(或大势)。正是在这里,黑格尔总结出人类在社会生活中的合乎理性和必然性的伦理秩序,是在民俗和传统习惯中形成的相互关系的常规秩序:"他们为我,我为他们"。这是个人与他人、个人与社会、主观精神与客观精神的统一、融合的秩序,黑格尔把这叫做"活的精神""活的真理性"和"活的善"的真谛。

人性善恶分析的辩证法

黑格尔在反对形而上学的人性善论时说过:"人们以为,当他们说人本性是善的这句话时,他们就说出了一种很伟大的思想;但是他们忘记了,当人们说人本性是恶这句话时,是说出了一种更加伟大得多的思想。"黑格尔说这段话不是要肯定当时还在流行的人性论,而是针对形而上学的人性善论阐发他关于人性善恶的辩证法思想。理解这段话中的辩证法思想,对于正确分析人性善恶、理解历史发展的动力,具有重要意义。

人们知道,在近代欧洲的道德哲学中,对人性善恶的认识深受形而上学影响。形而上学的道德哲学认为,存在着永恒不变的人性,这种不变的人性或者是善性,或者是恶性,而且善性和恶性是根本对立的。黑格尔反对这种形而上学的人性论,认为人的本性不是不变的,也不只是单一的纯善性或纯恶性,而是变化的,是有内在差别和矛盾的。在上面所引的那段话里,黑格尔就针对性善论强调了性恶论的重要性和善与恶的辩证法,阐述了他的否定性辩证法。

性善论所说的人的"本性善",就是指人性本原的善,即没有恶混在其中的纯善的意志。就此,黑格尔提出了问题:善行是从人的意志产生的,恶行也是从人的意志产生的。如果说人性的本源是纯善的，人的意志是纯善的，那么这种善是从哪里来的？恶又是怎样产生的？意志何以可能又是恶的？对第一个问题的回答只能是求救于宗教，由上帝或假设的上帝去解决。对于第二个问题的回答，只能靠形而上学，既然肯定了人的意志本性善，那么恶性只能在善性之后出现，或与善性并列存在，或从外面加到善性里面去。人的意志何以可能是恶的，这对形而上学来说的确是个难题。按照这种形而上学的理解，无论怎样穿凿，也不能在善性里找出恶性、在肯定的东西中寻找出否定的东西来。怎样解开这个谜？唯一的出路就是求教于辩证法。

按照黑格尔的辩证法，概念、理念"本质上具有区分自己并否定地设定自己的因素"，就是说，"肯定性被理解为积极性和自我区分"①。因此，要辩证地理解或把握概念、理念，就不能仅仅停留在抽象的肯定性上。如果仅仅停留在抽象的肯定性上那就是"理智的空虚"。黑格尔所说的"肯定性"，就事物来说，实际上是事物存在的"规定性"，也就是事物的"定在"（实在）。"定在"中包含着两个因素：一个是现实性即肯定性，再一个是否定性。"定在"就其是存在着的规定性而言是现实性、肯定性，就其为"异在"而言则是否定性。这个否定性是作为"定在"的"异在"包含在"定在"之中的否定因素。这样，规定就是肯定地建立起来的否定，换个角度说，"规定就是否定"。有否定才有规定，没有否定就没有规定，因而就没有发展，所以说否定就是规定的生命。不仅如此，否定既能规定"定在"，又能扬弃"定在"，所以它是自身否定和发展的力量所在。所谓"积极性"，正是指这种发展的主动性和能动性。所谓"自我区分"，就是指概念本身包含着差别和肯定与否定的矛

---

① 〔德〕黑格尔：《法哲学原理》，张企泰、范扬译，商务印书馆1961年版，第145页。

盾,即所谓"本质上具有区分自己并否定地设定自己的因素",黑格尔把这种概念本身的否定性叫做"内在的不安定",犹如孕妇怀孕,在孕育期内始终存在着"内在的不安定"。

不过,事物作为"定在",在与他物的关系中是区别于他物的稳定的质,就这质的存在本身来说,它只是潜藏着他物的"自在的存在"。尽管这种"自在的存在"是一种"内在的不安定",但它仍是暂时的自身同一,它还是它所"是"的东西,是相对肯定的东西,而不是别的东西。正因为这样,形而上学的思维方式总以为特定的事物只有肯定的、同一的一面,只有存在的形式,而看不到也不懂得任何特定的事物都同时还有否定的、不同一的一面,还有潜在的与存在对立的形式,即非存在的形式,还有"内在的不安定"。在日常生活中,人们通常只是想到自己的意志跟它自己处在肯定的关系中,而自己意志的希求所面对的又是某种被规定了的东西,即善的目的,因而很难理解自己的意志本身还存在"内在的不安定",所欲求的善还有可能是恶的。在黑格尔看来,这种形而上学的思维和日常生活中的肤浅识见,是不能真正理解概念及其定在的辩证法的。

上面的思想,在黑格尔那里是唯心主义的概念辩证法。这种概念辩证法见之于特定存在的现实事物,即黑格尔所说的概念的定在,就是现实事物的辩证法。按照现实事物的辩证法,事物之所以具有能动性,能够自我发展,就在于它本身包含着矛盾的否定性。"否定性正是从肯定性中走出来的"。现实的肯定性是善,这否定性相对于那肯定的善来说就是恶。用黑格尔的话来说,与现存的定在"保持相对立的否定性,乃是恶""这否定的东西首先表现为世上的恶"。①"恶是一种否定物""恶只是否定性自身的绝对假象"②。这里的恶作为否定性是具有现实性的否定性，是合理的否定性。按照黑格尔的理解，凡是合理的必将在发展过程中变为现实的。在这种一般哲学意义上，可以说与肯定性相联系并构成矛盾的这种合理的否定性，就是矛盾发展的动力。

就主体的德性而言，善与恶是在意志中体现的。在人的定在中，直接的意志被看作自我同一的规定，是内在的、肯定的，因而被看作善，所以人们说人的本性善。但作为意志的自然性，情欲、冲动、情绪等，它们是与人的本质、精神的普遍性对立的，也就是与自由意志是对立的，因而是一种否定性，所以人们又说人的本性恶。当然，单就自然性本身来说，无所谓善恶。但如若这自然性与自由的意志、人的本质相关联时，它就含有不自由和非本质的规定，因而就是恶的。正是这种作为恶的否定性，构成意志的内在矛盾，推动着意志通过自我否定而设定或扬弃自己，也就是使自我摆脱特异性、自然性的纠缠，向社会性、精神性提升。这种设定或扬弃就是主体的自由和主体性。它"作为本质的目的，即自我本位（不是自私），正是认识本身的原则"③。所以，黑格尔说："唯有人是善的，只因为他也可能是恶的。善与恶是不可分割的，其所以不可分割就在于概念使自己成为对象，而作为对象，它就直接具有差别这种规定。"④这可以说是黑格尔对自己上述思想的概括总结。

那么，为什么说"说出人本性恶"就是更加伟大的思想呢？

---

① 〔德〕黑格尔：《宗教哲学讲座导论》，长河译，山东大学出版社1988年版，第63页。

② 〔德〕黑格尔：《小逻辑》，贺麟译，商务印书馆1961年版，第106页。

③ 〔德〕黑格尔：《小逻辑》，贺麟译，商务印书馆1961年版，第16页。

④ 〔德〕黑格尔：《法哲学原理》，张企泰、范扬译，商务印书馆1961年版，第144页。

第一，它说出了善与恶的辩证关系。人并不具有先天的善性或恶性，按照其本然之性无善无恶，是自然，是白板。而现实中的人，则是在一定的社会关系中实践着的人，是一定社会关系的规定。因此，现实的人作为社会人不仅可能是善的，也可能是恶的，或者是有善有恶的。当我们说到具体的人时，如说人是善的，那只是因为他也可能是恶的。善与恶是不可分割的。其所以不可分割，就在于人自身直接具有善恶差别和矛盾的规定，而且人能意识到自身具有的差别和矛盾的规定。

第二，它说出了发展的动力和杠杆。正因为恶是一种否定性，所以它使人的意志不能停留在自然性、特殊性上，而是向着精神性和普遍性追求。恶的本性就在于离开伦理的客观性的主观性的希求。因此人的意志要排除恶就必须进入客观的伦理关系，得到客观伦理的规定，使主观与客观达到统一。这就是说，没有恶作为对立面，就没有矛盾；没有矛盾，没有借以发挥作用的杠杆，善的作用就无所施展，事物就不能发展，人就不能进步。恶作为对有限的否定是一种无限，而哲学的本质就是要抓住"真正的无限"，即把握事物的矛盾，从而推动事物的发展。

第三，它说出了不应存在的东西。肤浅的道德哲学把良心看作"自我确信"。其实，抽象的"自我确信"仅仅是一种主观性，它还"处在转向作恶的待发点上"。所谓"作恶的待发点"，是说它可能向善，也可能向恶，它的发展有两种可能性。因此它向人们提出了"应当如何"的要求和警示，要求人们自觉地克服那些不应存在的东西，即自觉地抵制意志向恶的发展，自觉地向着应有的善的境界努力。正是在这种包含着否定性的应然性中，预示着人的行为和人生的理想性，同时也向人们表明：认识善和认识善与恶的区别，从而扬善去恶，乃是每个有理性的人的义务。

第四，它说出了行为责任的根据。人与动物不同，人对自身内在的矛盾和对立性是自觉的，是知道不应该停留、固守在自然性上的。如果这种自觉性是自以为是的主观性，是自为的任性，那么他所作出的恶行，就要自己绝对负责。正是在这种意义上，人的意志的自然性已经不是纯粹自然的东西，而是与意志的本质相联系的东西，即已经社会化了的东西。对人来说，行为的善或恶是自觉选择的结果，"恶的本性就在于人能希求它，而不是不可避免地必须希求它"。人的决心是他自己的活动，是本于他的自由作出的，并且是他自己的责任。因此只要不是完全强制的行为，他就必须对自己的行为负责。

肤浅的道德哲学只把意志看作自我的肯定，是没有恶的"纯善"，因而不能解释人的善恶和事物的发展。黑格尔说得好，"如果我们仅仅停留在肯定的东西上，这就是说，如果我们死抱住纯善——在它根源上就是善的，那么，这是理智的空虚规定，而理智是坚持这种抽象的和片面的东西的，而它之提出问题，正好把它推上成为难题"。①黑格尔的善恶观，在思辨哲学范围内克服了抽象人性论的片面性和肤浅性，展示了深刻的辩证思维的智慧。

理解黑格尔的善恶观，对于正确理解恩格斯关于历史发展动力的思想是很重要的。恩格斯在解释黑格尔的思想时指出，"恶是历史发展的动力借以表现的形式"。这句话中的"历史发展动力"，就是指历史发展的矛盾。事物发展的动力就是矛盾。矛盾的两方面相互联系，又互相对立，又统一又斗争，从而推动了事物的发展。从这种意义上，善与恶两方面就是历史发展的矛盾借以表现的形式。历史发展的动力不只是恶这一种形式，还有善这种形式。所以，从

---

① 〔德〕黑格尔：《法哲学原理》，张企泰、范扬译，商务印书馆1961年版，第145页。

严格的辩证思维来说，不能说恶这一个方面就是历史发展的动力，也不能说善这一个方面就是历史发展的动力。一个巴掌拍不响，只有两个巴掌才能拍得响。只能说由善和恶两方面构成的矛盾才是历史发展的动力。就善和恶本身来说，它们都是历史发展的动力即矛盾借以表现的形式。

善和恶是相对的。正如恩格斯所说，每一种新的进步都必然表现为对某一神圣事物的亵渎，表现为对陈旧的、日渐衰亡的但又为习惯所崇奉的秩序的叛逆。在这种意义上说的"恶"，就是对现存的肯定方面的否定。从发展的观点来看，每一种现存的事物从一开始就包含着它的否定因素，并在发展过程中逐渐展开矛盾。当着现存事物由于已没有存在的根据和条件而失去其现实性时，具有合理性的否定方面就会通过斗争代替已过时的肯定方面而变为现实。历史上每一种新的进步，都要通过对旧事物的否定来实现。它表现为革命、改革、新陈代谢、除旧布新，等等。这种否定就意味着对已经没有存在根据但仍然存在着的旧事物的"亵渎"，因而往往被现存的保守的社会势力看作"叛逆"，斥之为大逆不道，予以反对、压制、扼杀，以致酿成新旧较量的暴力冲突。这种否定的力量，当然被旧秩序的维护者看作"恶"。但是如果没有这种"恶"，旧秩序就不能被破坏，新秩序就不能建立起来。因此，这种"恶"不仅成为历史发展的动力借以表现出来的形式，而且从它代表历史发展的方向、推动社会进步这种意义上看，它实际上是善，而不是恶。它正是在同维护旧秩序、阻碍历史进步的保守势力和反动势力进行的斗争中，推动着社会的进步和历史的发展。正是在这种意义上，有时也说实质上代表进步的恶是历史发展的动力。

例如，在封建的生产方式中包含着两个对抗的因素，即旧的封建的生产方式和新的资本主义生产方式，曾经被称为历史的"好的方面"和"坏的方面"。但是，历史发展的结果是"坏的方面"占了优势，最后取代了"好的方面"。正是这个"坏的方面"即"恶"，引起斗争，产生和形成了资本主义代替封建主义的历史运动。因此肯定这个"坏的方面"，就是肯定恶在推动历史发展中的作用。历史的发展是不能只有善没有恶的，否则历史就不能发展。恩格斯说，假如经济学家欣赏宗法式的田园生活，要消灭封建制度的一切"坏的方面"，如农奴状态、特权、无政府状态等，那么其结果必将使引起斗争的一切因素灭绝，资产阶级的发展就会在萌芽时期被切断。这样，历史就会被经济学家一笔勾销。

这里有一个问题：如何看待在历史发展过程中出现的否定、破坏和亵渎？应当说，对于某种否定、破坏、亵渎行为作性质的判断，根本的依据就是看它对历史的发展起什么作用，看其是否顺应或符合历史发展的规律性，是否是合理的。也就是要作历史的、具体的分析。凡是顺应、符合历史发展规律的，具有合理性的，就是善的；否则就是恶的。从这种根本标准来说，善与恶也有确定的"内在实质"，善就是善，恶就是恶，不能善恶不分。辩证法所说的"否定"，包括上述黑格尔所说的"否定"，不是任意的、没有合理性根据的否定，而是包含着矛盾发展的根据和条件的合理否定，是合乎历史发展规律的否定，因此体现这种否定的"破坏和亵渎"也是正义的。

至于历史上那些剥削阶级表现出来的"恶劣的情欲"，如贪财欲、权势欲、卑劣的情欲等，与上述意义上的"恶"不同，是属于道德的恶。造成这种恶的具体情况也有不同。一种是属于剥削制度本身必然造成的人格、品性和行为，如马克思在《资本论》中所展示的贪婪的资本家和货币储藏者的剥削品性、人格和行为；另一种是趋于腐朽的社会势力堕落、淫秽的表现，如杀人越货、偷盗抢劫、暴戾兽行等。但不论什么情况，这种种不义的品性、人格和行为，都属于"恶"。对于这种"恶"，一方面要从道德上予以谴责、批判；另一方面要把它放到善恶对立的矛盾关系上，把它作为善行的一个对立面，看作道德进步中的反面作用，因而它就是社会正义力量通过去恶扬善推动社会进步的"杠杆"。马克思对资本原始积累的分析正是这样，一方面对资本主义生产方式代替旧生产方式的历史进步作用，对资产阶级推翻封建贵族和僧侣统治的革命作用，给予充分的肯定；另一方面，对资产阶级在资本原始积累过程中做出的那些贪婪、残暴的非人道的行为，毫不留情地予以揭露和谴责。历史分析和道德评价是相联系又有区别的。道德评价是历史分析的组成因素，它给历史分析增加一些砝码，不能用道德评价代替历史分析。历史分析是道德评价的基础，但历史分析也不能代替道德评价。

当然，上述"恶劣情欲"的两种情况又是不可分离的。没有资产者个人的贪欲，就不会有个人参与改变旧生产方式的行动，而这些人的参与又必然带着他们的自私性和贪婪，正如黑格尔所说"本质性和自然性的不可分离"一样，他们的活动也是统一体的两重性，因此其善属必然，其恶亦属必然。在这种意义上，历史发展中的"杠杆"作用有时也被说成历史发展的动力。恩格斯就曾说，"卑劣的贪欲是文明时代从它存在的第一日起直至今日的动力"[1]。恩格斯在这里强调的，就是要唯物的、辩证地分析恶在历史发展中的作用，有卑劣的贪欲存在，就有满足贪欲的社会行动，同时就有反对卑劣的贪欲的斗争，从而推动历史的发展。对卑劣的贪欲不能放弃正义的道德谴责，但也不能用道德的愤怒代替经济和历史发展的科学分析。

---

[1]《马克思恩格斯全集》第21卷，人民出版社1958年版，第201页。

综观善恶对立的辩证法，恩格斯作了这样的结论："旧唯物主义在历史领域自己背叛了自己，因为它认为在历史领域起作用的精神的动力是最终原因，而不去研究隐藏在这些动力后面的是什么，这些动力的动力是什么。"恩格斯说，如果要问一下人们愿望的内容（不论是个人的或国家的）是从哪里来的？为什么人们期望的正是这个而不是别的？那么就会发现，在现代历史中，人们的"愿望总的说来是由市民社会的不断变化的需要，是由某个阶级的优势地位，归根到底，是由生产力和交换关系的发展决定的"[①]。因此，对抽象的人的崇拜，"必须由关于现实的人及其历史发展的科学来代替"。这种历史发展的科学就是辩证唯物主义历史观。

---

① 《马克思恩格斯全集》第 21 卷，人民出版社 1958 年版，第 342—346 页。

论伦理秩序

社会的现代化进程是很复杂的历史过程,就其要点而言它意味着一种不同于传统社会的社会结构类型的演变。这种社会结构类型不仅仅是一种制度体制,它还是体现在这种制度体制中的社会伦理秩序。从社会关系的维度来看,伦理秩序就是社会关系中的合理的秩序。从一定意义上可以说,社会现代化进程的要义正是在现代经济基础上的伦理秩序的现代化。

一

伦理关系和伦理秩序这两个概念是相互蕴含的,很难严格分开,但在学理上还是应该作出区分的。"伦理关系"这个词是现代用语,在中国古代文化中就是"伦理"。"伦"字作辈分、等次、秩序解,引申其义可解释为人的关系,又称作"人伦";"理"作治理、整理、调理解,引申之义为道理、理论、规则等。因此,伦理或人伦这样的概念,既意味着人与人之间的关系,又意味着关系之理、关系之则。这些字或词,在文化史上有各种不同的解释,在不同的场合或语境中也有不同的含义。如果作字源、字义的诠释，对理解概念会有一定的帮助，但也必定会有很多的歧义。要真正把握伦理关系概念的真实意义，还应依据对实存的人伦关系的透视和分析。

我这里先以古代家庭关系为例，来说说伦理关系。古人有个朴实的说法，有天地而有男女，有男女而有夫妻，有夫妻而有子女。男女结合成夫妻而有子女后，就形成以两性和血缘关系为基础的包括父母兄弟子的家庭，于是有夫妻关系，父母子关系，兄弟关系，概说为亲子、长幼关系。（古代也有把主仆或主佣关系归于家庭关系的，这里只说血缘基础的典型家庭关系）夫妻关系是男女两性的结合，哪一姓氏与哪一姓氏的男女结合带有偶然性，但一旦形成家庭的亲子、长幼关系，那就形成了以两性和血缘为基础的、个人不能自择的家庭共同体。这种共同体是客观的、实在的，是形成家庭伦理关系的客观基础，这是一方面。

另一方面，这个共同体的成员还必须意识到这个共同体及其成员之间的关系，自觉地对待共同体及其成员的相互关系，以成就健康的家庭生活。据《尚书》记载，古代人已经认识到和睦的家庭关系应当是父义、母慈、兄友、弟恭、子孝，并要有相应的礼规来约束个人的行为。这种渗透着义、慈、友、恭、孝观念并以礼规相维系的亲子、长幼关系，就是以两性和血缘为基础的家庭伦理关系。这就是说，构成实存的家庭伦理关系不仅要有客观物质性的条件，还要有自觉意识或主观精神条件。没有这后一方面的条件，也不能形成作为人的实存的家庭伦理关系。实存的家庭伦理关系只能是这两个方面的有机结合和历史性的统一。

道理不难理解，如果没有自觉意识的精神条件，人类的家庭和动物的群居就没有什么区别了。人类与动物之所以不同，在于人是有精神思想的自觉自为的主体。如果说动物也是动力在其自身的主体，那也只能如黑格尔所说："是不自觉其为主体的主体"，那"不过是一种无精神真实性的感性现象"。人们可以用拟人说法，描述它们之间的"亲情"关系，但实际上它们之间只是自然关系，并没有人类之间的亲情关系。因为它们之间没有相互以亲子关系对待的自觉意识和意志，也没有形成相互交往的社会基础。人类的夫妻之间的爱情、父母与子女之间的亲情关系，不但有自然的以两性和血缘为基础形成的关系，而且有以自觉意识的理性、情感和意志支配的个人行为和相互交往的社会关系。因其自觉意识，在家庭中，人们才能够意识到自己是在共同体之中，从而使自己成为其中自觉的一个成员，并能够做一个应该做的人。

　　这里有一个值得思考的问题，就是人的主体性问题。讨论这个问题，就是要说明人类的伦理关系实质上是人对人的主体性关系。应该说，只有人意识到自己的主体性并成为自觉主体时，才能真正形成人的伦理关系。不难理解，人与自然的对立、与环境的对立，使人意识到自我的存在，以及自我与环境、与他人的区别。人之所以异于禽兽，且因而异于一般自然物，即由于人知道他自己是"我"。当人有了这个"我"的意识之时，人就成为自主、自为的存在。不仅如此，当人意识到自我是在与外部关系中的有限存在时，他同时就发现自我与周围世界的无限联系，从而使自我意识带上想象的能力，也使自己具有了意识到自己"应该怎样"的行为选择能力。这是一种主动突破有限性规定或犹豫不决的进取性。它使人在"应该怎样"和"可能怎样"面前思之虑之，并依据自己的条件作出现实的行为选择。这就是说，现实的人就表现为意识到自己"是怎样"和"应怎样"的统一的主体；换句话说，现实的人是善于使自己从可能状态变为现实状态的人，是不会就在被规定中丧失自己的人。

　　人是主体，但不是因有脊柱挺立而成主体，也不是低等次动物式主体，而是意识到自己"是怎样"和"应怎样"统一的主体。这就是说，"应该怎样"的意识，是文明人之所以文明的关键。这里说的"应该"，是关系的要求，同时也是个人对自身有限性的自觉否定和超越，是从自我规定中产生的理想性，因而是一种反思的意识，是"更高的思维"。中国传统道德的"反躬自身""反省吾身"也具有这种意义。本来，按其男女两性和亲情来说，家庭是以爱为纽带的。对于人的关系和行为来说，爱、情感、欲望的作用固然重要，是生命的根基，但仅有这一方面是不够的，还需要有理性的主导，要有自觉的思想内容和意志的自制。有了这种自觉意识，人才能意识到家庭共同体的实质和相互关系的道理，并自觉遵行其应守的礼规。个人行为选择所依据的礼规，不仅是家庭共同利益的要求，而且也是个人行为合理、正当、得体的内在愿望。没有规矩不能成方圆。合理有序的家庭伦理关系的建立，没有一定的规矩和个人的自制是不行的。在人类历史上，两性的伦理关系从最原始的与动物相区分的性禁例开始，在其从野蛮向文明发展的每一阶段上，都是必须如此、应该如此的。它之所以是必须的，是因为其种类的生存和发展之必然要求；它之所以是应该的，是因为那不但是必然的而且是必要的，不然共同体就会因伦常混乱而走向衰亡。这个必然性、必要性和应然性的逻辑，正是婚姻家庭由习俗、道德和礼法所维系和调节的伦理关系演进的历史。因此，在家庭伦理关系中，个人能以道自守、以礼操行，不仅是生存的需要，而且也是个人的美德表现；家庭能以道自守，以礼治家，不仅是良善的家风，而且是共同体稳定和谐的保障。在中国传统伦理中，这也就是所谓"德以叙位""礼以定伦"。

再来看古代对社会国家形态的描述。元代马端临撰《文献通考·职役考一》中有这样一段话："昔黄帝始经土设井，以塞争端，立步制亩，以防不足。使八家为井，井开四道而分八宅，凿井于中。一则不泄地气，二则不费一家；三则同风俗，四则齐巧拙，五则通财货，六则存更守，七则出入相司，八则嫁娶相媒，九无有相贷，十则疾病相救。是以性情可得而亲，生产可得而均。"不仅如此，在黄帝治下的帝国之中还有相应的国家行政划分："井一为邻，邻三为朋，朋三为里，里五为邑，邑十为都，都十为师，七师为州。夫始分于井，则地若计之于州则数详，迄乎夏殷不易其制。"

从这里可以看出，当时已是脱离了原始时代的社会形态，其中个人利益、家庭利益和社区、国家利益之间的矛盾已经明显，不得不设井"以塞争端"，划地以"牧之于邑"。经土设井，协作生产，互通财货，邑以牧民，这已经超出了家庭范围，具备了相当规模的进行社会治理和人际关系调节的行政组织系统。这幅图景所展示的既是一种经济、行政、人伦的组织方式，又是一种农业社会伦理关系和秩序的模式。家庭伦理有"五典"，即关于父母兄弟子相互关系的伦理规定；社会秩序有"五礼"，即关于天子、诸侯、卿大夫、士、庶民的地位和从属关系的制度规定。中国古代体现为"五伦"的规范就是：君臣有义，父子有亲，夫妇有别，兄弟有悌，朋友有信。这君臣、父子、夫妇、兄弟、朋友，是包括家庭在内的社会关系；这"义、亲、别、悌、信"，就是调节和治理人伦关系的具有法礼意义的道德规范。这种伦理关系后来又有演化，有所谓"七伦""九伦"，等等。比较典型的是近代的"十伦"，即夫妇、亲子、长幼、亲族、姻戚、里党、师生、朋友、主佣、首从等。至于伦理关系的治理和调节，两千多年普遍通行的"五常"就是五个大字：仁、义、礼、智、信。按照道家《化书》的演绎，"旷然无为之为道，道能自守之谓德，德生万物之谓仁，仁救安危之谓义，义有去就之谓礼，礼有变通之谓智，智有诚实之谓信。"这种阐释是极赋思辨智慧的，也是生活经验的概括和总结。

进入商品经济社会就有另一种情形了。在商品交换活动中，交换双方的关系既有人对物的关系，又有人对人的关系。单纯物对物的关系当然不具有伦理的性质。人与商品物的关系，一方以人格相对待，另一方不是以人格相对待，也还不能构成伦理关系。只有在社会关系中，交换双方不仅是作为商品物的代表，而且是作为独立的人格和自由意志相互对待，才能构成商品交换的伦理关系。在人对人以意志相对待的关系中，就有了超出交换双方个人特殊需要（使用价值）的"人"的关系沟通着，并且也要求双方意识到这种以人格相对待的关系。作为意识到的人的关系，就包含着人道的要求。如果说，经济形式上的交换确立了交换主体的物权，那么同时也就确立了交换过程中的人的意志的自由和平等。现代社会的人际关系更加复杂了，但是在现代意义上，仁、义、礼、智、信，仍然可以作为调治人伦的常规；有道是："天道调四时，人道治五常"，且道简而易行。

可见，实体性伦理关系是现实的社会结构中的关系，亦如黑格尔所说，"伦理关系本质上是现实合理性的秩序中的关系"，也可以说是合理的社会关系中的秩序，它不但是人伦之实，人伦之理，还有人伦之规，表现为道德规范、法律和习俗等人的活动的社会存在方式。从具体的实体性来看，伦理关系就是生活的全部，就是现实的家庭、社会和国家等复杂的组织系统，体现为超出个人主观意见和偏好的规章制度与礼俗伦常，表现为维系和治理社会秩序和个人行为的现实力量。但是，伦理关系作为本质的关系，它存在于人与人之间，存在于人间事物的内部和现象的背后，不能用感官直接把握，只能用理性、思维之抽象力去认识和把握。从现实生活关系中抽象出伦理关系，是在作学理研究时需要把外表与内在、个体与关系、现象与本质在思维中分开，以便认识家庭、社会关系和秩序的规律性和规则性。当我们思考具体实存的现实关系和秩序时，则必须把这种抽象放回到具体的实体中去，也就是从具体实体的内在本性和规律性上去把握；必须把人与人的现实的关系看作与物物关系、动物关系不同的具有思想精神本质的关系，是通过思想观念而形成的关系，或者用黑格尔的说法，"在客观的东西中充满着主观性"，是充实着向善的追求的实体性伦理关系。

二

在理论的阐释中，该书对"伦理"和"道德"两个概念是在有联系又有区分的意义上使用的。简单地说，伦理被看作人与人之间合理的经过人为治理的关系，道德被看作伦理秩序应有的调节规范和人之德操。道德是社会生活的反映。道德作为善恶价值观念和行为规范体系，要调节社会伦理秩序，必须通过个体的有教养的行为活动来实现。群体的活动是个体活动的综合，个体的活动是伦理有序化的原动力。这里有道德的两个方面：一方面是社会旨在维系和建立合理的伦理秩序而要求于个人的，提出扬善抑恶的价值导向和行为规范；另一方面，个人进入家庭和社会的伦理关系，认同一定的道德要求，并得于心、化于行、成于身，从而形成具有个性特征的品德。品德是社会道德的个体化，是一般道德的特殊化，也是个人的内在理性功能的发挥。对于个人来说，品德就是道德的个性和伦理的造诣。道德作为人的活动的社会存在方式，一方面塑造着个体的德性或德操,另一方面又形成着群体的道德风尚,这就是实存的道德。那些被社会所确定并推广的道德观念、规范的总和,就构成所谓社会道德的意识形态。由此可见,伦理意味着客观的关系,也意味着这关系之道和理。这"理"和"道"都是精神的东西,若能指导人生行为就还要构成礼规,成为礼仪等,由此而塑造个人的德操和群体的风尚。德是普遍性的道和理体现于个性的特殊方面;换句话说,道只有在特殊的个体行为和群体的风尚那里才有显现的形态和现实性。当然,从道德现象的多种表现来看,道德有着复杂的结构,它既是行为的、意志的、心理的、领悟的,又是关系的、思想的、规范的多因素的构成物。

　　道家的《化书》说,道不但是自在的,而且是变化的,所谓"道在天地间不可见,可见者化而已;化在天地间不可见,可见者形而已"。道—化—形,这个简单的公式体现着道与德的历史和逻辑的统一。"化"的本义是变化,是道与德转化的中介。这是道之由虚而实,由隐而显,由体而用,由变而常,由道而成德的过程。这个过程使"道"有了确定的形态,所谓"道,虚无也,无以自守,故授之以德"。这也正是人类道德文明进步所蕴涵的哲理奥秘。因此应当说,所谓道德,就是道与德的统一,是由道而成德的过程。阐明这种统一和过程,应是道德哲学的任务。

　　在伦理学史上,对伦理关系的本质和特点肯定者不少,但真正从理论上阐明伦理关系者不多。我在这里几次提到黑格尔,那是因为黑格尔是世界伦理学史上唯一一位以思辨的形式系统阐述了这两个概念的区别和联系的人。黑格尔说,他的伦理学研究对象包括伦理和道德,有时单指伦理。所以,恩格斯说:"黑格尔的伦理学或关于伦理的学说就是法哲学,其中包括 1. 抽象的法;2. 道德;3. 伦理,其中又包括家庭、市民社会、国家。在这里,形式是唯心的,内容是现实的。"在德国近代伦理学史上，康德是道德启蒙思想大师，他高扬道德自由和"应该"的道德义务，论证了道德自律的原则和绝对命令，建立了道德自律伦理学体系。但是他贬低伦理，认为伦理是外在力量加于主体的他律，是对自由的束缚。黑格尔与康德不同，他在继承自由思想传统的基础上，按照他的独特思维方式对法权、道德、伦理作了有内在联系的思考，建立起他的"法哲学"体系，主张个人与社会、自律和他律、自由与必然的统一。他在《法哲学原理》中给"伦理"作的界定就是："伦理是自由的理念"。黑格尔所说的"理念"，不是单纯抽象的概念，而是概念与其定在的统一。作为"自由"的理念，不是康德所理解的单纯主体的自律和主观的应该，而是"主观的环节和客观的环节的统一"。就是说，一方面是在主观的自我意识中有知识和意志，并通过行动而达到它的现实性，即伦理性的存在；另一方面它又在客观现实性伦理的存在中有其现实的基础和善的目的追求。所以，黑格尔作了一个生动的描述，说它是在客观的东西中充满着主观性的"活的善"。

在黑格尔那里，所谓"客观的东西"，就是客观精神的发展在伦理阶段上体现的客观规律性，它的具体的实体性内容就表现为不依个人意见和偏好而存在合理的礼俗伦常和规章制度。前面所说黑格尔对"伦理"的分类，也就是梁启超在《新民说》中所说的"新伦理之分类"，即分为家族伦理、社会伦理、国家伦理。这样的伦理与中国传统伦理不同，它不只注重个人对个人的关系，更注重个人对团体的关系。对于个人来说，它是充实着"客观精神"的他律，而不是康德式主体的绝对自律；是具有客观必然性的存在，而不是单纯停留在主观意识中的"应该"。但从"主观性"方面看，他的伦理也绝不是教人做他律的奴仆，而是强调对客观伦理必然性的主体自觉的把握，也就是诉诸自由意志和责任的内在良心。这种内在的良心，是主体的主观意志摆脱了个人主观性、狭隘性而达到的对客观伦理和共同意志的反思，也就是在主体内心中达到了主观与客观、特殊性与普遍性、个人利益与他人利益、个人意志与共同意志统一的"绝对的自我确信"。由于客观精神发展的规律性只有通过个人主体的道德意识和意志才能实现，所以这种良心对于义务来说具有"更崇高的地位"，因为它体现着现实人的正当要求和不为任何外在强力所左右的道德权利。这种权利，用马克思的话说就是："我有权利表露自己的精神面貌"。黑格尔的思辨并不神秘，无非是对经验的东西在其综合的思辨中去把握，在实证中贯通着辩证的思维。对于他的伦理学体系，不管人们赞成还是不赞成，都应该对他的著作有所分析，从他的丰富思想和深刻的思辨中汲取一些有益的东西。

中国传统伦理思想的一个重要特点，是重视经验的伦理关系。不仅重视个人与个人的伦理关系，而且也把人与天的关系、人与物的关系，都纳入统一的"宇宙大化"秩序之中。在这样的观念中，伦理就意味着天、地、人统一的合理的秩序，其理在天道，"道之大原出于天"，伦理关系不过是"天道"之体的显现和作用。因此，人间的伦常秩序被称为"天秩"。这种视野无疑是广阔的，但同时又是极为局限的。因为从总体看来，虽然有时是极为深刻的思辨，但一般多限于对现象的经验观察，局限于一种知性的认识，而缺乏系统的反思的把握；有时又陷入对天道、天秩的直观或近乎神秘的推测，而缺乏对社会和历史的科学分析。因此，流传几千年的道德学虽然建立了大规模的纲常规范体系，有所谓"经礼三百，曲礼三千"，但是对伦理和伦理关系并没有作出科学的解释。不过，从积极方面去看"天人合一""宇宙大化"的秩序，倒是可以从更广泛的意义上去理解伦理关系和伦理秩序。

宇宙万物是统一的。万事万物在相互关系和作用中存在和发展，物对人或人对物总会作出自己的反映或反应，人若粗心地对待物，物就会对人进行报复，犹如脚踢石头会被碰得脚痛，破坏大自然的平衡必定遭到报应。19世纪英国哲学家斯宾塞把进化论应用于伦理道德研究，提出"自然进化过程"与"社会进化过程"相连续的生命进化过程，论证了伦理秩序和道德进化的等级，认为人类道德只是宇宙伦理演化的高级阶段。现代应用伦理学，从人类社会系统与地球生态系统生命攸关来思考统一的地球伦理秩序，强调人类社会只是自然生态系统的子系统，必须尊重生态系统统一的原则。因此人类不仅应对人讲道德，还应对一切非人类的物种讲道德，对生态系统负起道德责任。当然，这是与人类中心主义的传统基督教相矛盾的，而这种矛盾也正在促使哲学家和宗教家的联合，积极增强地球人的"宇宙风度"，扩大人类道德关怀的范围和宇宙统一的伦理秩序。

再看看印度"人生论"。在印度人生论中，提出一种伦理的等级和提升过程，即从非伦理、下伦理、反伦理，到半伦理、伦理，再到超伦理。所谓非伦理，是指无生命的物质世界的关系或秩序。除了非伦理，在一般动物中的伦理就是下伦理；在有灵性的动物中产生的是反伦理；与下伦理、反伦理相比较，不文明的人只是半伦理。只有在自省、自律的文明人之间才有真伦理。至于"超伦理"，那就进入宗教哲学思考的范围了。印度人生论认为，伦理是生命进化、提升的一种机制。借助于伦理，人类就能从低等的关系进入到高等的关系和更高的精神境界。就是说，应当从宇宙统一体和生命进化的连续过程上，去考虑道德、伦理和伦理秩序的发展，从而获得伦理的奥义。在发展的过程中，共同的东西是生命共同体的连续性及其相互作用和个性表现。人类如果破坏了这种生命发展的连续性或平衡，就会危害借以生存和可持续发展的高级生命即人类自身。

这样说来，我们就可借以理解"天人一体"的观念，而不得不承认人和动物之间也有一定的伦理关系。当然，理性的思考之后，我们还是不能模糊人和动物之间的区别。人和人之间的伦理关系与人和动物之间的伦理关系还是有本质区别的。那么，人和动物之间的伦理关系应当怎样看呢？笔者在《日本采风》一书中提出一个"亚伦理关系"概念，或简称"亚伦理"。"亚"者，次也，有低等之义。亚伦理就是较低次级的伦理关系。借用印度人生论的说法，这个"亚伦理"就是处于下伦理、反伦理与半伦理、伦理之间的一种特殊伦理关系，可以说是"不自觉其为主体的主体"与"自觉其为主体的主体"之间的关系，因此是一种特殊主体与主体之间的关系。怎样理解这种"特殊"？就是前面所说，动物作为"不自觉其为主体的主体"与作为"自觉其为主体的主体"的人类之间的关系，犹如有机身体之于精神头脑。这样，我们就可以从生命的连接、高级主体离不开低级主体的关系上去考虑"厚德载物"，以增强对动物、生物，乃至一切物的关怀和爱护，更好地促进和维护生态伦常和人的生存环境。

三

一般来说，秩序作为事物的常规和次第也就是事物的关系。但作为关系它是事物的某种规则状态的体现，是事物有规则的存在方式，又可以说是事物的存在秩序。从伦理秩序的视觉来看，伦理关系首先是一种客观性关系，这种客观关系自身具有客观规律性，可以把它看作伦理关系的内在秩序；这种内在秩序通过人的行为活动表现于外，作为现象性的交往秩序就是伦理关系的外在秩序。对这种客观规律性和交往秩序的自觉意识与主体表达，就是一定的社会行为规则体系和意识形式。正因为伦理关系本质上是现实合理性秩序中的关系，是有主体精神渗透其中并通过道德、法律、习俗等规则体系维系的关系，所以这里强调这里首先应当关注的是：这个秩序的合理性和正当性。如果把伦理关系比作大厦，那么合理性和正当性就是它的基础和支柱。

伦理秩序作为一种社会秩序，在于人际关系的合理性和正当性，也在于人们活动的有效合作，在本质上意味着生活在这种关系和秩序中的人可以合理地、有效地运用自己的知识和能力，并且能够预见从其他人那里所可能得到的合作，使自己的行动为正确的预期所引导，从而使行动比较主动和自由。这个特点在亚里士多德那里已有所认识。他所描述的在公民范围内的健康、幸福的城邦伦理秩序，就是以伦理实体为基础的自由、平等的公民合作的秩序。那是一种奴隶除外的公民共享、合作的伦理秩序，是城邦公民与公民、公民与城邦关系的结构性存在。一般说来，家庭、社会、国家都是个人因伦理实体而聚集起来，既有个人利益的追求，又需依据对共同体的组织和行为规则的认识，做出正确的或大体正确的行动预见。人们之所以能够作出个人的行为选择和预见，就在于共同体生活中客观地存在着公共生活规则和伦理秩序的规律性。个人对这种规则和规律性是必须正视、尊重并根据自己的条件和个性加以体现的。在社会交往关系中，每个人的行动、每一具体伦理关系，都是伦理实体的动点和环节，无数的动点和环节相互作用、相互推移，体现在整体上就是社会的发展和伦理秩序的演进。

社会的伦理秩序和行为规范的要求应当是一致的。但是无论在历史上还是在现实中,都会存在着现存伦理关系秩序和应有的规范要求彼此错位的现象。有些合理的、适宜的规范往往难以在现实生活中实行,而有些已失去合理性的规范要求也还在外力强制之下发生作用。有些本不正当的、非规范的东西却常以隐藏的潜规则在起作用,成为正常社会中的"隐蔽的秩序"。这就是说,生活中有秩序并不能证明它的伦理秩序本身就是合理的、正当的。一般说来,社会结构的转型时期同时也就是新旧伦理关系、行为规范的更替时期。在这样的社会结构和状态中,社会不仅充满着矛盾和冲突,而且也会伴随着某种暂时的伦理秩序的紊乱和污浊。这种紊乱和污浊状态的风险及其消长,在根本上有赖于新的伦理关系及其和谐秩序的确立,有赖于社会发展的主导力量自觉地、有力有效地实施社会引导、调节和控制。

伦理关系、伦理秩序就其最初形成而言,是人们于实践中自生自发的产物,然而,一旦伦理关系、伦理秩序被人们自觉意识,并通过恰当的方式将其中的一部分固定为社会的制度性安排时,伦理秩序事实上就已经成为某种特殊的被设计的秩序;或者说,伦理秩序这种原初"自生自发的秩序",在其充分展开过程中,至少会有部分被提升为"人造的秩序"。例如,中国古代的封建社会,在小农经济和三纲五常制度中形成的尊卑贵贱的伦理秩序,既是生产方式使然,也是人的"治化的秩序"。按照朱熹的说法,即使"三纲五常"造成的尊卑贵贱,人之等级区分,"看似不和,但使之各得其宜则甚和"。当然,那是"贵以临贱,贱以承贵"之和。这种农业社会专制主义统治的伦理秩序,必然要被近现代的自由、民主、平等、活泼的伦理秩序所代替。现代伦理秩序趋向于使公民的自由和社会的秩序相适应,在道德上体现出一种追求自由与礼法相统一的伦理精神。它给公民个人以充分的权利,同时要求公民尽到自己应尽的义务，从而实现权利与义务统一的有生气的伦理秩序。在这种意义上，黑格尔的法哲学从绝对精神意义上突出了伦理关系、伦理秩序的规律性本质，不失为深刻的思辨。因为就其本质来说，伦理关系和伦理秩序恰恰在于其对关系和秩序的规律性的自觉把握，在于合目的性与合规律性的统一。在这个意义上，他认为伦理学作为一种哲学的研究，不是讲"应当"的，而是讲"必然"的，它要揭示和描述伦理秩序发展的必然性和规律性，"应当"正是对必然性和规律性的自觉认识和把握。

文明是人类力量不断地完善和发展，也是人类对外在的自然界和内在的本性有限度的控制。文明的这两个方面是相互联系、相互依赖的。如果不能对内在方面加以控制，就很难实现对外部自然界的控制。但是，如果不能实现对自然界的不断改善的控制，人类也就不可能有日益改善的幸福生活。社会和谐是一种社会调节和控制。社会调节和控制的主要手段是法律、道德，在一定范围和限度上还有习俗和宗教，其中法律的控制对于社会、国家的治理是根本的。法律控制不仅是强制性的，而且是最具普遍性和最有效力的。不过法律也带有依赖强力和强制的一切弱点，难以直接调控人的隐秘的内在良心。比较法律来说，道德的调节是非强制性的，它是外在规范导向和内在良心的主宰。它不仅要规范人的外在行为，而且能养育人的内在良心，也就是中国传统伦理所说"谨乎其外"且"养乎其内"。教化就在于通过科学、道德和法律文明，培养人的良好心性和行为，形成文明和谐的社会风尚。

法律和道德都与人的自由相关。对人的自由来说，如果说法律对人发生约束力，人本身必需知道它但不必自愿地希求它，那么人对道德约束力本身不但必须知道它，而且必须诚心、自愿地希求它，所以说道德就是自由，是自由体现在人的主体里。因为法律对人来说是国家对个人强行的约束，个人对法律来说是不能不遵守的；而道德虽然是公共利益对个人的要求，个人应当与之相一致，但它只能是通过个人内在良心的认同和自愿的希求，否则它就不具有实际的约束力，所以道德又必须以尊重人的自由为前提。正因如此，社会对个人的道德要求必须尊重个人的权利，而只有自由的负责任的道德选择才能真正体现它作为有教养的公民的价值和人格尊严。事实上，人们对道德要求的自知、自择、自为这种内在的良心活动，以及在主体内部达到的理性、情感、欲望的中和状态，在其与外在世界的相互作用中所铸成之德性，也就是有教养的道德行为之内在的必然，即它向善为目的。同时，个人的内在行为一旦表现于外，进入现实生活的伦理关系，就处于各种行为关系相互作用的偶然与必然性的交叉点上。从这方面看，个人做出一种行为选择就等于委身于外部关系的偶然与必然相互转化的规律，个人在社会伦理秩序中的自由就是对这种通过偶然而呈现的必然性规律的认识和驾驭。客观关系的结构及其法则的伸张，对于社会成员均是一种拘束，然而这种拘束仅仅对于无视法则或以为所欲为为自由的人才存在，在这个伦理秩序之内自觉把握伦理秩序的行为则是自由的。借用荀子的话说就是"有法而无志其义，则渠渠然；依乎法而又深其类，然后温温然"。"渠渠然"即因不理解法而呆板和拘束状，"温温然"则是深刻认识和把握了规律性的自由、泰然自若状态。由此，我们可以进一步理解恩格斯所说："如果不谈谈所谓自由意志、人的责任、必然和自由的关系等问题，就不能很好地讨论道德和法的问题。"也可以深刻理解马克思在《共产党宣言》中提出的"各个人自由发展为一切人自由发展的条件"这一理想的和谐社会的基本原理。

四

伦理与道德两个概念在严格意义上应当区分，但是如果我们主要不是关心其主观与客观、个体与社会的差别，而是着重于它们都体现着社会精神的实质，那么关于道德存在特殊性方式的上述分析，在学理上同样也适用于伦理秩序。在这个意义上伦理秩序也可以看作道德秩序。伦理秩序正是伴随着道德而成为"无所在又无所不在"的秩序。正是这种"无所在又无所不在"的特质，才使得伦理秩序本身具有丰富的多样性。这种丰富的多样性不仅是指善恶内容区别意义上的，而且是指它贯通生活领域本身的丰富多样性。这样才使得我们能够认识小至日常生活，大到社会国家乃至世界的伦理秩序。

伦理关系作为一种关系不同于血亲、经济、政治等具体关系的重要区别之一，就在于它本身不是有形独立实存的，它在本质上属于以思想精神维系的关系，它必须附着于那些有形实存的具体关系，并通过它们成为现实的存在，如此才"无所在又无所不在"。一切合理的、应然的关系，即为伦理关系，亦成其为伦理秩序。就是说，伦理关系为其他一切具体社会关系存在提供合理性、应然性基础。这样，作为伦理关系结构性存在的伦理秩序，同样为其他一切具体社会领域的秩序，诸如法律秩序、政治秩序、经济秩序以及日常生活秩序等，提供合理性、应然性基础。当然，伦理秩序自身亦有个合理性根据问题。应该说，伦理秩序自身的合理性根据在于伦理实体的具体内容及其规定性。当生活世界及其社会交往方式发生了根本变化之际，伦理实体的现实规定性亦会发生相应变革，与此相应，社会伦理秩序亦会在这种变革过程中经历一个由肯定到否定，再到否定之否定的辩证运动。这个运动的过程和结果，使自由服从必然，又使必然转化为自由，从而使矛盾从对立达到化解。和谐社会的实现过程正是这样一种必然和自由的辩证运动过程。

"社会和谐"是一个历史概念，也是个相对概念。对于人和人类社会来说，和谐并不意味着完美，而意味着改革和改善。因为，可改革和可完善性总是在某种程度上意味着过去和现在的不完善、不完美和将来的善美追求。如果人类可一蹴而就、永久地进入善美极乐的希望之乡，那人类就不需要智慧和感觉了，人类也就不再是人类了。真正的社会和谐是在正义原则主导下不断改革和完善的社会和谐。这里的要点、要害就是正义。正义的关系和秩序总是和谐的，但和谐的关系和秩序未必都是正义的。和谐总是与不和谐相因又相对而存在。社会的和谐是从社会的不和谐经过渐进或飞跃曲折地走向和谐的历史过程。利益的一致或对立是社会和谐或不和谐的根本内容和实质。利益根本对立的社会也有特殊时期或局部状态的相对和谐，利益根本一致的社会也有特殊时期和局部状态的不和谐甚至动乱。社会的和谐从其内容和实质来说，指的就是不同利益集团之间的协调共处的状态，但这种和谐状态又总是以矛盾和冲突的调节为前提的，没有矛盾、没有冲突和不和谐状况的社会，也没有和谐可言。从这种意义上说，和谐社会不是没有矛盾和冲突的社会，而是存在着矛盾和冲突但又能适当、及时地调节、控制矛盾和冲突、实现相对顺畅发展或兴盛的社会。和谐社会应当是以公正支撑的合理的伦理秩序的社会，也就是民主、法制、公平、正义的社会，只有这样，才能建设团结合作，安定有序，人与自然界协调相参的社会。

当代中国社会发展正处于继往开来的重要历史关头，也是社伦理秩序分化调整的特殊时期。我们必须重新认识现代化进程中伦理秩序发展的规律性，在处理改革开放、发展和稳定的关系中建设良好的社会主义和谐社会的伦理秩序。"继治世其道同，继乱世其道变"，中国历史上的伦理道德文化常常像不稳定的建筑物一样，时建时毁，时毁时建。康德在做启蒙工作时曾说过："人理性非常爱好建设，不止一次地把一座塔建成了又拆掉，以便查看一下地基情况如何。明智起来是不管什么时候都不算晚的；不过，考察如果进行得太晚，工作起来总归要困难一些。"康德是说建了拆，拆了建的那种建设是不明智的。其不明智不在于不想建设，不勤建设，而在于没有科学地研究和打造地基；地基还没有打好就急于求成地把建筑物建起来，出了问题再去查看"问题地基"时，就不得不拆掉已建成的建筑物，致使劳民伤财，贻误良机。这就是说，应避免脱离实际的、急于求成的、应景交差式的建设，提倡理性的、科学的、严格规划和施工的建设。任何一个民族、一个国家，对伦理道德建设的非理性的、不负责任的做法，简直就是对历史的犯罪，因为它将给人留下重新拆建和再建地基的困难，而精神文明建设远比建造物质建筑物要困难得多。从这个意义上看，从理论和实践的结合上研究现代化进程中的伦理秩序，对于推进中国现代化建设和构建和谐社会，对于伦理学的发展和社会主义道德建设是很有必要的。

论社会和谐[①]

追求社会和谐，实现和谐社会，是人类的共同愿望和美好理想。在人类历史上，各个民族和各个时代都曾以不同的道路和方式，为实现社会和谐作过艰苦奋斗和牺牲，留下了极其丰富、宝贵的哲学和伦理思想。现在生活在地球上的人类尽管有着各自的特殊生活境域和前景，有着对和谐社会和实现和谐社会道路、方式的不同理解，但面对风雨同舟的人类共同利益，不能不反思自己所奉行的哲学和伦理的价值。

一

我们先谈谈西方伦理关于和谐社会的思想。西方伦理文化以古希腊文化为源泉。在古希腊伦理思想中，各种思想学说龃龉或对立、延续且多变，但追求不同城邦制度下的和谐则是伦理思想的主流。最先讲道德的毕达哥拉斯，以数的关系和音乐的旋律来解释世

[①] 本文原为作者2006年11月中旬于澳门科技大学所作讲座的发言稿，原题为"中西伦理话和谐"。

界的和谐，倡导友谊和秩序。赫拉克利特从对立统一中看和谐，认为"不同的东西是自身同一的，相反的力量造成和谐"。恩培多克勒则从爱和争的关系理解和谐。德谟克利特从社会伦理方面论述了正义和善，留下了很多关于和谐的至理名言。苏格拉底终生与人讨论个人的"善德"和城邦的"正义"，实际上就是在探求社会的和谐。柏拉图的《理想国》构想了城邦各阶层、阶级之间的关系，阐释了应有的美德，提倡智慧、勇敢、节制和正义，实际上是以他的理念论哲学构想了一个"和谐社会"的蓝图。这个"理想国"虽然被后人称为"乌托邦"，但他毕竟是西方哲学家构建和谐社会理想最早的哲学和艺术的表达。

集古希腊伦理思想之大成的亚里士多德，以实现个人和城邦的至善与幸福为目的，阐释了和谐城邦的伦理秩序。他把友爱和正义看作使城邦生活联系起来、实现和谐的纽带。他反对"过与不及"的极端，主张行适中、正当的"中道"，认为"只有在适当的时间和机会，对于适当的人和对象，持适当的态度去处理，才是中道，亦即最好的中道"。他强调"为政应取中庸"[①]。

不过，产生上述思想的时代是奴隶制时代，古希腊哲学家们的思想没有超出他们所处的时代。柏拉图的《理想国》设想三个等级或阶级的人，各守本分，各司其职，互不僭越，就是公正和谐的城邦。亚里士多德则主张对平等的人给予平等的分配，对不平等的人给予不等的分配，就是公正，反之就是不公正。他所确立的正是适应那个时代的和谐社会的理论和思维方式。

欧洲中世纪是封建制的社会，是信仰的社会。那时讲的"和谐"是领主占统治地位的、基督教和神学控制的社会，是以"爱上帝""爱人如己"为原则和世俗等级为纲常的社会伦理秩序。但是，

---

① 《亚里士多德全集》第 8 卷，中国人民大学出版社 1994 年版。

教会的治术也有它的深刻之处。它以共同信仰和社会原则为基础，作为罗马权力传统的继承人和古代文化的体现者，对西方提供了一个有秩序的和稳定的政治范式，构建了一个持续千年的历史时代和社会共同体，创造了调节和维护社会伦理秩序的道德体系。当然，它的发展是在充满理性和信仰、权力和自由、正义和邪恶、天国与现实的冲突中实现的。

近代西方思想经过启蒙运动，进入知识、理性社会，注重现实、经验和科学，倡导自由、平等、博爱和正义，对和谐社会的构想进入了一个比较务实的新时代。资本主义发展较早的英国，重视财产关系，并由此设计了在竞争和契约基础上的和谐社会模式。亚当·斯密主张自由竞争和正义，使利己和利他、功利与同情调和。他强调社会正义，认为正义犹如支撑整个社会大厦的主要支柱。如果这根柱子松动的话，那么社会这个巨大的建筑就会土崩瓦解。正义是构建和谐社会的基础。

18世纪法国面对政治解放任务，卢梭的《社会契约论》，主张实现个人意志和人民意志、个人利益和社会利益、权利与义务、强制与自由的统一。法国启蒙思想家都强调公正，认为公正是真正的社会和谐的原则。他们崇尚法律的力量，认为法律是"社会理性的化身"，表现出现代社会的法制精神。

德国哲学家则用思辨哲学论证了自由的秩序。他们认为，每个人既能有意志和行为自由，同时又不要妨害他人的自由；实现社会和谐就要找到自由的普遍法则即公正法则。什么是公正？康德的回答是："一个人的意志同他人的意志相统一的状态。"黑格尔的结论是："行法之所是，并关怀福利，不仅个人福利，而且他人福利，即普遍福利。"他强调个人和社会、权利和义务、自由和必然的辩证统一。后来形成这样一句话："每个人的自由发展是其他一切人的自由发展的条件。"这是人类未来社会的"自由人的共同体"。这句话就是1848年马克思、恩格斯所写的《共产党宣言》中的思想。这个思想完整地说是这样的："代替那存在着各种阶级以及阶级对立的资产阶级旧社会的，将是一个各个人自由发展为其他一切人自由发展的条件的联合体。"①马克思、恩格斯主张实现社会主义社会，进一步实现共产主义社会，就是要实现这样的和谐社会理想。他们把宝贵的生命献给了这一伟大的事业。

从一定意义上说，社会主义从产生时起，就是构建和谐社会的实验。恩格斯在《大陆上社会改革运动的进展》中评论过英国、法国和德国三个国家的社会主义思想和欧文的社会主义实验。恩格斯说："我一向认为，建立和谐组织是一种实验，表示实行欧文先生的计划的可能性。促使社会舆论更赞赏解除社会贫困的社会主义计划"。他认为，当时英国社会主义者构建和谐社会的计划不能向法国人推广，因为法国人的处境使他们不得不把注意力集中于政治行动，他们要进行的是争取政治独立、自由、平等的斗争。因此，英国人的这种社会主义实验在法国就不会有什么用处，这会使他们变得冷淡和漠不关心。但是要向他们表明，真正的自由和真正的平等只有在公社制度下才可能实现，这样的制度是正义所要求的。

至于现代西方哲学、伦理学的正义论和人权论等，也都从各自的学术立场上提出了构建现代和谐社会的方案。如主张每一个公民所享有的自由权利的平等性，强调正义秩序在于人与人的互助与合作，在于相互适应，相互共容；提倡各个国家和民族的善意交往和商谈、沟通，等等。

就以上所说西方伦理思想关于"和谐"观念的涵义，大体可以归纳为以下几点：第一，是自然秩序的完美和完善合理协调发展；

---

① 《马克思恩格斯全集》第4卷，人民出版社1958年版，第491页。

第二，是事物发展的规律性，对立面的统一和斗争的辩证性；第三，是法律的完善和多元统一的社会秩序；第四，是个人自由与他人自由在正义原则下的统一。当然，哲学家和伦理学家的和谐社会构想，常常与他们所处时代和国家的现实政治实践不一致，甚至是对立的，因为政治实践是特殊的、现实的，包含着权力的绝对要求和变动的策略，而哲学和伦理的原理或原则总是带有普遍性和理想性，它可能被接受，也可能不被接受。

二

　　中国古代文化的发展早于古希腊，中国古代关于和谐社会的思想也先于古希腊。在中国历史上，早在殷商时代就有"和实生物"的思想，周代已有哲理精深的《易经》和成文的、系统的礼仪体系。孔子删"六经"，讲周礼，重视礼的作用，其思想按他的学生有子的阐述，就是"礼之用，和为贵"，并形成了传之后世的"和谐哲学"。孔子的智慧是多方面的，但概括起来可以说就是"和谐哲学"。他以仁为体，以礼为用，针对具体情境阐发了他的和谐和中庸思想。他以"和"为原则划分君子和小人，认为"君子和而不同，小人同而不和"。作为哲学的原则阐释，他认为，"仁者，爱人""克己复礼为仁"。仁与礼的统一就是人与人之间的友爱和睦、和谐共处。仁与礼的结合就是和谐秩序的呈现。孔子之后，孟子继承并发挥了孔子的和谐思想，认为"天时不如地利，地利不如人和"，主张"治国当以仁义，然后上下和亲"。荀子对孔子和谐哲学和中庸之道进一步系统化和深化。他看到，社会的和与分有各种原因，根本在于利益之分。有分才有和。分如何能和？荀子主张"义分",义分则和。义分即"群道""群道当,万物皆得宜"。此外,先秦时期的墨、道、法等家,也都以各自的哲学和伦理阐发了和谐为人和治世之道,造就了中国传统哲学和伦理思想的百花齐放、百家争鸣时代。但作为传统主流的思想还是孔子和以孔、孟、荀为代表的儒家和谐哲学。

汉代定三纲五常,独尊儒术,并把纲常礼教定为制度。董仲舒重纲常礼教,谓之制度,谓之礼节;强调贵贱有等,衣服有制,朝廷有位,乡党有序;力求在民不敢争的条件下达到一种宗法专制的和谐秩序。这种纲常道统几经朝代更迭而延续不变。佛家也讲和合,叫做"僧伽"。佛教禅师讲清寂,与清寂相通的就是"和敬"。众人相聚。如果每个人都表现自我,那么团体就无法成立。一个团体得以成立,不是只讲人情、义气就可以的,还得把各个不同个性的人协调起来,变成既包含个人的个性而又不同于每个人的第三种风格,这样人与人之间的融合才能成立。佛家强调必须在个人内心里对怨恨、仇怒予以调和,使人心也得到和平才算真的和谐。如果表面上一团和气,暗地里隐藏着怨恨、仇怒,那就不是真正的和谐。

宋明理学、心学虽然有深刻的哲学思考,但也并没有真正通达世事的症结。朱熹重三纲五常;讲道心与人心、天理与人欲,公与私。他说,即使尊卑贵贱"似若不和之甚,然能使之各得其宜,则甚和也",而王阳明则讲"致良知",认为"事变只在人情里,其要只在致中和,致中和只在慎独"。这正同佛家所讲清寂和敬、除恶于心的和谐,相互应和。和谐哲学虽然经过宋明理学、心学的哲学论证,更加系统化和理论化,但在用于经国治世的过程中也使和谐哲学带上了僵化、虚化的特征。

近代启蒙思想开始使中西文化结合。康有为《大同书》对"人人平等,天下为公,人人相亲,无恶无欺"的人道和谐世界的构想，梁启超提倡民主、自由，爱己、利他，爱国的"新民说"，以及康梁的维新变法，特别是孙中山的革命思想和行动和追求天下为公、世界大同的社会理想，可以说是在西方思想潮流影响下、弘扬中华民族传统和谐哲学、构建和谐社会积极的、革命性的实验。但近代中国已是四分五裂、没落腐败，血色残阳，孙中山的"天下为公"只能是个美好的幻想。

从孔子到孙中山关于"和谐"观念的涵义，与西方伦理关于和谐观念的涵义比较，大致可以归纳为以下几点：第一，阴阳相反、相对因素的协调、结合；第二，是事物存在的无过无不及的状态；第三，是人的行为和人际关系的合节、顺礼，有序；第四，是天人相应、相济、相融、合一。中国传统哲学关于和谐观念的这些内涵和特点，已在几千年的传统思想演变过程中，在从"斗争哲学"向"和谐哲学"的转化中，也在世界范围内的和谐主义与冲突主义的对立中显示出来。这种显示表明了马克思一个深远的预见："哲学正变成文化的活的灵魂，哲学正在世界化，而世界正在哲学化。"

三

但是，孙中山并不是孔夫子，他的哲学还是"斗争哲学"，他想通过斗争达到三民主义的社会理想，并且终生为之奋斗，但是他失败了。历史已经注定，从三民主义到社会主义这一段历史是在毛泽东的"斗争哲学"指导下走过的。毛泽东的哲学理论核心，总结起来就是《矛盾论》，后来又有《关于正确处理人民内部矛盾的问题》。毛泽东曾经提出过和谐社会的构想，他要造成又有集中又有民主，又有纪律又有自由，又有统一意志又有个人心情舒畅、生动活泼,那样一种政治局面。但是,这个关于矛盾的哲学后来被简单化、绝对化和僵化了,以至就剩下"一分为二",而且只能讲"一分为二",不准讲"合二而一",甚至把讲"合二而一"定为罪行。于是就有"天天斗,月月斗,年年斗",结果那个"和谐社会"的理想也成了问题,不是"生动活泼的政治局面",而是严重的社会动乱。

和谐的社会是以自由为基础的,自由只许用公正来限制。民主、平等的法则是人类社会共同的最进步的法则。和谐可能是君主专制下的和谐,也可能是民主共和制度下的和谐,也可能是自由、民主制度下的和谐。不论是什么制度下的社会和谐,公正的法律和道德协调下的社会和谐,不允许任何人用自己的"自由"或少数特权者的自由,去对他人施行暴力强制或限制他人的自由。在这里,利益的一致是社会和谐的基础,每个人的自由发展是其他一切人自由发展的条件。和谐社会是没有不公正的暴力和不公正的强制行为的社会,是公正的自由和秩序统一的社会。

历史在进步,在飞跃。思想是在历史发展和社会变革中产生的,正确地把握了时代脉搏的思想一经产生,就能扭转乾坤。在20世纪70年代末的中国,这扭转乾坤的思想就是邓小平在关键的年代强调的四个字:实事求是。接着就是解放思想,改革开放,以经济建设为中心搞现代化建设;先进的生产力,先进的文化,人民的根本利益;从"以人为本",到"和谐哲学"的提出,一种科学的发展观形成了。这就可以清楚地看出社会主义的理想进入了一个新阶段。

构建和谐社会是人类的千年梦想,也是我国现代化建设进程中提出的社会理想和现实实践。和谐社会构想的思想,是前人思想的继承和突破。对和谐思想的理论价值定位,既要与前人思想理论进行比较，也要对中国社会的历史和现实进行正确的分析。

改革开放和现代化建设的巨大成就，为在我国构建和谐社会创造了经济、政治、文化、社会建设的基本前提和有利条件，但是这样的历史进程同时也面临着前所未有的复杂的矛盾和问题。中国当代历史和现实有三大变化：一是社会转型；二是多元趋势；三是断续结构。所谓"社会转型"并不是转向资本主义，而是沿着社会主义方向，在社会主义制度范围内的变革，表现为完全公有制经济转变为以公有制为主体、多种所有制经济共同发展的经济制度，从计划经济向市场经济，从传统社会向现代社会的转变。所谓"多元趋势"，是由于经济结构的变化必然带来的生产方式、利益主体、生活方式、价值观念的多元化、个性化趋势。所谓"断续结构"是从历史发展上看，中国社会发展的不平衡性，表现为农业社会、工业社会和信息社会三个历史时期的社会成分同时存在于同一现实社会中，表现为社会文明时期的连续与断裂、同在又不同的结构。中国社会这三大变化带来的矛盾和问题，集中体现为利益的差别、矛盾和冲突。这种差别、矛盾和冲突表现在各个方面，如公有与私有、城市与农村、内陆与边陲、港澳台与内地、富裕与贫穷、强势与弱势，干部与群众，以及稳定与变迁、现代与传统、文明与野蛮、改革与保守，等等。大量的、主要的是非对抗性矛盾，也还有对抗性矛盾。因而构建社会主义和谐社会将是一个长期、艰难但又极其伟大、光辉的历史过程。

社会存在矛盾、冲突和不安定因素并不可怕，有如自然界常有寒暖风雨一样，矛盾冲突是社会发展的常态，平衡与不平衡、安定与不安定总是混在一起的。那种认为和谐社会就是没有矛盾、和和气气的社会，是不对的；认为构建和谐社会就要"把矛盾消灭在萌芽状态中"的想法，是错误的。矛盾从萌芽、展开、成熟、转化到消亡，是一个发展过程。社会矛盾要在其发展过程中依据一定的条件，采用适当的方法去化解，尽可能结合对话、商谈等方法，使矛盾的对抗性质缓和以至转化，化消极因素为积极因素。从几千年的中西文化思想发展来看，主流思想还是把和谐社会看作存在矛盾和冲突但又能正视并妥善化解矛盾和冲突的社会。

一般说来，社会结构的转型时期同时也就是新旧伦理关系更替时期，在这样的历史过程中，社会不仅充满着矛盾和冲突，而且也会伴随着某种暂时的伦理秩序的紊乱。这种紊乱状态的风险和消失，在根本上有赖于新的伦理关系及其和谐秩序的确立，有赖于社会发展的主导力量自觉地、有力地实施社会引导和控制，特别是需要法律和道德的公正原则。人民不是从理论和宣传上看待社会和谐不和谐的，而是根据现实社会的实际作出判断的。当一个社会中人们都认为社会利益和个人利益的调节、权利和义务分配均属公正或大体公正时，人们就会对社会、国家抱有自然而然的信心和感动，就会在全社会形成一种团结合作、同心奋斗的良好秩序；而不公正造成的人心分离和社会的无序状态对社会和谐的破坏要比其他任何形式的破坏都更为严重和深远。构建社会主义和谐社会不只是美好的理论，它也是为了实际的目的用实际的手段所要做的最实际的工作。

中华伦理、道济天下
——建设伦理法、道德法、礼仪法相统一的现代中国法哲学

本文在开始前需要先讨论一个问题：在中华民族几千年的文化发展史上，究竟有没有自己的伦理学？长期以来流传一种说法，大意是中国本无伦理学。现在我们说的伦理学是日本从 Ethica 这个希腊文翻译过来的，原意是风俗、习惯的意思（英语中的 Ethics 相当于品德学）。我认为，这样的说法是有问题的。

中华文明源远流长，传承了几千年，不能说中国没有自己的伦理学，只是表述方式和文字语言有自己的特色，与西方不同。在古代希腊，早期哲学就有苏格拉底对"德性"的思考，就有柏拉图讨论政治伦理的对话集《理想国》，直到亚里士多德写出《尼各马可伦理学》（准确应译为"品德学"）。在中国，有关这类问题的思考和讨论，早在先秦时代也有了明白的表达，叫做"人伦之理"。汉代开设的"小学""大学"教育，虽然是按适学年龄划分教育阶段，与亚里士多德按研究对象划分不同，但就其内容和教育的宗旨来说，它不仅是中华文化祖传的伦理道德教育的经典，而且是作为"治国立人之道"，教育大众学习并践行伦理、道德、礼仪的伦理学或品德学。朱熹在讲"大学之道"时明确说："学有大人之学和小

子之学"①。所谓"大人之学",即"穷理、修身、齐家、治国、平天下之道";所谓"小子之学",主要就是"洒扫应对进退之节,诗书礼乐射御书数之文"。前者是学道即穷理治世,后者是学文字和应对礼节。虽然所学内容和学问层次颇为悬殊,但都在伦理、道德和礼仪的范围之内。古代设立学校以教天下之人(包括王世子、王子以至庶人之子)。小学是大学的基础,大学则要培养如荀子所说的"成人",即君子的德、操,"德操,然后能定;能定,然后能应。能定、能应,夫是之谓成人"②。用现在的语言表达,"成人"就是有觉悟能担当的成熟的人。教育的主要目的,是除去个人偏于物欲之蔽的气质,复其善性而尽其人伦之理的德性。不难理解,所谓"大学之道",其主旨就是使人从小到大,逐步通晓并践行"人伦之理和为人之道"。这"人伦之理和为人之道",就是中国千年传承下来的伦理学或道德哲学(宋明时期的伦理道德之学已成熟为特殊的中国哲学)。

一、作为"人伦之理"的中国伦理学

一般说来,具有实践特性的学科都以一定的社会生活领域为研究对象,并在此基础上圈定相对固定的知识范围。所以,理解一门学科,关键要看它研究的社会生活领域究竟是什么,而不能单从名称出发去理解。例如,黑格尔所说的"法哲学",从学理上讲是唯理主义理念论的一个典型体系。但从内容上讲,它是从伦理道德的

---

① (南宋)朱熹:《全宋文·经筵讲义》,曾枣庄、刘琳主编,上海辞书出版社、安徽教育出版社2006年版,第183页。

② 杨柳桥:《荀子诂训》,齐鲁书社2009年版,第15页。

角度研究"自然法和国家学"。所以,正如马克思在批判黑格尔法哲学的时候说的那样——黑格尔的法哲学就是他的伦理学,即关于伦理的学说。如果我们只在学科的名称上打转转,就不能真正理解这些学科在研究什么,也就不能真正理解某一门学科在特定的历史文化传统中的地位和作用。这一点做不到,我们是不能说自己了解别人的思想和文化的。

在古代中国,我们的先贤会把圣人的言论、所学汇集起来称之为经典。这些经典不是按现代意义上的学科划分内容的,而是按社会生活领域的实践要求安排内容的。这是中国在思想文化领域和西方相区别的一个地方,也是我们的一个特色所在。如最早的由孔、孟讲学记录汇编而成的《论语》和《孟子》,就体现了这一特色。在他们之后出现的许多传世经典,也都有这个特色。战国时代荀子(与亚里士多德大约同时代的中国思想家)的著作,虽然有相较孔孟不同的内容划分方法,但那种划分也不同于亚里士多德式的学科分类,而是结合当时社会生活的实际情况,本着"修身、齐家、创业、治国、平天下"的宗旨,对治国理政、人伦秩序和礼仪文明的分别讨论。这种把伦理道德融入实用的、现实的社会生活领域展开讨论的方式,是中国特有的一种体现"道"的方式。这难道不能算是一种伦理学吗?

荀子在《解蔽》篇中对"道"有一段精彩的论述:"夫道者,体常而尽变,一隅不足以举之。曲知之人,观于道之一隅,而未之能识也,故以为足而饰之,内以自乱,外以惑人。"[1]曲解地论道,不但不能提高对道德的认识,反而会陷入片面,只能见"道之一隅"。这样一来,不但自己会乱,若是用来处事或从事社会治理,还会蛊惑别人,造成"上以蔽下,下以蔽上"的严重后果。所以,

---

[1] 杨柳桥:《荀子训诂》,齐鲁书社2009年版,第415页。

荀子接着就强调"衡"的作用。这个"衡"既指恒定的价值目标，又是根本的标准。而"衡"的关键在于"治心"。"心不知道，则不可道而可非道。心知道然后可道。可道，然后能守道以禁非道，以其可道之心取人，则合于道人而不合于不道之人矣。"①那么心何以知道？曰："虚、壹而静。心未尝不臧也。然而有所谓虚；心未尝不两也，然而有所谓壹；心未尝不动也，然有所谓静。……未得道而求道者，而谓之虚、壹而静。"②虚、壹而静谓之"大清明"。所以，中心在于"治心之道"。对心应导之以理，养之以情，不为物所引，则能定是非，决疑惑。而"治心之道"就在于"辟耳目之欲"，做到自强、自忍。

《荀子》全书原是一个没有分章的整体，直到唐代的登仕郎守嘉善谢氏校本，才划分了内容，有劝学、修身、不苟、荣辱、非相、非十二子、仲尼、成相、儒效、王制、富国、王霸、君道、臣道、致仕、议兵、强国、天论、正论、乐论、解蔽、正名、礼论、宥坐、子道、性恶、议兵、儒效、君子、成相、法行、哀公、大略、尧问以及君子和赋等各篇。这种分类大体是按照当时社会治理、文化发展和教育需求制定的。可以说，这是一种由来已久的具有中国特色的伦理学学科划分方法。这恰恰证明了中国自古已有了伦理学，只是质同而名不同罢了。所以外国学者根据中国古人讲"人伦之理"的意蕴，把这门学问翻译成"伦理学"，应该说是恰当地反映了中国传统文化所创立的文化史实。

黑格尔说：德是"伦理的造诣"。什么叫"造诣"？就是在人的生活实践过程中（或按中国传统的说法叫在"格物致知"的历练

---

① （清）王先谦撰：《荀子集解·解蔽篇》，沈啸寰、王星贤点校，中华书局1988年版，第388页。

② 杨柳桥：《荀子训诂》，齐鲁书社2009年版，第419页。

中）造就出来的行为意识和价值观念。正是在这个意义上，我们说道德在本质上是实践的，是通过"格物"而得来的"致知"，是在各种伦理关系中，在修身、齐家、创业、治国的生活实践中得来的认知。所以，道德不只是理论的东西。光是靠死记硬背道德规范或书本知识，是无法真正有道德的。这一点，中西伦理思想史上许多大思想家都看到了。他们都比较重视经验和实际事物的特点，呈现出朴素唯物主义和辩证思考的灵活性。如古希腊伦理学家亚里士多德、中国古代战国时期的思想家荀子等。

中国文化传统源远流长。其中最为长久、最为深固的当数伦理文化。何谓"伦理"？按传统的经典记载，就是"人伦之理"。这个观念的源头在《易经·序卦传》中："有天地然后有万物，有万物然后有男女，有男女然后有夫妇，有夫妇然后有父子，有父子然后有君臣，有君臣然后有上下，有上下然后有礼仪。"[①]有了家庭夫妇，有了父母子女，而后就有了子子孙孙，子孙承继下去，就有了伦辈、长幼、先后、秩序。事实是，有了人就有了人伦之序，有男女夫妻之伦序，父母子女之伦序，以至于祖祖辈辈延续之伦序。所谓人伦就是指家庭、家族成员之间的血缘辈分、亲疏、位次关系或顺序。古语有"伦类以为理"之说，讲的就是一旦有关系就有相互之间"应该如何"、必然如此的观念和伦序之理，如夫妇、父母与子女之间的关系。由于亲情、血缘和辈分的关系，就自然形成了亲情、辈分的秩序，就自然存在着养育和爱慈的关系。人伦的宗类，是起自先祖的宗祖谱系，所以有"先祖者，类之本也"[②]，"凡祖

---

① （清）阮元校刻：《周易正义·序卦》（清嘉庆刊本），中华书局 2009 年版，第 200—201 页。

② （清）王聘珍撰：《大戴礼记解诂》，王文锦点校，中华书局 1983 年版，第 17 页。

者，创业传世之所自来也"①。(《大戴礼记·礼三本》)祖有始祖或先祖，自先祖以下的辈分、顺序、位次就是传统文化本义的"人伦"，其本根就是先祖。再向上追索祖先之祖先……推之至极，即被尊为祖神。这就是立庙祭祀祖神之由来(有的民族所尊奉的神就是祖神)。人伦本身就有自然的先后、本末、秩序之理。关系之理也就是关系之道，也就是自然而然的辈分、顺序、秩序。这也就是中华伦理所说的"道""道即理"。正所谓"以各有条，谓之理；人所共由，谓之道。②"这也符合老子所说的"道法自然"的含义。荀子也说："道存则国存，道亡则国亡。……至道大形，隆礼至法，则国有常"③。

随着历史的发展，祖先延续下来的谱系漫长而日益复杂化，极度扩大了人和人之间的关系。但无论怎样复杂，扩大，犹如自然界之万物大化，天地人三元一体统一而铸成人类命运共同体，仍然是有规律和秩序的。所不同的是人伦秩序不但是自在的，而且是从自在到自为的，是始终有精神在主导着的从低级到高级的活的伦理秩序、能动的行为关系、自为的自觉的秩序。这种秩序是一种需要用抽象力才能理解的对象，是人的感觉无法捕捉的。正如道家《化书》序所述："道在天地间不可见，可见者化而已。化在天地间不可见，可见者形而已。"④犹如人们看四季更替，只能看到春暖花开了—绿树成荫了—秋凉叶落了—雪落冰冻了这些可感现象，但却无

---

① (清)孙希旦撰：《礼记集解》，沈啸寰、王星贤点校，中华书局1989年版，第1192页。
② (南宋)黎靖德编：《朱子语类》，王星贤点校，中华书局1986年版，第99页。
③ (清)王先谦撰：《荀子集解·君道篇》，沈啸寰、王星贤点校，中华书局1988年版，第166—167页。
④ (五代)谭峭撰：《化书》序跋(明弘治十七年刘运刻本化书序)，中华书局1996年版，第76页。

法知道四季变化的内在规律。其中抽象出来的逻辑就是：道—化—形即自然大化的秩序。它不是人为的，而是人与自然统一的大化，是必然性的规律。所以古人说："不见其事而见其功，夫是之谓神，形具而神生[①]。"犹如人之格物或劳动，好恶喜怒哀乐也就在其中了。人当然也可以有所作为，但人的参与也得适应自然之道，否则心有诚，而事不成，情亦伤，志亦挫。荀子也说："天行有常，不为尧存，不为桀亡。应之以治则吉，应之以乱则凶。"[②]

古代的儒学或道学都富有较强的哲理性以至后来演变为玄学的思辨。不过在中国传统哲学中，始终贯穿着对实在与理想之关系的辩证思考。黑格尔对此曾作过思辨的解释，认为"自为存在一边可以认为是理想性，反之（定在即自在的存在）则被看作是实在性"[③]。《小逻辑》定在性与理想性常被有些人看作是等同的，彼此独立的范畴，以为在实在性之外才有理想性，但真正讲来，理想性并不是在实在性之外，或者在实在性旁边。其实，理想性的本质即显然在于作为实在性的真理。就是说，要将实在性的潜在性加以明显地发挥，便可以证明实在性本身即是理性。

中国古代人伦的实存状况又是如何呢？唐《通典》和元《通考》都有相应的记载。以元马瑞临《通考》为例："昔黄帝始经土设井以塞争端，立步制亩以防不足，使八家为井，井开四道而分八宅，凿井于中。"[④]于是实存的人伦秩序就形成了如下的景象："一则不泄地气，二则无废一家，三则同风俗，四则齐巧拙，五则通财

---

① （战国）荀况：《荀子简释·天论》，梁启雄整理，中华书局1988年版，第222页。
② （战国）荀况：《荀子简释·天论》，梁启雄整理，中华书局1988年版，第220页。
③ 〔德〕黑格尔：《小逻辑》，贺麟译，上海人民出版社2019年版，第97页。
④ （南宋）马端临：《文献通考·职役考》，中华书局2011年版，第325页。

货，六则存亡更守，七则出入相司，八则嫁娶相媒，九则无有相贷，十则疾病相救"[①]。于是就形成了这样的社会存在："性情可得而亲，生产可得而均。"[②]（当然，后两句颠倒过来理解更合理一些。）于是就有了"倫"字的象形字：左边一个人字，弓腰站立，像是在刨地；右侧上半是个立着的三角形，象征一座房屋；底边下有一条竖线，象征房前有一条路；路的两边各有一口井，井的周围开出四道，分住四家，两口井就是八家。这种诠释很像一幅墨笔速写画，形显实隐，其实是抽象简化。字中深藏着人伦实情和民俗。这大概就是初民的伦常秩序（古称"彝伦"也称"常伦或常秩。)本来，按男女两性和亲情来说，家庭是以爱和亲情为纽带的。对于个人关系和行为来说，爱、情感、欲望的作用固然是生命的根基，但仅有这方面是不够的。家庭成员之间的交往联系，更需要有理性的主导，要有自觉地对思想情感和意志的自制。这样一来就产生了礼仪的要求。

与这种状况相联系的，还有邦国在黄帝治下对地界和行政治理的规划："一井为邻，邻三为朋，朋三为里，里五为邑，邑十为都，都十为师，师十为州。夫始分于井则地著，计之于州则数祥，迄乎夏、殷，不易其制。"[③]相应的还设有大小官位和吏制。这也是仁政治世、防治暴君污吏一个重要的伦理制度建设。从这里可以看出，古时已有个人利益、家族利益和邦国之间的矛盾，不得不"设井以塞争端""划地邑以牧民"。这幅图景所体现的，正是一种农业社会的伦理关系和伦理秩序的形态。在这里，伦理精神和礼法制度就自然且必然地产生了、融合了，并且具有中华民族的特色。中国是重

[①] （南宋）马端临：《文献通考·职役考》，中华书局2011年版，第325页。
[②] （南宋）马端临：《文献通考·职役考》，中华书局2011年版，第325页。
[③] （南宋）马端临：《文献通考·职役考》，中华书局2011年版，第325页。

礼、崇礼最早的国家之一。

荀子有段话说得比较清楚:"人生而有欲,欲而不得,则不能无求,求而无度量分界,则不能不争。争则乱,乱则穷。先王恶其乱也。故制礼义以分之,以养人之欲,给人之求。使欲必不穷乎物,物必不屈于欲,两者相持而长。是礼之所起也。"①

荀子的主张主要有四点:一、要肯定人生的欲求及其应得所求;要养人之欲,给人之求。二、要有度量分界,贵贱有等、长幼有差、贫富轻重皆有称。三、要欲必不穷乎物,物必不屈于欲,使欲与物两者相持而长。四、要有法、有规矩,培养法礼、足礼的有方之士和有方之民。

这当然需要有理性的主导,有个人自觉的意识和意志,因而要有共同性的礼仪或理义规范以及法治,特别是要有给予养欲之物,要欲与物相持而长。有了这种自觉意识和实践意志,并又能满足需要的事物条件,人才能意识到家庭或民族共同体的实质和相互关系"应当如何"的道理和应有的礼仪和规矩;社会有了欲与物相持而长的物质条件以及度量分界的公平分配之法,国家才能有良民和良治。"应当"的观念不是从个人头脑里本能地发生出来的,它的发生有社会生活的客观动因,有主体对外部世界和事物的反映、认知和理智的思考。在事情发生之前就意识到、悟到事情发生的可能性乃至必然性,完成从"应是"到"必是"的辩证思维过程。

不得不说,这种关于人伦之理的中国伦理学和黑格尔的法哲学有相同之处。黑格尔强调伦理与道德的区分,并对"伦理"概念做了特殊规定。简单地说,"伦理"在他的《法哲学原理》体系中占有突出的地位。按照他的逻辑学阐释,它是"自然法和国家学纲要

---

① (战国)荀况:《荀子简释·礼论》,梁启雄整理,中华书局1988年版,第253页。

体系"（或说是"以国家学"为内容）。但在他的哲学逻辑体系中，它是构成伦理各环节的总体。因为伦理是国家的丰富组织及其合乎理性的建筑结构，它体现着客观的伦理秩序和规律。因此它不可能是偶然性的，而是必然的，在这个意义上，他认为必须避免对国家作为"应然"来研究。黑格尔认为，伦理性的东西，即是理性的各种特殊规定的体系。黑格尔把客观的伦理看作独立存在的绝对精神，把它所体现的国家看作"地上的神"。虽然这种法哲学是建立在唯心主义认识论的基础上，同时也突显了他政治保守主义的国家观，但他在阐述绝对精神及外化、特殊化的过程时，很注意伦理的现实性和经验实存的统一。他认为绝对精神的理念之所以"绝对"，是因为概念符合定在成为现实。所以在看到这个地方的时候，列宁几乎拍案叫好地说："黑格尔的唯心主义是最唯物主义的。"（《哲学笔记》）

黑格尔所说的伦理，我们可以将其理解为"实体性伦理关系"。所谓实体性伦理关系，是指现实的社会结构中的价值关系，也可以说是"现实合理性的秩序中的关系"，或者说是合理的社会关系中的秩序。实体性伦理关系不但是人伦之实，人伦之理，还有价值观，即人的活动的一定的社会存在方式。从具体的实体性来看，黑格尔认为"伦理关系就是生活的全部，也就是现实的家庭、社会和国家等复杂的组织系统，它体现为超出个人主观意见和偏好的规章制度与礼俗伦常，并表现为维系和治理社会秩序和个人行为的现实力量。个人如果无视家庭、社会、国家的伦理秩序和规矩，他就会受到相应的限制或惩罚"。黑格尔所说的"体现为"是什么意思？意思是抽象的理念（观念或概念）是现实的事物、事实的反映或其本质的体现。在这种意义上，从社会伦理方面来看，黑格尔和马克思都认为道德本质上是理性与经验的统一，绝不是偶然的同一与巧合。

二、"伦理的造诣"就是中国古代统称的"德法"

在中国传统伦理思想文献中一般称为礼法。有时也特称"德法"。《大戴礼记解诂·卷八》有记载：这一卷讲"圣德"，讲的就是大法，即天法与德法。具体解释是："故明堂，天法也。礼度，德法也。所以御民之嗜欲好恶，以慎天法，以成德法也。德法者，躬行心得，垂为法象。所以慎天法，以成德法。……能理德法者为有能（此为廉能），能成德法者为有功（国功曰功）"[①]。

"无德法而专以刑法御民，民心走，国必亡。亡德法，民心无所法循，迷惑失道，上必以为乱无道，苟以为乱无道，刑罚必不克，成其无道，上下俱无道。故曰：德法者，御民之本也。"[②]

礼者，法度之通名。大别为官制、刑法、仪式以及道德规范。具体类分比较繁琐，据说礼有三百三千，具体内图冠、婚、丧、祭、朝、聘、射、餐之规，以及揖让进退、饮食起居之礼节等具体规定。三百三千如何把握和践行？一言以蔽之，就是把握以个一"敬"字，当然要根据时间、地点、条件，依不同情况采取适当的文明礼仪。这就是黑格尔所说的"法"的形式。所谓"法"，在黑格尔著作中的本意是指"理念的精神之自我规定，规定即法"。理念在其不断外化的过程中，不断地特殊化、具体化、实在化，与其所化之客体同一而成为所是及其实在，即概念（理念）及其定在。各种形式的礼仪规范就是一种定在的形式。

---

① （清）王聘珍撰：《大戴礼记解诂·盛德》，王文锦点校，中华书局 1983 年版，第 144 页。
② （清）王聘珍撰：《大戴礼记解诂·盛德》，王文锦点校，中华书局 1983 年版，第 146 页。

《曾子制言》:"夫行也者,行礼之谓也。聘义曰'所贵于有行者,贵其行礼也。'夫礼,贵者敬焉,老者孝焉,幼者慈焉,少者友焉,贱者惠焉。……国有道则突若入焉,国无道则突若出焉,如此之谓义。"①"言必有主,行必有法,亲人必有方"②(有方即有道,方以类聚即以道聚)。

"凡人之知,能见已然,不能见将然。礼者禁与将然之前,而法者禁于已然之后。是故,法之用易见,而礼之所为生难知也。"③

孔子曰:野哉!君子不可以不学,见人不可以不饰,不饰无貌,无貌不敬,不敬无礼,无礼不立。夫远而有光者,饰也;近而逾明者,学也。④

德是什么?中国古代儒家认为,"得道于己之谓德"或"以道率身之谓德";道家认为,"道能自守之谓德"。古希腊伦理学认为,德是"人的理性功能的发挥";近代理性主义伦理学认为,德是"主体内在意志的自我规定"。这里所说的"得道于己""以道率身""道能自守",或者"功能发挥""自我规定",都意味着个人要作出行为选择。人的德行、品德或操守是个人自己选择的结果,而不是上帝赋予的,也不是从娘胎里带来的,即使有客观环境和外力的作用,但究其自成之因,最终还是要归于个人的自我选择。正如孔子所说:"善不积不足以成名,恶不积不足以灭身。而人之所行,各

---

① (清)王聘珍撰:《大戴礼记解诂·曾子制言》,王文锦点校,中华书局1983年版,第89—95页。
② (清)王聘珍撰:《大戴礼记解诂·曾子立事》,王文锦点校,中华书局1983年版,第74页。
③ (清)王聘珍撰:《大戴礼记解诂·礼察》,王文锦点校,中华书局1983年版,第22页。
④ (清)孔横森撰:《大戴礼记补注·劝学》,王丰先点校,中华书局2013年版,第145页。

在其取舍。"[1]在这种意义上，可以说"选择是德性所固有的最大特点，它比行为更能判断一个人的品格"[2]。

道德上的选择是决定应该做什么，不应该做什么，应该怎样做，不应该怎样做的选择；是以应该的目的、应该的手段、应该的时间、应该的地点、应该的方式的选择；是理性的、恰当的、毋过毋不及的合乎中道或恰当的选择，是明善恶、知荣耻的选择。这种选择不是无意的、盲目的，而是经过思虑的选择，需有必要的知识和理智。一般说来，道德原则、规范只是价值导向，是行为应该如何的普遍性规定，至于在具体情况中如何去把握，还要靠个人的慎思、明辨和变通，所谓"义有去就之谓礼，礼有变通之谓智"[3]，"礼秉规持范，必有疑滞，故授之以智"[4]。智与仁相互支撑，荣与耻离不开理智的选择。就国家的道德建设来说，固然要有道德规范的制定和宣传，但是如果没有个人的道德警醒，没有个人道德感的萌发和践行，那些有关社会公德、公民道德、家庭美德的规范和宣传文件，就不能落到实处，不能形成普遍的实存的道德行为和风尚，那无异于纸上谈兵。推行"八荣八耻"的社会主义荣辱观，以荣耻之心为鹄的，使合理、正当的道德要求落实于个人的行止和操守，就能使社会的道德要求由虚变实，由典而常，普及四方，惠我中华。

荣耻行为的选择是与利益相联系的。在这种意义上，荣耻行为

---

[1]（清）王聘珍撰：《大戴礼记解诂·礼察》，王文锦点校，中华书局1983年版，第22页。

[2]《亚里士多德全集》第8卷，中国人民大学出版社1992年版，第48页。

[3]（五代）谭峭撰：《化书》·仁化》，丁帧彦、李似珍点校，中华书局1996年版，第41页。

[4]（五代）谭峭撰：《化书·仁化》，丁帧彦、李似珍点校，中华书局1996年版，第41页。

的选择也是对善恶、利害的权衡。这种权衡应当与义理相联系并以义理为指导。正如荀子所说："荣辱之大分，安危利害之常体"[①]，"欲恶取舍之权，见其可欲也，则必前后虑其可恶也者；见其可利也，则必前后虑其可害也者；而兼权之，熟计之，然后定其欲恶取舍；如是，则常不失陷矣。"[②]这里说的"可欲"，就是孟子所说的善，即"可欲之谓善"。荀子认为，人的通病是偏于一面而丢掉另一面，见到可欲的就不虑及其可恶的，见到有利的也就不顾其有害的。所以其行事必定陷入恶害，其行为必然罗致耻辱。这正是不能权衡善恶、见利而忘义的结果。

道德行为选择是个人的，而且只有个人意志才能最终作出抉择。这种能力和权利是别人所不能代替、不能剥夺的，正如不能把自己的良心转让给别人一样，但也必须由个人对自己的行为选择负责。道理很简单，作为个人自己行为选择过程的常规，是从动机到结果的因果关系，行为之果由因而来，当然要由行为之因负责。这里可以引用黑格尔的一句话："认识善和知道善与恶的区别乃是每个人的义务。但无论如何，有一个绝对的要求，即任何人不得从事罪恶和犯罪的行为，人既然是人而不是禽兽，这种行为就必须作为罪恶或罪行而归责于他。"[③]在这里，问题不是个别而是整体，不是与特殊行为的特定方面相关，而是与其普遍性社会影响相关。正因为这样，道德行为才能被认为是自觉的，自主的，道德的，隐微道德行为选择必须以选择者的自愿、自主、自由为前提，道理就在这里；否则，道德行为选择就难以同法律行为或其他强制性行为相区

[①]（战国）荀况：《荀子简释·荣辱》，梁启雄整理，中华书局1983年版，第38页。

[②]（战国）荀况：《荀子简释·不苟》，梁启雄整理，中华书局1983年版，第32页。

[③]〔德〕黑格尔：《法哲学原理》，商务印书馆1961年版，第153页。

别。社会主义道德的要求聚焦到荣耻,直接点击人的良心,"道之以德,齐之以礼,有耻且格",正是"激发于方寸,大化在治世",其推动道德治化的意义和功效,可谓四两拨千斤。

道德选择的意志自由和责任直接关系到人的内在良心。这种内在的良心,是主体的主观意志摆脱了个人狭隘性的束缚而达到了对他人、对社会利益和共同意志的反思,也就是在内心中达到了特殊性与普遍性、个人利益与他人利益、个人意志与共同意志的统一。这种自我确信的反思,就是黑格尔所说的主体内部的"绝对的自我确信(Gewissheit),是特殊性的设定者,规定者和决定者,也就是他的良心(Gewissen)"[1]。现实的人要求有特殊性的现实内容,而且人们对这种特殊性的要求有自己的权利。个人自我决定的意志就是一条对自己的法则,因而也就是主体的权利,这就是道德权利。这种权利,犹如孔子所说:"三军可夺帅也,匹夫不可夺志也。"亦如荀子所说:"故口可劫而使墨云,形可劫而使诎申,心不可劫而使易意,是之则受,非之则辞。故曰:心容其择也,无禁必自见。"[2]马克思在申述这种权利时说:"我有权利表露自己的精神面貌"[3]。

再说,法律和道德都与人的自由有关。如果说法律对人发生约束力,人本身必需知道它但不必自愿地希求它,那么人对道德约束力本身不但必须知道它,而且必须诚心、自愿地希求它。因为法律对人来说是国家对个人强行的约束,个人对法律来说是不能不遵守的;而道德虽然是公共利益对个人的要求,个人应当与之相一致,

---

[1] 〔德〕黑格尔:《法哲学原理》,商务印书馆1961年版,第139页。

[2] (清)王先谦撰:《荀子集解·解蔽篇》,沈啸寰、王星贤点校,中华书局1988年版,第398页。

[3] 《马克思恩格斯列宁斯大林文艺论著选读·评普鲁士最近的书报检查令》,人民出版社1981年版,第42页。

但它只能是通过个人内在良心的认同和自愿的希求，否则它就不具有实际的约束力。正因为这样，自由的、负责任的道德选择，才能体现它作为有教养的公民的价值和尊严，而公民对善和荣誉的自知、自择、自为这种内在的良心活动，在其与外在世界的相互作用中所铸成之德即"伦理的造诣"，也就是有教养的道德行为之必然。事实上，个人的行为一旦表现于外，进入现实的生活关系，就处于各种行为关系相互作用的自由与必然的交叉点上。自由不是什么奥秘，而是个人对别人的关系，这只有对于负责任的个人才有实在的意义。从这方面看，个人做出一种行为就等于委身于各种关系中的偶然与必然相互转化的规律，显然这不是在议论小孩子的、任性的和疯子的行为。由此，可以进一步理解恩格斯所说，"如果不谈谈所谓自由意志、人的责任、必然和自由的关系等问题，就不能很好地讨论道德和法的问题"①。也可以理解为实现中华民族伟大复兴的中国梦和实现未来"每个人的全面发展是一切人自由发展的条件的联合体"。

　　中国的道德传统，一向重视修身践行。"八荣八耻"的道德要求，意味着所含正反两方面内容要通过实际行动体现为实存的德行和风尚。以什么为荣、以什么为耻，其价值导向的重心在于人的"心之所安，行之所止"，重在人的修身践行。中国古文的"耻"字构成，为耳字右边或加一心、或衍为一止，正是意味着心安行止，心身统一，行己有耻之德操。中国传统道德讲"德者，得也"，不只是说在认识上得到了知识，更重要的是指在践履操行上的得到并做到。看一个人是否有德，不在于他懂得多少道德知识，能背出多少道德规范，而在于他能否知荣知耻，慕荣袪耻，尊重相关的道德规范践履行动；不在于他口头上表白得多么好听，多么高尚，而在

---

① 《马克思恩格斯全集》第 20 卷，人民出版社 1972 年版，第 124 页。

于他在日常生活和工作中，在家庭生活、职业生活和社会政治生活中的践行。荀子说："不闻不若闻之，闻之不若见之，见之不若知之，知之不若行之。学至于行之而止矣。"①

在中国传统哲学中，宋明理学尤其强调知行合一的修德功夫。朱熹明确主张修德只有两件事：一是"理会"，二是"践行"。他认为知先行后，知行相须，以行证知；"欲知知之真不真，意之诚不诚，只看做不做如何。真个如此做底，便是知至意诚。"②王阳明进一步强调，知与行就是一件事物的两个方面，"知行原是两个字说一个工夫""知之真切笃实处即是行，行之明觉精察处即是知。知行功夫，本不可离。"③宋明理学家讲出一个深刻的道理，这就是修养和践行本是一个工夫，修养在于践行，在践行中修养，践行就体现修养。正如《大学》所讲，修身、齐家、治国、平天下，把修身与齐家、治国、平天下结合起来，强调修身是本，是有道理的。

从道德治化方面来看，人如不重德性，其身不修，德才不备，何以齐家、治国、平天下？从行为者自身来说，修身是一个自化的过程。在中国传统道德修养论中，这个"自化"过程就是主体自己改变自己、提高自己的过程。其过程包括很多环节，如自知、自思、自虑、自择、自守、自戒、自制、自行、自止、自省、自讼、自正、自信、自立、自强、自律，以至达于慎独境界等。在有关文献中，这些概念虽然没有形成思辨的逻辑体系，而是以分散的、经验性、应用性的形式表达的，因而紧密地与践行操守相联系，这正

---

① （战国）荀况：《荀子简释·儒效》，梁启雄整理，中华书局1983年版，第94页。

② （南宋）黎靖德编：《朱子语类》，王星贤点校，中华书局1986年版，第302页。

③ （明）王守仁原著，（明）施邦曜辑评：《阳明先生集要》，王小昕、赵平略点校，中华书局2008年版，第204页。

是中国传统道德修养论的特点和长处。而这个特点又集中到一点——知耻。知耻是人的知行统一、自觉完善自己的关键。清初大儒魏禧说得好:"耻字是学人喉关。圣人教人与小人转为君子,皆从耻上导引,激发过去。人一无耻,便如病者闭喉,虽有神丹,不得入腹矣。"①应该说,抓住这个"喉关",在打通喉关上狠下功夫,是一个人从自知到自省、从自律到自强的关键,也是社会道德教育能否落实、进退成败的关键。

强调人的道德践行的内在良心,也就是强调人生的内在性原则。《孟子》一书中有段精彩的对话:公都子问:"钧是人也,或为大人,或为小人,何也?"孟子说:"从其大体为大人,从其小体为小人。"公都子又问:"钧是人也,或从其大体,或从其小体,何也?"孟子说:"耳目之官不思而蔽于物,物交物,则引之而已矣。心之官则思,思则得之,不思则不得也。"最后,孟子强调,"先立乎其大者,则其小者不能夺也。此为大人而已矣"。②这段对话所强调的就是人之成人的内在性原则,强调君子与小人分野的内在原因。所谓"大体"是指心,所谓"小体"是指耳目等感官。引申其义,"大体"为思仁尊义之心,"小体"为纵恣情欲之心。人心是人的主宰,失去心的主宰人就要受役于物欲、情欲而失去理性和仁义原则。公都子不懂得这个道理,所以不明白为什么在同样的环境中,有的人会成为大人,有的人就成了小人。

孟子所讲的道理,概括起来就是强调要用理性所确立的道义原则,控制耳目官能的物欲和情欲,不被有害的耳目之欲所引诱,堕入腐败的声色犬马而不能自拔;要识大体,遵从做人之正道,在内

---

① (清)陈弘谋撰:《五种遗规·魏叔子日录》,苏丽娟点校,凤凰出版社1988年版,第299页。
② (清)阮元校刻:《孟子注疏·告子章句上》(清嘉庆刊本),中华书局2009年版,第5990页。

心树立起道义原则。所谓"不能夺",就是坚持原则的道义之心不动摇。如果从主体的行为活动本身来说,在由内向外的德性行为过程中,行是由心指使的,是得自于心性的。用孟子的话说,心者"形之君""神明之主"。人的心即精神是身体的统治者,又是精神自身的主宰者,它可以向自己的身体行为发号施令,也可以反躬自身,内自省,内自讼,过而能改。古人不了解心就是精神活动,往往把心和精神分开。但是如果从内在性原则的意义上说,心作为心思,作为良心,作为确定的目的,也可以说是精神活动的原则和主宰。人之成德、成人,就在于以这样的心为鹄的、为原则,以至于铸就"生乎由是,死乎由是"的德操人格。一个人的内心里若是没有原则的生活,就不会有刚正的人格,就不能承担起齐家、治国、平天下的重任。这些思想借用朱熹的话来概括,就是"明善、正心、修身、齐家、治国"的道德实践。"八荣八耻"就提供了道德实践应当遵循的原则,而这些原则所规定的主体的内在动力就是良心,其客观的社会内容也就是它的现实义务。"八荣八耻"确定了高尚道德原则,同时也划出了道德底线,指出了修养育德之路径,为社会主义道德建设和德育工作开拓了承前启后的新道路。

三、西方伦理思想的嬗变:在个体意志与社会伦理之间

在历史上,关于道德的定义性规定就有两种途径:一是关于道德的总系统知识,就是概括道德对象性的各方面,建立一个统一的理论系统,也就是用整个一门科学的概念体系去解决。这要深入到道德内部,去反思许许多多道德问题本身的问题,是"对思想的思想"。这个问题的解决,是思考者清楚意识到自己思考的内容和意

义时才有可能,它是以对理论自身进行总结概括为前提的。

古代希腊理解的道德,就是行为和交往方式,也就是习惯、风俗,即 mos,复数 mores。不过 mos 一词是多义的。它也有秩序、特性、方式等意义。这是先于道德意义使用的意义。这里有一点与中国古代思考一致的地方,即把社会生活同自然秩序联系起来,以自然秩序来理解社会生活秩序的规范性。古希腊哲学和伦理学信奉逻各斯,与中国古代的"道",有相通之处,但其意义比"道"更多义,也有含糊之处。

逻各斯体现在个体身上是自然的还是理性的?强调自然者,主张顺从自然,情欲,"顺从自然""服从情欲";强调理性者,主张听从理性指导,求得真知、真理,"知识即道德"。从各人与社会关系上说,强调个体自我认识、自我完善、自我拯救的智者,伊壁鸠鲁[①],主张个人自由的个人主义道德;而柏拉图、亚里士多德则力求从社会生活、方面,规范性方面理解道德,虽然没有意识到道德的社会历史根源,但接近了对道德的社会历史本质的理解。这一点,中国古代伦理有较为进一步的认识,如荀子、法家诸子。

古代希腊和中国哲学家都看到了道德的规范性和意识强制性特点。古希腊强调理性控制,中国人强调"道性""反性"而不是"顺性",都是一样的道德思考。中国伦理自先秦基本上都强调理性自制,意志控制。说道德不是外在强制,但也不是否定内在强制,认为自律不是任性自由,而是理性、意志对情欲、任性的规范和强制。

16 世纪,大体区分了两个方面:一方面是社会协调行为和人的关系的领域,表现为风俗、规范;一方面是主观情绪、理智、自我

[①] 伊壁鸠鲁,古希腊哲学家,无神论者,伊壁鸠鲁学派创始人。他的学说主张要达到不受干扰的宁静状态,并要学会快乐。——编者注

信念和意志的领域。但是，他不能理解两个方面的联系和过渡。因此，他的结论是：社会利益与道德是两个不同的东西，道德既不能依据个人利益，也不能依据社会利益。那么，基于什么呢？他和他那个时代的哲学、伦理学还不能科学地回答这个问题，对个人实际有用的、对社会有益的、道德所要求的，三者是什么关系？这是当时最困难但也是最关键的问题。但思维不能停止，只能诉诸人的天性，社会需要与个人需要同出一源，人性是道德的基础，价值的根据在人性。

17、18世纪的西方哲学，继续这种人性论的哲学思考，特别是18世纪，人性论是所有启蒙哲学、道德学反对宗教神学最有力的武器。"道德"一词也在广泛的意义上使用，甚至失去了道德意义。在英、法，"道德"常指一般的精神领域，表示与自然的、物理的领域相区别的人特有的精神领域。

道德的特殊规定被唯理主义—自然主义—心理主义掩盖了。"道德"概念泛化了，把它扩大为本体论的问题。他的《伦理学》不是专门讲道德的，而是关于实体（自然）及其本质属性的学说，实际上是一部自然哲学。道德只是从他的实体哲学中推演出来的一种理性生活方式，行为原则。因此，其结果与宗教道德殊途同归：自然—上帝同一。斯宾诺莎主义的失误在于没有注意道德的特殊性，没有对道德的特殊本质作出正确的理解。

近代英国经验主义伦理学注意到，并有所改进。这主要是霍布斯。他把道德归于自然法，道德哲学就是关于自然法的学说。他提出道德学是"研究人的"学说，"研究善恶"的学问，"研究行为的原因和结果"，研究"心灵运动的原因以及它又是什么行为的原因"。道德建立在自然法基础上，也就是建立在人性基础上。约翰·洛克进一步建立了幸福论伦理学，论证了道德观念、原则来自经验，当然他是从个人快乐、幸福上谈经验的，还是在人的自然本性、利己的需要上解释道德。他理解的道德就是在理性指导下如何使人达到感性快乐、幸福的方式、原则。从理性主义、经验主义的发展来看，已经显露出自然主义方法的缺陷，人性论的困境，于是哲学的探索开始寻求新的途径，找到对道德新的解释。18世纪法国哲学、道德哲学一方面追随洛克，热衷于人性、自然、个人利益，心理的感受性；另一方面，又注意到道德与政治的联系，把道德看作是生活于社会的人们的关系、义务。

这样，在18世纪，道德被归结为人的动机的心理机制；或人的行为审慎的规范；道德只是对实际利益的认识，是利益事实、心理、情感、需要的本然规律的反映。或同国家法律同样的调节原则。都没有抓住道德的特殊性和本质规定。一向宇宙系统的，一向价值本体的，一向人性心理的，一向个人行为功效应用的，四个方向力求改变现有伦理体系——"四马分尸"。

从18世纪中叶起，道德哲学开始向前迈进，扭转以前的困境。即不注意道德的特性，而从人的自然本性、合理的立法，社会生活组织，审慎的行为方式，心理的原因等方面解释道德。此时起，开始了对道德认识的综合，并在综合分析的基础上，给道德作出严格的规定。这就是德国古典哲学和道德哲学的贡献。

18世纪末19世纪初，欧洲伦理学形成了这样一种情形：作为哲学研究对象的道德，似乎呈现出两种完全不同的面孔。一方面，它被看作是精神的领域，如特殊的情感、意志、理性。这种精神在某种程度上，表现为具有普遍性、客观性，但总的说来仍然是人本身的内心世界的表现（显露），它只有在抽象的主体意识中才能展现出来。道德被看作纯粹的主观意识现象。善恶观念，主体对世界的评价态度、善良意志、特殊的理性和内心活动。

另一方面，这种个体道德意识，仅仅被看作一定的社会行为方式的体现。按照这种观点，道德就是一定的社会实践的能力，或说对实际生活有用的能力。所以，道德被看作实际行为或行动、活动；看作大众行为活动、习惯、风俗、风尚，人与人之间的实际关系及相应的心理或理性意识活动。

如果说在前一种情形中，道德表现为纯哲学（本体论、认识论、抽象人类学）分析的对象，与人的社会历史相脱离，那么对道德的后一种认识在当时或多或少地看到了道德的社会性质和社会历史来源，肯定了道德一定的社会功能——实践功能。

康德是用先验主义反对自然主义，但他没有充分估计到自己的理论的对立面的长处。法国启蒙思想家虽然过分看重了肉体的必然性，但是他们的理论中也包含一种伦理学研究的新探索、新方法，即社会历史方法的探索。

康德在对自然主义的批判中，不仅否定了"自然人"及其作为道德基础的"自然本性"概念，同时也否定了道德的一些社会特性，否定了"社会人"及其社会生活中的道德。如"利益""道德的历史发展""社会作用"等。他同情感论者、经验主义者、功利主义者、神学论、斯宾诺莎理性主义论战，反对自然主义、机械论，但是他的道德哲学，先天综合判断及绝对命定，导致超社会的道德解释，本质上同宗教伦理学是一样的。如梅林所说，是"摩西十诫的翻版"。他研究道德的方法是纯思辨性的，形式主义的。他的道德理论被称作"道德形而上学"，道德被看作纯粹理性的意志和精神，而不是社会活动的反映。因此他所揭示的"应该"，没有超出主观意识领域，始终只是一种善良愿望。费希特正是从康德的自我意志向着主体的、主观方面发展，使康德的意志自律成为构造先验唯心主义体系的方法。由此发展出一种理想主义、浪漫派思潮，更把道德同大众生活对立起来，把理想的与现实的对立起来，把应该的和实存在的对立起来。弗里德里希·施雷格尔（见《法哲学原理》序言）这种浪漫主义是自负的冒牌"新哲学"，认为各人的心理、情绪、灵感的东西就是真理。弗里斯认为这种精神（友谊感情）可以治理国家。伦理世界就成为个人任性的偶然性，蔑视伦理秩序和规律的客观性"憎恶规律"。因此，在当时理论界，如何理解道德的本质问题，就成为首要解决的问题。它不仅是对自然主义、经验主义、先验主义进行批判的问题，而且要对脱离社会生活实践的倾向，对抽象现象学方法的批判。这是的伦理学面对的困惑是：道德要么是一个绝对的个体自我意识活动，不依赖社会而产生的绝对命令、道德原则；要么是一种具有社会实践意义的和由社会决定的行为。从理论上说，道德理论要么是经验的社会学、人类学，要么是思辨的形而上学。正是这种分野，使 20 世纪的西方伦理学分裂为两大领域——道德社会学和道德哲学。

在批判法国伦理学的时候，黑格尔不是指向他们对道德的社会性解释，而批判他们在理解道德时的机械性和局限性。他的哲学首先是克服法国唯物主义者的机械性，重视人的主动性、意志自由。在这方面他坚持着康德开辟的道路。但下一步就是对康德的"应该"，如何摆脱康德陷入的困境？

我们看到，黑格尔通过对康德哲学的研究和批判，达到了理论的新阶段，以自己的方式，回答了自康德以来存在的有关道德的问题。他认为，要克服前人的肤浅性（人性论）和片面性，只有从历史主义的立场，运用辩证法，才能使道德哲学摆脱困境。虽然他的方法是历史唯心义的，但他毕竟在唯心主义的形式中，揭示了道德的社会——历史的因素和特质。尽管他的体系构造牵强附会，但它毕竟在实现一个理论的综合，既考虑到道德的社会调节功能，又考虑到它的个体的精神意义。他把道德看作社会调节与个体精神的统一体。按照他的理解，道德不仅仅是区别于自然现象的社会现象，而且是在历史发展中与其他社会调解方式既相区别又相联系的调解方式。他按照这样的理解，建构了他的伦理学体系。费尔巴哈把道德看作善恶正邪之理论区分及实践区分。

马克思在分析黑格尔《法哲学原理》第279节时论及道德法与伦理的关系："黑格尔把私人权利说成抽象的人格的权利，或抽象的权利。而实际上这种权利也应该看作权利的抽象，因而应该看作抽象人格的虚幻权利，这就像道德（照黑格尔的解释）是抽象主观性的虚幻存在一样。黑格尔把权利和道德都看作这一类的抽象，但是他并没有由此得出结论说：国家，即以这些环节为前提的伦理，无非是这些虚幻东西的社会性（社会生活）而已。相反地，黑格尔由此得出结论说：这些虚幻东西是这些伦理生活的从属环节。"[1]

道德是伦理生活的从属环节，道德之虚从属于伦理之实。可是，私人权利若不是这些国家的主体的道德，那它们又是什么呢？或者说得更准确些，私人权利的人格和道德的主体是国家的人格和主体。黑格尔由于自己对道德的看法曾屡次受到责难。可是他只不过是描述了现代国家和现代私人权利，道德而已。批判黑格尔的人是想使道德进一步和国家分离，使道德进一步得到解放。他们这样做证明了什么呢？只是证明现代国家和道德分离是合乎道德的，道德是非国家的，而国家也是非道德的。相反地，黑格尔给现代的道德指出了真正的地位，这可以说是他的一大功绩，虽然从某种意义上说"是不自觉的功绩"。

要讲道德的起源一般都是从社会存在与社会意识的关系上去理解，即作为反映社会存在的社会意识形态来理解。从历史唯物主义

---

[1]《马克思恩格斯全集》第1卷，人民出版社1958年版，第380页。

基本原理来说，当然是正确的。道德是社会的，历史的，不能只是个人的，因而要从社会存在与社会意识的关系上理解道德。要知道，这是把道德作为社会意识形态的本质来理解的，即遵循唯物主义的反映论。由此而产生的一个推论，就必然是作为社会意识形态体现为个人的行为规范或规范体系。因此，认识和掌握道德就是认识并掌握其规范体系，或对照那些道德规范去评价个体行为的是非、善恶、诚伪。这就必然导致把道德理解为知识（形式、范式等说辞）。应当说，学习那些知识和行为规范是必要的，但个人的道德品质和操守是如何学来或形成的呢？是学知识、知道了规范就学出来的吗？道德是认识论、反映论的观念吗？这不仅是道德学的知识问题，也是道德现象的本性问题。

有这样一种说法：''道德既具外在的规范形式，又有内在的德性精神；外在形式的道德规范通过主体内心修养而化为德性，并见之于对规范的践行，才是真正意义上的道德。''这是带有普遍性的伦理学教科书的解释。这就是比较典型的反映论所理解的道德。

四、中国传统伦理思想的嬗变：在"道"与"心"之间

按照中国儒家的说法，伦理关系之"理"，也就是关系之"道""道即理"，如朱熹说："人所共由谓之道，行有条理谓之理。"[①]说明了道、伦、理相通的含义。《孟子·离娄章》说："规矩方圆之至也，圣人人伦之至也。"[②]朱熹解说上句谓"规矩尽所以为方圆之

[①]（南宋）黎靖德编：《朱子语类》，王星贤点校，中华书局1986年版，第99页。

[②]（清）戴震著：《孟子字义疏正》，何文光点校，中华书局1986年版，第12页。

理，犹圣人尽所以为人之道"①。这里的"伦、理、道"三个观念的内在关联，似已明了。但道与德是什么关系呢？按照道家的思辨是这样的："旷然无为之谓道，道能自守之谓德，德生万物之谓仁，仁救安危之谓义，义有去就之谓礼，礼有变通之谓智，智有诚实之谓信，通而用之谓圣。"②这就是说，道虚无，无以自守，故授之以德。在中国传统伦理思想文献中一般称为礼法。有时也特称"德法"。《大戴礼记解诂》有记载：这一卷讲"圣德"，讲的就是大法，即天法与德法。具体解释是："故明堂，天法也。礼度，德法也。所以御民之嗜欲好恶，以慎天法，以成德法也。德法者，躬行心得，垂为法象。所以慎天法，以成德法。能理德法者为有能（此为廉能），能成德法者为有功（国功曰功）。"③

德是清静状，无以自用，故授之以仁。仁用而万物生，万物生必有安危，故授之以义。义济安拔危，必有藏否，故授之以礼。礼秉规持范，必有疑滞，故授之以智。智通则多变，故授之以信，信者成万物之道也。所以，又说：人义礼智信皆法也，思维"躬行心得，垂为法象"。

进一步解释：心性豁达清静无为知道的境界，就称之为道；心地能长久坚持住豁达无为状态就称之为德；由于豁达无为不干扰自然规律的运行，有利于万物生发，就称之为仁；由于有仁爱之心而救困拔厄，称之为义；救困拔厄有施行和不施行的差别，有礼产生救困拔厄，根据情况变通施行礼教（制），称之为智；在这样的变通中保持诚实，就是有诚信；将道德仁义礼智信贯通融合在一起，

---

① （南宋）朱熹撰：《四书章句录》，中华书局1983年版，第277页。
② （五代）谭峭撰：《化书》序跋（明弘治十七年刘运刻本），丁祯彦、李似珍点校，中华书局1996年版，第41页。
③ （清）王聘珍撰：《大戴礼记解诂·盛德》，王文锦点校，中华书局1983年版，第146页。

化为君子人格，就称之为圣。

道即是虚无，而虚无是没有办法长久保持住的，因此虚无就将自己的特性赋予了德；德即是清净无为，而清静无为没有体现其作用，于是将其特性赋予了仁；由于仁促进了万物生长发育，万物生长发育过程中必然有不利的事情发生，于是仁将自己的特性赋予了义；由于义是济安拔危，必然有褒贬品评，因此义就将自己的特性赋予了礼；礼是根据一定的规范决定济安拔危实施与否，必然墨守成规，因此礼又将自己的特性赋予智；智即是变通，由于变通太多使得事情无法确定下来，因此智将自己的特性赋予信。信即诚实，因此成为万物共同的道。

所谓"道在天地间不可见，可见者化而已。化在天地间不可见，可见者形而已"[①]。道—化—形，这个具有思辨色彩的公式，简明地体现了道与德之间的历史和逻辑、特殊和一般、内容与形式、必然与偶然的统一。因为，道之由虚而实，由隐而显，由体而用，由变而常，由道而成德的过程。从道德本身来说，这就是由道而化德，由德而显道的逻辑体现，所谓"道能自守之谓德"，就体现为个体的德操和人格。这实际上说的就是个人之德是伦理关系和习俗交往所铸成的结果。

在西方伦理或道德哲学的解说中，理解道德的一个前提是人的自由意志的存在。黑格尔强调道德的观点："把人规定为主体"。这里有两点值得注意：其一，这里的"人"是单个的人（person），即当我们进入道德的领域时，眼光中必须要有个体的人即个人。正是有了这具体的个人，才有了后面所说的"对立面"及人与人之间的关系。其二，这个个人并不是生物学自然生命意义上的个体，而是

[①]（五代）谭峭撰：《化书》序跋（明弘治十七年刘运刻本），丁祯彦、李似珍点校，中华书局1996年版，第41页。

在自由意志、自由精神、独立人格意义上的自为的个体，是具有自由意志能力的个人。这就是作为"主体"的个人。必须有具有独立人格、自由意志的个体存在为前提，否则就会在抽象地讲人和个人。

　　伦理思想史和人类的道德实践都证明，那样反映论式的理解道德，是远远不够的。如果只是按照这样的理解去进行道德教育，那就会把伦理学和道德教育形式化、简单化、技术化。其实，中国古代学者早就看到了其中的弊端。孔子的弟子子夏理解孔子所说"大德不逾闲，小德出入可也"[①]，他解释说："这不是对自己的，而是对别人交友时的要求"。意即教人的"与人之道"，并不是"自处之道"。夫子的意思是说，与人常宽，自处常严。就是说："与人不求备，检身如不及"。"疏于外者懈于内，略于文者亡其实，是修身之要道，治心之切务也。是故，孔子教人，罕言心性，谨之以言行，约之以笃实，而心性之功在其中矣。"[②]

　　先秦时期的荀子曾提出了"解蔽"之说，以破解人的心术之公患。他说："凡人之患，蔽于一曲，而暗于大理[③]。"（《荀子·解蔽篇》）所谓"暗于大理"，在于心被蒙蔽而不知其"道"。

　　其实，讲社会道德的起源可以追溯到社会意识的根源，但讲道德意识的发端则要换一个角度，回到个体的人生论和人生的寿律。要追溯到人的内在自我意识的发端点和成长过程。它虽然不是不依赖于现实的具体人和人的关系的独立存在，但它毕竟属于个人意

---

　　① （清）阮元校刻：《论语注疏·子张》（清嘉庆刊本），中华书局2009年版，第5502页。

　　② （清）唐甄著：《潜书·取善》，吴泽民编校，中华书局2009年版，第49页。

　　③ （战国）荀况：《荀子简释·不苟》，梁启雄整理，中华书局1983年版，第286页。

识、心性发端的内在精神形态，体现为个人的自我意识、自由意志、良心选择和人格操守。按照中国传统伦理的用语就叫做与"大化"相对应的"自化"。如果是外部刺激反应，那是低等动物就具有的反应能力，如果说那是由某中神秘力量激发人脑而产生的，那是宗教迷信或神话传说。但人的意识发端的动因在个体的人自身，在自身的自觉意图和自为动机，如孟子所说的"意之端"或说是"心之端"。所谓"四端"，即恻隐之心、恭敬之心、羞恶之心、是非之心。推此四端以求四德。孟子还提出一个观念叫做"造道"。"造道之方无他，贵其自得也。父之所得，不可以为子之得；师之所得，不可以为徒之得。"①德者得也，即自得也，谁得的归谁。

  王阳明把意和心通称，在"四句教"中有"无善无恶心之体，有善有恶意之动"。他说的"意之动"，正是个体人的自由意志的心意活动。于是才有"知善知恶是良知，为善祛恶是格物"的主体自觉自为的行为活动。他们都强调从人的自我意识开始，发出道德意志之善心、善行或为恶。其实，自我意识正是哲学的开端，此为中西哲学的通理和共识。《大学》中讲："大学之道在明明德"，而明明德于国、于家、于个人，归之于一本则在于"以修身为本"。因此，《大学》之教归于一个结论："自天子以至于庶人，壹是皆以修身为本"。这个结论就是告诉人们，要理解本末、厚薄关系的道理：本乱末就不可治，而本乱末治是不可能有的；其所厚者薄，而其所薄者厚，也是不可能有的。对人的修德养性来说，本就在个人自身，无论天子或庶人。

  自我意识、自由意志是德行的开端和能动力。最深层、隐蔽的道德意识、道德意志和人格在于慎独。"慎独"即所谓"暗室无欺"，有两义：一是在私居独处之时不作恶，二是在隐微幽曲之地

---

① （清）唐甄著：《潜书·取善》，吴泽民编校，中华书局2009年版，第7页。

无恶念，在人自身内部最深藏的方寸之地只有良心而无邪念。按《大学》之教，那就是"知止"而后能定，能静，能安，能虑，能得之心正意诚、近道达善的功夫。按照朱熹的解释："所谓诚其意者，毋自欺也，如恶恶臭，如好好色，此之谓自谦，故君子必慎其独也！"①"道也者不可须臾离也，可离非道也。是故君子戒慎乎其所不睹，恐惧乎其所不闻。莫见乎隐，莫显乎微，故君子慎其独也。"②重在讲诚信，慎独着比诚身有道，并从容中道，择善而固执之者。博学、审问、慎思、明辨、笃行五目之实，皆在于慎独之心行。自谦、知人，自知之明和知人之智，都有慎独的意义。

《孟子·告子上》讲了孟子和公都子这样一段对话："公都子问孟子：何谓大人，何谓小人？孟子说：耳目之官不思蔽于物，物交物，引之而已矣。心之官则思，思则得之，不思则不得也。"③孟子强调，要成为大人就不能做感官欲望的奴隶，只听从感觉的诱惑，而应有清醒的理性，在思想上确立高尚的做人原则，即"先立乎其大"。孟子说："先立乎其大者，则小者不能夺也"。就是说借助于理性的反思和道德选择，坚持为善的道德选择，立志做有道德的人，就不会坠入自私、狭隘的泥坑。道德之根本在于自我意识的良心选择、决定行为的取舍进退在于自由意志的决定和坚持。这里有个治世与治人，治物与治心的关系问题。对比《大学》的结论，我们的伦理学和道德教育是否正确对待了本末、厚薄的关系了呢？

智慧也是个人内在精神和意志力量。古代中国哲学家把"智仁勇"称为三"达德"，古代希腊哲学家把智慧也放在勇敢、节制和

---

① （南宋）朱熹撰：《四书章句录》，中华书局1983年版，第7页。
② （清）朱彬撰：《礼记训纂·中庸》，饶钦农点校，中华书局1996年版，第772页。
③ （清）阮元校刻：《孟子注疏·告子章句上》（清嘉庆刊本），中华书局2009年版，第5990页。

正义三德之首，正是强调智慧对塑造完人的重要意义。其次是思维能力的发展，要达到理论思维的高度，正是心智能力的主要表现。从直观的思维，发展到理论思维，再到高级的理论思维和形象思维，是一个人的智慧能力发展的不同维度。思维程度越高、越丰富，这人越聪明；思维方式简单、片面的人，不会是聪明的人。智力虽然不属于美的范畴，但心灵结构的完整，即是心灵美的一个必要的构成部分。一个愚傻痴呆的心灵，不能说是美的心灵和高尚的精神。

心灵美的根本意义，在于心术的善良和智慧，在于人格的纯朴和正派。中国古代讲"道心"。《尚书·大禹谟》有"人心惟危，道心惟微"[①]之说。这"人心""道心"，都是一个心。发于"形气"之自然叫人心；发于义理之人为就是"道心"。宋明理学重视义理，认为人心在还不知道义理之时，常有不正和偏邪，而得道于心之后，就能辨微明理，守正谨度。所谓"德者得也"，就是得道于心而铸成的德操。所以，心是道德的灵魂、意志是道德成长的基地。方寸之地，义理之大，正是内在的充实之美。这里的关键就是"知其道"，心不知道，就不可能成为"道心"，不能为道。所以荀子说：心不可以不知道，心不知道就不可能行道，而可能行非道。荀子说："心知道，然后可道。可道然后能守道，以禁非道。以其可道之心取人则合于道人，而不合于不道之人矣。"那么，心何以能知道？荀子说出四个字："虚一而静"。虚一而静就叫做"大清明"。这里，荀子发表了他的千古绝唱："心者形之君也，而神明之主也。出令而无所受令：自禁也、自使也、自夺也、自取也、自行也、自止也。故口可劫而墨云，形可劫而使诎申。心不可劫而使易意，是

[①] （清）阮元校刻：《尚书正义·大禹谟》（清嘉庆刊本），中华书局2009年版，第285页。

之则受，非之则辞。故心容其择也。"

这里的哲理思辨，就是道家《化书》所作的概括："道在天地间不可见，可见者化而已；化在天地间不可见，可见者形而已"。道—化—形，这个具有思辨色彩的逻辑公式，简明地体现了道与德之间的历史和逻辑、特殊和一般、内容与形式的统一。由此也可以理解黑格尔所说"伦理学是由辩证逻辑学而来的"奥妙。因为，它是道之由虚而实，由隐而显，由体而用，由变而常，由道而成德的过程。从道德本身来说，这就是由道而化德，由德而显道的逻辑体现，所谓"道能自守之谓德"，就体现为个体的道德自律及其德操和人格。

问题还在于伦理和道德的区分。中国伦理思想原本是有所区分的，尽管不很严格，缺乏逻辑的思辨把握。到宋明时期就出现了理学和心学之争，尖锐对立、相持不下，以至持续百年之久，甚至可以说直到今天还未熄火。朱熹与何叔京之间有过天地心与人心之争。何谓"天地心"？朱熹认为，"夜气"并非直接就是天地心，但它是天地心的"复处"（外化？），可以通过夜气认知、可见天地心。天地心善根的萌发表现为动机、意图和欲求。何叔京认为，这心是人皆有之的"善根"。善根只是人的欲望，即孟子所谓"可欲"之善，"良心发现之微"。由此演化为绝对善和相对善之争，实际就是理欲之争。（《朱子大全》册十三）

法是规定，也是应当。规定是法，应当也是法，是在规定中包含着的法，潜在着的法，是在监视着、监督着意志和行动的法。导入心而垂为法象。

这就是黑格尔所说，哲学的对象就是现实性，而真实的现实性就是现象和本质的统一。因此，只有在其发展过程中具有必然性的内容才是现实的。理念在发展过程中从抽象到具体的进展就体现着

"规定与应当"的关系。按照形而上学的思维，规定就是规定，而不能是应当；应当就是应当，而不能是规定。但是按照否定性辩证法的思维，应当恰恰是生长在规定中的，即对规定的否定关系。因为任何规定都包含着内在矛盾，即包含着对规定的否定性关系。应当就是对已有限制的超越。用黑格尔的话说就是："自在之有，作为对与它有区别的界限的否定关系，作为对自身的限制的否定关系，就是应当"。任何规定都包含着应当，没有应当它就不能发展；同样，任何应当都在其规定中有自身发展的根据，否则它就不能成为现实。就是说，规定本身有事物发展的根据和条件，也就是具有必然性的发展，或者说具有发展的必然性，就是现实；否则它就只是一种可能性，甚至只是主观幻想和空想。如说"形式的"良心是随时都"处在转向作恶的待发点上"。黑格尔以义务为例，说明义务就是这样一个应当（实际上是说道德）。它反对个别意欲，反对自私贪欲和随心所欲的兴趣。只要意志能够在它的活动中将自身从真实的东西分离出来，这个真实的东西就会作为应当摆在意志的面前。由此，他批评那种把道德的"应当"看作是最后的、最真实的东西，否则道德就会败坏的观点；批评那种认为在现实本身中，合理性和规律并不像"仅仅应当是"那样悲观；也不能把"应当"看作"自身是永久的""有限物是绝对的"之类的抽象。黑格尔命题强调的核心思想就是这样一个结论："哲学研究的对象是理念，而理念并不会软弱无力到永远只是应当如此而不是真实如此的程度。所以哲学研究的对象就是现实性。"对于哲学研究的理念来说，日常生活中所说的那些事物、社会状况、典章制度等现象，只不过是现实性的浅显外在的方面。"哲学的内容就是现实（Wirklichkeit）。我们对于这种内容的最初的意识便叫做经验。"哲学的最高目的就在于实现与经验的一致，达到理性与现实的和解。在这种意义上，如果思维仅仅停留在理念的普遍性和绝对性上，黑格尔认为那就应被指斥为形式主义。

如果说，我们对人生实存的自在状态，赋予人生的主观感悟的意义，那么对人生的理想自为状态的自觉性，就会提升到社会伦理实体的高度，从而使其具有普遍的社会客观性和历史性深度。

五、"德化礼仪"的中国传统道德建设要义

在中国传统道德史上有没有道德建设？回答当然是肯定的。如果没有道德建设，何以留下几千年的道德传统？今天我们又怎能继承优秀的传统道德呢？汉代名臣贾谊在《治安策》中曾说：道德礼法"非天之所为，人之所设也。夫人之所设，不为不立，不植则僵，不修则坏"①。这里所说的"为""植""修"，实际上讲的就是当时所进行的道德建设。

与此相联系的就是礼之法。这种法也是由祖先所立，如《礼运》所记：先王以礼义治天下。"圣人之因时立政，而要以礼义为本"②，即所谓"备设礼义以为条理"，以下处事皆以礼义为纪。所谓礼者"以其文言之谓之礼，以其礼言之谓之义，言礼则义在其中矣。考成也刑，法也。著其义以导其行，考其信以杜其欺，著有过以惩其罪，法仁恩以厚其性，讲逊让以防其争。凡此皆所以谨于礼

---

① （东汉）班固著：《汉书·贾谊传》，中华书局编辑部点校，中华书局1962年版，第2246页。
② （清）孙希旦撰：《礼记集解》，沈啸寰、王星贤点校，中华书局1989年版，第583页。

而示民之以常行之道也"①。"程者物之准也,礼者节之准也。程以立数,礼以定伦。德以叙位,能以授官。"②

中国道德文明发展几千年,不论甲骨金文、竹木字刻,还是经史子集、官府文书,都记载着许多伦理思想、道德规范、圣人箴言和德行事迹。其中凝结着丰富的道德社会生活体验,记载着社会民间活动和社会各界的杰出人士的事迹。这是不容置疑的。当然,传统的道德建设经验程度不同地打上历史的烙印,具有不同的统治阶级政治意识和意志;有国家发展、兴隆时期和鼎盛时期的道德建设,是属于古人、各个民族所进行的道德建设,也有国家分裂和衰败时期的道德建设教训。总的说来有许多积极有价值的道德建设经验和思想,是古代各族人民对社会治理和道德教化规律性的认识,具有对社会个体发展承认知道的普遍意义,是我们今天仍然需要认真研究和借鉴的。

中国传统道德建设经验很多,其中有一条重要的甚至说是基本的经验,就是社会道德价值导向规范化、制度化。道德是反映一定社会经济、政治、文化和伦理秩序和民族精神的反应,表现为向善的理想、愿望和要求。这种要求或价值导向,是作为精神的东西产生的,虽然具有一定社会内容,但却没有感性的实在性,它本身还只是"虚"的精神,而要把这种虚的精神变为"实",即变为人民的德行和群体的、社会良好风尚,还需要有由虚变实的中介,要有一定的手段、方法、措施,使制度之落到实处,变成现实。"虚以受善,实以固执",如《荀子·议兵》所说:"百姓晓然皆知修上之法,像上之志而安乐之,于是有能化善修身正行积礼义尊道德,百

---

① (清)孙希旦撰:《礼记集解》,沈啸寰、王星贤点校,中华书局1989年版,第584页。
② (战国)荀况:《荀子简释·致仕》,梁启雄整理,中华书局1983年版,第187页。

姓莫不贵敬，莫不亲誉，然后赏于是起矣。"[1]其接受善的道理可以虚，但践行道德、建设道德则必须落实。只有落到实处，才能坚定不移地执行。中国古代的经验是把没有规定心房的向善精神一向，化为具有一定规定性的纲纪、原则、礼仪，以及各种特殊规定等。这样，比较抽象的原则、规范就有了比较具体的、确定的、可操作的规定。但是对于具体的道德行为来说，纲纪、原则的规定还是一般、笼统的规定，行动起来应当如何去做，还是有时遇到特殊情况，还会无所适从。于是又有许多依据各种特殊情况制定的特殊指导方法，进一步做出更为具体可行的礼仪规定，以至于有所谓威仪三百、礼仪三千之说。

　　正由于风俗是自由的自然，因而，一个社会的风俗就是这个社会的时代精神，就是这个社会用以判断善恶是非的直接价值标准——这个社会的善恶是非从风俗中获得直接具体规定。黑格尔在谈到义务及其具体规定性时曾说过："一个人必须做些什么，应该尽些什么义务，才能成为有德的人，这在伦理性的共同体中是容易谈出的：他只须做在他的环境中所已指出的、明确的和他所熟知的事就行了。"[2]黑格尔如此说旨在批评康德抽象的义务论，强调须在具体的伦理关系中具体把握义务的内容。在黑格尔的这个思想中蕴含着须在具体权利—义务关系中具体理解与把握义务的思想，同时，也包含着按社会风俗行事的思想——当然，黑格尔此处是在社会的时代精神意义上理解风俗。他甚至在谈到作为"表达客观自由的内容规定"的法律时，认为法律"表现为通行的社会风气"[3]。

---

[1]（战国）荀况：《荀子简释·议兵》，梁启雄整理，中华书局1983年版，第205页。

[2]〔德〕黑格尔：《法哲学原理》，张企泰、范扬译，商务印书馆1982年版，第168页。

[3]〔德〕黑格尔：《精神哲学》，杨祖陶译，人民出版社2006年版，第342页。

社会风气是伦理实体的精神表现。在这个意义上,做那个共同体中所熟知的、做社会风俗所要求的,就是善。

这样,"一个社会的风俗就是这个社会的时代精神"就可有实然、应然两种不同的理解。其一,在实存的意义上指称:看一个社会具有什么样的社会精神(面貌),只要看这个社会的社会风俗即可。其二,在应然的意义上指称:一个社会中具有生命力、代表未来方向的时代精神,只有成为这个社会的风俗,才能成为真实的。不具有时代精神的社会风尚习俗,注定丧失存在的理由,因而,注定要从历史上消失。同样,一个游离于社会风尚习俗之外的时代精神,也很难说是真实的时代精神。只有成为社会风尚习俗、存在于人们日常生活之中的时代精神,才是真实的时代精神。这正是黑格尔"凡是合理的都是现实的,凡是现实的都是合理的"思想所蕴含的深刻内容之一。[①]

习惯风俗的文明变迁,离不开教育。教育绝不仅仅是理智理性的知识教育,而是一种实践理性的生活教育。这种生活教育贯穿于日常生活的每一个方面、每一个环节,通过日常生活中的这种每一个方面、每一个环节的"反复""重复",形成一种稳定的"记忆",成为一种稳定的性格特征与行为方式。这正是杜威强调"生活就是教育"思想的核心处。

教育在改变社会习惯风俗中的作用机制基本有二:第一,激发、唤醒主体对善的渴望及其人生理想,形成善的精神习惯。主体的这种内在对善的渴望,使主体不仅能够获得成人的方向,而且还能够获得战胜如后所说那种既有环境、制度对人性健康生长束缚的

---

① 〔德〕黑格尔:《法哲学原理》,张企泰、范扬译,商务印书馆1982年版,第11页。

力量。①第二，通过规范塑造与示范引领，使主体形成好的行为习惯。由于我们主要是在移风易俗的主题下关注社会习惯风俗变迁，由于我们关注的重点是生活教育，由于恶习一旦形成以后，在社会普遍意义上，"只要形成恶习的那些客观条件还存在，恶习就会再生"②，关键是要消除恶习形成的客观条件，因而，下面我们主要就第二个方面展开议论。

黑格尔在谈到如何教育子女时，曾借用古希腊哲人之口表达了自己的看法："使他成为一个具有良好法律的国家的公民。"③黑格尔这个思想的核心不仅是强调生活教育，而且揭示了生活教育的两个基本要素：一是具有良好法律的国家；二是生活在这个具有良好法律的国家中。黑格尔之所以强调"具有良好法律的国家生活"这一伦理环境，是因为在一个具有良好法律的环境中至少可具备以下两个条件：其一，在这个环境中行有法度，人们依法而行，这些普遍存在的依法而行者作为示范者，时刻引领着青少年前行。其二，有法律的规范强制，社会有那样一种有效的规矩，对那些违反法律行为的惩戒促使人们不敢违反法律。在示范引领与规范强制的双重作用下，久而久之，人们就会"注错习俗""化性起伪"（荀子语），积习成德。

黑格尔在谈到人类社会由野蛮向文明转化的社会历史变迁时期时人的第二天性、社会风尚时，曾以自己的方式强调了"英雄"的

---

① John Dewey, *Human Nature and Conduct*, New York, Henry Holt and Company, 1922, pp.22-23.

② John Dewey, *Human Nature and Conduct*, New York, Henry Holt and Company, 1922, p.29.

③〔德〕黑格尔：《法哲学原理》，张企泰、范扬译，商务印书馆1961年版，第172页。

主导作用①。如果我们能够将黑格尔意义上的"英雄"批判性地诠释、理解为"杰出人物""社会先进分子",那么,黑格尔上述思想的合理性就昭然若揭。一个社会的主导价值、精神风貌、风俗习惯,总须被引导,且总是在被引导过程中走向更加文明的境地。一种不加引导、顺其自然的社会,其精神难免流俗。如果引领一个社会的是那种庸庸碌碌或私利熏心的集团,则这个社会的精神难免恶俗,并在恶俗中混乱、颓废。只有作为社会良心的先进分子处于社会精神的引领地位,则这个社会才有可能形成一种浩然正气,富有生命力。

习惯风俗的形成或矫正,既不能没有先进分子的示范引领,也不能没有法制规范的强制,这个强制是最基本的行为规范要求。示范引领是疏、生,法制规范是堵、禁,二者配合一体,方可促成社会习惯、风尚习俗的定向转变。

有这样一种说法,认为"道德既具外在的规范形式,又有内在的德性精神;外在形式的道德规范通过主体内心修养而化为德性,并见之于对规范的践行,才是真正意义上的道德"。这是带有普遍性的伦理学教科书的解释。这就是比较典型的反映论所理解的道德。

按照中国儒家的说法,伦理关系之"理",也就是关系之"道""道即理",如朱熹说:"人所共由谓之道,行有条理谓之理"。说的是知行统一,这是一种比喻的说法,说明了道、伦、德在知行统一过程中有相通的含义。《孟子·离娄章》说:"规矩方圆之至也,圣人人伦之至也。"朱熹解说上句是"规矩尽所以为方圆之理,犹圣人尽所以为人之道。"这里的"伦、理、道"三个观念的内在关联,

---

① 〔德〕黑格尔:《法哲学原理》,张企泰、范扬译,商务印书馆1982年版,第97页。

似已明了。但道与德是什么关系呢？请看道家的解释。

按照道家的思辨是这样的："旷然无为之谓道，道能自守之谓德，德生万物之谓仁，仁救安危之谓义，义有去就之谓礼，礼有变通之谓智，智有诚实之谓信，通而用之谓圣。"这就是说，道是"虚无"，是抽象的，而旷然无为是无法长久保持道的，所以道将自身能动的特性赋之以德。德意味着清静无为状态，难以发挥作用，所以道又将能动有为的特性赋之以仁。由于仁促进了万物生长发育，万物生长发育过程中必然有不利或不义的事情发生，于是道又将自己的特性赋予于义；由于义是济安拔危，必然有褒贬品评，因此义就将自己的特性赋予于礼；礼是根据一定的规矩决定济安拔危实施与否，有可能墨守成规，因此礼又将自己的特性赋予于智；智即是理智的机智变通，由于变通而聪明灵活，但有时过于灵活，往往使事情难以确定，因此智将自己的特性又赋予于信。信即诚实，信成万物，因此诚信成为万物共同需要必备的灵魂。

所谓"道在天地间不可见，可见者化而已；化在天地间不可见，可见者形而已"[①]。道—化—形，这个具有思辨色彩的公式，简明地体现了道与德之间的历史和逻辑、特殊和一般、内容与形式、必然与偶然的统一。因为，道之由虚而实，由隐而显，由体而用，由变而常，由道而成德的过程。从道德本身来说，就是由道而化德，由德而显道的实际体现，所谓"道能自守之谓德"，就体现为个体的自觉、自主和自律所体现的德操和人格。这实际上说的就是个人之德是伦理关系和习俗交往实践所铸成的结果，即所谓"德是伦理的造诣"。这是一个实践过程，内化和外化统一的辩证转化过程。

[①]（五代）谭峭撰：《化书》序跋（明弘治十七年刘运刻本），丁祯彦、李似珍点校，中华书局1996年版，第41页。

在西方伦理或道德哲学的解说中，理解道德的一个前提是人的自我意识、自由意志的存在。道家所说的"旷然无为之谓道"，好像有内在意志的，它不但能自守，而且能发挥自身的意志能力，因而有所作为。如黑格尔所强调的道德的观点，首先是"把人规定为主体"，因为它本身是"绝对精神"，是能动的"理念"。这里有两点值得注意：第一，黑格尔在这里说的是"人"，是单个的人（person），当人进入道德领域时，呈现的必须是个体的人即个人。正是有了这具体的个人，才有了后面所说的"对立面"及人与人之间关系（当然，他说人时，已不只是一个人）。第二，这个个人并不是生物学的自然生命意义上的个体，而是在自由意志、自在自为的独立人格意义上的个体，是具有自由意志创造能力自在自为的个人，或者说是自在自为的人。也就是作为"主体"的个人。必须有自由意志、具有独立人格的个体存在为前提，否则就会在抽象地讲人和个人，把人理解为"虚无"的道，如古代道士、玄学家，常把道德说成"清虚""玄然""听之不闻，博之不得"，其道德教育和传授之虚幻难以理解。

伦理思想史和人类的道德实践都证明，那种反映论式的理解道德，是远远不够的。如果只是按照这种理解去进行道德教育，那就会把伦理学和道德教育形式化、简单化、技术化。其实，中国古代学者早就看到了其中的弊端，以各种方式强调它是实践的，行动的，"格物致知"实际做出来的，不是想象的，空口说说就成的。先秦时期的荀子曾提出"解蔽"之说，用以破解人的心术之公患。他说："凡人之患，蔽于一曲，而暗于大理"。（《荀子·解蔽》）所谓"暗于大理"，所指人的心被蒙蔽而不能认识事物之道。他阐述种种影响人们正确认识道的弊病，就很有普遍意义。

第三编　他山之石与现代之维

让世人清醒的《重读〈资本论〉》

当代西方资本主义国家中有许多著名的马克思主义理论家,他们尊重马克思,程度不同地肯定马克思的思想和理论著作,认为对马克思那样高度的大思想家,应当根据当前的现实重温他的著作和思想。今天,我想推介当代美国马克思主义理论家、文学评论家弗雷德里克·詹姆逊及其作品。他的研究涉猎哲学、经济、文化等多个领域,著作文本传播广泛。他的新著《重读〈资本论〉》(增订版)(以下简称"《重读》")尤为重要,富含新意,让世人深思惊醒。

一、为什么要重读《资本论》?

今天,我们为什么要重读《资本论》?这是弗·詹姆逊首先提出的问题。他认为,在资本主义发展的几百年中,每一次调整或变化,马克思的《资本论》都以不同的方式、不同的重点予以切实的回应。在资本主义进入全球化阶段,出现了前所未有的新特点:整个资本主义系统的危机与灾变也有所扩张,其危机与灾变较之以前既有相同性又有差异性。在这种形势下，我们更应将注意力转向马克思艰辛探索、撰写完毕并出版的《资本论》第一卷，它以圆满的形式提出了后来出版的《资本论》各卷的所有要点。即使马克思主义的许多特征没有体现在这部经济学经典著作中，但这种缺失只会对未来的马克思主义在政治上的发展产生更加强而有力的影响。

为什么要重读《资本论》呢？詹姆逊认为，《资本论》回答了如何认识资本主义的一系列难题，而难题中的难题，就是资本主义本身如何能迥异于其他社会生产方式而存在？它还能不能永远存在？问题在于资本主义所呈现的社会形态的决定性因素是经济，同时还有起统一作用的意识形态，因此资本主义社会的主导因素使其成为第一个透明的社会，成为第一个公开了"生产的秘密"的社会；但真理得到揭示的可能性同时也被蒙罩着的意识形态所遮蔽。因此，对真理和实在的质询，必须以"再现问题"为中心。正因为这样，詹姆逊在《重读》一书中，令人清醒地提出"再现"的理论和方法，以便使世人从中寻求"再现"资本主义之道和解蔽良方。

詹姆逊看到，马克思的《资本论》是建立在生产方式透明性社会基础上的，对资本主义特别是对晚期资本主义的认识，应当把握马克思指出的两个基本点：一是，社会存在决定社会意识的观点，即从生产方式中寻找文化及其意识形态的根源；二是，把握资本主义总体性的观点，即分析资本主义的发展和演变，全面地、整体地考察与它相关因素的联系。把握了这两个基本点，再看资本主义的历史和现实就会找到基本贯通的透视重现之路。

应当看到，资本主义的发展，就像一台经常出现毛病的机器，它不是把局部的问题解决后再往前走，而是将其转嫁到越来越大的规模上去，迅速地遗忘它的艰难过去，而不放弃享受安乐窝的现在。用《重读》一书的哲学概念表达，就是"空间消容了时间"。

无论从资本主义的空间存在或时间存在上看，作为历史和现在统一的资本主义系统，唯有在它的运动中观察和理解，才能认知测绘它的过去、现在和将来。

詹姆逊认为，如果说再现问题是后现代的、历史的，那么也可以说历史本身已经成为一个需求定准的"再现问题"①。就是说，再现失去定准的是历史本身，而不是马克思所做的经济学的科学分析。重读《资本论》强调的原则和方法，就是要正本清源，再现资本主义本身的历史和现在的实存。当然，作者承认，对资本主义的"再现"是困难的。因为存在着资本主义的复杂性和历史媒介的偶然性及其虚假信息的遮蔽，每一种可能的"再现"都是特殊类型的组合，相互之间不能通约，必须从多视角去接近资本主义总体或系统，但也不会完全接近，更不能穷尽历史的过去和现实的一切。但这并不是说，资本主义就是不可言说的神秘之物，相反我们必须加倍努力，去言说那"不可言说之物"。作者断言："马克思的书给我们树立了一个辩证地完成这项事业的绝佳榜样。也正因为如此，他最终赖以取得成功的方法对我们今天来说既重要又迫切。"②马克思哲学的辩证法，为我们提供了有效的视角和方法，回答为什么要回到马克思，回到马克思19世纪的作品《资本论》。原因就在于：唯有马克思的《资本论》，才能解开资本主义各个阶段之间的同一和差异、即现实的对立统一之谜（横向的对立统一）和历史的对立统一（垂直的对立统一）。事物的每一面都暗示、关联着另一面：生产力等于贫困；快速的科技进步连着生命的耗费；稳定意味着变革，等等。作者说，我们肯定要捍卫《资本论》的"真理"，但不

---

① 〔美〕弗雷德里克·詹姆逊：《重读〈资本论〉》，中国人民大学出版社2013年版，第4页。

② 〔美〕弗雷德里克·詹姆逊：《重读〈资本论〉》，中国人民大学出版社2013年版，第6页。

是仅仅反映论的，而是要对资本主义系统的本体论的"再现"，确切地说是使它"显现"。

二、资本主义系统能否"再现"？

在一般的《资本论》解读中，"绝对的、一般的规律"被看作马克思对资本主义系统再现的核心，或者说是马克思对资本主义系统的构建的核心。这里有一个基本点：生产力规律等于贫困规律。看到这个基本点，这个系统的其他部分就可以尽收眼底，明显看出一个资本主义系统的总体。詹姆逊的"认知测绘"思想和方法，就是鉴于资本主义现实的实践和理论困境而提出的。他把"再现"理解为"认知测绘和意识形态建构中的一个基本操作"[①]。但关键是资本主义总体，它从来没有以其总体示人，而是只以"表征"展现世人。人们必须从多视角去接近资本主义总体，但也不能穷尽其作为系统的总体。正因为有这种不可通约性，才会有辩证法和历史的辩证法，才能实施社会科学与自然科学结合的"认知测绘"方法。辩证法的存在是为了使不想简单化的思维方式避免简单化、单面化和僵化。

值得注意的是，现代西方的分析主义学派，力图把马克思主义翻译成微观经济学的存在主义要求，把任何属于资本主义系统或总体系统的东西都在个人经验中找到对应物，从而可以取消本质与现象的辩证关系，取消价值和价格之间的区别，而这个内容正是《资本论》理论的核心观点之一。

---

① 〔美〕弗雷德里克·詹姆逊：《重读〈资本论〉》，中国人民大学出版社2013年版，第5页。

另一方面，他们抛弃黑格尔的辩证逻辑，而代之以经验的形式逻辑。科尔施①的具体化历史方法和阿尔都塞②的结构组合方法，则是从另一方面歪曲《资本论》，特别是曲解历史唯物主义理论，倒向凯恩斯主义和社会民主主义。他们没有把资本主义看作一个整体和系统，所以都不能动摇作为一个整体和体系化、制度化了的资本主义的根基。

詹姆逊一反上述倾向，强调《资本论》的辩证阐述的真正意义在于强调："资本主义作为一种生产方式的那个致命的一贯性"③。他指出，资本主义演变的趋势，不是通过社会民主主义改良就能随意阻止的。它在积累新价值之外，还会继续产生不断扩大的产业后备军，现在的实情是失业已经达到了世界范围。利润驱动本身已经成为资本主义系统的核心，成为不可或缺的意识形态。由此，金融系统就会以效率为名回报有能力产生更多失业的制度和企业。这种发展并不偏离资本主义的正轨，因为它正是资本主义合乎历史逻辑的、不可避免地扩张的必然。马克思的"一般的、绝对的规律"，就是揭示它是一种客观的运动，是资本主义"致命的一贯性"显现，而不是仅仅哀伤地把它看作某种国家商业文化的多余策略。④

诚然，现在有些流行的看法，以开放系统或封闭系统来判断好或坏。有的说资本主义是开放系统、是好系统；有的说共产主义是封闭的系统、是坏系统，因而产生了官僚化和腐败弊端。詹姆逊认

---

① 卡尔·科施尔（1886—1961），德国哲学家，早期西方马克思主义代表人物。——编者注

② 〔法〕路易·皮埃尔·阿尔都塞（1918—1990），当代著名西方马克思主义哲学家。

③ 〔美〕弗雷德里克·詹姆逊：《重读〈资本论〉》，中国人民大学出版社 2013 年版，第 104 页。

④ 〔美〕弗雷德里克·詹姆逊：《重读〈资本论〉》，中国人民大学出版社 2013 年版，第 104 页。

为，马克思《资本论》的分析，以其事实根据和严密逻辑辩证的创新点就在于证明："资本主义开放系统恰恰是封闭的"。换句话说，资本主义的开放性正是在于它的扩张运动——积累扩张、占有扩张、帝国主义扩张等。但这个扩张运动也是一个"注定的毁灭"，因为它不能不延展、不膨胀，但它一旦稳定下来，停止了延展和膨胀，就必然会停滞，走向逐渐的消亡。因此，它必须继续吞吃所经过的路上的一切，把此前外在于它的一切变成内部的东西，通过经验化了的交错配列，关于封闭系统的一切弊端，都必然转移到开放系统上来，而且不能相反。詹姆逊指出，我们应该在这个基础上评价资本主义建构的政治价值，把眼光放到全球化新局面，可以看到马克思出人意料的思想深刻、开阔而悠远。

詹姆逊认为，《资本论》讲的是资本运动的系统问题，如马克思所说，"在本质上是集体力的新型生产力的创造"。对这种新的集体力量，马克思既悲伤又兴奋，因为它是"免费送给资本家的礼物"。这是什么意思呢？这是说，马克思面对资本运动的集体性的两重性的心情：当资本主义生产进一步发展到大机器生产的出现和相对剩余价值的生产时，这种集体性的实现同时也实现了人格的颠倒和劳动的恶运，但它同时又实现了资本主义生产的发展和历史的进步。因此作者肯定在《共产党宣言》中，马克思对资本主义同时具有建设性和破坏性的两重性评价，不仅只是对商品而且也是对资本主义制度本身的。詹姆逊肯定了马克思所做的结论：资本主义本身就是"自我消灭的矛盾"，如同一架发展与危机并存的机器。贫困化的明显结果是社会的两极分化，一方面是比例越来越小的非常富有的资本家，另一方面是比例越来越大低收入逼近官方贫富线（如果尚未降至贫困线以下）的人口。不管个人的工资高低如何，工人的状况必然随着资本的积累而恶化。今天的失业现象和以往的失业是不一样的,它呈现出远为不祥的系统危机症状,也说明了马克思所说的关于"资本主义后备军"理论中的结构性失业。这就是说,这曾经是资本主义系统的次要特征,在当代解读中已成为对该系统分析最显著的特征。应注意:为什么马克思在《资本论》中,没有呼吁用完全就业的政策或慈善办法救治这个可怕的状况;相反,他着重论述的是失业在结构上与资本主义积累和扩张运动有着密不可分的联系。作者认为,失业在对《资本论》的解读中具有核心地位。詹姆逊在其《重读》一书第二部分"让历史显现"中,明确指出:"《资本论》本身实际上是一本关于失业的书;但也提出了关于失业者与阶级范畴之间的关系之类的理论问题和政治问题。"[1]在这种意义上,它具有政治意义和历史相关性,当然也常常被某些政治家或理论家所曲解,借以攻击或否定马克思的《资本论》。这个方面和眼下的全球化是密切联系的。这说明世界各地那些庞大的人口,那些可以说是"被遗弃在历史之外",有意被排除在第一世界资本主义的现代化设计之外,被作为"无望的、无可救药"的人,即所谓"失败国家"的公民,是生态灾难的受害人和新的历史苦难的化身。根据全球性失业,而不根据这样或那样的悲悯情怀,来思考所有这些现象,就是认知测绘再现的清晰对象。由此可见,现在这种世界性问题与马克思对全球化的宣告一道,在世界范围内重新证明了《资本论》的正确性。[2]

在这里,詹姆逊反对仅在道德层面上分析后现代这种文化现象。在他看来,把目前的资本主义文化发展阶段定位为"后现代阶段",本身就是坚持了马克思主义注重客观现实,特别是经济现状

---

[1] 〔美〕弗雷德里克·詹姆逊:《重读〈资本论〉》,中国人民大学出版社 2013 年版,第 224 页。

[2] 〔美〕弗雷德里克·詹姆逊:《重读〈资本论〉》,中国人民大学出版社 2013 年版,第 57 页。

分析方法的结果。他说,"要对一个历史时代做出理论概括并在此基础上加以价值评价,至关重要的是要揭示这个时代的历史特征,看看它在整个历史发展进程中处于什么位置"。他强调指出,这里所说的时代不应该被理解为某种普遍风尚或思维行动方式,而应理解为一种普遍的客观现实。而对于资本主义社会来说,就必须把它放在资本主义发展的框架内作经济基础和上层建筑统一整体性的理解。詹姆逊想通过马克思主义理论的实际运用指导后现代的经济、政治和文化研究,这在当代形形色色的后现代主义研究中,本身就是独树一帜的。

《资本论》揭露了劳动力商品和剩余价值的秘密,并透视了资本主义系统的功能障碍,展开了导致资本主义系统自我瓦解机制的全景式扫描。这就是詹姆逊所说,把现代性和资本主义等同起来之后,通过认知测绘和意识形态建构所实现的透彻分析的"再现"。所以《重读》作者,特别强调《资本论》第一卷(1867年出版),不仅因为这一卷是完成了的完美的作品,还因为马克思要担当对这个第一卷的科学价值和历史责任。

三、《资本论》:内在辩证法的实践

詹姆逊在《重读》一书中,第二章就讲对立面的统一。强调了马克思在《资本论》中体现的辩证法的对立统一规律,并指出它是《资本论》的核心部分,其重要内容是关于"集体性、集体维度"的论述。其中,论到关于个人和个人主义范畴与集体和集体主义范畴的历史演变问题,很值得注意。

詹姆逊认为,在资本主义商品市场发展的过程中,有一个集体和集体主义范畴取代个人和个人主义范畴的时期。那时,"个人和个人主义范畴是我们开始解释市场和个人买者和个人卖者之间的交易以来必须运用的话语,而集体和集体主义范畴是理解有关我们这种'政治动物'的一切的唯一胜任的话语。"[1]不过,詹姆逊认为,这种转换的技术原因,在于它以成倍增加的工人人数来获得相对剩余价值。但这种解释还只是初步的、狭隘的,历史解释的视野要比这开阔得多。"因为资本主义生产实际上是在同一个资本同时雇佣较多的工人的时候……才真正开始的"。这里的集体性会在大多数生产劳动中引起竞争心理和特有的精神振奋,从而提高每个人的工作效率。但是《资本论》在这个问题上,并不是关于人的,而是关于资本主义系统的,用马克思的话说:"在本质上是集体力的新型生产力的创造"[2],这是马克思在《资本论》的"合作"论中所作的结论。新的社会劳动分工创造出新的生产力,在集体中人的特殊性突现出来。"合作于是恰恰是将人的生活提升到一个新的辩证层面;工人的劳动时间没有增加,但他们的生产率迅速提高了"。因此,马克思说它是"送给资本的一份免费礼物",并为此而既"悲伤",又"欣喜"。它说明在这种多样性和集体劳动的情况下,资本主义生产开始充分显现出自身的两面性,一方面是积极的创造性,另一方面是消极的破坏性。

这里,詹姆逊富有新意地阐释了马克思的"异化"概念。"异化"概念在黑格尔意义上,是"先把产品作为与我相分离的东西生产出来,由此异化我自己的生产,让其完全作为外在的事物和力量面对我"。这个意义上的异化深植于《资本论》的结构。在《资本

---

[1] 〔美〕弗雷德里克·詹姆逊:《重读〈资本论〉》,中国人民大学出版社2013年版,第43页。

[2] 〔德〕马克思:《资本论》第1卷,人民出版社1959年版,第443页。

论》中，我们可以可以看到，工人阶级打造了自己的"金锁链"，把自己的工资提前"借给"资本家，并通过自己的剩余劳动的积累，甚至不忘鼓励资本主义发明、引进新技术作为抵制自己的回应。很明显，这里异化的形式和活动，只是没有贴上哲学的标签而已。在这种意义上，与其把这种运作看作对哲学的取消，不如看作以一种新的方式完成了哲学。这就是马克思在他著名的口号中，建议我们"从抽象上升到具体"时表达的意思①。传统哲学所说的抽象是从普遍概念中现身，是从物质载体的脱离。詹姆逊认为，马克思的具体不是黑格尔式的"向自身返回"，而是对现代性特有的普遍联系的总体性的发现。在这里就是发现这一事实："被称作异化的抽象化自身，就是在现实中以及在作为新兴系统的资本主义对社会的总体化中，发生作用的异化的运动的符号和表征。"②

詹姆逊说，当我们发现异化是一种形式而不是一个观点或观念时，我们就处于辩证的而非经验主义世界中了。在这个被黑格尔称做"劳作和痛苦"无处不在的世界中，我们也不再需要"异化"这一特别概念，而留下的就是基本的矛盾观念。在詹姆逊看来，我们对"异化"观念必须认定：它和对立面的统一是一回事。这些对立面不再需要等同于或标记为正面或负面，因为辩证意味着它们之间地位的永恒变化，意味着一个向另一个的不断转换。而且也不可能断定资本主义是正面的还是负面的，是好的还是坏的，因为按照《共产党宣言》的说法，资本主义是两面兼有的。不难理解，马克思为什么强调资本主义的破坏性，又希望人们看到资本主义的积极方面？除了马克思对技术和创新的兴趣外，不能忽视致使他献身未

---

① 〔德〕马克思：《政治经济学批判大纲》第 1 分册，人民出版社 1975 年版，第 105 页。

② 〔美〕弗雷德里克·詹姆逊：《重读〈资本论〉》，中国人民大学出版社 2013 年版，第 105 页。

来和历史发展的作为历史规律的信念。

从这个角度看,詹姆逊强调了一个让人冷静思考的问题:"我们必须警惕从道德角度对资本主义进行指责,提防退回到更朴素的过去,抵制那些超人类系统的低层次的诱惑"。无论对资本主义"说好话"或"说坏话",其实都是一个政治选择,而不是逻辑的或科学的选择。作出这种选择只是根据当下的情境的政治选择,是受正面因素驱动或受负面因素驱动的表现。

詹姆逊担心的是:这样的选择很可能滤干正负对立的所有内容,并将重新阐释的任务转交给"情境",而"情境"本身还是需要再阐释的。他认为,这基本上就是辩证思维所具有的优越性。在这里,辩证法的核心内容,即"矛盾"观念,也必须在形式上把握,而不是在具体内容上。他说:"我必须再次强调,我是把矛盾和这里已经详细讨论过的著名的对立面的统一看作一回事的。"这明显地是将辩证法引回它的根本机制或最根本的部分,即二元对立的统一。这样的对立在《资本论》中有很多,如性质和数量、物质和心灵、空间和时间、绝对和相对等,还有一个根本的对立就是同一和差别的对立。

詹姆逊还阐释了否定之否定问题。黑格尔在《逻辑学》中打破了正题、反题、合题的三段式,加上了第四项。马克思把它用于社会历史,用于社会经济基础和上层建筑的分析,强调的是形式的、面向未来的运动,让事物的性质保持开放的状态。在这个意义上,詹姆逊又进一步提出了"对立的垂直统一"概念。他说这是"各种各样的对立面的相互间的等同";同一可以转化为差异,差异也可以转化为同一。这在《资本论》中说的就是货币流通和转化以及时间、劳动、身体等的矛盾在流动中、转换中的对立统一。詹姆逊特别提示:这就是为什么要根据其形态而不是根据其内容来讨论辩证法的原因。因为矛盾本身也在流动中作为"中介"起作用。正如马克思把矛盾和天体的椭圆运动相比较,建议把矛盾看作货币的运动和流通,物化与易变性的对立,而不是单纯看作货币的物化。

詹姆逊强调《资本论》辩证法的特征,不是辩证哲学,而是辩证理论,或者说是辩证的具体化。马克思是精通黑格尔哲学及其逻辑推演的,但他的经济著作《资本论》却不是抽象概念的推演。可以说,那些抽象的哲学概念都"潜于地下了",但它们仍然活跃着并推动着概念的发展,并在发展中以某种实存的方式"再现其自身",只是身份换了名字。可以说《资本论》文本就是一次"内在辩证法的实践"[①]。

哈佛大学历史系讲座教授理查德·派普斯(Richard Pipes),在其《共产主义实录》一书中狂妄地说,"马克思主义是20世纪最大的幻想",认为"马克思主义是建立在一套虚假的历史哲学上面的,也是建立在一套空中楼阁的心理学理论上面的"。可以理解,马克思、恩格斯的理论本身关于国家治理的学说,有些空想的成分,因为他们没有建立和治理社会主义国家的实践经验;他们研究并批判的是旧的国家机器,从批判中理论地提出新的有待实践证明的新观点,是他们的智慧和研究的成果。但马克思主义理论和《资本论》,是科学的研究和符合历史事实和资本主义发展规律的科学实证,并不是"幻想"或什么"空中楼阁的心理学"。

所代表的这个学派,常常标榜他们的理论的"实证"或"实用主义"特点,这并不奇怪。从历史上看,资本主义学说不论经济的或政治的,大多是资本主义因素在封建社会肌体内已经成熟,并且已经占有优势的条件下形成的。因此他们的学说较多地偏向于实证

[①] 〔美〕弗雷德里克·詹姆逊:《重读〈资本论〉》,中国人民大学出版社2013年版,第110页。

或实用主义，适合于资本主义发展并成为现实的需要。而马克思主义则不然，它是在批判继承前人优秀思想成果而创立唯物主义历史观的基础上，依靠辩证唯物主义世界观和方法论的指导，结合当时工人运动和社会发展的实际情况提出哲学的、政治的、经济的理论学说。马克思的《资本论》对资本主义本质的分析，不用说超过亚当·斯密和李嘉图等，特别是对社会历史发展规律的揭示和阐发，至今在世界各种社会发展史的学说中仍无超越者。马克思是"从批判旧世界中发现新世界"，当然是与实用主义者的"实用"不同的。实用主义者用那位美国历史学教授的手段，歪曲马克思主义是"糟糕的空想"，只能说他对马克思主义知之不多，解之不透。马克思对资本主义所做的批判分析和科学论证，可以说是辩证的历史唯物主义的最高表述。《重读》作者说，马克思谨慎地不从政治上谈经济，是深思熟虑的。的确，他在总结了19世纪中叶欧洲革命历史经验和教训之后，曾冷静地说明："工人阶级不是实现什么理想，而是想解放那些在旧的政治崩溃的资产阶级社会里孕育着的新社会的因素。"恩格斯在晚年也提出忠告：实现共产主义是难中又难的事业，切莫采取冒险行动急于实现共产主义理想，急于把共产主义变成现实，一而再地发动政治运动，以至于把理想变成空想。不能把道德理想夸大，甚至认为那是"理想的必然代价"。这种历史性的疯狂当然不能由马克思和马克思主义负责。

四、关于社会主义问题

詹姆逊对资本主义作了如下分析：资本主义有非常强的应变能力，它采取许多创造性的办法克服自身的矛盾。马克思对此从来没有怀疑过。但"资本"依仗它的力量和霸权，揩拭了自己的前历史痕迹，于是历史学家就持有一种奇怪的历史"终结论"，宣称"以前是有历史的，现在再也没有了"；几乎所有的现代性理论都宣称，曾经存在一个前现代阶段以及其他根本不同的生产方式，但有了资本主义之后，这些不同的生产方式就都不可能存在了，甚至撒切尔夫人也断言这"别无选择"，资本主义曾经是历史的，但现在它变成永恒的了。马克思的解释与此不同，认为资本主义系统是"总体性"的，那处于整个过程开端的并不是资本，而是劳动。系统本身那"相连的整体"没有这样的开端，它只能分身回溯到先于其个别事例的重复。这就是说，作为资本主义体系"揩拭了过去的现在"，只是把开端和过去揩拭了，而它的现在正是与过去连在一体的"现在"。在这个意义上，资本主义生产是一台"邪恶机器"，尤其是进入全球化时代。

詹姆逊指出，在资本的全球化时代，没有其他制度可供选择，甚至资本主义体系的批评家对它的危机和不公正的反应也仅仅是希望改良它。然而资本主义是一个总体制度，证明了它是不能改良的。为延长它的存在的实践而对它进行的修改，其结果必然会强化它、扩大它。今天的社会民主主义比历史上任何时候都更明确地鼓吹改良资本主义的可能性，或者采用一种反正方式，对资本主义表示一种默认，认为不存在其他可能的制度，因而只能让资本主义的不正义、不平等逐步减少。但《资本论》的力量和构架成就无疑说明，这种不正义、不平等与资本主义总体系统在结构上是一致的，并且永远不能被改良，它必将转向社会发展更高、更好的历史阶段。应当说，詹姆逊的《重读》是忠实地科学研究结论。实在说来，马克思的《资本论》最重要的内容，不是劳动价值论，而是关于扩大再生产、资本积累规律和相对剩余价值的揭示。《资本论》

不是为了宣传鼓动而写的著作,也不是像那些空想社会主义、空想共产主义著作那样,证明全部劳动产品应该属于工人阶级的"公正",并不是利用劳动价值论进行道德说教,而是以科学的态度和方法去揭示社会进步的基础和历史发展的规律。马克思之所以为劳动价值论耗费心血,撰写巨著《资本论》,仅仅由于事实上唯有这个学说才能认识和再现资本主义生产方式、开启人类思想解放的锁钥。马克思的预见是世界历史上第一个获得实践意义的远见卓识的科学预见。[①]

无政府主义也把《资本论》奉为经典,但他们是放在政治统治上理解,注重统治权力的类型,而马克思主义认为,这种强调看似重视《资本论》,实际上他们只是肤浅地从道德上或伦理上的理解,其结果往往会导致暴力反抗和抵制行动,并不能导致生产方式的转变,另一方面也会导致各种政治权利的强化。马克思在《资本论》中将经济学和政治分离的暗示,正是防止这两种倾向。

五、怎样理解《资本论》不是讲政治的著作?

在这里,作者发表了一个惊世骇俗的观点:《资本论》不是一本讲政治的著作。众所周知,马克思是举世公认的资深的政治家,一百多年来《资本论》是被看作劳动阶级的"圣经"。但是,为什么又说《资本论》不是关于政治的书?似乎是个悖论。但作者区别了政治理论和纯粹政治,认为马克思使经济学和政治学断然分离,甚至没有从经济角度勾勒出任何未来社会主义图景的轮廓(只在

[①] 宋希仁:《马克思恩格斯道德哲学研究》,中国社会科学出版社 2012 年版,第 273—274 页。

《哥达纲领批判》中谈到过),詹姆逊认为这正是他的著作的巨大原创力量之一。①

马克思是无产阶级革命家,也是一位真诚的人道主义者,并不是天生喜欢暴力的人。就是在《共产党宣言》中,他还申明:"代替那存在着阶级和阶级对立的资产阶级旧社会的,将是这样一个联合体,在那里,每个人的自由发展是一切人的自由发展的条件。"但那时他和恩格斯远远没有估计到资本主义制度的自我调适能力。十几年后,马克思看到逐渐成熟了的资本主义,生产力大大发展了,工人的待遇也改善了,1859年,勇于修正自己的马克思提出了"资本主义发展阶段论",发表了一个极为重要的思想:"无论哪一个社会形态,在它所能容纳的全部生产力发挥出来以前,是决不会灭亡的;而新的更高的生产关系,在它的物质存在条件在旧社会的胎胞里成熟以前,是决不会出现的。"但是,有一些自称"马克思主义者"革命家,借着马克思的崇高威望,摘取其早期著作中的主张,仍然宣传激进的暴力革命,马克思只得声明:"我只知道我不是马克思主义者",与他们划清界限。

问题在于,对《资本论》的这种解读,可能产生两种实践政治的结果:第一种是激起受害者对资本主义系统的义愤;第二种是鼓动英雄主义的盲目行动。两者的弱点都是明显的:后者会导致主体的唯意志论倾向,无视系统的强大威力,投入必然失败的战斗和牺牲。前者策略的结果,是鼓吹宿命论,导致对行动选择的消极无望。在对资本主义系统的认识上,这两种视角都是不正确的。詹姆逊指出,坚持失业在《资本论》中的基本结构性核心地位,没有必要求助于这个政治的、意识形态的策略。马克思在书中没有呼吁我

---

① 〔美〕弗雷德里克·詹姆逊:《重读〈资本论〉》,中国人民大学出版社2013年版,第113页。

们用完全就业的正常救治这个可怕的状况,相反,他论述了失业在在结构上是和构成资本主义本质特征的积累和扩张运动密不可分的。但是作者又指出,失业在我们对《资本论》的解读中的核心地位,在另一种意义上具有政治意义和历史相关性,这个意义与眼下的全球化相关。

丸山敏雄及其实验伦理学

日本现代著名伦理学家丸山敏雄（1892—1951年）先生，是一位著述甚丰、追求进步的思想家、哲学家、伦理学家。他围绕德福一致的生活原则，建构了实验伦理学或纯粹伦理学理论体系。主要代表作有《纯粹伦理原论》《实验伦理学大系》《万人幸福指南》等。他在20世纪40年代发起的伦理运动，在日本有着广泛的、深远的影响。他的思想是日本历史和民族精神的反映，对中国现代道德建设和伦理学研究不无启发、借鉴意义。

一、我境一体

思考和研究人类文明，从什么地方开始，以什么为原点？按照丸山敏雄先生的思想，应当从人由以出生、生存的地方开始，即以自然为出发点。丸山敏雄先生认为，由自然而产生文化，自然和文化是不可分离的。人类出于自然，生存于自然，于是形成人与自然相统一的环境。人生首先面对的是自然环境。人本身不仅是自然物质构成的物质实体，而且其生存也从属于自然环境。衣、食、住、行，生、老、病、死，无不受制于自然环境。可以说，自然就是人的生命。

不仅如此，在丸山敏雄先生看来，重视自然和人的统一，并不是说人的生存仅仅依赖于自然，还有一个重要的方面，就是家庭、社会、国家，乃至国际，也可以说依赖于一定的社区。所谓社区，就是以一定的地域为基础的有共同关系和价值共同感的社会共同体。对于这种社区的形成，中国古代文化和日本传统文化有着大体相同的观念。即所谓有天地而有人，有人而有男女，有男女而有夫妇，有夫妇而有父子，有父子而有兄妹，而有朋友，而有邻居，以至有社区，有各种社会关系。丸山敏雄先生认为，在现实生活中，每个人都是在一定的自然和社会关系中的存在。任何人都是有一定形态的个体，都有一定的形态，在特定的时间里占有一定的空间。按照丸山敏雄先生的说法，这就叫做"境"。每个人作为个体的存在都有一境，人与其境不可分离，而且是相互联系、相应相因的，即所谓"天人相因，我境一体"。这是万物存在的真实，也是人生定位和人伦关系发展的根据。从上述观点出发，丸山敏雄先生强调伦理的客观意义。他把"伦理"解释为类别、条理、秩序。[①]这个解释与中国古代的解释是一致的。把伦理解释为客观的人际间的类分、条理、秩序，就是肯定了人类伦理关系的客观性。这个解释对现代伦理学的体系建构具有重要的理论意义。

人在自然和社会统一的生活中形成的伦理关系，从其源头上说，无非是家庭伦理的亲亲关系，由家庭关系发展为家族的尊尊关系。亲其亲，尊其尊，伦类以为理。这是单线的宗法伦理关系。随着社会的发展，这种单线的宗法伦理关系再发展为复线的复杂的伦理关系。于是，社会生活中就有了亲的伦理、爱的伦理、恩的伦

---

① 《丸山敏雄全集》第8卷，金城出版社2011年版，第86、331页。

理、敬的伦理，还有平等的伦理、自由的伦理、消罪的伦理、艺术的伦理，以及斗争的伦理等。人的一生是以一定的"境"为背景的，其境千变万化，人生就是不断寻求和建立"我境一体"的努力。丸山敏雄先生虽然没有讲到阶级的关系，但他讲的斗争伦理中也反映出当时社会的尖锐矛盾和斗争，体现出他反对日本军国主义和各种恶势力的心境。

丸山敏雄先生很重视"理"，他的实验伦理学力求认识自然、社会和人生之理。但是，"理"只是理念、精神的东西，对于指导人的具体行动还缺乏明确性和确定性，因此他主张由"理"而形成"礼"，再由礼而制定"仪"。他认为，这是宇宙大化的规律，是"道"由虚而实，由隐而显，由体而用，由变而常，由道而成德的过程，也是人类文明进化的奥秘。这就是说，人生于自然而又高于自然，出于动物而又别于动物，囿于环境而又要改造环境，使自己由自然的人而变为文化的人，由粗野的儿女变为文明的人。当然，人类社会伴随文化还有武化，文明中还有野蛮。不过，总体趋势还是进化和进步。中国传统伦理和日本传统伦理都重视教化。教化就在于通过道德、法律文明，培养人的良好心性和行为，形成和谐的人际关系和社会风尚。这也正是丸山敏雄先生的思想。因此，宇宙大化，我境一体，造化文明的关键在于建立实验的伦理。

实验伦理使人从单纯欲求的动物提升为现代文明的人，使愚昧的人进步为自由、平等的幸福的人。实验伦理是不断探求真、善、美的批判性伦理。它打破了伦理思想史上德福相背的悲观论调，给人们指出了乐观的、积极向上的伦理。日本人民在人类文明的创造中，作出了独特的伟大的贡献，而丸山敏雄先生的实验伦理学说，就是这个伟大贡献中的一颗珍珠。

二、爱和即行

实验伦理的宗旨在于德福一致,即守德者幸福,背德者遭殃。人类的生活实践和体验正在不断地证明着这一条真理。现代文明的推进和社区道德建设,必须注重和遵循这条真理,把握实验伦理的这个基本宗旨。

世界各民族的文化,无论是起于自然崇拜,或是源于对神的敬仰,都给人类的道德提出了一个共同的要求,那就是诚信正直。丸山敏雄先生继承了日本民族的重视诚信正直、自然清素的文化传统,并进一步在民间的实际生活中,阐发出它的现代意蕴和实践原则,强调欲达幸福之路,必须整复纯情真心,遵循"明朗、爱和、喜动"的生活原则。丸山敏雄先生认为,"德福一致"的伦理,是对众人普遍适用的伦理,不论人们的信仰、职业、国籍如何,只要遵循那些来源于现实生活的做人的道理,亦即纯粹伦理,在诚信正直的基础上坚持实行,所有的人都会踏上幸福之路。这就是丸山敏雄先生伦理思想与人民生活实践密切相联的独特内容。丸山敏雄先生认为,在伦理的关系中,"和"是基本的伦理要求。[①]正直清素的纯情便是"中",中而有序便是和,即丸山敏雄先生所说:"道在中庸,理在大和"。[②]这同中国传统伦理是一致的。中国传统伦理重视中道。据《尚书》记载,尧帝传给舜帝的四字诀就是"允执厥中"。后来,孔子的孙子子思创立了中庸学说。按照《中庸》的思想,"喜怒哀乐未发谓之中,发而皆中节谓之和"。因此,中是"天下之

[①]《丸山敏雄全集》第9卷,金城出版社2011年版,第238页。
[②]《丸山敏雄全集》第9卷,金城出版社2011年版,第238页。

大本",和是"天下之达道""致中和,则天地位焉,万物育焉"。这个中和的思想,也是丸山敏雄先生的思想。因此,大本在心,大化在和。心有纯情便是"自化",万物达和便是"大化"。自化得中,大化达和,两者统一便是"致中和"。可见,中日两国伦理的精神自古都重视中和,以至圣德太子时还把"以和为贵"定为宪法的第一条。这绝不是偶然的巧合,而是中日两国民族文化发展有着内在的联系。丸山敏雄先生不仅深刻地阐发了"和"的哲理,而且全面地研究了人生的衣、食、住、行之"和"的具体伦理要求。这对指导生活、建设社区文明秩序是非常重要的,具有普遍的意义。

按照丸山敏雄先生的伦理思想,和与爱相互关联,相应相因。爱是和的动力和纽带,和是爱的本质和结果。人的自然存在是欲,欲而不得则争,争则乱。因而低层次的欲求是盲目的、动物性的、痴呆的。道德文明使人的低次欲求升华,达到中次的爱,如夫妻爱、亲子爱、师生爱、朋友爱、同胞爱,等等。爱的再升华,达到高次,即睿智之爱、艺术之爱,以至神圣之爱。最高次的爱,是无条件的,无限的,因而达到极致也表现为"痴"。[①]从低次的"痴"达到高次的"痴",这是人类爱的两极。这就像佛家讲爱欲向下近俗,向上近空;俗则显庸,空则入禅。所以自古有"论至德者不合于俗,成大功者不谋于众"之说。爱的发展,阴阳和合,总是主与从、先与后、动与静、进与退、外与内、上与下、强与弱、刚与柔、圣与俗的对立统一。这是丸山敏雄先生在他的著述中多处讲解的爱的伦理的辩证法。

爱的本质是"和",和的施展是"恩"。人与自然有生命之恩,人与家庭有养育之恩,人与他人有帮助之恩,人对国家有保护之恩,人与社会有教育之恩,如此等等。天、地、君、亲、师、友、

[①]《丸山敏雄全集》第9卷,金城出版社2011年版,第240页。

皆有恩。有恩就要报恩，以至于"滴水之恩以泉水相报"。丸山敏雄先生强调，这种"恩"的伦理不同于西方的契约伦理和个人主义伦理，而是爱与和的伦理，它的精神在于自尊、爱人，在于人我同伦，我境一体。因此，爱的伦理、恩的伦理、和的伦理，是民族团结、和谐的凝聚力的源泉，是自由、平等伦理的内在精神。

　　丸山敏雄先生指出，和与爱的伦理必然伴随着"诚敬"。爱必感恩，感恩必从内心怀有尊敬之意。心存感恩、尊敬之意，即是成善于心。"诚善于心谓之信"。有诚信就有纯情之心，有诚信和纯情才能有真正的"和"，否则只是半真半假、三心二意，就不能有真正的"和"。丸山敏雄先生多次书写"至诚""和敬"书挂，其书道之奥义，正是他所追求的人伦理想的表达。诗言志，书亦言志，书道与伦理义理相通。爱和、诚敬是人生幸福的必要条件。没有这些精神和道德规范，人类就不可能有幸福。但是，真正实现道德和幸福的一致，单有这些精神和道德规范是不够的，还必须通过实践去实现。丸山敏雄先生把这种实践叫做"即行"。所谓"即行"，就是想到的当即就去实行，就是怀着诚敬的道德心和事业目标，直接地、亲身地、立即地去行动。他认为，道德的本性在于实践，也在于"即行"。人们做什么事情，想到的时候是最适当的时候，也是条件最好的时候，如果错过机会，实行的机会就不会再来；如果现在不即行，以后就很难再做到。他提出并阐发的"即行"概念，是对道德实践概念的具体化，它不仅表达了道德在于实践这个一般本性，而且突出了直接实践的特殊本性。道德行为在于实践，这实践必须是即行的实践，否则它就会停留在思想的实践上，停留在拖沓而无效率的实践上。丸山敏雄先生认为，人生实践之所以要"即行"，就在于人生的时间短暂，在时间之外没有人生；机会难得，机会错过很难再得。按照实验伦理的要求，"即行"就意味着对要做的事情或工作，要亲自去做，立即去做，而且要勇敢地、乐观地、积极地去做。即行是人类实践的要义，是成功的秘诀，是打开幸福之门的金钥匙。

三、礼以定伦

实验伦理要实现德福一致的宗旨，就必须建立合理有序的伦理秩序，而合理有序的伦理秩序的建立，没有一定的规矩是不行的。俗话说，无规矩不成方圆。人的伦理秩序也是这样。这是中日两国人民传统伦理生活的共同经验。

中国传统伦理讲究德政，而德政的特征在于"齐之以礼"。对个人品德则在于"德以叙位"。在中国最早的甲骨文中，从"礼"这个字的象形结构来看，好像在一个器皿里盛着两串玉具或谷物，事奉于天神。丸山敏雄先生采纳中国古代《说文》的解释，释"礼"为"履"。"履者所以祀神致福也"。这里的"祀"字在册大鼎上刻的字与礼字的象形字有相似之处。底下都有一个好像盛东西祭祀的器皿。可见，礼起于祀神，旨在致福。中日两国思想家的见解是一致的。当然，礼起源于祀神，其意义和功用又不限于祀神，更重要、更实际的还是使人的行为如何纳于一定的社会规范，建立社会所要求的伦理秩序。中国宋代儒者说，"礼者人之规范，守礼所以立身也"（《二程粹言》）。礼被看作"治国之本""道德之极"。没有礼，人不能立身，人和人相处就不能和谐；没有礼就事不成，国不宁。丸山敏雄先生还特别从"天人一体、我境相因"的视角看待礼的作用，认为礼是以人为中心，把天地万物连成一体而建立的

"文明秩序的样式"[①]。隆礼重义的意义，就在于使人的行为有所界定，使人际关系有一定的标准可以遵循，使万物生存、发展得以和谐、顺通。这个思想的重要性，已在现代生态伦理的兴起中得到了证实。

对于礼仪作用的分析，丸山敏雄先生是从剖析人的自然欲求开始的。他认为，人生而有欲，人的欲望有多种多样，有物质欲，有支配欲，有名誉欲，有求知欲等。大欲则是食、色、生、死之欲。人的本能之欲初发，具有盲目性、激发性、反复性，乃至狂乱性。欲而不得则不能不求，求而无度量节制和分界，就必然产生争乱。因此，如果不是绝欲、禁欲、纵欲，那就必须制欲和导欲，对欲加以界定，把它们引向有益的方向和范围。而要这样，就必须有度量。礼就是这样的度量标准和形式。丸山敏雄先生认为，人生大事——生、食、性、死，都必须合于"道"，必须有体现"道"的法式。生有生的法式，食有食的法式，性有性的法式，死有死的法式，不能任性妄为。人性出于自然，但不能完全顺其自然，有时是顺性，有时又不能顺性，或不能完全顺性，而要反其性，就是要使自然之性合于一定的社会伦理和礼仪。因为，人在成长过程中，任性的结果轻则养成不良习惯，重则品行变坏，以至违法犯罪。所以，丸山敏雄先生在对实验伦理的论述中，不仅注重哲理的思辨，而且不拘小节、不厌其烦地阐明了"朝起的伦理""饮食的伦理""谈话的伦理""做事的伦理""游戏的伦理""休闲的伦理""艺术的伦理""便所的伦理""睡眠的伦理"，等等。而且给人们指出，从自然之德到习惯之德，再到政治之德、睿智之德的转化过程，概括而全面地讨论了善恶问题。他把法律结合于伦理的调节之中，研究了罪与恶的区别与联系，阐述了犯罪的根源，罪行的种类，犯罪

[①]《丸山敏雄全集》第8卷，金城出版社2011年版，第88页。

的程度，罪行的方式，罪行的证明，惩罚的手段，以及赎罪的方法等。所论精到、广博，扩大和加深了伦理研究的视野。这对研究和建设社区道德文明具有重要意义。

丸山敏雄先生风趣地说，人需要礼，就像脚需要穿下驮，没有下驮就不能走路。据说，日本民间穿的下驮有多种，有家用的庭下驮，有雨天用的足驮，有雪天用的雪下驮，有采摘海菜用的海苔下驮，有冰上用的阿骏力下驮，还有花魁用的米齿下驮，等等。就像这下驮有多种一样，人的不同行为和伦理关系，在不同的场合也要有不同的礼仪。穿下驮为走路，守礼仪为做人。不同礼仪的作用，就在于确定不同的具体行为和相互关系的度量分界。在这里，中和是大道之本，礼仪是大本之末。本末相连，以本带末，循末及本，也是道德进化的途径。古人强调礼为大，礼为道德之极。看起来似乎是重末轻本，甚至是本末倒置，其实不然。文明进化的规律是本末统一的，但在不同的过程中顺序是不同的。从发生过程来说，是由本而末，以本定末，犹如母与子的关系。但是从文明的建设过程来说，往往要从末抓起，"循乎其末以渐及其本"。因为"道在天地间不可见，可见着者形而已"（《化书》）。我们看不见道，也不能直接去求道，而要通过具体的事情去看它的变化，发现它的规律，从而认识道，掌握道。就是说，在道德文明建设的过程中，是由道而化德，由德而观道；道为德之本，德为道之末，由德而达道，由末而求本。这就是中国传统伦理所总结的治世和修身之道，也是丸山敏雄先生所阐发的日本社区文明建设的一条重要经验。

四、谨外养内

　　道德建设或社区文明建设，需要有切实可行的礼仪。但是一切礼仪的作用，归根结底要落实到个人自觉的行动上。正如丸山敏雄先生所说，"命运自拓，境遇自造"，通向幸福的道路向每个人延伸着，关键在于个人的自觉、自律，主动、积极地把握自己的命运，开拓幸福的生活。

　　那么，如何培养和提高个人的道德自觉性呢？中国传统伦理和丸山敏雄先生的实验伦理都提供了这样一种方法，就是"谨乎其外以养乎其内"。

　　一个人的某种完成态的行为，包括内在和外在两个方面。内在方面是思想、动机、目的、心术等，外在方面是行为活动及其结果和影响等。从行为的连续性和整体性来说，其内在方面还包括世界观、人生观、道德观等以及已经形成的比较稳定的人格和品性。其外在方面就是他的一系列的、一连串的行为活动，就是他的一贯倾向，一贯表现。人格、品性是由人的一串行为铸成的，人就是他的一串行为。因此要培养、提高人的道德自觉性，就必须注重人的行为。不仅要注重人的行为的内在方面，而且要注重人的行为的外在方面。人的内在方面的道德水平，不是在短时间内可以达到的，而且也不是一个群体能够一齐做到的。因此要建设社区文明，就必须有统一的外在的行为规范，从外在的方面约束个人的行为，协调众人的行为，使之有利于社会良好秩序的形成和保持。

　　丸山敏雄先生强调，人的行为在于养成。养成，必须成为行为习惯，习惯成自然，习惯就是人的第二天性。好的习惯是优良思想品德的表现，同时也是铸成健康的内在精神品格的保障。习惯就是人的行为轨迹和行为模式，它规定着个人的做事的常态。因此，培养行为习惯就是塑造人。人们都知道，道德观念和规范，作为知识是容易被认知的，有的人甚至可以倒背如流。但是，轮到实际行动却不一定能够去做。例如，讲勤奋，这个观念谁都可以知道，但是真正工作起来却不一定都能做到勤奋，更不用说做到"明朗、爱和、喜动"了。做不到的原因可能是多方面的，但对很多人来说，没有养成勤奋的习惯却是重要的原因。人懒就不能勤快。没有勤快的习惯，到时候头脑支配不了四肢，内面决定不了外面，自然就勤快不了。

道德的特点是实践，是"即行"，也可以说是"知行合一"。丸山敏雄先生融合东西方文化传统，提出了实验伦理的行为训练，力求在"即行"的行为训练中，把德行变为人的行为习惯，变成社会、社区的良好风尚。实验伦理的行为训练要求是严格的、全面的。其严格，要求做到一丝不苟，始终如一；其全面，要求做到一切行为、各个方面，都要遵礼而行，即使吃饭这样的日常生活行为，也要对每粒米抱有感恩之心，对劳动者报有感恩之情，对同桌就餐的人要抱有敬意。同样，对于洗漱、用物、便溺这样的事，也要以礼行事，养成良好的习惯。这方面的情况，在日本伦理研究所已有了模范的实行。这个伦理研究所可以说是日本伦理的典型表现和样板。

说起来，吃饭、如厕之事好像是私德，其实也关系着公德。至于事业行为更是要求严格。按照丸山敏雄先生的要求，做事前要有明确的目的，有充分的准备；事情进行中要有合理的程序，有正确的方法；事情终了要有切实的归结，有应有的成果。总之，"一定要干脆打上句号，一定不要有遗憾"①。生活中的一举一动，每时每刻，只要是有意义的行为举动，都应体现做人之道，都要有规矩，讲礼仪。有了一定的规矩和礼仪，长期坚持下去，养成良好的行为习惯，就会由外而内地培养起道德法的自觉性，提高向善的纯情良知。这正是从他律向自律转化的过程。可以说，"谨外以养内"就是通过强化他律以促进自律，用社会礼法的力量造就个人的良好品德，铸成民族的优良素质。礼法作为外在的规范，既可以起到"谨外养内"的作用，也可以起到"警内以谨外"的作用。古人说，"经国之务，必先以礼仪"，是有一定道理的。在这方面，可以说丸山敏雄先生的实验伦理是独具特色的。它说明实验伦理同日本的民族传统和日本人民的现实生活是密切联系的。它能从民间发展起来，又能回到民间去，指导人民的生活和社区文明建设，就有说服力地证明了它的有效性。

　　这里，还应当说，丸山敏雄先生就是遵行实验伦理的模范。他不仅一生孜孜不倦地探求人生之道，鞠躬尽瘁，死而后已，而且自身修养极为严格一贯。有件事令人敬佩不已。先生年轻时，大学刚毕业，曾随团到中国旅行过两个月。在他的全集第 10 卷中，我们可以看到他当时的日记，从大正八年（1919 年）3 月 25 日下午 1 时 10 分团队出发时起，一直记到 4 月 15 日下午 3 时 20 分团队回到日本在门司上陆解散时为止。两个月，历经青岛、淄博、济南、曲阜、北京、大连、旅顺等 8 个城市，在紧张的集体旅行中，他竟记下了近 12 万字的日记，所见所闻，有景有物，凡人事、风俗、奇闻、史迹、学术、时政，无所不记，而且图文并茂。他的所作正如他的所说："初志贯彻，皆无不能""不忘本末，善始善终"。丸

---

　　① 〔日〕丸山敏雄：《实验伦理学大系》，丘成译，社会科学文献出版社 1991 年版，第 240 页。

山敏雄先生的一生成就卓著，人格伟大，被日本人民誉为"现代圣人"，这与他青少年时代遵道谨行、自律勤奋的修养是分不开的。丸山敏雄先生的一生就是他所追求的道德的体现，就是实验伦理真实可信、切实可行生动的证明。

实验伦理的启示很多，它需要后人在生活实践中不断地去体验和领悟。我们应该从丸山敏雄先生的道德品格和伦理思想中得到应有的教益。

信用·诚信·经济规律

一、信用是经济关系和制度

信用是就交往关系而言的，用于经济领域，就是指经济关系，本质上是生产关系，而且是与发达的生产关系相适应的经济制度。人与人之间的信用关系，不是先有了道德的诚信然后用到经济交往关系中去的结果；不是先有诚信观念然后现实化为经济交往关系，而是先有人与人之间的经济交往关系，由于经济关系的需要，要求人们必须讲信用，才产生信用关系的经济制度。说经济交往关系不一定都是指经济所有制关系，也可能是平常的日用交往关系，在日常生活交往中，信用、诚信和信任三者，有时通用，有时分开，互相明白就行了。但从学理上说，从国家治理和社会管理上说，还是应该把信用、诚信和信贷分开来对待。因为信用讲的是社会经济关系，涉及经济的利害，必须有普遍性和强制性的制度规定。经济信用与道德诚信在交往中有时也混用，以至于有人认为是先有道德的诚信，然后才有经济的信用。这是一种简单的理解，并不确切。如果说你事先就知道对方比较有信用，那当然可以，因为"事先"就已经证明了交往的对方就是有信用的人，是可以信任的，当然就可以建立信用关系。如果是缺乏信任的关系呢？那就必须有建立有法律保障的信用关系才能进行实在的经济交往。历史上早已有信用交往关系存在，有借有还是"天经地义"，但古今信用的发展和存在形态却有很大的不同。

古代有物物交换，成不成，讲一个信任。不仅以信任相通，以诚相待，而且以用物为证，体现的是相互信任之实而不只是信任之言。中国古代的乡民邻里之间，亦有交往互助和借贷关系，如《文献通考》记载："黄帝经土设井，以塞争端，井开四道，凿井于中，宅分八家。"于是呈现出这样的客观环境和伦理秩序："不泄地气，不费一家；同风俗，齐巧拙，通财货，存更守，出相司，媒嫁娶，相借贷，病相救；生产均，相处亲。"古人将其概括为"伦类以为理"，是一种伦理关系。这些邻里乡民的关系，紧扣着三信——信用、诚信和信贷。不过，在农业时代还没有大社会范围的制度网络和体系。那时的借贷信用关系通常是以担保人、契约等形式维系的，如土地、房产，购买租赁契约合同等。后来随着资本主义的发展，商品交换和货币流通的世界化，发达的商品交换、货币流通的账契交往，就必须有相应的普遍性的制度规定来体现，并且必须有国家法律的支撑和保障。因此马克思说："信用作为本质的、发达的生产关系，也只有在以资本或以雇佣劳动为基础的流通中才会历史的出现。"商业信用就是从劳动力买卖关系、买者和卖者的债权和债务关系开始的。为什么会有这种经济制度出现并且普遍化和强化？这里有历史的原因，也是两个"生死攸关"的必然要求：一是与劳动者的生命及其家庭生活生死攸关，二是与资本所有者和经营者的成功与失败的生死攸关。这两者都与国家制度和社会民生的安定、存亡相连。

同样的道理，经济信用不是从道德诚信开始的，也不是从竞争中产生的，而是从商品交换活动中产生的，是商品交换关系的要求，是货币流通得以实现的必要条件。马克思说："信用作为本质的、发达的生产关系，也只有在以资本或以雇佣劳动为基础的流通中才会历史的出现。"①马克思在阐述早期资本主义信用时指出，商业信用是从劳动力买卖开始的。因为资本主义生产首先需要在市场上购买劳动力，劳动力的价格是在契约订立时确定的，而工人在拿到工资前就已经消耗了相当长时间的劳动力（如一周、一月等），资本家是在买到劳动力并使用一段时间之后才付给工人工资的，因而劳动力的让度和工资的兑现之间就有个时间差，就有实际存在的尚未实现但必须实现的借贷关系。这就构成了工人与资本家之间的一种信贷关系。马克思说，"商业信用就是从这里开始的"。

在发达的商品市场经济中，商业信用是从事再生产的资本所有者互相提供的信用。这种信用是相互的，作为契约维系的商品或货币借贷就是债务和债权关系。在这种关系中，每个人都一面提供信用，一面又接受信用；每个人的支付能力同时就取决于另一个人的支付能力；每个人既有要求信用的权利，同时又有履行信用的义务。在这种关系中，信用体现的就是一种发达的经济关系。从整个信用体系来看，信用就是体现商品交换和货币流通速度的巨大调节器。当然，作为商品形态变化的过渡桥梁，信用也是再生产不同阶段转移的媒介；从对待责任、义务和支付资本的限度来说，信用又是兑现承诺、合同、契约的可靠程度；就其商业目的来说，也可以说信用是实现交换价值的手段。

在发达的生产关系中，信用是一种普遍性的、制度化的经济关系。作为一种经济制度，信用的作用是极其巨大的。这里不说信用作用的消极方面，只从它的积极作用来说：第一，通过信用可以使

---

① 《马克思恩格斯全集》第 30 卷，人民出版社 2006 年版，第 534 页。

全部复杂的经济活动主体和社会关系联系起来，使市场经济、流通过程各个环节上的人都以信用为媒介而存在和活动。第二，通过信用可以节约货币，加速货币流通、资本运动和资本形态变化的速度，从而加快社会再生产的进程。第三，通过信用可以调节公私、公公、私私的矛盾，促成资本所有者的联合，使分散的、孤立的资本形成社会资本，形成联合的股份资本。第四，通过信用可以加速社会生产力的物质发展和世界市场的形成，使这二者作为新生产形式的物质基础，推动世界资本运动完成其历史使命。因此，可以说信用作为制度是市场经济的基础，是整个商品生产和资本运动的灵魂。在这个意义上，可以说它具有经济规律的性质。当然，随着市场经济的不断发展，信用必然从经济领域广泛地渗透到社会生活中去，从而具有客观的伦理意义，它制约和体现着人伦之理和人伦之实。

在商品交换中有没有人的道德参与呢？回答是肯定的，不但有而且具有重要作用。19世纪英国经济学家威廉·汤普逊在论到商品交换对道德的影响时说："必须看到交换的利益和必须实行交换。如果把交换的作用取消，也就消灭了劳动的动机。"它特别注意到交换在道德方面的影响，认为"一个人不给任何别人什么东西，也不接受任何别人什么东西，没有意味着互换劳动的合作，这个人就成了他的同胞们畏惧的对象。在这种情况下，人们的心中能产生什么友爱之情呢？在这种情况下，所产生的不会是什么宽厚仁慈，而一定是完全相反的感情"[①]。但是，这并不能否定马克思的研究，因为马克思在研究经济规律时是研究资本与劳动的关系及其运动规律，人的意见和情感因素已经融化在物质性劳动活动中、对象化为

---

① 〔英〕威廉·汤普逊：《最能促进人类幸福的财富分配原理的研究》，商务印书馆1986年版，第62页。

商品物和商品价值，体现为劳动力、劳动生产率、价值量、利息率等。这是要用社会学、统计学方法去解决的。简单地说，马克思把资本和劳动都人格化、作为人格化参与者来对待的。按照马克思的解释，商品价值的奥秘在于：它在人们面前，把人的劳动的社会性凝结为劳动产品的价值，反映为物的"天然的社会性"，所以才有作为"天生的平等派"的商品。人与人的平等、自由的伦理关系，就潜藏在物的交换价值之中。不是说人没有感情和心性，而是从经济学的客观规律研究来看，物的交换价值包含着超越感觉、感情的人与人的经济关系。不过，对于注重物质利益的市民来说，可感的使用价值和作为价值形式的货币是实在的，那里面的伦理关系则是虚幻的，看不见的；而对于思辨的伦理学家来说，可感的物、货币，只是身外之物，只有其中的伦理才是实体性的如黑格尔所说的"活的善"。

当然，这只是简单商品交换关系的形式表现。在深入的考察中，我们会看到资本主义关系深刻的本质。简单流通本身并没有暴露出各个交换主体之间的任何区别，因而呈现出形式的自由、平等和以劳动为基础的所有制的"王国"。把这种关系不加分析地应用到发达的、深层的商品经济关系中去，就会导致理论的错误。这在讨论剩余价值和剥削问题时就可以清楚地理解。

这就是说，信用的实现和通行，要有诚信。就个人行为来说，是诚于心，行于外，由因到果，是一种道德的必然。但从群体和社会范围来说，其心与行、因与果的关系，就不是那么简单地必然对应的了。这里应分清个人交换过程和社会交换过程。社会交换过程如何达到"不同而一"的伦理秩序，就必须有完善的经济关系和信用制度以及相应的法律保障。马克思研究的就是经济发展的必然性和规律性，是经济学的科学，而不是道德观念和道德感。这里是个大因果关系，有宏观的历史的规律作用，有细微的机构和运行机制，不能与道德规范简单地并立看成"两个因素"或"两个轮子"。

在发达的市场经济中，信用是相互的，即表现为债务和债权的关系。在这种关系中，每个人都一面提供信用，一面又接受信用；每个人的支付能力同时就取决于另一个人的支付能力；每个人既有要求信用的权利，同时又有履行信用的义务，如所谓"三角债""连环债"，蛛网式地关联着。从整个信用体系来看，信用就是体现商品交换、货币流通速度和人际关系平衡的巨大调节器。在发达的生产关系中，信用是一种普遍性的、制度化的经济关系、复杂的现代网络关系。它有巨大的历史性创造力，同时也有巨大的现实性破坏力，如马克思在《共产党宣言》中所作的科学论断。信用具有经济规律的性质，甚至决定着整个社会的正常运行，它可以载舟，亦可能覆舟。

有种看法，把信用仅仅看作道德状况，鉴于对社会道德风尚的忧虑，因而对社会主义市场经济的信用产生怀疑。其实，冷静地想想就可以明白，社会主义市场经济总体上是有信用的。它的信用作为本质的生产关系是随着市场体制的建立而形成的，也是随着市场经济的发展而进步的。试想，我们的市场经济如果没有稳定的信用关系和信用制度，还能正常运转和存活一天吗？在再生产过程的全部联系都是以信用为基础的现实生活中，只要国家信用、商业信用、银行信用、货币信用突然停止，整个社会的经济危机必然发生，社会生活必然混乱。我们每个人每天到大小商店去买东西，能够实现正常的经营和消费，都是靠基本的信用关系保证的。如果没有基本的社会信用关系和制度，我们就只好回到自给自足的小农经济生活中去了。由此可以理解，我们的反腐——打老虎、拍苍蝇，清理信用通道，多么必要和重要。

我国正处在转型过程中的市场经济，还存在着一些特殊的信用短缺问题，急需解决。存在这种状况有历史的原因，也有现实的原因；有社会的原因，也有个人的原因，有经济的原因，也有政治的原因。但是，市场经济是信用经济，不但必须讲信用，而且一刻也不能停止信用运转的调节器。世界上所有的大企业，跨国公司，之所以能在激烈的竞争中取胜，一个基本的原因就在于：它们在企业和顾客、企业和企业、企业和国家以及国际之间建立了稳定的信用关系，以优质的产品和优质的服务取得了广泛的、良好的信誉（这也不是简单的"道德爬坡"或"伦理精神高扬"问题）。这就是我们加入 WTO 所面临的挑战。它告诉我们：解决社会信用问题，完善社会信用制度和信用体系，已是社会主义现代化建设和完善市场经济体系的当务之急。

二、信用、诚信和信贷

信用、诚信和信任有时通用，诚信也可以理解为信任。但是，在学理上和应用上，还应该严格加以区分。否则就会使信用失去实效，或者把道德诚信和信任变成一种功利设计。马克思说："信贷是对一个人的道德作出的国民经济学的判断。"[1]应当怎样理解马克思的这个判断？这里并不是肯定信贷具有道德的性质，恰恰相反，马克思说的是信贷说性质要从经济关系上去认识和判断。要理解马克思的这句话，需要从马克思对圣西门主义者的批判说起。圣西门主义者对资本主义制度是持批判态度的，有些批判也相当尖锐、深刻。但是，他们对历史问题的理解是建立在人性论基础上的，虽然

---

[1]《马克思恩格斯全集》第 42 卷，人民出版社 2006 年版，第 22 页。

想发现历史有规律但却不能正确地认识历史的发展规律。当他们看到资本主义信用业的发展出现了完善的银行业时，就以为这种银行业就是人的异化的扬弃，就是人同物、资本同劳动、私有财产同货币、货币同人的分离的扬弃，就是人向自己因而也向别人的复归，使人和人的分离重新回到人和人的作为"人性"的关系之中。因此，他们认为建立社会主义的理想就是"组织起来的银行业"。这当然是一种幼稚的、肤浅的哲学。他们没有看透资本主义银行业的本质，也没有看透信用的经济关系本质。

马克思认为，这种所谓"复归"仅仅是一个假象。不仅是个假象，而且是一种卑劣的、极端的自我异化，非人化。因为，这种银行业的信贷不但不再是商品、金属、纸币，而是"以道德的存在、社会的存在和人自身的内在生命的身份出现的"。实际上这种信任假象下面掩盖的正是"对人的极端的不信任"。

信贷的本质是什么构成的呢？是货币构成的。信贷的内容是货币，作为一个人向另一个人所表示的信任的内容是货币。这种信任就是一个人承认另一个人，把某种价值贷给他，并且相信他不是一个骗子，而是一个"诚实的人"。信贷，实际上从其内容来看就是相信那个人有支付能力，所谓"诚实的人"就是有支付能力的人，到时能够如数偿还贷给他货币的人。

一般地说，信贷关系可以有两种：一种是特殊的贷款关系，即富人贷款给勤劳和有信用的穷人。这是温情的、浪漫的信贷。但这种信贷只是例外，而不是常规。即使是这种情况，对富人来说，穷人的生命、才能及其劳动，也都是归还债款的保证，即偿还他的资本连同利息的保证。另一种是常规的贷款关系。在这种关系中，如果债务人是穷人，那么债权人除了有道德上的保证以外，还要有法律强制的保证以及债务人方面或多或少的实际保证。如果债务人是富人，那么信贷就直接成为便于交换的媒介，也就是把信用看作货币，也就是以货币来估价人。正因为这样，马克思才说："在信贷关系中用货币来估价一个人是何等的卑鄙！"①信用或不信用，还是要看货币的实际，要看经济上的保证。在这种信贷中，人本身不是作为人存在的，而是作为某种资本或利息的存在。在这里，人被货币所代替，成为交换的媒介。如果从另一方面看，货币被人所代替，似乎就是货币从它的物质形式复归到人。实际上这不是货币被人取消，而是人本身变成货币，货币和人合为一体，人被货币取消，于是道德本身也就成为买卖的物品，成为货币存在于其中的物质。这样，判断一个人的道德信用也就是判断一个人信贷的货币价值含量。所以，马克思说："信贷是对一个人的道德作出的国民经济学的判断。"②

马克思特别痛恨资本主义社会把信用当作道德的"虚伪制度"，他把这种制度内的一切进步都看作人性的倒退和始终一贯的卑鄙。在马克思看来，在信用业中对人高度的承认只是人的异化的假象。因为，第一，它高度承认的是富人，至于穷人的存在要取决于富人的判决；第二，尔虞我诈和假仁假义达到了无以复加的程度，以致对一个得不到信贷的人不仅判断他是贫穷的，而且判断他在道德上也是不可信任的，不配得到承认的贱人；第三，由于货币的纯粹观念的存在，伪造货币就可以不用别的材料，而只用他自己的"人格"就行了，因而人不得不把自己变成赝币，以狡诈、谎言等手段来骗取信用，因而使信用变成买卖的对象，变成相互欺骗和相互滥用的对象。因此，国民经济学上的信任的基础正是不信任。国家信贷也是一样。

---

① 《马克思恩格斯全集》第42卷，人民出版社2006年版，第22页。
② 《马克思恩格斯全集》第42卷，人民出版社2006年版，第22页。

马克思提出过这样一个论断:"信贷是对一个人的道德作出的国民经济学的判断。"这里揭示的是什么呢?正是信用的本质与道德的区别。马克思指出,信贷的本质是货币构成的,信贷的内容就是货币,是作为一个人向另一个人所表示的信任的货币。而这种信任就是一个人承认另一个人,把某种价值贷给他,并且相信他是一个"诚实的人"。所谓"诚实的人",在这里就是一个有支付能力的人。正因为这样,马克思才说在信贷关系中用货币来估价一个人在道德上是卑鄙的。信用或不信用还是要看货币的实际,要看经济财物上的保证,甚至要看是穷人还是富人。马克思认为,在这种信贷关系中,人本身不是作为人存在的,而是作为某种资本或利息的存在。在这里,人被货币所代替,成为交换的媒介。如果从另一方面看,是货币被人所代替,就是货币从它的物质形式复归到人。实际上这不是货币被人取消,而是人本身变成货币,人被货币所取消,于是道德本身也就成为买卖的物品,成为货币存在于其中的物品。这样,判断一个人的道德信用也就是判断一个人的信贷的货币价值含量。所以,马克思说:"信贷是对一个人的道德做出的国民经济学的判断。"信用的本质是经济问题,不是道德问题。信用在于用,是因用而信。因此,马克思说:"信用的基础不是信任,而是不信任。"

信用和诚信是不同的。按照中国传统文化的解释,诚者,信也;信者,诚也。两个字本是同义的,但根本之义在于以善相通,心善是根本。孟子说:"可欲之谓善,有之与己之谓信。"也就是北宋大儒张载所概括——"诚善于心之谓信"。一般地说,诚信是一种道德意识,是良心。本质上体现为人的道德品质,或表现为人格内在的精神境界。在人与人的交往关系中,它往往也通过信用、信任关系体现出来。在这种关系中,它就包含在信用和信任之中,是信用和信任的一个基本条件。

虽然诚信可以在经济信用关系中体现，是一个必要条件，但这并不等于说在经济信用关系中必然要有道德的诚信，必要不等于必然，有时并非出于道德之心，但能履行契约、合同，也是合乎信用伦理要求的。马克思说：在信用体系中，信用之所以作为一种制度，总的说来并不取决于个别资本所有者的善意或恶意，因为"自由竞争使资本主义生产的内在规律作为外在的强制规律对每个资本家起作用"[①]。这里有内心和外物、善与非善的区别。信用在于外物（货币）的关系和作用，而诚信在于是否"存善于心并形于外"。就资本所有者的心术来说，有的人可能与人为善；有的人可能见机行事，或善或恶；也有的人可能是心术不正，唯利是图。事实上，在经济生活中，通过契约形成的信用关系，并不一定就有了道德的诚信，因为这种关系只是在外部经济利益和契约法的强制下形成的，其动机和目的可能纯粹是经济的利益，是利润增殖。在这里，正如马克思所说，"资本的运动作为经济竞争的规律对资本所有者个人发生的作用，就构成了资本所有者个人意识中的动机"。动机启动着意志和行为，或善或恶，是个道德良心或恶心问题。换个角度看，在经济交易中，即使违背信用契约或合同的行为，也不一定就是行为者的心术不善，也可能是道心虽正，但支付断档无奈，难以断言道德。这里的难题在于：判断善心之善，处在善与恶的两难之间的选择，如黑格尔所说，还没有落实的意志选择，可能"处在转向作恶的待发点上"，可能为善，也可能在心里埋藏着失信和不法。因此，个人的信用、信任的实现一般地说往往带有两种可能性。

马克思在《资本论》中，讲的是经济规律，不是诉诸道德良心

[①]《马克思恩格斯全集》第23卷，人民出版社2006年版，第300页。

的。但这并不能说马克思不重视良心。马克思在回答关于共产主义的争论时说："征服我们心智的、支配我们信念的、我们的良心通过理智与之紧紧相连的思想，是不撕裂自己的心就无法挣脱的枷锁。"这里所说的"思想"，就是马克思坚信的共产主义思想，作为信念即对真理的确信，它就体现着与理性相结合的自我确信的良心。这样的良心作为道德感能知善恶，作为理智与良心合一的坚定信念，就像"枷锁"一样地锁住良心的信念。这也就是任何外力都不能左右的、深藏于主体内心的道德权利。

在这个地方，中国传统伦理留下了严格的道德规范要求，即慎独。慎独的道德境界和人格要求，到底有多严？清代有《庭训格言》为证。书中有"暗室不欺"之说：有道德的人，不仅在私居独处之时要守德，而且在隐微幽曲之地，在内心深处的方寸之地，也都要保持心善和高尚，不但不能作不道德的事，而且连非分之想也都不能有，就是说不应有"私字一闪念"。真正是"不动而敬，不言而信"。当时这种道德要求被规定为《大学》《中庸》的核心价值观。

所以，不能说把市场经济建立在诚信的基础上，而只能说建立在信用关系和信用制度的基础上。道德的诚信是维系市场经济的必要条件，但不能作为市场经济的基础。在信用和诚信两者之中，法律强制要优先于道德约束，法制是市场经济的必要前提和基础。这正是市场经济作为法制经济、契约经济的本质所在。所以，有人说，把市场经济建立在诚信的基础上就等于把市场经济建立在沙滩上也不为过。辩护者说：如果人人都向善、想善和为善，那么市场经济就一定会是道德的、理想的。可是这只是一个抽象的假设，如马路墙上画的宣传画："人人都向善，吉祥满乾坤"，这与哄小孩子的童话有什么本质区别？

三、诚信是经济规律吗？

有学者认为，诚信是经济规律或带有经济规律性。其根据是恩格斯的一段话。这段话说："现代政治经济学的规律之一……就是：资本主义生产愈发展，它就愈不能采用作为它早期阶段的特征的那些琐细的哄骗和欺诈手段。……的确，这些狡猾手腕在大市场上已经不合算了，那里时间就是金钱，那里商业道德必然发展到一定水平，其所以如此，并不是出于伦理的狂热，而纯粹是为了不白费时间和劳动。"[①]作者认为这段话贯穿一个思想："诚信是现代经济规律"。其实，这是对恩格斯这段话的误解。

从行文看，恩格斯所说的"政治经济学的规律之一"的内容，是在"就是"后面的整段文章阐发的，而不只是这一大段话的第一句。恩格斯的这一大段话的中心意思是讲，现代资本主义的发财之道有了变化，从原来的哄骗手段转变为注意时间和劳动的节约，从而使商业道德也达到了一个新水平；也可以说是讲经济发展和商业道德进步的关系。恩格斯说这里有一条政治经济学的规律。这个经济规律是什么呢？可以简单地概括为：经济发展必然引起商业道德的变化。具体地说就是：随着资本主义生产的发展，再用早期的那些哄骗和欺诈手段已经不行了，而要采取改良的或与此相反的手段。这是否是讲诚信？且看接着的一句："其所以如此，并不是出于伦理的狂热，而纯粹是为了不白费时间和劳动。"不白费时间是为了多赚利润。

恩格斯在这一段话里没有直接使用"诚信"这个概念，但从

[①]《马克思恩格斯全集》第22卷，人民出版社2006年版，第368页。

"哄骗和欺诈"推想出其反面是讲诚信,可以是一种推论,但不能简单地作出诚信道德的结论。概括恩格斯所说的经济规律是否合适?我认为,由此得不出"诚信是现代经济规律"的结论。因为:

第一,无论是马克思还是恩格斯,从来都没有把道德说成经济,或把经济说成道德。他们强调经济和道德两者相互联系、相互作用,但从来没有说过道德能够成为经济规律。恩格斯在这段话里所说的"商业道德",当然是包括诚信在内的商业道德。可以说商业道德随着经济的发展而发展是符合经济发展规律的,也可以说诚信是这种变化、发展中的重要因素,起着重要作用,但是不能因此而说商业道德就是经济规律。

第二,这一大段话的最后一句说:"在英国,在工厂主对待工人的关系上也发生了同样的变化。"什么变化呢?就是工厂主感到靠着对工人进行琐细偷窃的办法来互相竞争已经不合算了,事业的发展已经不允许再使用这些低劣的谋取金钱的手段了,拥资百万的工厂主有比在这些小算盘上浪费时间更为重要的事情要做。于是,工厂主实行了一些改良措施,尤其是大工厂主们还学会避免不必要的纠纷,默认工联的存在和力量,等等。与此同时,大工业也有了某些"道德准则"。恩格斯说,"所有这些对正义和仁爱的让步,事实上只是资本加速积聚于少数人手中和消灭那些没有这种额外收入就不能维持下去的小竞争者的一种手段。"①

很清楚,这里所说的"同样的变化",就是指上面所说的由于现代化大工业的发展引起发财手段的变化,从而引起道德的发展。这里说的"道德准则""对正义和仁爱的让步",都是说由于资本主义经济的发展引起了赚钱手段的变化,从而使资本主义道德也有所变化或进步。就是说,后面这一大段话,同样是在叙述经济发展引

---

① 《马克思恩格斯全集》第22卷,人民出版社2006年版,第369页。

起道德变化的经济规律。

再进一步分析,为什么必然会发生这样的变化?恩格斯认为,那不是由于资本家的"伦理狂热",而是客观经济的原因,迫使资本主义从哄骗、欺诈、低劣的谋财之道趋向于诚信和对仁义让步,他们这样做"纯粹是为了不白费时间和劳动",应该说是怕浪费赚钱的时间。

"纯粹是为了不白费时间和劳动"这句话很重要。正是这句话深刻地说明了生产发展的客观要求,点出了制约着道德的经济规律的实质。马克思说:"一切节约归根结底都是时间的节约。正像单个人必须正确地分配自己的时间,才能以适当的比例获得知识或满足对他的活动所提出的各种要求,社会必须合理地分配自己的时间,才能实现符合社会全部需要的生产。因此,时间的节约,以及劳动时间在不同的生产部门之间有计划的分配,在共同生产的基础上仍然是首要的经济规律。这甚至在更高得多的程度上成为规律。"[①]马克思把它简化为如下公式:"真正的经济——节约——是劳动时间的节约……而这种节约就等于发展生产力。"[②]"真正的节约——经济=劳动时间的节约=生产力的发展。"[③]在这个问题上,恩格斯与马克思是完全一致的。恩格斯所说的经济规律是否是指时间和劳动的规律,还可以再研究,但是可以肯定恩格斯所说的经济规律绝不是指道德的诚信。

作者要寻求经济伦理的客观规律性是很有意义的,我很赞成作者的这个创意,许多谈论诚信的文章都忽略了这个方面。但是,这个客观方面是什么,应当怎样表述,却是值得斟酌的。问题在于把

[①]《马克思恩格斯全集》第 46 卷(上),人民出版社 2006 年版,第 120 页。
[②]《马克思恩格斯全集》第 31 卷,人民出版社 2006 年版,第 107 页。
[③]《马克思恩格斯全集》第 31 卷,人民出版社 2006 年版,第 619 页。

握信用与诚信的区别。一般说来，在经济领域，信用体现的是经济关系，诚信体现的是道德良心。如果从客观经济规律上看问题，那么可以说，体现经济规律的是作为经济关系的信用，而不是作为道德良心的诚信。诚信的本质在于心善，不能说"诚信的本质在于经济规律"。

现代商业伦理及其和谐关系[1]

我的专业是哲学和伦理学，不是学经济和经商之道。但是人事无常，没想到在我进入老年时却卷进了经济伦理和经商之道。在退休前几年，我曾给研究生开设了"马克思恩格斯伦理思想研究"专题课，其中有一部分是《资本论》经济伦理思想研究，1999年发表了《〈资本论〉经济伦理思想研究大纲》。退休后，因承担着国家社科基金项目《马克思恩格斯伦理思想研究》，其中研究和阐发《资本论》经济伦理思想又是重点之一。这种研究正好可以而且有必要与家里人正在做着的现代商业营销工作结合起来，使理论研究有些实际经验的感受。这样，近几年来，就有机会对现代商业和商务操作以及相关理论有所参与，有所了解，有所思考，尤其对传统商业营销伦理和现代商业营销伦理的比较产生了兴趣。于是，结合着经济理论的研究，我思考了一些与商业伦理道德有关的问题，发表了几篇文章，也在几个商务研讨班上讲过现代商业营销伦理专题。

2002年夏末，有高等教育自学考试指导委员会的一个商务管理专业教材编写组，请我给他们讲讲商业伦理学的问题。在这次讲解

---

[1] 本文原为作者为柴艳萍的《商业和谐论：商品交换伦理研究》（中国社会科学出版社2008年版）一书所作的序言。

中，我尝试着梳理了一下对商业伦理学的思路。后来他们出版了《商业伦理学导论》一书。差不多同时，我参与了河北经贸大学王莹教授主编的旨在探讨商业伦理问题的《现代商业之魂》一书提纲的讨论，从经贸大学的专家那里又得到许多专业知识的启发。本书作者柴艳萍教授也是这本《现代商业之魂》的作者之一。当时她正在我的名下攻读伦理学博士学位，就在参与编写这本书的过程中她提出要作商业伦理研究的博士论文。我同意了她的设想，支持了她的研究计划，并以我的有限知识和经验担负了"领进门"的指导工作。

有道是"师父领进门，修行在个人"。柴艳萍教授治学严谨，学术功底扎实，长于理论思维和经验的综合梳理；一经踏入此门，即负重致远，锲而不舍，终成正果，顺利完成了博士学位论文和论文答辩。就在读博和写作学位论文期间，她晋级所供职的河北经贸大学哲学教授。此后她便继续研究商业理论和商业市场现状，力图作出更完善的理论阐述。不出所望，两年后她便在博士论文基础上完成了这本专著《商业和谐论：商品交换伦理研究》。

应该说，我是这本书的两次"第一读者"，一次是博士论文，一次是这本专著。该书是遵循商业历史发展的逻辑，从简单商品交换切入，依次分析了货币、资本、劳动力商品、市场经济秩序、现代商业交易、国际贸易和电子商务等一系列理论问题，阐释了商业活动的各个重要环节的伦理秩序和道德诉求。从全书的写作宗旨来看，作者并非刻意创造完善的商业伦理学新体系，但其理论思路有内在联系的展开，其内容贴近历史和现实的逻辑结构，却不仅展示了商业在坎坷中向现代文明攀登的历程，而且亦可从中看到一个比较成型的商业伦理学理论体系。书中提出的"商业和谐"这一概念，似乎是一个纯粹抽象的理想，因为在世俗的商业生活中那常常是被怀疑和抱怨的领域,要阐释和证明它的清白与和谐谈何容易!然而,这个难点也正是它的一个亮点。这些,读者都可以在书中看到,或是意至悟到,见仁见智,无须我在这里赘叙了。

在人类历史上,商业的发展既有超凡的智慧和创举,又始终存在着激烈的冲突和痛楚的误解。在中国古代,有农业社会颇具地方特色的商业,虽然少有宗教的歧视和纠缠,但也时有匪祸侵害和官方抑商政策的干扰。孔孟强调生财有道,也斥责集市征商为"贱丈夫"。荀子赞赏天地人一统的"王制大业",总览全局也还是把"商"摆在"农、工、士"之下。司马迁写《史记》,彰显了"求富益货"的经商思想,赞赏"工而成之,商而通之"。值得注意的是,中世有一个重要的思想演变:汉代大儒董仲舒提出"正其道不谋其利",宋儒更进一步强调"正其义不谋其利",使重义轻利思想长期影响后世。直到清代康熙朝颜元倡导"正其义以谋其利",才重振道义功利统一之风。此后,商业有了显著的地位和荣耀,有不少开明人士真正看清了七十二行,商业是桥梁,视商业为"国家之元气"。说起来,中国是商业古国,也是个商业大国;北有晋商,南有徽商,历史久远,惠及中外;更有"廉贾""儒商",倍受世人尊敬。但是与西方商业比较起来,中国传统商业长于传承经商经验,留下了数不尽的"买卖经",但却没有成规模、成系统的商业理论著作。究其原因,大概与农业社会、封建专制以及"六经"无商的钳制和影响不无关系。

在欧洲,古希腊时代,雅典城邦商业发达,但视商业为"贩卖的技术",甚至把海盗看作聚财职业。中世纪的基督教教义曾经要求商业经营者必须以上帝为目的,视以赢私利为目的的商业行为为"卑鄙无耻的恶德"。即使是肯定商业的经济学家,也只是按照基督教教义宣传一些笼统的经济概念和抽象的道德要求。不过,15世纪有位叫做若安内斯的葡萄牙人写过一本小册子，探讨了"公平交易及贸易和生息方式"。其中各章分别讨论了商品交换和贸易、契约种类及其本质、合法利润和高利贷、对外贸易的法律和道德等问题。那时有许多商业著述也开始重新诠释金钱的价值和意义了。中世纪最卓越的商业民族意大利人，借助于十字军东征之机，冒着战乱的风险，推进了古代商业的复兴，甚至创立了具有现代意义的信用票据和信用理论，以至于无视神权，把某些教皇敕令也当作信用证券在市场上流通起来。

近代欧洲，由于商业在一些地区往往表现为欺诈、掠夺行为，由于资本原始积累中的野蛮和非人道，致使商业秩序混乱，商德声誉败坏，英国哲学家弗柏西斯·培根竟编制了一部统计表，详细列出了每种行业都存在的欺诈行为，加以道德谴责。不过，资本主义经济的发展也带来了商业的进步。17世纪英国经济学家托马斯·孟就赞扬商业是国家财富的创造者和管理者，肯定了商人的巨大贡献和荣誉，并概括出"全才商人"应有的优秀品质。18世纪的欧洲进入商业时代。生活在商业鼎盛时期的经济学家亚当·斯密看到了资本主义商品经济的弊病，但他更赞扬战胜野蛮掠夺、摆脱人身依附的自由经济的人道和文明。他力求揭示商业本质中的人道基础，证明商业是"各民族、各个人之间的团结和友谊的纽带"，并提出了著名的"看不见的手"的资本运动规律和商品交换法则。当然他也看到了商业中的种种恶德，试图使逐利欲望与道德同情结合起来，因此在写作《国富论》的同时，又写了《道德情操论》。如果说《国富论》是以阐发自由竞争的经济规律为主旨，那么《道德情操论》就是弘扬同情和正义的核心价值观。他以乐观的态度，积极促进在激烈竞争中的商业文明。经济的繁荣使人们对商业有了新的认识，不仅出版了浩如烟海的商业研究的著作和文献，而且商业的人道精神开始张扬,道德开始要求自己的权利了。表现在竞争中对正义和仁爱的让步,也使商业道德发展到一个新的水平。孟德斯鸠甚至不无夸张地说:"商业能够治疗破坏性的偏见,因此哪里有善良的风俗,哪里就有商业;哪里有商业,哪里就有善良的风俗。"

与斯密和孟德斯鸠不同,19世纪的英国思想家傅立叶从他的社会主义信仰和制度设计出发,严厉地抨击资本主义商业的"欺诈"和不道德。他给商业下了这样一个定义:"商业就是欺骗",说商人"乃是一群骗子",并力主消灭货币为媒介的商业,以实现理想的社会主义的社会和谐。值得注意的是,与他同时代的法国经济学家巴斯夏,不仅反对傅立叶的空想社会主义,而且还讽刺和批判空想社会主义的经济观,提出了资本主义私有制下的"经济和谐论"。在这里,他和傅立叶一样都看到了当时社会的矛盾和冲突,但是他认为,在经济生活矛盾和冲突的发展过程中,每出现一种解决矛盾的方式,都会使人类生活呈现出新的和谐状态;"社会和谐并不意味着不存在邪恶,只是这种邪恶会在发展中逐渐缩小,因为社会也和人体一样具有祛痛的能力"。他重申亚当·斯密关于利己与利他统一的思想,系统论述了"人人为我,我为人人"的意义。显然,巴斯夏的"和谐论"是在为资本主义的生命力做辩护。但是他局限于对人的需要的抽象分析,把资本和劳动之间冲突的深刻原因归于人性的"道德心",而看不到资本主义制度本身的根源,且不惜用曲解的手法攻击《资本论》,当然逃不过马克思对他的批判。

马克思在批判巴斯夏的"经济和谐论"时,除了毫不客气地深揭他的剽窃疮疤外,并没有像傅立叶那样简单地从道德上对他的理论加以否证,而是从历史发展和社会制度的高度分析资本主义商业,肯定资本主义商业是"资本的自由存在方式";肯定它在推动大工业生产方式的历史过程中,在打破封建贵族特权、人身依附关系的过程中，在创造更高级的文明要素的过程中，所起的推动历史进步的巨大作用。马克思也不是简单地指责商人"贱买贵卖"的动机不道德，或像巴师夏那样吹捧商业行为道德高尚，而是指出商业行为就其正当经商行为来说不过是社会生产的特殊分工，商人作为社会物质变换或商品流通的中介不过是货币运动的代表。商人的任务就是把商品资本变为独立的商品经营资本。商人虽然不生产剩余价值，但是他的活动却能使剩余价值得以实现。商业活动或行为取得利润的权利及其合理性根据，就在于产生它的资本主义生产方式和商品交换所包含的自由、平等原则。他的行为动机和决定的目的就是他所预付资本的特殊增殖。在这里，资本的运动作为竞争的强制规律对资本所有者个人发生的作用，就构成了资本所有者个人意识中的目的和动机。马克思认为，这是社会分工决定的经济行为，也是个人生活经验条件所致，不是要由个人对制约其生存方式的社会制度负责的。马克思着力揭示的是制约商业行为动机的经济运动规律，着重阐明的是判断商业行为的正义和非正义的科学根据。

　　什么是经济交易的正义性呢？经济交易的正义性并不是来自天然的人性，而是从生产关系的历史过程和结果中产生的。马克思指出，经济交易作为当事人的意志行为和共同意志的表示，其正义性并不决定于它的契约和法律形式，而是决定于它的实际内容。"这个内容，只要与生产方式相适应，相一致，就是正义的；只要与生产方式相矛盾，就是非正义的。"资本主义生产方式本身要求自由、平等、公正，因此什么人要搞奴隶制和特权就是非正义的。市场经济遵循的是竞争和信用原则，因此什么人在商品质量上弄虚作假也是非正义的。马克思在这里讲的是资本主义生产方式，也肯定了在这种生产方式中的个人地位；讲的是资本主义经济交易秩序的共同意志，也肯定了等价交换的个人行为。马克思坚持的是客观的、历史的、科学的正义观。国外有学者认为，马克思的正义观是"超越具体社会形态的普遍原则"。如果从市场经济的广阔视觉来看，这样说也不无道理。英国历史学家弗朗西斯·惠恩有句极富深意的话："资本还继续存在，《资本论》怎么能够结束？"

怎样理解商品交换中的"人人为我，我为人人"这种关系？在这里，马克思和巴斯夏的分歧，可以说是经济伦理思想史的一个典型实例。巴斯夏在他的《和谐经济论》一书中论述了这个命题。他认为，在劳动和交换的关系中，"我为人人"与"人人为我"并不是对立的，而是前者出自于后者，即"每个人在为自己工作时实际上是在为大家劳动""个人的好处变成了社会的好处"。不仅如此，他同时还强调这个命题的道德意义，认为"我为人人"意味着道德的同情，"人人为我"作为个人主义原则对社会具有"高出百倍"的贡献，在社会秩序中它就是博爱的道德准则。

与巴斯夏不同，马克思作的是纯粹经济学的论证。他证明这个命题的本义不过是表达着这样一种劳动和交换的关系："个别性劳动同时也是一般社会劳动，特殊产品采取了为每个人而存在的交换价值形式。"本来，商品交换的双方作为个人是毫不相干的，可是由于双方各自利益的需求，由于他们的利己心的沟通，他们之间就构成了互为手段和目的关系。在这里：每个人只有对自己来说才是自我目的，对他人来说只是手段；每个人只有成为他人的手段才能达到自己的目的，并且只有自己作为目的才能成为他人的手段；因此每个人既是目的，同时又是手段。这也就是所谓"主观为自己，客观为他人"和"主观为他人，客观为自己"。实际上，从劳动和商品交换的经济关系来说，这个命题同"人人为我，我为人人"是同一种关系的不同方面，或同一命题的不同表述。这种在正常社会分工条件下的人与人之间的客观的经济交往关系，是一个科学事实,并不是什么道德命题。马克思认为,如果把它作为道德命题去解释,就会造成谬误。

为什么呢?请看马克思对加尼尔①同类命题"每人为大家劳动,大家为每人劳动"的批判。马克思认为,所谓"每人为大家劳动",只是表示每人的劳动表现为一般社会劳动。如果把"为大家劳动"理解为"每人"出于道德动机为了大家而劳动,就是荒谬的,显然不是事实。如果抛开个别劳动的一般社会意义去理解,那就应该说每一种具体劳动的劳动者不是为大家劳动,而只是为某种具体产品的消费者劳动。同样的道理,如果把"大家为每人劳动"理解为"大家"出于道德的同情,以使用价值去满足"每人"的需要,那也是不可能的。为什么不可能呢?因为,所谓"大家"的产品,全都是特殊产品,而"每人"所需要的只是某种或某几种特殊产品,因此要能满足"每人"的特殊需要,每种特殊产品都只能采取"为每人而存在"的、对每人都同等对待的交换价值的形式,而不可能以使用价值的特殊形式存在。在这里,无论是"大家"为"每人",或是"每人"为"大家",都是受那个"看不见的手"的价值规律支配的,双方都不是出于道德动机和意志而建立的相互联系。正因为这样,马克思才不把"人人为我,我为人人"看作道德命题或道德准则。

在这里,马克思说到在商品交换中"使双方联系起来并发生关系的唯一动力是他们的利己心"。这里说的"利己心"是指商品交易要满足的个人利益,即"利己"的欲求,并不是指道德上的利己主义。如果去掉这种"利己心",就会失去使交换双方发生交换关系的动力。可是这个"利己心"同时也具有两种可能性,可能向善,也可能向恶。因为利己的欲求是与他人利益、共同利益分不开

---

① 杰曼·加尼尔,19世纪法国重商主义者。——编者注

的。个人的利己心在支配自己的行为时，就有可能如黑格尔所说，"处在转向作恶的待发点上"；在正常情况下去做既有利于自己也有利于他人或共同利益的事；而在某种特殊条件下，为了实现其利己欲求，或者以他的利己为原则对待这种利益关系，他就会做出损人利己或损公利己的事。这就是利己主义在支配他的行为，其行为也就转向了非道德的恶。

能不能把商品交易中的"利己心"统统换上"利他心"，使交易者只能利他而不能利己呢？如果是那样，那不就使经济交易市场成为《镜花缘》中描写的"君子国"了吗？在那里，以利他为目的的讨价还价的交易还能找到双方都同意的均衡点吗？果真如此，市场经营就不可能存在了。在这一点上，巴斯夏说得对，"如果一个经商者按照这样的道德说教经商，他就必定会破产"。

那么，在商品交换的经济交往中，可否既有利己心又有利他心，使二者统一而不悖呢？理论上说可以，而且必须如此。问题在于如何实现二者的统一，实现什么样的统一。这里涉及的关键问题当然是他人利益或共同利益。这种利益不仅作为彼此相互依存的关系存在于现实之中，而且也应该存在于真实的个人意识中，坚持公平正义原则，否则就不可能避免随时发生交易行为转向作恶的现象。解决这个问题，在传统商业经营中，一般是采取这样几种手段：一个是教育，一个是法律，还有具体的规章和礼仪等。教育使当事人提高道德境界，法律惩戒其不法行为，规章和礼仪维护日常交易和交往秩序。但是在利润面前，这些往往都不过是小胳膊拧不过高额利润和巨款利诱的大腿。因此，人类理性一直在思考和寻求解决这个难题的方法和途径。有多少正人君子呼吁：个人为自己谋利不应漠视正义和公益！

是的，如果把"人人为自己"变为全部行为和思想的准则，用它来指导人类的交往关系，那么这一准则就会扼杀人的全部理性和感情。凡是有理智和良心的人都不会同意这样的行为准则。同样，如果只是少数讲道德的人遵循公正原则，多数人遵循利己主义原则，那就会造成两种人，一种是公正的人，一种是邪恶的人。于是后者就成为害人者，前者就成为受害者。那种状态也是人类所不能容忍的，犹如阶级矛盾和穷富的两极分化。既然个人利益不可能被普遍取消，而为了他人和共同利益又不得不在一定程度上限制个人利益，那么社会对个人行为不仅要有外部的约束，而且还必须培育人们的理性和情感，强化道德自律和自化。这种不可异议的逻辑和道德思考，大概就是从霍布斯到康德想出约束利己欲望的自然法和普遍道德律令来保证交往秩序的大思路。

但是，社会经济的发展毕竟不能诉诸道德感。马克思、恩格斯都认为，近代道德哲学仍然没有摆脱传统的老路子。因为"利己"和"利他"，或用他们当年批判施蒂纳时用的词来说，"利己主义"和"自我牺牲"，这两个方面同样都是由个人生活条件所产生的，"无论利己主义还是自我牺牲，都是一定条件下个人自我实现的一种必要形式"。问题在于揭示这种对立的物质根源。他们认为随着这种物质根源的改变，观念的对立也就自然而然地消失。如果脱离一定的历史时代和个人经验生活条件而抽象地提出要求，"你们应当利他，而不要利己啊"，那只能导致道德说教和骗人的江湖话。

当然，马克思并不是非道德主义者。他在证明经济发展的客观规律时是排除任何主观意见和道德感因素的。但是在分析造成社会道德败坏和伦理秩序失常时，他又是非常关注社会的道德意识和法律公正的。他并不要求资本家个人对资本主义生产方式和社会制度负责，但是他认为资本家个人应对自己的不轨心术和丑恶行为负责，也就是对自己的道德品质和人格负责。马克思批判巴斯夏并不是因为他强调了道德，而是批判他用道德去解释经济规律，又把经济运行法则变成道德行为准则，从而陷入思路混乱和逻辑诡辩。马克思强调的是，必须根本改变资本主义制度，改变人们的经验生活条件，从而根本改变人的思想观念和生活方式。好比说，一个人住的房子是他父亲留下来的，是他家的私产，他就会把这个自家私有的观念传给儿子："这房子是你爷爷留下来的"。如果他住的房子是国家或集体分配的，产权是公家的，他就会对后人说："这房子是公家的"，原来那个私有观念就会成为回忆，就会慢慢淡化，以至于最后消失。马克思肯定了市场经济的历史作用，但是他并不停留在这一步，而是要进一步要求根本改变旧生产方式和社会制度的性质在经济发展达到相当高度时，设想用计划经济代替市场经济，以彻底杜绝利己主义和非人道的现象，以至于最终建立一个"没有阶级和阶级对立的共产主义社会——以各个人的自由发展为一切人自由发展的条件的自由人联合体"。这当然是一个伟大的普世理想。可以说，在从现实向这个理想进展的历史过程中，如恩格斯所说，建立和谐组织和制度都是一种实验，亦如欧文建立的共产主义模范村，但这是正义所要求的。

不过，对于商业营销，马克思在《资本论》中也设想过在资本主义社会制度下改变商业营销渠道，以杜绝商业营销的恶德和不法行为。按照他的设想，商品经营可以只由企业的推销员或由其他直接的代理人来进行，这样就可以排除中间众多环节和活动的剥削和欺诈的可能。人类历史的发展表明，在经济发展的现阶段上，这种设想还是市场经济可以普遍采用的模式，如商品的直销，资本主义制度可以用，社会主义制度也可以用，其他社会制度也可以用。其实，打破几千年传统的商业营销模式，探索和构建现代商业营销模式，已成为各国经济学家和商业营销家的使命。美国经济学家里奇·德沃斯在研究了资本主义自由经营后说："除非资本主义不断地给予人民，不断地关心人民，否则它将不会生存下去。"他的话可以说是对传统市场经济商业经营的深刻反思，是世界性的现代营销回归"以人为本"的觉醒和呼吁。

20世纪50年代以后，世界进入了现代营销兴起的时代。首先在美国兴起了营销革命的热潮，相继出现了多种形式的现代营销企业和世界性的营销公司，开始了从生产观念、产品观念向市场营销观念的转变。其基本价值观，就是20世纪末联合国《人文发展报告》中提出的全球化规则："为人服务，而不是为利润服务"。这个全球化规则在全球范围内，虽然还是理想的道德呼声，但在逐步实现的过程中，它不仅要从道德上体现"为人服务"的精神，而且要在实际市场营销中改变传统的商业营销体制，把只认利润的营销制度变成体现人道的"为人服务"的营销制度，力求消除流通过程的中间环节，使道德和法律保障的制度实现生产和消费的直接沟通。在这种形势下，美国营销专家比尔·奎恩博士提出了使生产与消费一体化的"生产消费者"概念。按照这种"一体化"的设计，就是要去掉从生产到消费的各种中间批发和零售环节，直接以优质产品和优质服务满足消费者的需求，同时把从生产到消费之间原来被中间商拿去的利润，作为奖金提供给参与营销的消费者群体，并制定出合理、公正的分配制度，使消费者变消费为投资，参与生产商的财富分配，在参与营销工作中得到应得的报酬，从而建立起以人为本、为人服务的事业。这也就是现在已在全世界普及的直销业。

这种营销模式打破了传统的消费者思维方式，创立了生产和消费统一的现代营销模式。这样，它就从体制和游戏规则上保证了流通的正常伦理秩序和道德诉求，与传统的商业营销区别开来：第一，它能保证把企业生产的优质产品以优质服务送到顾客手里而杜绝短斤缺两、假冒伪劣、生硬怠慢现象；第二，在利益分配上，它能合理地划分企业利润比例，以体现多劳多得的原则实现营销人员的奖金分配，避免大锅饭式的平均主义，也避免"金字塔式"畸形分配；第三，它能贯彻"只有帮助别人自己才能成功"的利他与利己统一的原则，杜绝损人利己、钩心斗角、坑蒙拐骗的现象；第四，它以其充实的物质和精神内容，给消费者提供了建立自己事业的平台，并以丰富的企业文化给人以和谐、温馨的生活享受。这样的营销模式不仅具有合理性、合法性、公正性和可操作性，而且更富有人情味和良好的情操，更能体现和推进商业道德的进步。

  现代国际性营销大公司的行动原则，就是这样一种理念，那就是要遵循经济规律，以人为本，秉承公正，互利协作；倡导诚信、同情、理性、服务、自律。新的营销模式在社会主义中国的实践，正在使这种道德诉求变成现代营销的商业精神，尽管它还只是在有限的领域、正在生长的过程之中，但它已使商业和谐有了希望。正如一位日本学者所预言：由于经济运作模式的变化，对消费者来说，"一个能够充分享受前所未有的'特定服务'的社会即将诞生"。这种趋势必将实现传统商业向现代商业的转变，将不断促进商业自身的和谐、商业与社会的和谐、商业与自然的和谐。这也可以说是本书所展示的商业伦理发展的大趋势。

财富与致富的伦理反思

《穷爸爸，富爸爸》这本书，提出了新的穷富观念和如何致富的新理念，触及到教育问题，讲了个生活选择问题。有些地方很有启发性和应用价值。

我们从小到现在的穷富观念发生过几次变化：小时候听说"生死有命，富贵在天"，穷富是天命注定的。解放后知道旧社会是由于阶级剥削才有穷富的，剥削者是富人，被剥削者是穷人。消灭阶级后，在计划经济条件下，知道穷富的差别是劳动和工作的按劳分配的结果。市场经济出现后，这样的观念就不够了，应当有新的穷富观念。

我们的学校教育，在各种专业教育方面是有很大成绩的。但是不注重培养"财商"，对于赚钱总是讳莫如深。在我们的伦理学中，也只讲公私观念，讲如何分清公私，如何"为公""廉公"，而很少讲或根本不讲如何致富，甚至批判个人"致富"观念。这就是说，我们的教育和理论还没有进入市场经济的实际生活。这也是我们的伦理学脱节实际生活的一个重要原因。本来，中国传统伦理学中是讲致富的，先秦儒学有不少教民致富的内容。荀子讲"民德"说了三点：一是养生，二是货财，三是从俗。后来儒学变成"圣学"，讲"存天理，灭人欲"，就不再讲货财、致富了。君子之德的表现之一是"口不言钱"，言钱则是小人，这种观念和风气至今还仍然存在。然而，在市场经济发展和潮起潮落的时代，不懂得穷富观念，不懂得如何脱贫致富的人生选择，将会很难生活。

可是，在我们这个价值观对立和冲突的社会转型时期，又如何让涉世未深的青年作出正确的选择呢？一种观念说："贫穷是万恶之源"，另一种观念说："富贵是万恶之源"；一种观念说："淡泊金钱以明志"，另一种观念说："努力赚钱是本事"；一种观念说："钱对我来说不重要"，另一种观念说："有钱才能有选择的自由"。对这种对立和冲突的价值观是直接肯定，否定，还是独立思考，做出自己的判断和选择？

从个人意识上说，也不能靠道德说教解决问题，而是要注重个人的现实生活条件。因为，现实的个人就是他们的活动和他们的物质生活条件，包括他们得到的现成的和由他们自己创造出来的物质生活条件。"如果这个人的生活条件使他只能牺牲其他一切特性而单方面地发展某一种特性，如果生活条件只提供给他发展这一种特性的材料和时间，那么这个人就不能超出单方面的、畸形的发展。任何道德说教在这里都不能有所帮助。"[1]正是在这个意义上，马克思、恩格斯指出：个人总是并且也不可能不是从自己本身出发的，至于由发展的特殊条件和分工所决定的这个人的地位如何，他比较多地代表矛盾的这一面或那一面，是更像利己主义者还是更像自我牺牲者，这个问题也只有在一定的历史时代内对一定的个人提出，才可能具有任何一点意义。否则这种问题的提出只能导致在道德上虚伪骗人的江湖话。只要人们从唯心主义的思辨降到具体的现实中来，人们就会从"想象什么"回到"实际是什么"中来，就会从

---

[1]《马克思恩格斯全集》第3卷，人民出版社2006年版，第296页。

"理想什么"回到"怎样行动"和"必须行动"的问题上来。

有什么观念就会有什么样的结果，人们总是在用自己的观念塑造自己的生活。从甘愿守穷的观念那里得到的，只能是穷困的思维方式和生活道路；从立志致富的观念那里得到的，则是把握钱的运动规律、理财致富的观念。前者将一辈子为理财和贫穷伤神，实际上不得不终生"为钱而工作"；后者则会自由地享受生活，让钱为我服务，我为社会服务。我们总是从理论上教育青年不要为钱而工作，而要为社会工作。这在原则上是对的，不能把手段当作目的。但是，没有手段又怎样达到目的呢？如果没有钱，不能齐家，不能创造自己发展的条件，又怎能安心或更好地工作呢？现在同供给制的年代不同，那时大体也是平均主义的分配，八级工资制，个人和家庭虽然穷，但基本生活有保障，差别不太大，个人只要安心劳动、工作就可以了。现在是市场经济时代，一部分人在公有制经济中生活，生活的经济条件基本上依赖工资和奖金；一部分人在私有制或半私有制经济中生活，生活的经济条件就是要自己去谋取。对于这两种人来说，要过富裕的生活，还需要自己去创造经济条件，就是要去再挣一份钱。实际上，没有钱就只能去赚钱，就要为钱而工作，有钱才能不为钱工作而一心只为企业、为社会工作，这对于许多人来说几乎就是生活的主要内容。

综观近百年的历史可以知道，社会主义者曾想在革命成功后，用政权和国家的力量，采用计划经济的制度和方式，实现人人富裕、社会富裕的理想，把什么都包下来，人与人之间经济收入的差别不是太大。这样当然生活安定，也不攀比。但是实践证明，这是很难的，甚至是不可能的——包下来的结果是平均主义、大锅饭，限制和扼杀了个人的积极性，生产力上不去，个人穷，国家也穷。所以，近几百年来，西方发达国家按照"私有制+市场经济"的路子走下来，虽然有曲折，但是在发展。社会主义搞了"公有制+计划经济"，虽然有发展，但是还是不成功。于是改革开放，找到了一条新路子："搞公有制+市场经济"。现在我们正探索着走在这条路上——以公有制为主体+多种经济成分+市场经济。四十几年的时间证明，这条路子走得有成效。

西方的政治家、社会学家是怎样解决这个问题的呢？他们把这个任务交给个人，让他们自己自由地去奋斗、去挣钱、去致富，而政府只是给他们提供人道的、平等的环境和条件，并通过税收、财政、救济、社会福利政策，调剂贫富差距，建设和发展公共事业，而国家则通过法律和制度全力保证人民的安全。"自由、平等、财产、安全"，这就是他们在二百多年前定下的"人权宣言"的宗旨，也是法律的保障。他们这样做似乎是很自然的，因为在他们那里本来就是私有制的，谈不上根本的转变，只是改良而已，人们在观念上没有什么阻力。社会主义制度则不然，要在以公有制为主体的基础上实现把致富的任务交给个人，就必须从计划经济体制转变为市场经济体制，与此同时，还要转变人们的思想观念，这样大转弯很难。几十年前要求人人"狠斗私字一闪念"，与"私"字彻底决裂，几十年后又允许搞私有、合资，肯定私有观念和私有制，还要个人去发财致富，很多在传统道路上走惯了的人难以转变观念，更不敢贸然行动。但是社会在变，这个世界正在急剧变化，那是不依个人意志为转移的。人人都处在这种转变的关系和过程中，个人不变也不行。

我们大多数人的传统观念是：每个月有固定的工资。生活有保障。个人只需要安心的工作，只需要关心加薪、医疗补贴、病假补助、假期工薪、退休政策就行了，不用去想我还需要怎样去赚钱，我还应不应该去赚钱？更不能想用自己的"资本"去赚钱。这种传

· 357 ·

统观念在许多人的脑子里是根深蒂固的。可是，现在不行了，要买房子，要供孩子上学，要让孩子上好学校或出国读书，要过体面的现代生活；还要看病，重病要手术，要养老、送终，要花很多钱，几万、几十万，甚至上百万，……有很多"要"在等着。怎么办？超额使用信用卡，负债生活，或者在负债的边界上紧张地生活着，这就叫"穷"。要不要转变观念，换一个活法，由穷变"富"？

应该考虑"换个活法"。说"换个活法"，不是让你放弃现在应当做的工作，也不是教人们不要好好工作，而是既要做好现在应做的工作，又要同时有一个致富的路子，做一份新工作。这就需要独立思考，改变旧观念，不再循规蹈矩，满足紧张、受穷的现状。

这里有两个问题值得注意：

首先，要区别"资产"和"债务"的观念。按照《穷爸爸，富爸爸》一书的通俗说法，"资产"就是能把钱放进你的口袋里的东西。"负债"就是把钱从你口袋里取走的东西。这里说的是"能把钱放进你的口袋里的东西"才是资本，不是"钱放进口袋里"就是资本。后者是工资，前者是投资。要把钱投资到能带来收入的资产上，不要投资到只是消费而不能带来收入的资产上。把钱投资到能带来收入的资产上，才能摆脱债务；仅消费放进口袋里的工资（信用卡），就会陷入债务，甚至永远不能摆脱债务。致富的最好办法，就是只买进能带来收入的资产，不断地这样做，资产就会不断地增加，到一定的时候就可以进行风险投资，他可以使你得到从100%到无限的回报。《穷爸爸，富爸爸》这本书在这里讲的是搞房地产或炒股票生意，不是人人都能做的，可以作参考。问题的关键是要有必要的财务知识，即懂得钱（资本）的运动规律，善于理财，就是要懂得收入和支出、资产和债务这本账。通常，人们或为他人工作，被拿走利润；或为政府工作，被拿走所得税；或为银行工作，被拿走借贷款。个人的工作越是努力，被拿走的钱就越多。新观念是要学会为自己和家人得到更多的收入，创建属于自己的事业，以便为社会和国家做出更大的贡献。在这种情况下向国家上交的所得税，就不是在担心负债的情况下纳税，而是把纳税变成了衡量财富的尺度和对社会、国家的贡献。

其次，还要区别"职业"和"事业"。这里所说的"事业"，不是指国家政治上的事业，而是指个人自立的、自己经营的经济事业，可以说是指"齐家，治家"，不是指"治国、平天下"。"职业"是给别人工作或打工，是与有限的工资收入相联系的；"事业"是与资产相联系的，是属于自己创建的。要建立一个属于自己的事业，才能保障"齐家、治家"的成功和生活的永续。

什么是"财富"？《穷爸爸，富爸爸》说，"财富就是支持一个人生存多长时间的能力，或者说，如果我今天停止工作还能活多久？"这话说得不但生动，而且深刻。财富是衡量你能挣多少钱。假如，你每月有1000元工资收入，却需要支出2000元，你还有什么财富呢？不但没有财富，还要负债。如果你能从你的资产项中得到2000元，或更多，那么你就有了财富。因为这个"资产项"能够给你创造钱。只要你把支出控制在资产所能产出的"现金流"之下，你就会变得富裕并保持富裕。"富人买入财产，穷人只是支出"，这就是穷富的分野。不过，这是有前提的，前提就是能"买入资产"。所以，它所讲的这条致富之路是很窄的。

要有"致富"的观念，更要有致富的行动。想致富就要去行动。一件事情的成败并不重要，重要的是经历、参与、实践。许多人只是在谈论致富、想致富，而不去行动。转变观念是重要的，观念不转变一切都无从谈起；但是最可贵的还是付出行动，没有行动的理想只是空想。许多人苦于没有机会，其实机会总是有的，但是机会转瞬即逝，要想成功必须及时抓住每个机会，做出选择。可以说，生活中有两种人：一种是在生活推着转的时候抓住机会，主动作出选择，去创造新生活；再一种是听从生活的摆布，不与生活抗争，放过机会，得过且过。前者对生活游刃有余，主动自由，而后者总是埋怨生活不公，怨天尤人。然而，尽管怨天尤人，他们仍然摆脱不了"起床、上班、工资、资产"，或者"工作—挣钱—工作"这种生活模式，也仍然摆脱不了对无钱的恐惧和对富有的幻想。实际上，还是钱在主宰着他们的思想和生活。他们平常的表现可能是闭口不谈钱，但闭口不谈钱同依赖钱都是一种心理疾病。钱本身并不坏，坏在不能用正当的手段得到钱，或不能正当地使用钱。问题在于要学会支配钱，而不是被钱所支配，做钱的奴隶；要学会跟着思想走，而不要跟着感觉走。要掌握金钱运动的规律，才能摆脱贫穷，走向富裕。要记住黄金规则：有黄金的人制定规则。有钱才能选择和决定生活方式。

不要用老眼光看资本，要有分析。马克思对资本主义社会的资本作过科学分析。他说："资本的伟大的历史方面就是创造这种剩余劳动，即从单纯使用价值的规定，从单纯生存的规定来看的多余劳动，而一旦到了那样的时候，即一方面，需要发展到这样的程度，以致超过必要劳动的剩余劳动本身成了从个人需要本身产生的普遍需要，另一方面，普遍的勤劳，由于世世代代所经历的资本的严格纪律，发展成为新的一代的普遍财产，最后，这种普遍的勤劳，由于资本的无止境的致富欲望及其唯一能实现这种欲望的条件不断地驱使劳动生产力向前发展，而达到这样的程度，以致一方面整个社会只需用较少的劳动时间就能占有并保持普遍财富，另一方面劳动的社会将科学地对待自己不断发展的再生产过程，对待自己越来越丰富的生产过程，从而，人不再从事那种可以让物来代替人从事的劳动，——一旦到了那样的时候，资本的历史命运就完成了。"①

"资本的文明方面，在于它比奴隶制和农奴制更有利于生产力的发展，有利于社会关系的发展，有利于一切更新的、积极因素的创造。

"迄今存在的联合体，不论是自然地形成的，或者是人为地造成的，实质都是为经济目的服务的，但是这些目的被意识形态的附带物掩饰和遮盖了。古代的巴力斯（注：古希腊城邦）、中世纪的城市或行会、封建的土地贵族联盟——这一切都有意识形态的附带目的，这些附带目的，它们是奉为神圣的，而在城市望族的血族团体和行会中，则来源于氏族社会的回忆、传统和象征，同古代的巴利斯的情况差不多。只有资本主义商业社会才是完全清醒的和务实的，然而是庸俗的。

"未来的联合体讲把后者的清醒同古代联合体对共同的社会福利的关心结合起来，并且这样来达到自己的目的。"②

这里的"庸俗"是指"利己主义"、自私自利，这种行为虽然是清醒的、务实的，但却是庸俗的。恩格斯认为只有把利己与关心社会福利结合起来，才是社会主义的联合体。

如何建立属于自己的事业，首先要掌握脱贫致富的六个观念：

一、改变传统的财富观念；二、高薪不等于致富；三、以稳定的"现金流"保障生活；四、分清资产与负债、职业与事业；五、要提高自己的"财商"；六、达到财务自由的最高境界。

建立属于自己的事业必须行动：

一、要有一个强有力的理由和目标；二、每天做出自己的选

---

① 《马克思恩格斯全集》第 36 卷，人民出版社 2006 年版，第 287 页。
② 《马克思恩格斯全集》第 21 卷，人民出版社 2006 年版，第 447 页。

择；三、慎重地选择朋友；四、学习和掌握新的模式；五、首先支付自己。

《穷爸爸，富爸爸》这本书，是在西方国家的背景下写的，不完全适合于我们国家的现实生活，但也有很多内容是适合的，即使是不适合的，对我们也有启发。

关于世俗化的断想

一

有些文章对西方和中国的世俗化分别作了分析,有比较认识之意义,但作为理论分析似应对"世俗化"概念有所界定。不然对无数边界不清的现象将难以把握,最后还是会提出这个问题:什么是世俗化?有一个概念界定,理论的分析就可能更严格一些,或理论性更强一些,讨论起来歧义也会少一些。

实际上,中世纪世俗化的过程中已经说明,世俗与宗教是反向而起的。所谓"世俗化",本义就是相对于宗教而言的非宗教化的过程。中世纪的欧洲国家,是在封建制社会基础上的基督教教会统治的政治国家,不存在独立的市民社会;人们受《圣经》神学和关于天国说教的严重束缚,没有独立思想和行为的自由。如果说文艺复兴是欧洲社会生活世俗化的开始,那么此后的几百年,欧洲人生活的各个领域就是逐渐脱离教会统治和神学束缚的过程,就是说转向重视人的权利,由人自己控制自己的生活。人在脱离"神灵""圣域"的同时也就走进了世俗生活。这是一个伟大的历史性转变。其实质就是由神到人的转化,也就是非神圣化的"人化"过程。从教会方面来说，教会拥有财物，奉行礼拜仪式，并有供职人员，世俗化就使它从内心生活而进入尘世，从而进入国家的领域。从国家行为来说，世俗化就是按照法律的规定把教会财产转移给国家和个人使用，可以说世俗化是教会财产的国家化和私人化。"世俗化"这个概念的衍用，有时也相对于政治化、理想化而言，把理想的政治化转向现实的生活化，也被看作是一种世俗化。它在实际生活中往往表现为信仰的个体化和道德的相对化。也就是说，信仰的个体化标志着宗教信仰与道德的相对分离。某些宗教信仰可能不具有道德内涵，而单纯成为个体生命的精神支柱。道德的相对化，就是道德的统一标准不再具有确定、强有力的统治意义，道德话语往往与特定的利益集团或阶层相联系，如果它是合理的、强有力的，那么它也可以成为社会道德的主导，起到对个人行为选择的道德价值导向的作用。这种情况在历史上常常可以看到。

二

有些人批判世俗化，从某一方面说有一定的道理，但是缺乏实事求是的分析。中国社会生活的世俗化是一个历史过程，这是一个不容置疑的事实判断。中国当代的世俗化与西方的世俗化有所不同，但都有一个历史演变的过程。西方的世俗化是在资本主义经济兴起之时，经过启蒙运动，作为对教会神学统治批判的结果而出现的。这种世俗化也曾是市民社会形成和发展的结果。从教会和国家的关系来说，教会进入国家生活的过程就是世俗化。从国家与市民社会的关系来说，从国家和市民社会相对分离的过程也是世俗化。在西方，这种世俗化的过程经过了数百年，而且是以理性、科学战胜宗教信仰呈现给现代的。因此，这种世俗化过程也是与信仰化相对立的理性化过程。

世俗化是社会发展客观进程的结果，是一定的社会生活条件的反映，是经济发展的内在逻辑。问题不在于世俗化的、伦理的、价值观的表现，而在于这种伦理的、价值观的、社会学的等价物是什么，就是说，世俗化和世俗化的思想、观念、倾向等是从哪里来的？它们为什么会在社会发展的这一时期和这一阶段上发生？为什么呈现出这样的内容而不是那样的内容？评价者不只是要注意"应该怎样"，更要去注意"实际怎样""能够怎样""必然怎样"。恐怕要做些社会学的考察。既然有社会生活的世俗化，那就一定有它的必然的、普遍性的需要。群众的需要是世俗化的深层原因，世俗化中深藏着民心所向。

中国的世俗化则是在社会主义革命后，经过计划经济的试验，作为对"文革"极"左"政治否定的结果出现的。历史的转型常常在宗教和政治的世俗化中表现出来。历史过程不同，世俗化的过程和表现形式也不同。不过有一点是相似的，那就是随着市场经济而发生的市民社会与政治国家的相对分离。世俗化也可以说是市民社会形成的过程和发展的结果。从这种意义上说，世俗化也是一种市民社会化。从教会和国家的关系来说，教会进入国家生活的过程就是世俗化。从国家与市民社会的关系来说，从国家进入市民社会生活的过程也是世俗化。这两个过程是相互联系的，几乎是并行的。

这里需要指出，"市民社会"并不等于资产阶级社会。按照马克思、恩格斯的基本思想来作概念界定，所谓"市民社会"就是与"政治国家"相对而言的从事生产、交换和消费的生活领域（马克思也称之为"物质国家"）。市民社会包括各个个人在生产力发展的一定阶段上的一切物质交往。"市民社会"这个用语虽然是18世纪产生的，但是"这一名称始终标志着直接从事生产和交往中发展起来的社会组织，这种社会组织在一切时代都构成国家的基础以及任何其他的观念的上层建筑的基础"[①]。在市民社会里，作为相互分工和交往着的现实的人，每个人都以自身为目的，同时又与他人相联系，作为他人的手段，在满足他人福利的同时满足自己。用黑格尔的话说，市民社会的规定是"各个不同的人的统一"，显然，这就是非神界天国，也非政治国家世俗的生活领域。因为市民社会是产生于资本主义时代的，所以当时的市民社会就是资产阶级的市民社会。但是，市民社会正像市场经济一样，它本身不姓"资"也不姓"社"，看它生长在什么时代和什么制度下。生长在资本主义社会的市民社会，就是资本主义社会或资产阶级社会，生长在社会主义社会的市民社会，就是社会主义的市民社会，也可以叫做公民社会，或者叫庶民社会。日本学者把它称作大众社会，也未尝不可。从一般意义上说，这个市民社会的生活，是否大体上可以看作老百姓的生活领域。老百姓的生活不是政治化的、神圣化的、理想化的，而是平常的、平凡的、平民的生活，所以世俗化也可以说是平常化、平凡化、平民化。平常化、平凡化、平民化并不是向平庸倒退，而是如"仙女下凡""万岁爷出宫"，走到平常的实际生活中去。当然，老百姓也有政治生活和理想生活，但那不是政治化、理想化的，而是世俗化的，就像电视连续剧《贫嘴张大民的幸福生活》那样。在市民社会里，每个人应既是市民社会的私人，又是政治国家的公民。作为私人，他要尽他所过的平常生活的本分；作为公民，他要做个好公民，尽到一个公民对国家应尽的责任。作为一个现实的人，他既应该是私人，有人权，又应该是公民，有公民权。私人和公民应该是同一个人的双重身份。如果只是私人，那就

---

① 《马克思恩格斯全集》第3卷，人民出版社2006年版，第41页。

可能是个"小市民";如果既是私人又是公民,那就是个"大市民"。"大市民"应该是公民意识、文化素养、经济能力和行为风范的多方面的综合。从这个意义上说,正常的、健康的世俗化,应该包含上述两个方面的意义,造就完整的、全面发展的"大市民"。

三

还有一个关于"物质主义"的问题。西方现代资本主义社会的世俗化,是在后工业时代,在高度发展了现代经济生活条件下的世俗化,我们所反对的物质主义、享乐主义,如"超级享受""黄金宴"等,在他们那里大概属于平常的或容许的生活范围,即使超出平常的范围也不会去反,也不必去反,因为那不仅是个人的生活方式,而且是对发展社会经济、增加国税有利的。我们读17、18世纪英国和法国的经济学、伦理学著作时会看到,那时对这个问题曾有过激烈的争论,其结果还是共同汇入了世俗化的潮流,现在就更不用说了。因为这种潮流是与资本主义市场经济发展的大潮相联系的。在西方,这种世俗化的过程经过了数百年,而且是以理性、科学和财富战胜宗教信仰呈现给现代的。因此,这种世俗化过程也是与信仰化相对立的理性化、现实化过程。我国社会当代的世俗化,是在有一定发展的工业基础上,在初步发展的市场经济条件下出现的。基本上是围绕着物质生活进行的,可以说是在实现着一个由穷变富的历史过程。从其主流来看,是一反极"左"时代的"穷社会主义",而进入致富、奔小康的时代。究其原因,当然是人民生活长期穷困、贫乏的结果。另一方面,也是要摆脱那种极"左"政治运动的折磨。因此发生于"文革"后的世俗化,主要倾向是要摆脱那种被愚弄、被侵害的折磨人的政治运动，想法子赚点钱，提高生活水平档次，得到应当得到的权利和自由。中期理想就是奔小康，其世俗化可以说是奔小康的世俗化。显然，我们的世俗化不是相对于宗教说的，而主要是相对于政治化、理想化而言的。老百姓从"突出政治""政治冲击一切"和"空谈理想"的时代走过来，在作了历史性反思后，得出的结论是什么呢？很简单，就是"换个活法"，求真，务实。这样的生活就表现为对改革开放的新生活的热切追求。这种生活走向在20世纪80年代的中国出现是历史的必然，并不是老百姓庸俗化的表现，更不是如某些道学家所说的"道德滑坡""精神退化"的表现。"文革"极"左"政治的结束给有思想的中国人留下了一系列的重大问题。对于这些问题，在还没有搞清中国人民现在是怎样生活、老百姓想些什么、趋向于何处之前，是难以说清的。在"文革"之后，人民在想什么，做什么，他们的生活趋向何处，其变化的性质要取决于人民生活的性质和方式。这要对人民的生活作全面的研究。曾几何时，物资匮乏、商品奇缺，人们为政治权力和权利而争夺，打得不可开交，其结果不是比单纯追求物质的"物质主义"更可悲吗？现在是否出现了"物质主义"，是否要反"物质主义"，这种问题不能武断，要作分析。社会生活是复杂的，人们的思想、观念、理论也是复杂的，歧义层出不穷，各种思潮、主义都会出现，但是否需要反，或者需要兴起对它的批判，那要作具体分析。我想马克思、恩格斯在《德意志意识形态》中所说的那句话——"无论利己主义还是自我牺牲，都是个人在一定条件下自我实现的一种必要形式"——也是可以用在这里的。当然，这里不包括那些恶性的、破坏性的物质主义、利己主义行为。我估计在中国现实情况下，一般地反物质主义不但无用，还可能引起许多人的反感。现在能遏制腐败、腐化和极端反社会的行为就已经谢天谢地了，还能奢求反掉物质主义吗？如果说腐败、腐化和极端反社会的行为都是物质主义的结果，那么追究其原因时恐怕边界并不是很清楚的，那就不如用"反腐败""反极端利己主义"的提法更明确、更易理解和把握。

四

世俗化是社会发展客观进程的结果，是一定的社会生活条件的反映，是经济发展的内在逻辑。问题不在于世俗化的伦理的、价值观的表现，而在于这种伦理的、价值观的社会学的等价物是什么。就是说，世俗化和世俗化的思想、观念、倾向等是从哪里来的？它们为什么会在社会发展的这一时期和这一阶段上发生？为什么呈现出这样的内容而不是那样的内容？评价者不只是要注意"应该怎样"，更要去注意"实际怎样""能够怎样""必然怎样"。恐怕要做些社会学的考察。既然有社会生活的世俗化，那就一定有它的必然的、普遍性的需要。群众的需要是世俗化的直接原因，世俗化中深藏着民心所向，深藏着民众的根本利益。因此应当考察一下中国老百姓现实的最低需要水平和最高需要水平，在这两个水平之间的世俗化的要求，应该说就是合理的、正常的，因而也是应当的、进步的。这正是我们的社会主义现代化目标的实现过程。可以说，世俗化的过程所得出的结果，正是现代化的新时代的到来。当然，在中国，世俗化也常常带着情绪化的弊病。而这种情绪化的社会舆论和行为趋向，又常常给社会的正常发展造成麻烦，常常与社会的价值导向发生抵触。这也是应该注意的。

这几年很多人重视社会调查，我非常佩服。从实际的考察中提出"应当怎样"的道德，才是求真务实的道德。"实事求是"就是一求真理，二求正义。从真实中求真理，从真实中求正义。而"求"只有揭示出世俗化现象发生的根源和条件，找到原因，才能有恰当的指导方针和对策。原因改变，后果才能改变。思想、观念不是原因，在它们成为原因之前就已经是结果了。由此可想，能否用政治化的办法治理世俗化？能否用理想化的办法改变世俗化？能否用道德化的力量保证世俗化的平衡发展？这些地方恐怕还得把文章做得客观一些。

五

肯定世俗化的历史进步性是完全必要的，是否还应进一步分析一下世俗化究竟进步在什么地方。不然会使人感到讲世俗化的历史性进步只是笼统的、次要的，而讲世俗化的弊病则是具体的、主要的。其实，世俗化在我国这个时期出现，不仅是一种社会化的进步，而且也是社会走向民主、平等、自由、富裕的现代化过程的一道风景线。在"文革"后的中国，世俗化恰似沧海大潮，汹涌澎湃，荡涤"文革"的污泥，为社会主义市场经济夯实其市民基础，为社会的现代化开辟道路。如果没有这个世俗化的大潮，我们就不可能彻底摆脱"文革"的阴魂，实现个人的社会解放和整个民族的历史性进步。这种世俗化并不是理论思辨的结果，而是人民从实际生活体察中作出的常识性选择，因此也具有极大的常规性和群众性。人民百姓有一种化解力，常常会把严肃的政令和抽象的学理化为生活的世俗，而又在生活世俗中散发出七嘴八舌的议论和无穷的智慧。在社会主义市场经济发展的时代，个人的自由已经获得了重要意义，旧的权威主义已经受到了很大的限制，因此有效的东西不再只是通过权力、权威来实现，而是同时还通过群众的判断和生活的过硬理由才能成为有效的、通行的；换句话说，只有老百姓满意的、举手的，才是行得通的。有位作家说得好，世俗社会的常情常理，是"人性的公理、道义的基石、文化的共识、理性的入门"。从这种意义上说，现代化就是以加速趋势进行的世俗化为底蕴的。这可能是文化演进的一种常规方式。

世俗化在发达国家可能只是生活常规的表现，在我们这样的发展中国家，在社会转型过程中，就意味着阶级的政治解放之后的个人的社会解放。我们往往以为整体化的共同生活就是好的，其实这要看历史条件，不能抽象地强调。计划经济时期的那种"整体化的共同生活"，无非是经济落后的劳动条件所造成的。正如《一元论历史观的发展》的作者普列汉诺夫所说："'共同的'生活还不是名副其实的人的生活。它标志着人类的幼年生活。一切民族都一定要经过这种幼年，只是表现方式不同而已。只有脱离了这个幼年生活的民族才能成为文明的民族。"黑格尔也曾断言："共同的生活构成了一般东方的特点，特别是中国的特点。"黑格尔所说的"东方"和"中国"，当然是封建时代的东方和中国。但后来的世界舆论一般都是如此，认为东方特别是中国就是集体主义，西方就是个人主义。这种理论很值得商榷。我们理论界以为这是社会学的定论。有些人以为人家肯定中国的整体主义就是表扬我们民族的优点。其实，马克思、恩格斯并没有说东方是集体主义，而是指出与封建生产方式相适应的是权威主义，与资本主义生产方式相适应的是个人主义。即使肯定东方的特点是"集体主义"，那特点也并不就是优点，正如西方以个人主义为特点并不等于是它的优点一样。黑格尔早就看到了这一点。按照他的辩证法思想：东方是缺少个性原则的，因此不论是道德还是智慧，对个人来说，都是某种外在的东西。缺少个性原则，必然压制个人的主体性和创造性。

现在生活在大城市的人，对现代城市文明应当有更多的了解和理解。在经过了那种"人人自危"的阶级斗争和大批判年代之后，人与人之间的精神交往特征是建筑在个体自由和相互信任基础上的宽容。这种个体自由和信任在生活中的表现是：只要不妨碍自己，就不去理会和指责别人的生活方式，各人都保持自身的独立自由；只要是正常地生活着、活动着的人，就应当采取信任的态度对待。这种宽容在表现上好像是"自扫门前雪"，其实在这种宽容中还有相互的通融和义务，即尊重他人的人格、权利和正当利益，在他人需要时给以帮助。在道德上，互爱是一种美德。但这种美德也必须有自爱相补充，才能更贴近现代的生活。承认各个人存在的合理性，承认相互可以不干预，比起经过艰难的道德规范劝诫和纪律约束来实现互爱，更具有深层的意义和普遍的效用。提倡互尊、互爱、互助是统一化秩序道德的起点。因为在这种道德环境中，选择是唯一的，不是你的就是我的，我如果不发扬友爱精神那就要与你争夺。"自扫门前雪"则与此相反，它意味着选择不是唯一的，而是有很多种选择的可能；你走你的，我走我的，谁也不会妨碍谁，而且只有我帮助你，才能对我更有益。这是以承认多元世界为前提的互容、互助性的共生关系，是现代社会的契约关系。从"阶级爱""互爱"，到"管好自己"，再到新型互助，这其实也体现着一个世俗化的过程。这个过程有助于促成集体统一观念与个体自立观念的结合，有助于增强我们生活中的活力。在这个意义上，我倒是主张应把这种结合作为我们的道德原则。原则就是结合，不能只强调一面，忽视另一面。至于怎样结合，那要看具体的根据和条件。原则就是要结合，谁不结合，谁就会违背道德的要求；什么时候不注意结合，什么时候社会道德上就会出现问题。

就理论的研究来说，我们对世俗化生活研究得还很不够。日本国会图书馆有一份1998年的资料，说日本研究世俗余暇生活的著作有320多部。其中有一般余暇生活论，余暇生活哲学研究，如游戏存在论、游戏现象学、游戏文明论、游戏道德学、游戏辩证法等；有余暇与劳动、余暇与社会文化、余暇与人生、余暇与趣味生活；还有快乐的社会学、风俗的人类学、娱乐论、大众娱乐研究、都市的娱乐、庶民的娱乐；还有娱乐史、战前娱乐史，等等。只有具体地研究世俗化生活，才能更好地引导世俗化与现代化同步发展。说实在的，我们这些文化人、被称作高级知识分子的人，要揳入世俗社会还真不那么容易，有时身在世俗但言行不入流，反倒生出许多尴尬。

六

世俗化作为社会生活趋向，一般来说总有左右它的社会力量，在阶级存在的时代，那就是在社会生产关系中从而也在意识形态上走在前面的阶级、阶层和社会势力。无论在西方还是在中国，在伴随市场经济发展而出现的世俗化倾向中，商人都起着很大的作用。商人既不能圣洁化，也不想政治化，他要在大众生活领域到处贴上自己的商标。一旦这种势力强大起来，世袭的权贵和清贫的革命者都将无能为力。政府要变成适应市场要求的、为市民社会服务的"小政府"，甚至各种事业机构都会围绕着它打转，因为围绕它打转，就是围绕着资本打转。在社会生活的领域，情形是这样，在思想意识和价值观领域，一般说来也不能不是这样。思想观念演变的进程，取决于社会生活的进程。一曲《祝你平安》《常回家看看》，就牵动着亿万老百姓的心，为什么？因为它反映了百姓世俗生活的期盼和情绪。在一般社会交往生活中，原来的那些规定，或者由官方重新规定的规范，往往都不能像预想的那样起作用，政府不得不把计划打点"折扣"，服从事情本身的逻辑，就世俗化而言，也就是趋向于老百姓的价值评判标准。在这里，可谓"礼失"而不得不"求诸野"了。荀子讲民德，说了三条：第一条是养生；第二条是货财；第三条是从俗。这三条说的就是老百姓的生活，也是老百姓的生活道德，它是与官方的要求不同的"野"。再说，对于世俗化也不能固定不变地看。因为我们的时代和社会，正处在快速变化和转型的过程中，社会运行的逻辑已不是经过长期生活的积淀而形成的结构，而是人民充分运用自己的知识、力量和策略不断创造着的、更新着的结构。因此，世俗化最主要的来源是人民的现实实践，其标准是人民喜欢不喜欢，人民愿意不愿意，人民答应不答应。

在实践中，我们总是同当前的现实发生关系，但我们的眼界不能只是停在现实上，我们的思想总要超越既定现实的界限，向着"应当"的理想追求。不过，超越既定现实的界限可以走两条路：一条是走到脱离现实的抽象领域去，使"应当"离开现实的根据和条件；再一条是走现实本身所应走的路，通过现实的实践，以自己本身的力量拓展现实生活的内容，超越现有的界限，并为将来的现实创造条件。历史事实表明，总有些人要走第一条路，但绝大多数人要走第二条路。走第一条路的人往往并不理解既定现实的意义，因而还没有力量确定现实的发展方向，还不知道应当往哪里去，应当做什么；而走第二条路的人即人民，却能够解决非常困难的甚至无法解决的生活问题，他们能够说出那唤起将来的"应当"是什么，而能够说出这个"应当"就是有力量、有智慧的表现，不能够说出这个"应当"就是软弱、愚昧的表现。"应当"意味着理想性，而有限事物的真理正在于其理想性。从这个意义上说，现实的和应当的，世俗的和理想的，并不是绝对对立的，而是内在相通的、相反相成的。

七

世俗化，不是神的差使，也不是帝王的设计，而是生活发展的规律。在经过了"造神"的绝对和"内战"的混乱之后，人民追求自由、安定和幸福的生活，正是历史的潮流，生活的进步，民心之所向。当然，同任何事物的发展都有它的负面一样，世俗化也有它的负面，就是伴随而生的庸俗化、腐化堕落现象的滋生。应该说，这也是有规律性的现象，不是事先设定的道德所能阻止的。世俗化中也会产生低级、狭隘的小市民习气，这也是不可避免的，因为世界上的一切事物都有两面。作为市民社会的世俗化，正如黑格尔所说，它是"中介的基地"。"在这一基地上，一切癖性、一切禀赋、一切有关出生和幸运的偶然性都自由地活跃着；又在这一基地上一切激情的巨浪，汹涌澎湃，它们仅仅受到它们放射光芒的理性的节制。"[1]世俗化的问题在于"俗"。"俗"的消极表现如享乐主义、拜金主义，小市民的利己主义等，其极端表现如纵欲无度、极品消费、损人利己等行为，是一种腐化、腐败现象。官场有腐败，百姓中也有腐化现象。腐败、腐化现象常常潜生在世俗化的潮流中，很容易使文明受到邪恶和庸人的侵扰，如不能有效地遏制，就会影响

----

[1]〔德〕黑格尔：《法哲学原理》，张企泰、范扬译，商务印书馆1961年版，第197页。

世俗化的健康生存。当然，这些东西本不应属于世俗化范畴，因为它们虽然是现存的，但并不是合理的、现实的。因此精神文明和道德建设，就要呼唤和培植高尚而坚毅的精神文明，努力造就"大市民"，为现代化的健康发展夯出一个大市民的市民社会。

不过，有向腐化偏去的极端，就必有反腐化的另一极端——圣洁。如《渔父辞》中所描述的屈原，他看到"举世皆浊"，就保持独立清醒，决不"身受物欲之染""蒙世俗之尘"。而那位渔父则采取释然的态度：沧浪之水清就用来洗帽子缨，沧浪之水浊就用来洗脚。这是对立面的必然性。那位渔父的态度就是世俗的，随世而安，既不同流合污，也不追求圣洁。世俗化中有两种可能发生的极端，向下可走上腐化，向上可追求神圣，这也是世俗化发展的带有规律性的公式。正如公众舆论之中有真知灼见也有谬论一样，在世俗化中也有高尚和庸俗，有廉洁和腐败，有腐朽和神奇。商子有言："论至德者不合于俗，成大功者不谋于众"。不合于俗就追求至德，或者崇尚圣洁，或者入佛参禅；不谋于众，就独立思考，或者脱俗创新。

八

1996年8月，我游览峨眉山华藏寺，本想去看佛光，起大早登上海拔3100多米的金顶，结果只看到晨修的僧众而没看到佛光，但为众僧的苦修精神所动，得小诗一首：

寻幽探奇吊古风，不见佛光只见僧。
初秋金顶香火热，僧众寮房青灯冷。

莫道禅语鲜人解，自古至言远俗情。
焚香化缘未足取，惟敬甘步舍身峰。

　　峨眉山的最高处是舍身峰。那峰尖处像一鸭嘴样伸向东方，可站在上面望日出，俯瞰云海巅峰，但向下看却是无底深渊，冥思静想仿佛顿升三千世界，据说古有献身高僧曾从这里跳下云海。这诗有点离俗敬佛的味道，但我不信佛，只是敬佩那种脱俗舍身的精神。其实，不合于俗者，或者厌俗者，还可能有革命者、军人、学者、科学家。不过，在市场化的大潮中，被世俗化的也是这些阶层。老干部在和平时期，过起普通平民的生活，再下海赶大潮，或者养鸟，或者管起家务的柴米油盐，可以说是走向世俗化。军人脱下军装，放下枪，到地方上过老百姓的生活，或到公司去工作，或在街道找点事干，也可以说是一种世俗化。当然，最典型的还应该说是教会团体和宗教徒的世俗化。我们现在是处在后宗教时代，总的说来，这个时代的一个重要特点是教会权利下降，世俗权利增强；神学威信下降，科学威信增长。在这个过程中，世俗化就是转变神圣观念而走向科学化，同时警惕世俗权利的神圣化。不过，近年来这种世俗权利神圣化的倾向又有所抬头，但不是警惕所能解决问题的。

爱情的圣与俗

爱情是什么？一般地说，爱情是一种社会感情的表达，它与人的理智和欲望相结合而体现人性的真实。爱情如果只是感性嗜欲，而没有理智的蕴涵和人性充实，就会陷入低俗甚至兽行；如果能使智、情、欲三者协调一致，就会有能升华为淳朴爱情的高尚和圣洁的条件。所以有卢梭的名言："爱情——心的生命。"[1]卢梭的意思是："真正的爱情是一切关系中最纯洁的一种。是它，是它那圣洁的火才能净化我们自然的习性""真正的爱情总是庄重的，它不会用厚颜无耻的手段来攫取它的欢心"。[2]在这种意义上，爱情中的俗与圣，并不是互相割裂、对立的：一说要圣洁就理解为虚幻的神圣，因而否定世俗的性欲；一说世俗的性欲，就认为那毫无圣洁，就是纯粹的感觉、肉欲。这都是对人性的割裂和扭曲。人与禽兽的区别在于他社会性的理性，同时也在于理性的主导，心只在需要感官时跟随感官，而在成为一个"人"这种意义上它始终是感官的主导和引导。

---

[1]〔法〕卢梭：《新爱洛漪丝》第一卷，伊信译，商务印书馆1990年版，第46页。

[2]〔法〕卢梭：《新爱洛漪丝》第二卷，伊信译，商务印书馆1990年版，第160页。

以中国民间故事为例，牛郎织女的爱情虽然是传说，但它反映的是世俗爱情生活的真情和忠贞，在于对自由和正义的理想追求。反过来说，他们爱情的忠贞和圣洁，就存在于他们朴实的劳动和生儿育女的俗世生活中。这就是在现实中的理想，在世俗中的高尚和圣洁。当然，在人性的显现中，具体的个人由于生活条件和个人的性格差异，可能有所偏颇，或有高低之别，但都不会是只有一个纯粹又纯粹的道德标准，如康德的"绝对命令"所建构的道德标准，绝对的高尚、纯洁在现实生活中是不存在的。中国古代的道家有种说法："道不可见，可见者化而已；化不可见，可见者形而已。"意思是说，道作为事物本身的本质或事理，是要靠理性思考和把握的，不是能靠感觉得到的。能感觉得到的只是事物的变化而已；其实"化"本身也不能只靠感官见到，可以感觉得到的只是具体的形或形态而已。爱情如何体现道、化、形的神韵，体现爱情的理性、情感、欲望，就不单是个抽象的道或道理的问题。爱，当然要能自守其道，但还要有心血的灌注和生活的具体应对；它既不能陷于空想的美景、虚幻的神圣，也不能流于低俗，陷入庸俗。

　　古希腊哲学有种说法，说人性本身有理性、情感和欲望，三者呈高低等次。如果只显露欲望，就是动物；如果只显露理性，就是神；如果三者都显露，且以理性为指导，那就是人。人性是最全面的。不过在人性的显现过程中，有的人趋于情欲，近乎世俗；有的人执着于理性，则近乎天神。照东方佛教哲学来说，前者有情有欲即是近俗；后者断欲忘情即是入禅。其实，在人们的日常生活中，世俗和禅机并不是互不相干的。世俗的人生百态，人际交往的各种礼仪，都要追求某种道，如花道、酒道、茶道、柔道等，讲究一种合理合情的法式或样式，也就是要在人生世事的过程中使精神与行动合一，使世俗的自我能够凝神静气，在悟道的同时体悟禅机，而又能以道和禅的精神力量净化灵魂，融自我于自然，享受生活的真善美。

有种流行说法："爱情是自私的"。这正是爱情归结为情欲伦理的结论。马克思在批判 19 世纪德国思辨哲学"批判的批判"学派的爱情观时曾指出，这种爱情观"竟把一个人变成另一个人所'迷恋的这一外在客体'，变成满足另一个人的私欲的客体"。这种把另一个人当作满足自己的私欲客体的概念和行为的爱情观，就是自私的爱情观。为什么说它是自私的呢？马克思回答说："这种欲望之所以是自私的，是因为它企图在别人身上寻求自己的本质，但这是不应该的"。[①]当然，19 世纪德国的思辨哲学的"批判的批判"学派，是不懂得人的现实生活和真正的爱情的。其实，真正的爱情恰恰相反，是无私的奉献，而不能是自私的获得。什么是爱？用黑格尔一句思辨的话说："爱是意识到我和我爱的人的统一，是在自我否定中肯定自己。"[②]通俗地说，真爱就是心心相印，亲密无间，无私奉献，是自觉的意志、意志的自愿和互爱的共同体。这里是自愿奉献，自我牺牲，黑格尔形象地称之"作茧自缚"。这里不应也不能有自私。因为有一分自私，就会减少一分爱，有十分自私就会减少十分爱，自私到极端，就是爱的彻底完结。当然，现实生活中的爱情不会那样纯粹，只是程度问题，但爱情之理则不能扭曲，否则人类的爱情就会在自私、猜忌、纷争乃至恶斗中趋向混乱和堕落。

当然，马克思也反对扼杀人性情欲的抽象爱情论。马克思说，"抽象情欲"的爱情论，"把人的爱情变成爱情的人，把爱情作为特殊的本质和人分割开来，并使它本身成为独立存在的东西"。他们

---

① 《马克思恩格斯全集》第 2 卷，人民出版社 1957 年版，第 25 页。
② 〔德〕黑格尔：《法哲学原理》，张企泰、范扬译，商务印书馆 1961 年版，第 175 页。

通过这样一个逻辑思辨的过程,就"把人所固有的一切规定和表现都批判地改造成怪物和人类本质的自我异化"①。他们把情欲变成灾祸、妖魔,变成凶神,或变成人类祭拜的神,从而使人成为牺牲品,成为祭品。真正的爱情是真实的。正因为爱情的真实,它才能在实际生活的俗中有圣,成为俗与圣、善与美的统一。《美育书简》作者席勒说得好,"使人成其为人的正是人不停留在单纯自然界所造成的样子,而有能力通过理性完成他预期的步骤,把强制的作品转变成他自由选择的作品,把自然的必然性提高到道德的必然性。"②又说:"作为人,他有权利去摆脱盲目必然性的统治,正如他在其他许多方面通过他的自由而摆脱了这种统治那样,例如通过道德性使性爱的需要所驱使的那种鄙俗特性消失了,并通过美使之高尚化"③。

这里要特别说明马克思的一个重要思想,即如何对待男女关系方面的文明和教养。马克思在批判资本主义私有制时,批判了把妇女变成私有财产的"公妻制"或"共妻制",说过"用公妻制……来反对婚姻(它确实是一种排他性的私有财产的形式)。"……粗陋共产主义不过是嫉妒心和这种从想象的最低限度出发的平均主义的完成。④有人以此为根据论证"爱情是自私的"。这里涉及的问题需要认真的分析。

首先,马克思认为,男人对妇女的关系是人对人直接的、自然的、必然的关系。在这种关系中,人对自然的关系直接就是人对人

---

① 《马克思恩格斯全集》第2卷,人民出版社1957年版,第24页。
② 〔德〕席勒:《美育书简》,徐恒醇译,中国文联出版社1984年版,第39页。
③ 〔德〕席勒:《美育书简》,徐恒醇译,中国文联出版社1984年版,第39—40页。
④ 《马克思恩格斯文集》第1卷,人民出版社2009年版,第183页。

的关系；同样，人对人的关系直接就是人对自然的关系。这是自然对他（她）的规定。由此，马克思提出两方面引人思考的问题和结论：

一方面，是人自然性和感性。这种关系是通过感性自然的形式表现出来的相互感应的事实。这个事实启示：人，作为人已经是脱离了自然物，已经不是动物了，而在这种关系中又回到自然，直接与自然合为一体。既然如此，那么，"人的本质在何种程度上对人来说成为自然，或者自然在何种程度上人成为人具有的人的本质"。这里有个"何种程度"的问题，是保持仍然是人的自然性？或是完全成为同动物一样的自然性？抽象地说就是，人性自然化，还是自然性人化？因此，从这种关系的性质就可以看出，人在何种程度上对自己来说成为并把自身理解为类存在物、人。就是说在这种关系中，人还是不是人，还能不能保持自己是人类，而不是和动物一样的兽类。这是在感性程度上体现的人和自然的本质区别。马克思把后者比作卑劣的"公妻制"，实质上并没有脱离动物性、低级性和卑鄙性。

另一方面，是人的本性与社会性。这种关系表明人的自然的行为在何种程度上是合乎人性的，或者说人的本质在何种程度上对人来说成为自然的本质，他的人的本性在何种程度上对他来说成为自然。"这种关系还表明，人的需要在何种程度上成为合乎人性的需要，就是说，别人作为人在何种程度上对他来说成为需要，他作为最具个体性的存在在何种程度上同时又是社会存在物"[①]。马克思说，这是人自觉地向自身，也是"向社会的即合乎人性的人的复归"。这是从人的需要的自然性和社会性统一的程度上体现人的本质的把握和人道主义和自然主义的统一，也就是马克思所说："人

---

① 《马克思恩格斯文集》第 1 卷，人民出版社 2009 年版，第 184—185 页。

和自然之间、人和人之间矛盾的真正解决,是存在和本质、对象化和自我确证、自由和必然、个体和类之间的斗争的真正解决。"由此,马克思说:"从这种关系就可以判断人的整个文化教养程度"。①其实,这种历史发展的客观必然性的结果也就是马克思所说的"历史之谜"的解答。

19世纪大哲学家黑格尔有这样的说法:"婚姻是具有法的意义的伦理性的爱"。这个说法包含着值得汲取的合理思想。婚姻的核心是爱,但这个爱不是任性,因为它在客观的家庭伦理关系之中。既在关系之中,那就不仅是内在的作茧自缚,而且是外在婚姻关系约束和规定的认同。所以它是伦理关系共同体中的爱与情,而不只是个人孤立自在、孤芳自赏的爱与情。因此,维系和调节这种关系就应有相应的法,包括道德之法、法律之法,或者还有家庭和习俗之规。没有规矩不成方圆。爱情、婚姻也是一样。古代有古代的规矩,现代有现代的规矩,将来也会有将来的规矩;不同的民族也会有不同的规矩。不过这种规矩不能是牛郎织女所遭遇的那种"王母娘娘"的神规王法,而只能是合乎人道、人伦的法规,是人性文明的道德自律。可以设想,人类文明总不会蜕化到不顾人伦、不要任何规矩的时代吧!

由此联系到婚外恋、"包二奶"和第三者插足问题,也值得讨论。

这里先说说恩格斯对考茨基离婚一事的评论。考茨基原来的爱人叫路易莎,在路易莎去老家照顾有病的母亲期间,他跟一个乡村姑娘勾搭上了,路易莎原谅了考茨基,表示不破坏他们的关系,随后恩格斯写信说明了事实真相。然而,当考茨基卖掉家具去会那个姑娘时发现她爱上了另一个更令她满意的人,于是考茨基落得个两

---

① 《马克思恩格斯文集》第1卷,人民出版社2009年版,第184页。

头空，陷于尴尬境地，后来的破镜难圆就可想而知了。虽然这里可能有路易莎母亲和妹妹从中作梗，但恩格斯还是严厉地批评考茨基。恩格斯说，路易莎通情达理，是一位了不起的女人。说这是"考茨基在其一生中干出的最大蠢事"，认为"道德败坏造成了所有这一切的结果"[①]。

男女两个人恋爱，就形成双方情感交融的关系，如果结婚，那就进一步形成共同体的家庭关系。这两种关系都是由男女双方共同意志形成的并有其物质基础的客观的伦理关系。有关系就有要求，有要求就有"应该如何"的道德规范；不同的时代和不同的社会生活圈又有些不同的道德要求。古代等级制社会有男尊女卑的道德，现代社会关系要求平等。在现代社会关系中，男女相互之间就应当平等相待，互相敬重，并自尊、自重。所谓"伦理使人庄重"，就是说，婚姻的双方应当以庄重、敬重的态度相互对待，中国传统伦理叫做"相敬如宾"。

男女之间的性爱是爱情的自然基础，没有它不能算是健全的爱情。但是，单有性爱也还不是健全的爱情，只有性爱升华为社会的、道德的情感，才会有健全的爱情。爱情与性欲相联系，但不能把爱情归结为性欲，因为那是禽兽也有的。健全的婚姻应当包括自然性基础、双方的情感和维系婚姻关系的理性；还应当重视个人的权利和双方对婚姻共同体的义务。健全的婚姻是情感与理性、权利与义务的统一。这就是恩格斯所说，如果说只有以爱情为基础的婚姻才是合乎道德的，那么也只有负起责任、竭尽义务保持爱情的婚姻才合乎道德。这两个方面，是不能分割的统一的爱情婚姻道德。恩格斯有一次在给马克思的信中，幽默而富有深意地说，"谋事在

---

① 《恩格斯与保尔·拉法格、劳拉·拉法格通信集》（二），人民出版社1981年版，第168页。

男人，成事在女人"。

这不只是针对马克思当年家庭生活拮据而心情不安的说道，实际上也是说出了世俗婚姻的常理，家业和事业是共同的，男女互补，缺一不成事。人类的爱是自觉的，是有理性贯彻其中的感觉和激情，是"情中理，理中情"。正常人的感觉和情感是离不开理性的，无理性的性爱不是真正爱情的表达。情感是重要的，但仅有情感既可能成为婚姻结合的因素，也可能成为婚姻关系不稳定的因素。只有把理性和情感结合起来，才能稳定爱的情感和欲望，把握婚姻权利和义务的统一。古人说："止欲于未萌，消欲于既生；防纵于未形，反纵于既形。所以保其心而纳入礼制者也。"这是说，对不正当的欲望应止于它未萌发之时，消灭于它刚刚萌生；要在纵欲之前就加以防止，在纵欲形成之时要加以反对。在止欲和消欲、防纵和反纵问题上，没有理性和义务感是不行的。感情也应当自知、自主、自制、自止、自省、自律；也应当有个可与不可、当与不当的分寸和界限。有理性的男女双方，应当对个人的情感和任性自觉地加以控制和约束。所谓"感情的事说不清"，往往是某些人掩饰其不负责任的轻率、失德行为的借口。

恋爱和婚姻都不可轻率。现代社会的爱情，必须以所爱者为前提，以双方的互爱为基础。马克思说得对，如果自己的爱没有引起对方的爱，没有成为被爱的人，这样的性爱就是不幸。因此与什么人发生性爱关系，在什么情况下发生性爱关系，对男女双方来说都不是无所谓的事情，而是关系到做人的品质和人格尊严。性爱的轻率不仅会导致失足，甚至会影响一生。一个严肃对待自己的生活和对他人负责任的人，在任何情况下都要保持心性端正，使行为合于道德和法律。那种只顾自己"自由"、不顾别人痛苦的婚恋行为，是不严肃的，也是不道德的，其结果也不会享有真正的自由和幸福。

可见，所谓"爱情自私"是混淆了两种不同伦理关系的误解。夫妻关系是以爱为基础的。荀子说，"不同而一，夫是之谓人伦。"男女恋爱、喜结良缘，成一个家庭共同体，是人之大伦。夫妻之间的爱情应是无私的。在这种伦理关系中，如同眼睛里容不得沙子一样，双方有一分自私就会减少一分爱情。这种关系中的一方不容第三者的插入，是维护婚姻双方正当婚姻的权利，而不是自私。理想的婚姻不是没有矛盾，而是通过矛盾的妥善解决，不断增进双方的感情，维护家庭共同体。在生活中，每个丈夫都会发现自己的妻子有某些缺点，同样，妻子也会发现丈夫有某些缺点，这完全是正常的。可是由于第三者的插足，这种"发现"就会变成不和，甚至相互反感，从而扩大夫妻关系的裂痕。这种第三者介入或插足，虽然可能有一定的爱情因缘，但他（或她）作为第三者，不是促进他人的家庭和睦，而是有意破坏他人的婚姻，因而不但是自私的，而且是不法的行为。当然，如果夫妻双方的感情确已消失，再强行保持婚姻已经是不幸，在这种情况下离婚就是正当的，而且对双方都是脱离争吵和痛苦的幸事。离婚后的再恋，具体的伦理关系已经发生变化，其行为的性质也就另当别论了。

附录

不昧丹心是萧公
——追思萧焜涛[1]

我认识萧焜涛先生是在 1987 年。那年秋，我应邀给东南大学（当时称南京工学院）科学哲学系创办的第一个伦理学研究生班讲西方伦理思想史。萧先生当时任系主任，他关照系里对我的讲课、食宿作了周到的安排。他怕我这个北方人到南方食宿不习惯，常派人问寒问暖，有时还从自家带可口的饭菜送给我。他的热心、细心和诚意，使我深受感动。也许是初次见面的缘故，那次谈学问不多，只是偶尔问起讲课内容时说几句。不过，我从他那谦虚、谨慎的话语中，多少领悟到他的精神，窥见他深藏若虚的学识。

学贵得师，亦贵得友。第一次相识的直感，使我意识到萧先生将是我可以请教的老师和治学的朋友。我当时正在研究人生哲学，准备开设人生哲学课。我想依照真善美的思路，建立一个适合于青年人成长的人生哲学体系。回京后不久，我给萧先生写了信，一表感谢，二请赐教。果然，萧先生很快回了信。信中说，他对我的研究很感兴趣，在人生问题上有许多想法相同。他说他正在给研究生的一次课堂讨论作小结，准备讲四个问题：一、真善美的统一，善

---

[1] 萧焜涛（1922—1999），我国当代著名哲学家、教育家，是研究黑格尔哲学、自然辩证法和技术哲学的学术权威。——编者注

以真为本质，以情为动力；二、中西伦理规范的出发点：公正与人情；三、伦理规范的几对矛盾：公私、爱恨、利害、生死；四、道德修养和人生态度。不难看出，这四个问题之间有着深刻的内在联系。简单的提纲已提示出丰富的内容和深阔的眼界。随后，我读到他那篇谈人生的论文《死之默念与生之沉思》，深为他那冷隽的语言和睿智的思考所启迪。是年，先生65岁。他说，生之大限日益临近，但他没有那些高雅之士所谓大彻大悟的情怀，却感到自己复归于不彻不悟的婴儿般的朦胧状态。文中深刻地阐述了物之成毁与人之生死的内在统一性，阐释了客观命运与个人抗争的辩证法，以精辟的思辨论述了情理与死生的关系。他的结论是："乐道安生，死无论矣！"

这之后有几次书信往还，每次信都有关于人生问题的议论。大体说来，萧先生观察人生有一个从自然、社会到精神的统一的大视角。这个思路与我讲授的人生哲学大思路不谋而合，不过我从他的议论和文章中得到不少新的启发。讲课之后，我将讲稿补充、修改、整理出版，题名《不朽的寿律——人生的真善美》，并将他的那篇关于人生的论文作为书序。征求他的意见，他很高兴，建议把文章题目改为"生之永恒"。这一改，恰与我的书名《不朽的寿律》相映成趣。1990年春，我把《不朽的寿律》一书寄给萧先生，他随即回信，表示初读的印象，颇为感慨地说："人生难得一知己。在人生哲学中我们可以成为忘年交了。"那时，他刚脱手《自然哲学》书稿，由于劳累，身体不太好，但他心情不错，答应在去新加坡探亲后即为《不朽的寿律》写一书评。不负所望，年底就寄给我一篇近五千字的书评，题为"人生多歧路，如何使正之"。我很感激，遂作小诗以谢之：

> 石城一别已三年，问学共识传书晚。
> 惠文激起千般情，感念难落言语间。

人们都知道萧先生的哲学思想在于对唯物辩证法科学形态和体系的探索，在于对哲学史和科学史的系统阐发，在于对中国传统文化和东西文化比较的研究，但对萧先生关于人生问题的哲学思想，尚未予以注意。这个方面文字虽不多，但仅有的文章和诗篇已足以表明他的人生哲学思想的成熟和独特。也许这正是他的精神哲学的真正归宿。他为《不朽的寿律》写的那篇书评，说是书评，在我看来实际上正是萧先生借题发挥、全面阐发的唯物辩证的人生哲学体系。

萧先生把人生看作一个客观进程，认为人生哲学就是要给人"行驶"这一进程、将人生导向光辉顶点的智慧。他赞成书中所提的三个问题：人生是什么？人生应当是什么？人生能够成为什么？他把这三个问题归结为真善美发展的环节，阐述了它们之间的内在联系和发展过程中的过渡，勾画了一个思辨的人生哲学体系。他认为，对人生的认识必须上升到哲学的高度，进行辩证的分析，从整体上予以把握，透析其本质，才能深刻领会人生的意义。什么是对人生的整体把握呢？按照萧先生的概括，就是从自然生命、社会生活、精神状态之间的辩证关系，揭示人生的发展过程。他说，关于人生本质的探讨，就是对人生哲学的基础和出发点的揭示，即对人生作出本体论的论证。但若停留在这一步，无疑会重蹈庸俗唯物主义的覆辙，必须进入对人生的社会存在的分析。社会存在才是人生的直接基础和出发点。但是若停留在这一步，无疑将会重蹈经济决定论的覆辙，因此，必须上升到对理性思维和精神状态的分析。只有归结到这一步才能显现人生的本质和价值。他把这个辩证运动过程归结为这样一个三段式：自然生命—社会生活—精神状态。这个归结是合理的、深刻的。它所展示和强调的不仅是人生的实存，而且是具有思维能力的人在人生中的主动性与创造性。这样，人生在客观上就进入社会伦理领域，在主观上就进入意志行为领域。社会伦理、意志行为就构成人生进程的核心。这个分析对于目前国内流行的伦理学观点，无疑是别开生面，发蒙振聩的新论。

再往下分析，萧先生指出，人面对自然界与社会群体，认识它，顺应它，又力图改造它，以服务于人生发展的目的。这样就有了所谓人生的理想，实现人生理想的道路，以及创造人生的价值。由此，从辩证的过渡和概念的推移来说，就有了"目标—目的—理想"这样一个递升发展，揭示出人生理想、人生道路、人生价值的辩证圆圈运动。谈到这里，萧先生指出，在客观的人生行程中，理想的实现道路是荆棘丛生、崎岖坎坷的。人生是矛盾的复合体，在矛盾斗争的旋涡中，有人壮志未酬身先死，有人踌躇满志上青云。诸如此类，事有必然，亦不无际遇。他赞扬林则徐站在民族国家整体利益的高度，在内遭权臣重压，外受列强攻击之下，迎面而上、不避祸福生死的高尚精神；感叹他为正义反被陷害、远戍边陲的际遇之不平。由此，他强调实现人生理想有时要经受种种磨难，甚至要付出生命代价。

通过对人生过程中的各种矛盾的分析，萧先生认为核心的问题是个人与群众的关系问题。他赞赏书中所说"作为个人的社会特质和内在倾向，人格始终是人生自立的脊梁"。如果说，理想是生活智慧的结晶，道路是生活实践的轨迹，那么价值就是生活智慧和生活实践统一而体现出来的生活意义。人生的意义是对人生行程反思的结果，要言之，就是"纯朴真诚"。人格的纯朴真诚源于自然而又高于自然，是人类自觉生活的向往，又是对社会滋生的虚骄暴戾、污言秽行的抗议。它使人达到生之朦胧状态。朦胧状态不是回到原始野蛮状态，而是将人生的自觉性、主体性，提升到社会伦理实体的高度，使个人的人格和精神具有普遍的社会客观性，从自在达到自为。这正是明哲、英雄、天才、圣人之所以不同于流俗者，他们以天下兴亡为己任，澄清玉宇，扫尽尘埃，开拓人生，拯救黎民；他们追求崇高、伟大的社会理想，锲而不舍，唯道是从，于是成为崇高伟大的化身。当人的自我修养达到这样的境界时，他就完全融于人类社会无限发展之中，从而获得生之永恒。人生脱离了自然生命的大限，就在有限中实现了无限，从必然中获得了自由，在生命的燃烧中达到了人生的不朽。萧先生对人生哲学的评述和阐释，是高度思辨的，同时又是深深地扎根于现实人生、融汇着他的人生真实体验的。应当说，是他对人生归宿的描述，令人感奋不已，肃然起敬。他从理论上所阐发的，也正是他自己的为人所追求的。这一点可以从他的诗中得到证实。1993年6月，我去南方开会，转路南京拜访萧先生。他赠我当年1月5日凌晨吟成的四言诗：

香凝冷翠，芒绽霞红，
水影摇曳，雪朵垂晶。
心沉碧海，意拔苍穹，
身归造化，物我交融。

真是文如其人，诗如其神。哲学与诗、哲人与诗人的内在相通，在萧先生的人格中融为一体了。此后，我有幸感受到萧先生作为诗人的气度和风度。

萧先生的《自然哲学》于1990年出版。1992年著名诗人公木读了《自然哲学》一书,从中领悟萧先生的哲思受到启发,对人的解放和自由提出了新见解。他认为,人的解放和自由对于主体而言,就是自我的觉醒;对于客体而言,就是真理的显现;对于人生而言,就是幸福的享受;对于情操而言,就是真挚的崇爱。人的解放与自由就意味着主客交融、天人合人;善与美统一于真,意志与情感统一于理性。这些思想使他确证了多年沉思关于"第三自然界"的理论,转年发表了《第三自然界》一书。他的书中有诗,诗中有哲理。他的书一发表,萧先生就为他的书写了书评《诗论三题》,对诗的鉴赏原则阐发了行家也为之佩服的精辟见解。他曾赠诗一首给公木:

放歌泽畔接苍穹,峡口奔洪直向东。
不上蟾宫亲桂月,偏沉北国吻黑熊。
行舟难免礁滩石,登月休提地面峰。
蝼蚁撼山岂自量,沐猴弄柄必归空。
回天有术靠黎庶,悲悯情深交颈拥。

这首诗抄在1994年8月8日夜里十时半写给公木的来信中。信中说,他"极少写诗,实因生活苦涩,难有佳兴"。寥寥数语,道出了先生的艰难处境和心情。其实,悲愤出诗人,萧先生诗中常有悲愤之情,因此在他为数不多的诗中,深深地刻画着先生刚毅不阿的高尚人格。先生不仅精于哲理的思辨,而且有极好的天赋和文学修养。他的文中有诗,诗中有理。他使抽象思维和形象思维紧密相融,使哲学与文学融为一体。他的文章、著作,语言优美,铿锵有力,让人清醒又陶醉;他的作品意境深沉,使人在陶醉后警醒。这一年,他写了论中华民族精神的一组论文,回击自《河殇》以后的错误思潮，弘扬民族精神和爱国主义。在《三论中华民族精神的形成与发展》一文的结尾，他以奔放的激情呼唤中国民魂，高扬浩然正气，作歌曰：

> 晨风晓月，飞瀑凌空
> 清溪九曲，琴韵天成
> 会当峡口，化作雷鸣
> 平畴万里，蓄尔奔洪
> 巉岩险阻，水拍心惊
> 百川归海，浩瀚无垠
> 气吞河岳，情悯众生
> 泱泱华夏，如日方中

诗言情，亦言志，其情至深，其志浩然，气势磅礴，抒发了先生救世济人的悲悯情怀和爱国宏旨，他把自己的人生融化到民族精神之中了。

转年，先生寄来宏文《爱国辩》。文章通过对"爱国主义"的辩证，对中华民族爱国传统的梳理，阐发了中华民族的爱国精神。这篇论文是他那几年所写的关于民族精神的一组文章的综合归结，其分量更加厚重。在我看来，此文也是他的人生哲学的终结。他在来信中说，那里充满难以用文字确切表达的感情激荡，也正是他借助论文而又不限于论文的爱国热情表达。他一生立志高远，伸张浩然正气，捍卫民族尊严。他概括两千多年的中华民族精神是："仁爱诚敬的高尚情操，通灵剔透的辩证智慧，宽厚豁达的处世态度，出类拔萃的思辨天才，神思迭起的颖悟能力，救世济人的广阔胸怀。"正是这种中华民族的精神在萧先生的人生中得到了具体体现。

我敬佩他的为人,更赞赏他的精神。读了他的《爱国辩》之后,写了这样几句:

阴晴圆缺古今同,经世难免雨和风;沉沦自毁知多少,不昧丹心是萧公。先生回信,在病中和诗一首:

浊古难圆盼大同,
沉渣积垢待狂风。
忧伤最是人心冷,
热泪盈眶酹众公。

信中说,他生活处境困难极多,却少人分忧,眼见精力日衰,家庭动荡不定,担心《精神哲学》难以完成,有些感伤。这是我同他多年交往中第一次看到他诉说自己人生的感伤。尽管如此,他仍表示要努力克服生活困难,建造家庭病房,为夫人治病,自己也战胜病魔,争取早日康复,完成未竟之业。

是年10月,《科学认识史论》出版,这使先生在忧伤中得到些许快慰。也许是借此良机好运,他的病果然好转。1996年,我请先生到中国人民大学伦理研究所讲学,他欣然同意,在北京住了几天,给人大哲学系伦理专业师生作了《传统伦理规范的扬弃与当代人文精神的建立》学术报告,受到师生好评。他的渊博学识和严格的理性思辨,也使我们的学术空气为之一新。临别时我送他几句诗:

匆匆话别送归程,
促膝谈心恨晚逢。
耳顺徒悲青春志,
但愿后继有人雄。

先生回南京后随即回信和诗曰：

> 奉召北游不计程，
> 感君知遇喜重逢；
> 同心绪绝人伦著，
> 愿献真情铸哲雄。

显然，诗中包含着他要继续完成《精神哲学》大作的愿望和对后人的殷切期望。此次北上，给先生增添了快乐，但不久又收到来信，说他忧病兼至，一蹶不振，我再次为之震惊。

不料一个月后，先生重又复起，决定去参加珠海"当代马克思主义与跨世纪战略"学术研讨会，我真为他担心。果然，因奔波劳累，他回南京后就一病不起，又住进了医院。11月中旬，我去南方开会，转道与高兆明教授一起去看望他，他正躺在医院病床上接受输液，但精神健旺，思路清晰，语言表达准确，一再说他不能死，还要完成《精神哲学》；还说他正在打腹稿，想写一些随笔性文章，连书名都想好了。我见他高兴，告诉他前几年交出版社的由他主编的《黑格尔文集》和他的个人文集来年春将出版，他很高兴，不停地说了近一小时的话，直到护士干预，我和高兆明教授才依依不舍地离开。

没想到，这一别竟成为永别。我心头时时感到隐痛，因为先生去世时没能亲眼看到他的文集出版，走了的人带着遗憾走了，留下的人怀着深深的愧疚，继续等待着……

亦师亦友义难忘

——追思罗国杰[1]

罗国杰是我的老同学、老同事、老领导。1956年人大哲学系在全国提前特招本科生，我们同时考入，成为"命定"的老同学。但我是从高中毕业生考入的，他是从上海市委"调干"到人大读哲学系的。早年，他在河南读完中学，在上海曾就读于同济大学法学院，其间加入中国共产党地下党组织，从事革命活动，1949年后又在上海虹口区委和上海市委做过多年党务工作。论年龄他比我大八岁，论经历和学识他是我的前辈和老师。他为人正派、清廉，可谓在官唯明，莅事唯平，立身唯清。他为人谦和老成，言行庄重，素有哲人智、长者风。在哲学系读书时，同学们喜欢跟他讨论问题，遇有难事常找他商量，尊称他为"罗老"，平常也随便叫他"老罗"，有时还戏称"罗锅"，但他从不生气，总是对之以幽默和亲切的微笑。

1960年春，由于学校扩大教师队伍的需要，我们先后被提前留系任教。我分在逻辑学教研室任教，他则领命组建并领导伦理学教研室，因此我们就又成为在人大哲学系工作的老同事。那些年，由

---

[1] 罗国杰（1928—2015），我国当代著名哲学家、伦理学家。曾任中国人民大学副校长，是当代中国马克思主义伦理学的开拓者之一。——编者注

于时局动荡和各自工作的忙碌，我们接触的不多，也没共同做过什么学术研究，但他多年的领导工作经验，使他在认人识人方面独具慧眼。因此，对我的为人和教学工作有一定的了解。后来由于"文革"和"干校"造成的教育失序，人大一度停办，我们分离了多年，彼此也没有音讯来往。1978年人大复校后，哲学系学科建设急需恢复和加强，一次偶然的街头相遇，谈到哲学系学科建设，他邀我回人大哲学系伦理学教研室工作，参与重建，我欣然接受。何以欣然？因为那时我正面临失序后的路径选择。不承想，这次偶然相遇的谈话，竟使我的为学之路发生了决定性的转折。

明清大儒唐甄有言：学贵得师，亦贵得友，得师得友可以为学矣。师者犹行路之有导，友者如遇险之有助。我很幸运，在教学和治学路上遇到选择困难之际，既有专业选择的向导，又得到了老同学、老同事的真诚帮助，此运人生几回有？正是："白头思旧常忆友，而今更知不寻常。"

同年9月，我还没到伦理教研室报到，罗老就让我协助修订原副校长孙泱所著《共产主义道德品质讲话》书稿。这个安排可能与罗老了解我的经历有关。我从儿童团、共青团到加入共产党，选择马克思主义哲学和道德教育，一路走来虽说是个后进者，但也很愿意接做这件事。交稿后罗老比较满意，之后就直接参与了由他主编的伦理学教材"统稿"工作。那时教材大纲已经确定，主要章节也已由原在教研室工作的老师们写出初稿。我的任务是看初稿，提意见，协助主编统稿。这对我来说当然是一个从未走过的难关。我之所以接受这样的任务，并不是我的水平比别人高，只是因为那是哲学系的教材建设任务，也是我的一个学习锻炼机会，而且是系统学习和整体了解伦理学教材思路的最好机会。师父领进门，修行在个人，任务就是动力，也是对担当者的考验。我尽力做了文字表达和逻辑思路方面的统稿工作，个别章节也提出了一点修改意见，结果得到了主编的认可，书名是"马克思主义伦理学"。1983年，该书由人民出版社作为高校全国统编教材正式出版。两年后，教研室增加了几位博士毕业的青年教师，按照新情况和主编的思路，与时俱进，再次修订出版了新版教科书，并在普遍的学科意义上将原书定名为"伦理学"，这部教材多次再版，影响广泛。应当说，这个通过教材体现的伦理学理论体系，一经产生就进入了世界伦理思想史的普遍联系，这种普遍联系也就体现了它的历史意义和价值。

在落实伦理学原理和教材建设任务的同时，罗国杰教授又及时调整重心，兼顾伦理思想史及其教材的建设：一方面是中国伦理思想史；一方面是外国伦理思想史（包括东西方伦理思想）。他把课堂教学、理论研究和教材编著结合起来，逐步作了分工安排。不料，原来担任中国伦理思想史课的老师突然去世，在这种紧急的情况下，他又挑起重担，亲自讲授中国伦理思想史，并初步形成了中国伦理思想史的通史框架。后来由他培养的第一位中伦史博士接替中伦史的教学和教材建设，并进一步发展、加深，形成了中国伦理学说发展和演变的新体系。与此同时，由罗国杰教授亲自主持的中国伦理思想史教材编写也前后延续了多年，直到他八十多岁后，还在编纂、统稿，他甚至带病审阅，终于在罗老去世前一年画上了句号——两卷本《中国伦理思想史》正式出版。

在伦理学原理和伦理思想史教材建设过程中，罗国杰教授还承担了教育部下达的一个任务，就是主编《中国传统道德》丛书。他约我和焦国成博士参加了该丛书的《规范卷》编写。在编写过程中，也在他们的带动下，我比较系统地浏览、研读了一些中国传统哲学和道德方面的经典文献，并和他们共同讨论过传统伦理的基本问题和范畴，归纳出18个中国传统道德规范。

在安排中国伦理思想史的教学和研究时，罗老也开始了安排西方伦理思想史的教学和研究。首先是西方伦理思想史，开始时他亲自写讲稿、给进修班讲课，两三年间，逐渐形成了教学大纲和十几万字的讲稿。在他转到中伦史教学的同时，便建议我来承接讲西伦史的任务，这对我来说无疑又是一个大难关。开始时，他把他写的西方伦理思想史讲稿和笔记借给我用，同时借给我必用的书，或者把他自己多的书送给我。他建议我尽可能查阅原著，善用参考书文献，能补充的补充，需要修改的就修改，大胆地去尝试，力求写出我们自己的教材。他以一个老同学的平等、信任的态度说明任务，又胸有成竹地说出谋篇的思路，不使这个沉重任务给我造成大的压力，反而使我知止而后能定，增强了担当的信心。

第二年，我参考他制定的教学大纲和部分讲稿，借助于他的阅读和写讲稿的方法，以代表人物的学说为主线，按照各个时代伦理思想继承发展的顺序，一个人一个人，一本书一本书地阅读，作笔记，立卷宗，写讲稿，上课堂，如有什么疑难问题就随时请教，或查阅参考资料专题研究。这样，从收集资料到写教材和讲课，经过八九年的教学、研究和写作，反复讨论和修改，逐步形成了近70多万字的书稿，先后分两卷本出版了我们共同编著的《西方伦理思想史》。当时罗老已会用电脑打字，我还不会，写写抄抄不知多少是虚功。至于书稿存在缺陷、多有遗憾，只是适时提供了自编的学科教材才使我感到些许安慰。不过，那时我们教研室群体有一种精神支撑：守职责，顾大局，讲团结，知难而上。这部书也给后来出版的高校教材《西方伦理思想史》，以及包括东西方10多个国家和地区使用的《当代外国伦理思想》教材，提供了有力的编写参考资料。其中，《当代外国伦理思想》一书更是得到罗老的肯定评价："为我国伦理学的教学和研究，提供了重要的参考书"。

从伦理学原理教材出版和中西伦理思想史的教材建设，大体上可以看出罗国杰伦理思想发展的脉络和走向：打深一个基础——马克思主义伦理学原理；展开它的两翼——中西伦理思想史；面向现代、面向世界、面向未来，全面、系统地了解和综合已有伦理学知识和理论。于是在他参与主编《中国哲学大百科全书》之际，便产生了编纂《中国伦理学百科全书》的愿望。恰在此时，吉林人民出版社有编纂《伦理学大百科全书》的计划，于是他接受了一个大胆的编纂计划，担任编纂《中国伦理学百科全书》的总主编，以其多年组织工作的经验和威望，动员起伦理学界的精英、骨干和撰稿者一百多人的队伍，用三年多时间完成了包括伦理学各个分支的十一卷本巨著《中国伦理学百科全书》。由于工作的关系，我担任了《全书》的副总主编，并主编了其中的《东方卷》和《西方卷》。回头想来，那可是伦理学队伍的一次大集合、大练兵、大会战，工作繁杂艰难，彼此关照，甘苦与共，情义难忘！

罗国杰教授的教材建设计划，还有一个人生哲学。1987年，罗国杰教授接受了教育部委托主编《人生的理论与实践》统编教材的任务，他约我参与编写和协助主编，成书于1989年并作为全国统编教材出版。这项工作促成我在伦理学本科和培训班开设了人生哲学课，并逐渐形成了关于人生真善美统一的思路，后来出版了《不朽的寿律——人生的真善美》和《人生哲学导论》。与此相联系的，还有教育部组织、委托罗国杰组编的国家思想政治教育方面的统编教材，如《马克思主义思想政治教育理论基础》《道德观通论》等专业系列教材。这些教材内容不但要运用马克思主义理论和伦理学、道德理论，而且直接关系到现实的世界观、人生观和价值观教育。我感到，人生问题的研究真是一辈子都要去完成而又完不成的任务。回思罗老的人生理想、道路和贡献，让我真诚地敬佩，也更感到人生哲学和价值观教育的重要。

　　追思罗国杰教授领导伦理学研究和道德建设过程，我逐渐感到他内心思考有一种总体走向：逐渐把中国传统伦理思想、东西方伦理思想和马克思主义道德哲学思想结合，形成中国特色的伦理学和道德建设体系。可以说，他对人生哲学的思考是有意把人生学、道德学、伦理学和政治学以及思想政治道德建设统串起来的探索。由此我意识到，他对我 40 多年的教学和研究，特别是对 1978 年前后我对马克思恩格斯伦理思想著作的研究，给予"深入而独到研究"的评价。在我退休后完成出版的《马克思恩格斯道德哲学研究》一书，也给予了特殊的关注和积极的推荐。

　　遗憾的是在这本书审稿和出版过程中，罗老已进入漫长的治病过程。但是他仍拖着病身、坚持看了部分书稿，并于 2012 年 2 月底为该书撰写了四五千字的序言。在书序中热诚地肯定该书的研究成果，也对我的治学和为人作了恳切真诚的评价。三月中旬，当我把新书送到他家时，他高兴地握住我的手表示祝贺，挺起虚弱的身子边翻书边说：好啊，坚持马克思主义理论研究，也加强对马克思主义中国化的研究。谈话中，勾起早年修书的往事，他感慨动容，我只好相慰告别。短暂的相见，留下了珍贵的嘱托和无限的思念。

　　记得，2013 年元旦那天，我因呼吸道感染住了 309 医院，同一天罗老住进西苑医院。可是我住院十几天就出院了，他却病情变化不定，时有险情。经过两次大手术，三次转换医院，六次病情恶化的危机，硬是挺了过来，在病床上奇迹般地延续生命两年多，直到 2015 年 3 月 9 日 7 时 22 分医治无效逝世。我失去了尊敬的老同学、老同志、老朋友。何以解忧？"托体山阿君已去，我与何人论文章"（陈先达诗句）。人生的不朽不在死后，而在生前的立德、立功、立言。

　　罗老啊，国杰也：云山苍苍，江水泱泱，精神永存。